GOUVERNANCE
DES RESSOURCES NATURELLES DANS LES PLAINES DU NORD-CAMEROUN

SOUS LA DIRECTION DE
Sylvain AOUDOU DOUA
Jules BALNA
Valentin ZOUYANE

Presses Universitaires de Mokolo – Bureau International
P.O. Box 40126 Pasadena, CA 91114-7126 (USA)

Site internet: *contributionsafricaines.com/presses-universitaires-de-mokolo-p-u-m-mokolo-university-press*

Les Presses Universitaires de Mokolo sont une maison d'édition de l'Institut Universitaire de Développement International (IUDI) *www.iudi.org*

Courriel : bongoyok@fuid.org

Editeurs : Sylvain AOUDOU DOUA, Jules BALNA & Valentin ZOUYANE

La gouvernance des ressources naturelles dans les plaines du Nord-Cameroun

Préfacier : Moussa BONGOYOK

Dépôt légal – 1re édition : Novembre 2024.

Printed in the United States of America
Copyright © 2024 by Sylvain Aoudou Doua, Jules Balna & Valentin Zouyane

ISBN: 979-8-9908652-4-2

COMITÉ SCIENTIFIQUE

PREFACE

Moussa Bongoyok

Tout pays émergent devrait faire du développement l'une de ses priorités. Or, pour qu'un développement soit durable, il doit reposer sur les trois piliers suivants : la société, l'économie et l'environnement. Manifestement, ces trois domaines convoquent une approche interdisciplinaire où les géographes jouent un rôle aussi important que les anthropologues, les sociologues, les économistes, les écologistes et les professionnels du développement, pour citer uniquement ceux-là.

S'il y a un domaine dans lequel les théoriciens et les acteurs du développement durable ont particulièrement besoin de l'apport des géographes, c'est celui de la gestion des ressources naturelles. Or, cette gestion se loge au cœur de la géographie économique tout en présentant un intérêt manifeste pour l'économie et les disciplines connexes. Conséquemment, la portée de cet ouvrage collectif ne saurait se circonscrire au seul cadre géographique.

Cette étude part d'un contexte précis, la région septentrionale du Cameroun. Il convient de saluer ce choix, car cette région, relativement peu explorée, est souvent présentée comme la plus défavorisée du pays. Quoiqu'ayant limité la réflexion aux zones de plaines, cet ouvrage pose des jalons d'une bonne gestion des ressources qui seront aussi profitables aux zones de montagne. D'ailleurs, la convocation d'un autre colloque similaire portant cette fois-ci sur les ressources cachées par les rocs du septentrion s'impose.

Le nord du Cameroun regorge de ressources sous-exploitées qui, si elles étaient identifiées et exploitées judicieusement, feraient de cette région l'une des plus prospères du pays. Le résultat de l'essor économique ne tarderait pas à hausser sensiblement le Produit national brut et contribuerait durablement au bien-être des populations confrontées à un phénomène de paupérisation inquiétant.

La thématique de la gestion des ressources naturelles présente un intérêt capital au niveau national et continental. Les principes qui se dégagent de cette étude peuvent inspirer d'autres régions ou pays qui ont les mêmes traits de caractère physique et socio-économique que le septentrion du Cameroun.

La thématique traitée dans cet ouvrage collectif est si importante que la négliger, c'est passer à côté de précieuses opportunités tant pour le présent que pour l'avenir. Mieux encore, les principes qui se dégagent de cette étude présentent une utilité certaine pour tous les pays en développement. C'est donc avec un enthousiasme pur que nous accueillons cet ouvrage collectif qui fera date et le recommandons simultanément aux académiciens, aux autorités administratives et politiques, aux acteurs de développement à tous les niveaux sociaux, et aux populations soucieuses de faire une gestion rationnelle des ressources naturelles disponibles.

Moussa Bongoyok
Professeur des études interculturelles et de développement holistique

TABLE DES MATIÈRES

PREFACE *Moussa Bongoyok* ii

REMERCIEMENTS vi

INTRODUCTION GENERALE: POUR QUELLE GOUVERNANCE DES RESSOURCES NATURELLES? *Jules Balna, Sylvain Aoudou Doua et Valentin Zouyane* 1

PREMIERE PARTIE: MULTIPLICITÉ ET JEU D'ACTEURS, CONFLITS D'USAGES ET GESTION DES RESSOURCES NATURELLES 16

Enjeux de la gouvernance des ressources naturelles dans le Parc National de la Bénoué et sa périphérie (Région du Nord-Cameroun) *Aoudou Doua Sylvain et Narké Jean Cyrille* 17

Acteurs « belliqueux » et enjeux autour de la gestion de l'eau dans la Région de l'Extrême-Nord du Cameroun : cas du Lac Maga et du fleuve Logone *Valentin Zouyane, Evele Zacharie, Saidou Bogno Daniel et Gonné Bernard* 45

Exploitation des ressources naturelles dans la plaine de Mindif à l'Extrême-Nord Cameroun : conflits de contrôle et stratégies locales d'apaisement *Jules Balna, Mveme Olougou Mireille Michée, Kongnyuy Anastasia Kinila, Danra Evrad, Mobara Benoît et Gonné Bernard* 66

Approches innovantes face à la résurgence des conflits intercommunautaires dans la Rrégion de l'Extrême-Nord du Cameroun *Alioum Hamadou* 98

Enchevêtrement des droits locaux : cas des acteurs autour de la réserve forestière de Laf-Madjam (Extrême-Nord Cameroun) *Tissidi David* ...119

Pression anthropique et son impact sur les berges des cours d'eau en zone sahélienne : cas du fleuve Logone à l'Extrême-Nord-Cameroun *Hamadou Faissal, Etame Sone Diabe, Jules Balna, Fita Dassou Elisabeth, Djiangoué Berthin, Ombolo Auguste et Sambo Armel* 135

Reconfiguration des terroirs d'accueil des déplacés de la crise sécuritaire : cas de la plaine de Mora (Extrême-Nord, Cameroun) *Habaga Vincent et Kossoumna Liba'a Natali* 157

DEUXIEME PARTIE: ANALYSE DES OUTILS DE LA GOUVERNANCE DES RESSOURCES NATURELLES ÉVALUÉES ET PERÇUES..**180**

Évaluation du potentiel hydrique de surface des monts Mandara : cas des sous-bassins versants des mayo Mouftoum, Mandia et Zamay (Extrême-Nord, Cameroun) *Halimassia Emina et Kossoumna Liba'a Natali*............181

Fluctuations pluviométriques et impacts sur les terres agricoles dans le terroir de Djoundé (Extrême-Nord, Cameroun) *Khalil Guidado Bakari, Djiangoué Berthin, BaskaToussia Daniel Valérie, Jules Balna et Basga Simon Djakba* 211

Spatialisation du potentiel en espèces ligneuses, ressources des Produits Forestiers Non Ligneux d'origine végétale des savanes soudaniennes du Nord-Cameroun *Pewé Kadyang, Sylvain Aoudou Doua et Kossoumna Liba'a Natali* 242

Contribution des espèces agroforestières à la restauration des services écosystémiques dans le terroir de Godola (Extrême-Nord, Cameroun) *Anguessin Benjamine, Fawa Guidawa et Dona Adoum* 259

La raniculture : un moyen de conservation de la grenouille dans la plaine inondable de Waza-Logone (Extrême-Nord, Cameroun) *Etame Sone Diabe, Jules Balna, Ousman Zigla Doubakoum et Dangna Evrard*.................280

Conservation durable du parc à *Prosopis africana* dans le terroir de Holom (Extrême-Nord, Cameroun) *Marcel Rawa, Jules Balna, Alexis Dzokom, Elie Lamtamou, Oumarou Palou Madi et Sylvain Aoudou Doua* 300

Vers une re-dégradation des sols marginaux du périmètre reboisé de Djiddel dans les Yaérés (Extrême-Nord-Cameroun) *Moussa Sali Senghor II, Baska Simon Djakba, Jules Balna et Watang Ziéba Félix*.............321

CONCLUSION GENERALE *Jules Balna, Sylvain Aoudou Doua et Valentin Zouyane*..**340**

BIOGRAPHIE DES AUTEURS **343**

REMERCIEMENTS

Cet ouvrage a vu le jour grâce aux contributions multiformes de plusieurs personnes. Nous tenons tout d'abord à remercier du fond du cœur le Pr SAÏBOU ISSA, Doyen de la Faculté des Arts, Lettres et Sciences Humaines de l'Université de Maroua pour ses multiples interventions allant dans le sens de promouvoir l'éclosion totale des activités de recherche dans son établissement. En finançant les voyages d'étude dans les plaines inondables de la région et la Journée Scientifique du Département de Géographie déroulés respectivement aux mois d'octobre et de novembre 2022. Ces deux manifestations scientifiques ont pu jeter les bases de cet ouvrage.

Ensuite, nous remercions sans réserve l'Institut Universitaire de Développement International (IUDI) de Mokolo à travers son fondateur, le Pr MOUSSA BONGOYOK grâce à sa maison d'édition les Presses Universitaires de Mokolo (PUM) basée aux États-Unis d'Amérique, a accepté de suivre de bout en bout le processus éditorial d'une part, et de supporter en partie les frais de publication de cet ouvrage collectif d'autre part.

Les éditeurs scientifiques disent enfin un merci spécial au comité scientifique et aux différents contributeurs de cet ouvrage collectif. Que chacun trouve ici l'expression de nos gratitudes les plus sincères, car vous avez été réceptifs lors du processus de l'expertise des différentes contributions.

INTRODUCTION GENERALE:

POUR QUELLE GOUVERNANCE DES RESSOURCES NATURELLES ?

Jules Balna, Sylvain Aoudou Doua et Zouyane Valentin

Le présent ouvrage retrace les différentes discussions qui se sont déroulées le 30 novembre 2022 au département de Géographie de la Faculté des Arts, Lettres et Sciences Humaines de l'Université de Maroua, dans le cadre de la Journée Scientifique dont le thème était intitulé : *« Gouvernance des ressources naturelles dans les plaines du Nord-Cameroun : enjeux et défis ».* Sur 14 propositions en réponse à l'appel à proposition qui a été lancé, 11 avaient été axés sur les plaines du Nord. C'est la raison fondamentale qui justifie le choix de ces plaines comprenant deux régions administratives à savoir l'Extrême-Nord et le Nord.

Présentation géographique des plaines du Nord-Cameroun

Les plaines du Nord-Cameroun sont caractérisées par un paysage principalement plat et ouvert, avec une topographie relativement peu accidentée dont l'homogénéité est rompue par les monts Mandara. Boutrais (1984) a fait une typologie de ces plaines. Il s'agit des plaines du bassin de la Bénoué, des piémonts Mandara, de la plaine du Diamaré, de la pénéplaine de Kaélé, de la plaine de Kalfou, du bec de canard et de la plaine du Logone. Ces plaines se distinguent par leur climat semi-aride à aride, avec des saisons sèches marquées et une faible pluviométrie annuelle. Sur le plan végétal, elles abritent une variété de formations végétales adaptées aux conditions sèches. On y trouve des savanes herbeuses, des arbustes épineux, des buissons et des zones de steppe. Les arbres sont souvent espacés et résistants à la sécheresse.

Les plaines du Nord sont une zone géographique importante où sont pratiquées les activités agricoles et d'élevage. Car, les terres fertiles et les ressources en eau souterraines attirent les agriculteurs, qui cultivent principalement le sorgho, le maïs, le coton, les legumineuses et les légumes. La principale activité économique dans cette région reste l'agriculture et l'élevage du bétail particulierement les bovins et les ovins ainsi que la pêche.

Le milieu humain des plaines du Nord du Cameroun est remarquable à bien des égards. Cela tient d'abord à sa démographie importante. Les principaux groupes ethniques qui peuplent cette région sont les néo-soudanais (Moundang, Toupuri, Peuls ou Foulbé, Guiziga, Fali, Guidar, Mousgoum etc.). Chacun de ces groupes a sa propre culture, tradition et langue, ce qui confère à la région une richesse culturelle et une diversité linguistique impressionnantes. La société traditionnelle dans les plaines du Nord-Cameroun est souvent organisée de manière patriarcale, avec une forte importance accordée à la structure familiale et à la hiérarchie sociale. Les communautés sont souvent organisées en villages, avec un chef de village et des notables qui prennent des décisions importantes pour la communauté. Les traditions ancestrales, les rites de passage et les croyances religieuses traditionnelles ont également une grande influence sur la vie quotidienne des habitants de cette région, ainsi que sur les formes de gestion des ressources naturelles.

Dans ces plaines, la migration humaine reste aussi d'actualité. Elle a été amorcée par l'État depuis les années 1980 et 1990 à travers la société de développement du coton (SODECOTON) qui a facilité le mouvement des migrants de la Région de l'Extrême-Nord vers la vallée de la Bénoué où plus de la moitié de l'espace est occupé par les aires protégées (Beauvilain, 1989). Aussi, avec la mise en place du barrage de retenue d'eau de Maga dans les années 1979, les populations vont se déplacer vers cette zone inondable. Le but était de décongestionner les monts Mandara et le pays Toupouri fortement « saturé au plan foncier ».

Après quelques années de mise en valeur de cette vallée, des confrontations ont été signalées entre migrants, puis entre migrants et populations non migrantes au sujet du contrôle de l'espace et de ses ressources (Seignobos, 2006 ; Koulandi, 2006 ; Gonné, 2009). Par ailleurs, la nouvelle forme de mobilité humaine est celle des déplacés liés aux crises sécuritaires Boko Haram. Depuis 2014, les plaines, surtout celles de la Région de l'Extrême-Nord, sont devenues le théâtre des mouvements intenses des hommes (Guibbaud, 2014 ; Hansen, 2015 ; Koungou, 2016). Ce qui a conduit à une recomposition des territoires d'accueil des déplacés.

Les plaines du Nord du Cameroun regorgent de richesses naturelles et de potentialités qui en font une région très intéressante à explorer. Les caractéristiques les plus marquantes de cette région concernent la biodiversité remarquable d'espèces végétales et animales avec la présence des parcs nationaux et des réserves naturelles offrant des habitats variés, tels que le parc national de Waza, du Faro, de la Bénoué et de Bouba Ndjiddda. La présence des ressources en eau marquée notamment par le lac Tchad et le fleuve Bénoué offre des opportunités de pêche, d'irrigation et de développement de multiples projets agricoles. En raison de ses sols fertiles et de son climat propice à l'agriculture, la région des plaines du Nord est considérée comme « le grenier du Cameroun ». L'agro-industrie joue un rôle important dans l'économie de cette région géographique.

La région dispose d'un potentiel important en termes d'énergies renouvelables, notamment l'énergie solaire et l'énergie éolienne. Ces ressources sont exploitées localement pour la production d'électricité (exemple des stations photovoltaïques de Maroua et de Guider), contribuant ainsi à réduire les problèmes d'accès à l'énergie électrique et par ricochet, encourager le développement durable de la région.

Vers un intérêt scientifique des recherches sur la gouvernance des ressources naturelles

La gouvernance des ressources naturelles est essentielle pour assurer le développement durable et équitable des savanes africaines en général, et celles du Nord-Cameroun en particulier. C'est un concept qui englobe les processus de réglementation, de gestion et de prise de décisions concernant l'accès, l'utilisation et la conservation des ressources naturelles. À ce sujet, une importante littérature est consacrée à ce concept pour davantage décrypter son contenu scientifique. Il existe plusieurs auteurs clés qui ont contribué de manière significative à la compréhension et à l'amélioration de la gouvernance des ressources naturelles en Afrique.

Le rapport de la commission économique pour l'Afrique en 2018 sur la gouvernance met en perspective l'amélioration des mécanismes de partage des ressources, le renforcement du cadre institutionnel, l'établissement d'un ordre de priorité dans la planification du développement basée sur les ressources, l'amélioration de la transparence et de la responsabilisation dans la gouvernance économique. Un autre rapport sur la gouvernance des ressources naturelles en Afrique produit par Kaimal en 2021 examine davantage ce qui a été déjà fait dans l'optique d'améliorer la gestion des abondantes ressources naturelles de l'Afrique, continent qui dispose de la plus étendue des terres arables dans le monde (IDEA, 2017). Par ailleurs, le même rapport met l'accent sur le renforcement des institutions qui doivent gérer lesdites ressources.

Dans le même sens, la notoriété scientifique de Ahlers (2014, 2017) est établie grâce à ses recherches et ses travaux sur la gouvernance des ressources naturelles en Afrique. Ce dernier a notamment souligné l'importance de la transparence, de la responsabilité et de la participation des parties prenantes dans la gestion des ressources naturelles. Les interactions entre le pouvoir politique, les conflits et les ressources naturelles en Afrique on été aussi étudiées (Le Billon, 2005, Claude Serfati et Le Billon, 2007). En un mot, Ahlers est l'un des experts en géopolitique des ressources naturelles, car ses travaux offrent en effet une perspective précieuse pour comprendre les défis et les opportunités liés à l'exploitation de ces ressources. Ces auteurs mettent aussi en évidence l'importance d'une gouvernance efficace pour prévenir les conflits et promouvoir un développement durable de l'Afrique.

Les recherches de Carmody (2009, 2011, 2013) ont accordé une place centrale au rôle des acteurs internationaux dans la gouvernance des ressources naturelles en Afrique. Cet auteur a examiné les impacts des investissements étrangers et des politiques économiques sur la gestion des ressources naturelles. Ses travaux sont essentiels pour comprendre les enjeux de la gouvernance des ressources naturelles en Afrique, notamment la façon dont l'économie mondiale opère dans un contexte de matrice de gouvernance. Les travaux de Pound et *al.*, (2012), Carol et *al.* (2000) ont mis l'accent sur les politiques et les pratiques qui encouragent la durabilité environnementale et sociale. Ses recherches ont mis en lumière l'importance de la responsabilité des entreprises et de la participation des communautés locales.

Les enjeux politiques et économiques liés à la gouvernance des ressources naturelles en Afrique centrale ont intéressé Thierry Vircoulon (2020a, 2020b, 2022). Il a souligné les problèmes de gouvernance et de redistribution des revenus liés aux industries extractives dans la région. Ses travaux sont essentiels pour comprendre les complexités de la gouvernance des ressources naturelles en Afrique. Ils mettent d'ailleurs en évidence les liens entre l'exploitation des ressources, les conflits et la sécurité en Afrique, et apportent des éclairages précieux sur les politiques à mettre en place pour une meilleure gestion des ressources naturelles et une plus grande stabilité

4

en Afrique.

Ces auteurs ont tous contribué à l'éclairage de la compréhension de la gouvernance des ressources naturelles en Afrique. Leurs recherches et leurs travaux ont permis d'identifier les défis auxquels le continent est confronté, ainsi que les mesures et les politiques nécessaires pour assurer une gestion plus efficace, transparente et durable de ces ressources.

Ainsi, la question de la gouvernance des ressources naturelles reste d'actualité dans les régions septentrionales du Cameroun. Dans les plaines inondables de l'Extrême-Nord, les groupes d'acteurs notamment les éleveurs transhumants/nomades, les pêcheurs et les agriculteurs, ont des difficultés à se partager les ressources en eau, en pâtures, en canaux de pêche, et les espaces agricoles. Chaque acteur veut maintenir et exercer son monopole sur les ressources naturelles ; ce qui se solde souvent par des conflits meurtriers, accompagnés de morts d'hommes.

La bonne gouvernance est la façon dont le pouvoir est utilisé pour prendre et appliquer des décisions collectives, pour faire respecter les règles et pour résoudre des conflits (Mahonghol, 2009) ou prendre en compte les mécanismes du « dedans » en matière de résolution des conflits sociaux Elle est aussi considérée comme la transparence de l'action publique, le contrôle de la corruption, le libre fonctionnement des marchés, la démocratie et l'État de droit (Ould Aoudia et Meisel, 2008). La gouvernance prend de nombreuses formes qui diffèrent selon l'endroit et le contexte sociopolitique et biophysique (Roe et al., 2010). L'obligation de rendre des comptes est le pivot de la gouvernance (Schneider, 1999).

Cet ouvrage se veut davantage une contribution au développement des mécanismes participatifs de bonne gouvernance des ressources naturelles collectives. Il s'agit spécifiquement des ressources en eau, en pâturage, en pêche, en flore et en faune et dans une perspective de gestion durable et mieux coordonnée desdites ressources. Le but est d'éviter l'enlisement des conflits récurrents observés dans ces plaines où les différentes activités rurales de production se chevauchent dans le temps et dans l'espace (CEDC, 2009).

Il est donc important de noter que le débat sur la « bonne gouvernance » est divisé à plus d'un titre. Pour les uns, la « bonne gouvernance » est la seule solution adaptée aux problèmes actuels d'environnement. Elle a la vocation de se substituer aux politiques publiques traditionnelles considérées comme dépassées. Pour les autres, au contraire, la « gouvernance » est le problème et non la solution, car elle ne fait que renforcer l'impuissance collective face à des défis de plus en plus ingouvernables (Bukobero et *al.*, 2013).

Le souci majeur est de déterminer les mécanismes par lesquels la recherche-action peut aider les communautés identifiées de façon à promouvoir la participation responsable et cordonnée aux processus décisionnels liés à la gouvernance des ressources dans cette plaine inondable. Finalement, la « bonne gouvernance » suppose des changements structurels et un ensemble d'innovations qui vont manifestement très au-delà du bricolage pragmatique et des « arrangements de terrain ». La gestion est vue comme la mise en œuvre opérationnelle et démocratique de règles « rationnelles », en dehors de toute interférence sociopolitique.

Des enjeux et défis multiples à relever

Les plaines du Nord-Cameroun constituent une région d'une importance capitale en termes de ressources naturelles. Nichée entre le Sahel et la zone tropicale humide, cette région offre un éventail diversifié d'écosystèmes et de ressources précieuses, englobant des terres arables, des pâturages, des forêts sèches, des cours d'eau (permanents et non permanents) et une biodiversité exceptionnelle. Cependant, la gouvernance de ces ressources représente un défi majeur dans cette région qui se caractérise par une combinaison complexe de facteurs tels que la pression démographique, les changements climatiques, l'insécurité, les conflits et l'exploitation non durable des ressources naturelles.

La gouvernance des ressources naturelles est un enjeu crucial tant pour le développement socio-économique que pour la préservation de l'environnement dans cette région. Cette zone est caractérisée par une forte dépendance aux ressources naturelles, telles que l'eau, les terres agricoles, les forêts et le bétail. Cependant, la pression croissante sur ces ressources en raison de la croissance démographique, de l'exploitation excessive et du changement climatique, fait peser de nombreux défis sur la gouvernance de ces ressources.

L'un des principaux enjeux de la gouvernance des ressources naturelles dans cette région est la menace de la dégradation environnementale. L'exploitation non durable des terres agricoles, des forêts et des cours d'eau conduit à une diminution de la fertilité des sols, à la déforestation, à l'érosion des terres et à la diminution de la disponibilité de l'eau. Cela a des conséquences néfastes sur les systèmes de production et la sécurité alimentaire des communautés locales, ainsi que sur la préservation de la biodiversité et des services écosystémiques.

Parallèlement, cette gouvernance est également confrontée à des défis liés aux conflits fonciers et à l'insécurité. Les pressions démographiques croissantes et les mouvements migratoires ont entraîné des tensions entre les communautés pour l'accès aux terres et aux ressources. Ces conflits fonciers exacerbent les dissensions ethniques, menacent la cohésion sociale et entravent le développement économique et environnemental de la région. De plus, l'insécurité, notamment due à la présence de groupes armés, contraint la gestion efficace des ressources naturelles, freine les investissements et compromet le bien-être des populations locales.

Plusieurs défis auxquels fait face la gouvernance des ressources naturelles dans cette zone sont relevés. Il s'agit d'abord de la gestion des ressources en eau, qui devient l'une des préoccupations majeures des acteurs nationaux et internationaux. En raison du climat aride ou semi-aride, l'accès à l'eau est souvent limité. La gestion des ressources en eau constitue un défi majeur, notamment pour l'irrigation agricole, la consommation humaine et animale surtout dans un contexte de forte mobilité transfrontalière, et la préservation des écosystèmes aquatiques.

En outre, la dégradation des terres vient se greffer à la question cruciale de la gestion de l'eau. La zone soudano-sahélienne est sujette à l'érosion des sols, à la déforestation, à la désertification et à la dégradation des terres. Ces problèmes sont souvent aggravés par les pratiques agricoles non durables basées sur l'extensivité, la surexploitation des ressources et le manque de mesures de conservation adéquates dû souvent aux textes qui ne s'adaptent pas au contexte septentrional du Cameroun où le système *lamidal* mis en place pendant plusieurs siècles et renforcé par l'administration coloniale ne favorise pas l'application du droit positif en lien avec la gestion des ressources naturelles.

Par ailleurs, la croissance démographique rapide dans la zone soudano-sahélienne entraîne une augmentation de la demande en terres agricoles. Cela conduit souvent à une expansion de l'agriculture au détriment des écosystèmes naturels, ce qui peut entraîner une dégradation de l'environnement et une perte de la biodiversité.

Cette forte croissance démographique n'a fait qu'aggraver les conflits d'usage des terres et des ressources. En effet, les ressources naturelles limitées dans cette région peuvent générer des tensions entre les populations locales, les éleveurs nomades, les agriculteurs et les industriels. Les conflits d'usage des terres et des ressources peuvent entraîner des divisions sociales, économiques et politiques, et affecter négativement la gouvernance des ressources naturelles.

Au total, la gouvernance des ressources naturelles dans la zone soudano-sahélienne du Cameroun est confrontée à des défis liés au manque de capacités institutionnelles et à la faible participation des acteurs locaux dans les processus de prise de décision. L'amélioration de la gouvernance nécessite une coordination et une collaboration efficaces entre les différents acteurs, y compris les gouvernements, les communautés locales, les organisations de la société civile et les entreprises.

Du jeu d'acteurs aux conflits diversifiés

Dans la Région du Nord-Cameroun, une zone géographique spécifique qui accueille les migrants et où presque la moitié du territoire est constituée des parcs nationaux, Aoudou Doua Sylvain et Narké Jean Cyrille ont si bien relevé les multiples enjeux auxquels est confrontée la gouvernance des ressources naturelles dans cette partie du territoire national. Les enjeux et les défis de la gestion des ressources naturelles surtout dans et autour des aires protégées, sont énormes. Il y a nécessité de concilier la mise en valeur des ressources naturelles et la préservation de l'environnement dans un contexte où les migrants et les éleveurs transhumants doivent continuer à exercer leurs activités habituelles. Il y a également nécessité de prendre en compte les activités de braconnage, de l'orpaillage et de la production du charbon dans et aux alentours des différents parcs que regorge cette région administrative du Nord- Cameroun.

Dans le cadre de cet ouvrage, les trois premiers chapitres issus de la première partie sont principalement axés sur les conflits d'usage dans les plaines de la Région de l'Extrême-Nord du Cameroun. Il s'agit notamment de la plaine inondable du Logone où Valentin Zouyane et *al.* mettent en lumière le caractère belliqueux des acteurs autour de l'utilisation des mares d'eau qui sont à la fois des pêcheries traditionnelles et des points d'abreuvage des animaux en contexte de changement climatique. L'eau étant une ressource stratégique au Sahel, la présence de plusieurs types d'acteurs sur la même ressource ne peut qu'envenimer la situation conflictuelle dans cette plaine très prisée par les éleveurs (locaux et transhumants) et les pêcheurs.

La plaine inondable ne constitue pas la seule zone conflictogène dans toute la région septentrionale. Ensuite, dans la plaine de Mindif, Jules Balna et *al.* mentionnent dans leur recherche le chevauchement dans le temps des activités rurales pratiquées sur un même espace. Du coup, cet enchevêtrement des activités entraine plusieurs types de conflits dans cette zone. Face à cela, les différents acteurs en conflits essayent d'arrondir les angles pour éviter souvent les tribunaux coutumiers et administratifs.

Les plaines du Nord-Cameroun sont aussi caractérisées par la présence des conflits communautaires parfois très violents. Allant dans ce sens, Alioum Hamadou rappelle les facteurs des conflits identitaires dans la Région de l'Extrême-Nord. La récurrence de ces conflits est expliquée par la présence des conflits communautaires passés qui ont été mal gérés. En s'appuyant sur l'exemple de quelques communautés à savoir les Mousgoum, les Arabes Choa et les Kototo, cet auteur rappelle les pratiques de traitement de ces conflits parfois très violents. Face à cela, une approche innovante pour mieux gouverner les ressources naturelles est proposée.

La gouvernance des ressources naturelles dans le Cameroun septentrional fait aussi face à une multiplicité de droits tels que mentionnés dans le rapport de recherche de Tissidi David où il a pris le cas de plusieurs droits forestiers qui se superposent dans le cadre de la gouvernance de la réserve forestière de Laf. Cette dernière étant rétrocédée à la commune, il devient difficile d'appliquer le droit forestier moderne dans la mesure où il y a aussi le droit des communautés qui prévaut sur le terrain.

Des ressources encore sous forte pression

Dans les plaines du Nord-Cameroun, les ressources naturelles subissent encore une forte prédation de la part des acteurs qui sont de plus en plus nombreux. Dans le cadre de cette étude, la note de recherche de Hamadou Faissal et *al.* essayent d'indiquer comment les activités agropastorales conduites le long des berges du Logone ont un impact négatif sur le maintien de ces derniers. En effet, la coupe des ligneux, les défrichements agricoles, les feux de brousse, la recherche du pâturage et d'herbes fraiches ainsi que l'extraction de l'argile et du sable sont les causes de la dégradation des berges des cours d'eau et partant, des inondations dont les dégâts sont visibles dans les parcelles agricoles et les espaces bâtis.

Les ressources en sols subissent également une forte pression suite à un système de production basé sur l'extensivité. La gestion de la fertilité des sols reste encore peu maîtrisée quand bien même il est connu que « l'espace est fini ». En dépit des projets à l'instar du Projet de Développement Payasanal et Gestion des Terroirs (DPGT) dans les années 1990, puis celui d'Eau Sol Arbre (ESA) dans les années 2000, la gestion des sols reste encore peu maitrisée par les paysans. Allant dans ce sens, Moussa Sali Senghor et *al.* ont axé leur réflexion sur cette thématique en s'appuyant sur le périmètre reboisé de Djiddel dans les plaines inondables du Logone. Les opérations de reboisement ont été initiées au Nord-Cameroun dans le but de restaurer les paysages dégradés. Mais il a été constaté suite aux analyses de quelques échantillons de sols prélevés sur ce site, une re-dégradation de ce périmètre qui a été reboisé il y a environ 10 ans. En effet, le sol est redevenu compact avec une faible pénétrance en eau, une porosité fermée, une radiation solaire intense et une érosion hydrique instable.

La place de la gouvernance de l'eau dans ces plaines surtout celles de la Région de l'Extrême-nord Cameroun est essentielle. En effet, les plaines du Nord regorgent d'importantes ressources en eau (lacs, cours d'eau, eau souterraine) à ne pas négliger dans les aménagements hydro-agricoles. Le rapport de recherche de Halimassia Emina et Kossoumna Liba'a Natali sur l'évaluation du potentiel hydrique de surface des sous-bassins versants des mayos Mouftoum, Mandia et Zamay dans les monts Mandara indique que les eaux de pluies tombées annuellement sont largement suffisantes pour le besoin des populations. Cependant, il suffit tout simplement de les capter pour régler une fois pour la question de la pénurie en eau dans la partie sahélienne camerounaise.

À l'instar des ressources en sols et en eau, celles ligneuses sont aussi soumises à une forte pression. Pour le démontrer dans ce présent ouvrage, Pewé Kadyang et *al.* partent de la spatialisation du potentiel en essences ligneuses des Produits Forestiers Non Ligneux (PFNL) d'origine végétale Ces auteurs notent une pression humaine encore forte sur les ressources végétales plantées et non plantées. Toutefois, les paysages végétaux des zones soudano-sahéliennes peuvent encore offrir un potentiel non négligeable en matière de PFNL utiles à l'homme. Pour davantage les préserver, il y a lieu de mettre sur pied un plan simple de gestion de ces espaces naturels boisés.

Des outils de la gouvernance des ressources naturelles évaluées et perçues

La gestion durable des ressources naturelles dans les plaines du Nord-Cameroun peut se faire par l'application des solutions locales, mais aussi en intégrant celles exogènes susceptibles d'être implémentées localement. Pour restaurer les paysages dégradés, plusieurs sites ont été reboisés dans les plaines du Nord-Cameroun. Ces reboisements ont permis de restaurer les services écosystémiques que les populations riveraines avaient perdu. Dans cet ouvrage, Anguessin Benjamine et *al.*, en s'appuyant sur l'exemple de la localité de Godola (un terroir maraîcher à une quinzaine de km au Nord de la ville de Maroua), ont évalué la contribution de l'agroforesterie à la restauration des services écosystémiques. Grâce au reboisement de 100 ha à l'aide des espèces agroforestières et à leur mise en défens intégrale, il a été relevé le retour de la biodiversité floristique et faunique longtemps menacée par la pression humaine. Aujourd'hui, grâce à cette réhabilitation, le site fournit désormais plusieurs services qui contribuent au bien-être des populations riveraines à travers plusieurs types de services parmi lesquels les services d'approvisionnement, les services socio-culturels, les services cultuels et les services de régulation. Économiquement, lesdits services sont évalués aujourd'hui à plus de 100 millions de FCFA.

Les parcs agroforestiers longtemps construits par les hommes sont aussi menacés, car il a été constaté que leur évolution est régressive tant en termes de biodiversité floristique que pour ce qui est de leur évolution spatiale. Dans ce présent ouvrage, Rawa Marcel et *al.* tentent de se pencher sur la conservation des parcs à *Prosopis africana* dans le bec de canard. Dans cette optique, leur étude évalue les modes de gestion locale des formations agroforestières à *Prosopis africana*. Vu les multiples services écosystémiques rendus par ces formations naturellement boisées, la population a pris le soin de pratiquer la régénération naturelle assistée ou non, en se souciant de préserver les jeunes pieds dans les champs. Cette sélection a d'ailleurs fait l'objet d'une attention particulière par les structures de développement, notamment la société du développement du coton qui par le passé, avait primé les producteurs du coton au Nord-Cameroun. Cette promotion de l'arbre dans l'espace agraire avait connu un succès sans précédent.

La conservation de la biodiversité faunique constitue aussi un défi majeur à relever. Qu'elle soit aquatique, aérienne ou celle du sol, plusieurs espèces sont menacées d'extinction à cause de l'utilisation abusive des produits chimiques, des modes de captures peu adaptés et surtout de la pêche illégale des produits halieutiques observée ces dernières années. Pour davantage conserver les espèces fauniques aquatiques très sollicitées pour leur alimentation, Etame Sone Diabe et *al.*, dans cet ouvrage proposent la raniculture pour sauver les grenouilles comestibles dans la plaine inondable de Waza. Compte tenu du fait que la vente issue de la capture des grenouilles procure des revenus non négligeables à la population, il est envisagé l'élevage des espèces les plus sollicitées sur les marchés.

La gouvernance des ressources naturelles dans les plaines du Nord-Cameroun doit aussi tenir compte des mouvements des populations surtout dans un contexte de l'insécurité liée à Boko Haram. Désormais, les zones d'accueil à proximité des villes accueillent les réfugiés et les déplacés. La mobilité spatio-temporelle humaine et animale observée a certainement reconfiguré les territoires d'accueil. De nouveaux besoins en terres cultivables naissent. Pourtant, les déplacés rencontrent une population qui a aussi soif de la terre. Ainsi, la pression sur les ressources devient forte. Cette problématique est traitée dans cet ouvrage par Habaga Vincent et Kossoumna Liba'a Natali qui s'appuient sur la plaine de Mora ayant reçu un contingent important de déplacés depuis 2014. Dans leur rapport de recherche, ces auteurs ont mis en évidence les impacts négatifs visibles de l'installation des déplacés sur les unités paysagères. Car, d'une part, la superficie de la couverture ligneuse a régressé, et, d'autre part, les besoins en terres cultivables ont augmenté. Du coup, le foncier pastoral est occupé par des exploitations agricoles et des installations pastorales. Face à cette nouvelle configuration des territoires d'accueil, ces auteurs proposent un plan de restructuration qui favoriserait la protection environnementale et le développement des territoires en proie aux crises sécuritaires.

Au total, l'ouvrage en question est structuré en deux parties. La première a pour titre : *multiplicité et jeu d'acteurs, conflits d'usages et gestion des ressources naturelles*. Elle comporte sept chapitres pour décrire et analyser ce jeu d'acteurs d'une part, et pour aussi identifier et comprendre les facteurs de dégradation des ressources naturelles d'autre part. Quant à la seconde partie, elle a pour titre : *analyse des outils de la gouvernance des ressources naturelles évaluées et perçues*. Elle possède aussi sept chapitres pour présenter et décrypter les outils et les modes de gestion et de conservation des ressources naturelles.

REFERENCES BIBLIOGRAPHIQUES

Ahlers, T., (2017). L'Afrique dans 40 ans. Rapport 2017 Forum des marchés émergents sur l'Afrique.

Ahlers, T., Hiroshi Kato, Harinder S. Kohli, CallisoMadavo, Anil Sood, (eds). (2014). Afrique 2050. *Realizing the continent's Full Potentiel, Afrique contemporaine* 2014/3 (n° 251) pp 173-175.

Beauvilain, A., (1989). *Le Nord-Cameroun : crise et peuplement,* 2 vol., France, Imprimerie Claude Belle à Coutances (Manche), 625 p.

Boutrais, J., (1989). Les unités naturelles in J. Boutrais, J. Boulet, A. Beauvilain, P. Gubry, D. Barreteau, M. Die'J, R. Breton, C. Seignobos, G. Pontie, Y. Marguerat, A. Hallaire, H. Frechou (Ed), *Le Nord Cameroun, des hommes, une région.*ORSTOM. pp 23-62.

Bukobero, L., Bararwandika, A. et Niyonkuru, D., (2013). La dynamique de la gouvernance des ressources naturelles collectives au Burundi, VertigO-la revue électronique de l'environnement.

Carmody, P., (2009). Cruciform sovereignty, Matrix Governance and the scramble for Africa'a oil: insights from Chad and Sudan. Political Geographical 28 (6). pp 353-361.

Carmody, P., (2011). *The new scramble for Africa,* 1st Edition, Cambridge, UK and Maiden, MA: Polity presse.

Carmody, P., (2013). *The rise of the BRICS in Africa: the Geopolitics South-South relations.* Londres-New York: ZED Books, 160 p.

Carol, J.P., Colfer, Prabhu, R., Günter, M., McDougall, C., iyasaka, N., Porro, R., (2000). Qui compte le plus? Évaluer le bien-être social dans la gestion durable des forêts. Manuels des critères et indicateurs pour la gestion durable des forêts.

CEDC, (2009). *Utilisation et gestion des ressources naturelles en zone sèche du Nord-Cameroun*, Rapport du diagnostic de base, Maroua, ESPRIT, 34 p.

Commission économique pour l'Afrique, (2018). *La gouvernance des ressources naturelles et la mobilisation des recettes publiques pour la transformation structurelle.* Rapport sur la gouvernance en Afrique. Addis Abeba, Éthiopie. 130 p.

Gonné, B., (2009). Migrations et problématiques d'installation récente des paysans dans la vallée de la Bénoué (Nord-Cameroun), pp 43-44, in XIIIᵉ Colloque international du Réseau Méga-Tchad, *Migrations et mobilités dans le bassin du Lac Tchad*, Maroua 31 octobre-02 novembre 2005, IRAD-IRD, Maroua, 2009, 140 p.

Guibbaud, P., (2014). Boko Haram : Le Nord-Cameroun dans la tourmente

? GRIP, Éclairage.

Hansen, W., (2015). Boko Haram: Religious Radicalism and Insurrection in Northern Nigeria, in *Journal of Asian and African Studies*, Volume: 52, issue: 4, pp 551-569.

IDEA, (2017). Améliorer la gouvernance des ressources naturelles en Afrique. Note d'information, Programme Afrique et Asie de l'Ouest. 4 p.

Kaimal, S., (2021). Indice de gouvernance des ressources naturelles. Natural Ressource Governance Institute. 40 p.

Koulandi, J., (2000). Les migrations des populations de l'Extrême-Nord dans la vallée de la Bénoué in *comprendre la dynamique migratoire au Nord-Cameroun*, PRASAC/IRAD, Garoua, Cameroun, 13 p.

Koulandi, J., (2006). *Rural resettlement, cotton cultivation and coping strategies in the Benue River basin, Northern Cameroon*, Doctoral Thesis PhD, University of Tromos (Norway), p.309.

Koungou, L., (2016). *Boko Haram - Parti pour durer*, Paris, L'Harmattan, Collection Études africaines ISBN : 9782343085692.

Lavigne Delville, P., et GRET, (2001). Quelle gouvernance pour les ressources naturelles renouvelables ? La gestion des ressources naturelles dans le contexte de la décentralisation en Afrique de l'ouest. Étude de l'AFD. 31 p.

Le Billon, P., (2005). *Geopolitics of ressource wars : resourcedependance, governance and violence*. Numerospecial de Geopolitics, London, Frank Cass, 277 p.

Madaniou, D., (2021). Effets de la gouvernance sur les ressources naturelles : évidences en Afrique subsaharienne. International Journal of Economics 1(3): pp 323-337.

Mahonghol, D. S., (2009). Gouvernance et gestion des ressources naturelles forestières en Afrique centrale : réfléchissons ensemble, COMIFAC, Cameroun.

Ould Aoudia, J., et Meisel, N., (2008). L'insaisissable relation entre « bonne gouvernance » et développement, *Revue économique,* 59(6), pp 1159-1191.

Pound, B., Snapp, S., McDougall, C. et Braun, A., (2012). *Managing natural ressource for sustainable livelihood*. Les maisons d'éditions : Earthscan, CRDI.

Schneider, H., (1999). Gouvernance participative : le chaînon manquant dans la lutte contre la pauvreté, *Cahiers de politique économique du Centre de Développement de l'OCDEA*, OECD publishing.

Seignobos, C., (2002). Une négociation foncière introuvable ? L'exemple du Mayo-Rey dans le Nord du Cameroun, in *Colloque international 'les frontières de la question foncière'*, Montpellier, 21 p.

Serfati, C. et Le Billon, P., (2007). Mondialisation et conflits des ressources naturelles, *écologie et politique*, 1 (N° 34), pp 9-14.

Vircoulon, T., (2020a). Quand l'Afrique s'éveillera… (Entretiens). Juil/Août 2020, Économie Afrique.

Vircoulon, T., (2020b). Écosystème des groupes armés en Centrafrique. Notes de l'Ifri, Ifri, avril 2020. 32 p.

Vircoulon, T., (2022). État fragile, aplati et failli. Réflexions sur la gouvernance hybride et l'évolution de l'État en Afrique et au Sahel. Notes de l'Ifri, Ifri, Septembre 2022. 23 p.

PREMIERE PARTIE:

MULTIPLICITÉ ET JEU D'ACTEURS, CONFLITS D'USAGES ET GESTION DES RESSOURCES NATURELLES

Enjeux de la gouvernance des ressources naturelles dans le Parc National de la Bénoué et sa périphérie (Région du Nord-Cameroun)

Aoudou Doua Sylvain et Narké Jean Cyrille

RESUME. Aujourd'hui, plus des deux cinquièmes de la superficie des aires protégées (parcs nationaux et ZIC) de la Région du Nord sont soit moyennement dégradées, soit très dégradées. La forte et rapide croissance de la population entraine la demande en espaces pour le développement des activités agropastorales et autres activités des communautés riveraines (orpaillage, pêche, chasse, transhumance…). Dans les mêmes espaces, on exerce les activités agropastorales, l'orpaillage et les activités cynégétiques. L'objectif de ce travail est donc de montrer les différents enjeux de gestion et de gouvernance des ressources naturelles dans et autour du Parc national de la Bénoué. Car, l'agencement spatial discordant des activités dans le même espace est d'une part à l'origine d'une exacerbation de conflits d'usage des ressources naturelles, et d'autre part celle de la dégradation accrue des aires de conservation. À l'issue des travaux de collecte de données sur le terrain, des enquêtes, des entretiens, des observations, de la collecte des données secondaires diverses et d'échange avec les personnes ressources, nous avons identifié un certain nombre de défis répartis en trois grandes catégories : les enjeux écologiques, socioéconomiques et sécuritaires. Nos résultats montrent que cette situation s'accompagne par le développement de nouveaux modes d'exploitation et/ou d'utilisation desdites ressources parfois non durables et de nouveaux modes de concertation qui mobilisent différemment les logiques d'acteurs et les dynamiques territoriales. Également, la divergence des intérêts observés rend la gouvernance des ressources naturelles dans cette zone très complexe. Chaque acteur revendique des droits et exerce une fonction ou fait un usage spécifique des ressources des aires protégées. Afin de proposer des solutions efficaces, durables et capables d'inverser cette situation défavorable à l'atteinte des objectifs de conservation et de développement socio-économique des communautés, il est impératif de construire des modes de concertation et des modalités de gestion efficaces et opérationnellement viables.

MOTS-CLES. Enjeu, Ressource naturelle, Parc national de la Bénoué, Nord-Cameroun

ABSTRACT. Today, more than two-fifths of the surface area of protected areas in the Northern region are either moderately degraded or very degraded. The strong and rapid growth of population leads to a strong demand for space for the development of agropastoral activities and other community activities (gold panning, fishing, hunting, transhumance, etc.). In the same space agriculture, livestock breeding, artisanal gold panning, conservation and hunting activities, fishing and many informal activities are carried out. This discordant spatial arrangement of activities in the same space is on the one hand the origin of an exacerbation of conflicts over the use of natural resources, and on the other hand that of an increased degradation of conservation areas (PNB and ZICs). This situation was accompanied by the development of new modes of exploitation and/or use of said resources, sometimes unsustainable, and new modes of consultation which will mobilize the logics of actors and territorial dynamics differently, at the local and central levels. The divergence of interests observed makes the governance of RNs in this area very complex. Each actor claims rights and exercises a function or makes specific use of PA resources. In order to propose effective, sustainable solutions capable of reversing this unfavorable situation for achieving the objectives of conservation and socio-economic development of communities, it is imperative to build modes of consultation and management methods that are effective and operational. viable. And this requires a precise identification of the different management and governance issues of RN in and around the PNB. At the end of the data collection work in the field and discussions with resource people, we identified a number of challenges divided into three main categories. These are ecological issues, socio-economic issues and security issues.

KEYWORDS. Issue, Natural resource, Benue National Park, North Cameroon

INTRODUCTION

La nature et la biodiversité déclinent plus rapidement qu'à aucun autre moment de l'histoire, avec des rapports majeurs successifs mettant en évidence l'énorme ampleur de la perte de la nature. Car, la forte croissance démographique et la pression exercée sur les ressources par des populations de plus en plus pauvres, les modes de production et de consommation non viables, la recherche sans fin de capitaux financiers, font peser d'énormes menaces sur les ressources naturelles et dégradent l'environnement surtout dans les pays en voie de développement. Un million d'espèces végétales et animales sont menacées d'extinction, dont beaucoup dans les prochaines décennies.

De plus, les effets du changement climatique constituent un problème transversal qui menace certes les écosystèmes, mais qui affecte également plusieurs autres questions liées au développement, comme la réduction de la pauvreté et la sécurité alimentaire. Pour arrêter et inverser ces tendances catastrophiques, il est essentiel de s'attaquer aux causes profondes d'autant plus que cela offre également des opportunités et des avantages, notamment pour l'amélioration de la santé et du bien-être humains et pour la création d'emplois. La façon dont les ressources naturelles (terre, biomasse, combustibles fossiles, métaux, minéraux et eau) sont gérées, a un impact important sur les principaux moteurs de nos défis planétaires les plus importants (Gao et *al.,* 2020; Husson, 2013).

Les enjeux environnementaux et du développement durable ont acquis ces deux dernières décennies, une bonne visibilité. On assiste à une prise de conscience écologique au niveau de la communauté internationale à travers diverses conventions internationales concernant les ressources naturelles (Creese et *al.,* 2019). L'objectif est de ralentir, voire stopper la cadence de destruction desdites ressources.

Autour du Parc National de la Bénoué (figure 1), cohabite une population assez nombreuse, composée d'autochtones, de migrants venus d'autres régions du Cameroun et d'étrangers venus de la République Centrafricaine (RCA), du Tchad et du Nigeria suite aux effets des changements climatiques et à l'insécurité dans certaines parties de ces pays.

La terre de cette zone est répartie en deux grands types d'espaces : les aires de conservation des ressources naturelles (Parc National de la Bénoué, Zones d'Intérêt Cynégétique et corridors de migration de la faune) et des Zones à Usages Multiples (ZUM) réservées aux activités agropastorales et autres usages. Pour des questions de survie, les populations riveraines du Parc National de la Bénoué font usage de toutes les ressources naturelles disponibles. La forte croissance de la population, et par conséquent la forte demande en espaces pour les pratiques agropastorales, est à l'origine de l'empiétement de plus en plus croissant sur les zones de conservation et leurs ressources (Ndamè, 2007).

Dans le même espace, on exerce l'agriculture, l'élevage, l'orpaillage artisanal, la conservation et les activités cynégétiques, la pêche et de nombreuses activités informelles. Cet agencement spatial discordant des activités dans le même espace est d'une part à l'origine d'une exacerbation des conflits d'usage des ressources naturelles, et d'autre part de la dégradation des ressources naturelles, la disparition des ressources fauniques et floristiques, et l'accentuation des changements climatiques. Une meilleure conciliation de la conservation de la biodiversité et du développement socioéconomique des populations demeure un impératif ; et cela passe par la maîtrise des enjeux de la gestion durable des ressources naturelles du Parc National de la Bénoué et de sa périphérie. Car la mise en œuvre des principes de gestion des ressources naturelles permettrait de s'attaquer aux facteurs fondamentaux de la perte de biodiversité.

MATERIELS ET METHODES
Cadre géographique

La zone d'étude (figure 1) est située entre 7°42' et 9°00' de latitude nord et entre 12°15' et 15°64 de longitude Est. Elle est composée d'un ensemble d'écosystèmes en interaction et présente un milieu physique interconnecté. Les éléments du milieu physique (relief, climat, hydrographie, végétation, faune) présentent des dispositions naturelles favorables à la promotion des activités de conservation et au développement des activités cynégétiques.

Autour du Parc National de la Bénoué, cohabite une population assez nombreuse composée d'autochtones, de migrants venus d'autres régions du Cameroun et d'étrangers venus de la République Centrafricaine (RCA), du Tchad et du Nigeria suite aux effets des changements climatiques et à l'insécurité dans certaines parties de ces pays.

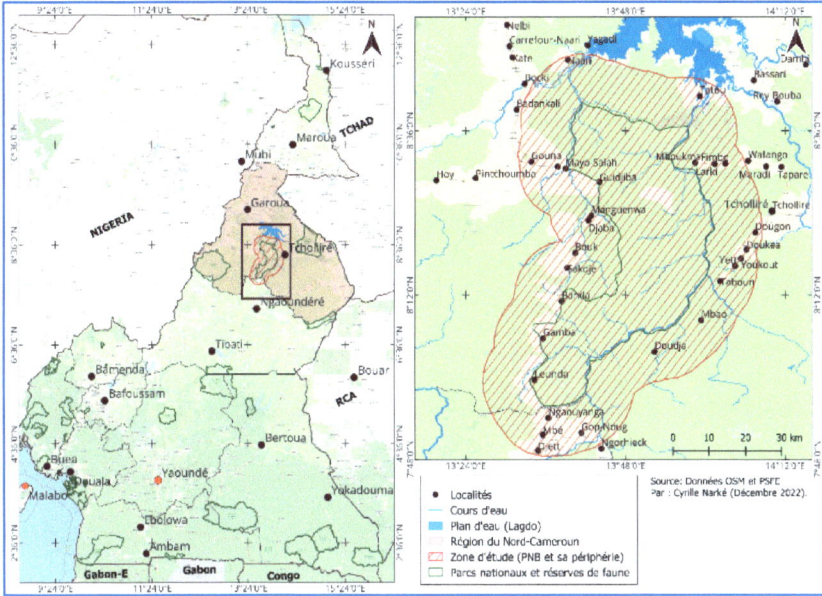

Figure 1. Localisation du Parc National de la Bénoué et sa zone d'étude

Le potentiel faunique est très important. La variabilité des traits morpho-topographiques en plus de déterminer la répartition spatiale des types de formations végétales, reste aussi un facteur important de la distribution spatio-temporelle des espèces fauniques dans l'ensemble de la zone d'étude. Les fonds inondables de la vallée de la Bénoué portent des prairies à *Loudetia spp., Vetiveria nigritana,* et divers *Aristida.* Les relations entre les sols et la végétation se manifestent par le fait que les espèces arborées ou arbustives sont plus espacées sur des sols hydromorphes et lithomorphes au profit des tapis herbacés à *Loudetia* et se concentrent sur des sols peu évolués ou à horizon caillouteux (Letouzey, 1958 ; Brabant et Humbel, 1974). La zone étudiée est soumise à l'influence de nombreux cours d'eau dont les plus importants restent la Bénoué, le Mayo-Salah et le Mayo-Mbao.

Le climat est de type tropical caractérisé par une opposition de deux saisons annuelles fortement contrastées : une saison des pluies et une saison sèche. La végétation est de type soudanien, appartenant aux savanes soudaniennes qui s'étendent entre le plateau de l'Adamaoua au sud et les monts Mandara au Nord (Letouzey, 1958). Cette végétation est caractérisée par une dynamique influencée par de nombreuses activités humaines. La diversité et la disponibilité des ressources naturelles du Parc National de la Bénoué et sa périphérie, facteurs d'attrait de diverses communautés aux pratiques d'exploitation intenses et diverses desdites ressources. Les pressions anthropiques sont à l'origine de la fragmentation de ces écosystèmes et la perte de la biodiversité, compromettant ainsi la vocation première de cette zone.

NB : pour la délimitation de la périphérie du PNB, nous avons défini une emprise de 15 Km autour dudit parc national. Dans cette zone se concentre l'essentiel des activités des populations.

Méthodologie

La démarche méthodologique (figure 2) se décompose en trois étapes, à savoir la collecte de l'information par un travail de terrain ; le traitement des données recueillies et les traitements cartographiques.

Au total, 387 personnes, dont 87 femmes, ont été enquêtées parmi les acteurs utilisateurs des ressources naturelles à la périphérie du Parc National de la Bénoué. En dehors des acteurs utilisateurs directs des ressources naturelles, au moyen du guide d'entretien, nous avons obtenu les avis des personnes ressources notamment les autorités administrative et municipale, les gestionnaires d'aires protégées, les responsables de la société civile et des Organisations Non Gouvernementales, et des représentants de quelques sectoriels impliqués dans la gestion des ressources naturelles.

Cette démarche s'appuie sur plusieurs outils mobilisés, qui sont les suivants : la revue bibliographique, l'utilisation de la Méthode Active de Recherche Participative (MARP) pour la collecte de données auprès des acteurs identifiés, les observations et levers de terrain et la cartographie de l'occupation du sol par approche orientée-objet.

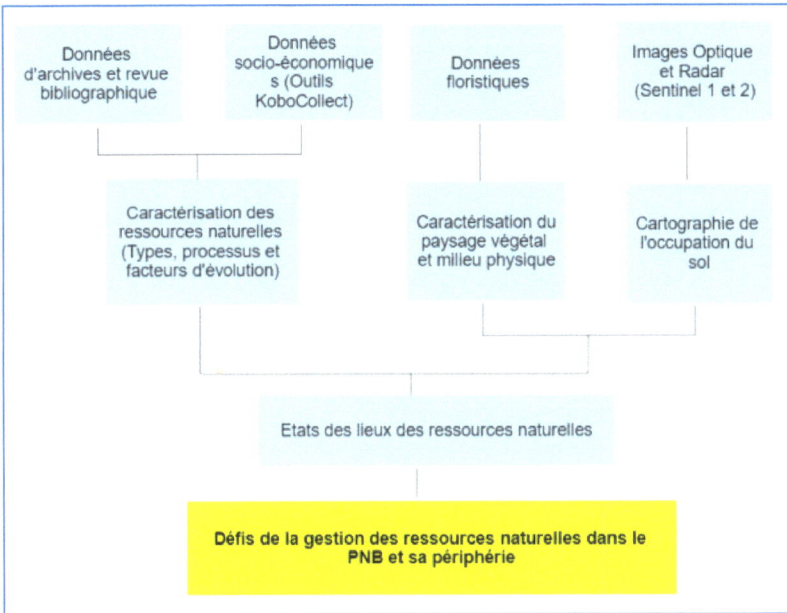

Figure 2. Démarche méthodologique

RESULTATS

Les résultats présentés dans ce travail après analyse des données sont axés sur trois points majeurs. D'abord, un état des lieux des ressources naturelles dans et autour du Parc National de la Bénoué est fait. Ensuite, une cartographie en termes de l'occupation du sol est faite pour mieux apprécier la gestion des ressources naturelles et les différentes pressions qu'exercent les acteurs sur ces ressources. Enfin, l'étude a relevé les enjeux de la gouvernance des ressources naturelles dans cette vallée de la Bénoué.

État des lieux sur les ressources naturelles dans et autour du Parc National de la Bénoué

Les ressources naturelles dans et autour du Parc National de la Bénoué sont un facteur d'attrait des diverses communautés aux pratiques plus ou moins divergentes sont entre autres réparties en plusieurs types. Les populations riveraines du Parc National de la Bénoué sont attirées par la présence remarquée des ressources floristiques, fauniques, foncières, hydriques, minières et fourragères.

Des ressources floristiques

La formation de savanes soudaniennes est la végétation caractéristique du PNB et sa périphérie. Elle correspond aux savanes boisées, voire très boisées, à forêt claire sèche, avec des influences anthropiques agricoles plus ou moins anciennes, auxquelles s'ajoutent les actions des feux de brousse. On distingue en gros la savane herbeuse, la savane arbustive, la savane arborée, la savane boisée, la forêt claire et la forêt galerie (Aoudou, 2010). Il s'agit de la savane dégradée arbustive dominée par des combrétacées (*Combretum glutinosum, Combretum collinum, Terminalia macroptera* et *Terminalia laxiflora*) qui forment une auréole autour des villages. La savane boisée/arborée à *Isoberlinia doka* ou *tomentosa, Burkea africana, Lophira lanceolata* etc., se retrouve sur les interfluves et les versants des collines tandis que les galeries forestières à *Anogeissus leiocarpus, Pterocarpus lucens* et *Pterocarpus erinaceus, Terminalia glaucescens* etc. longent les cours d'eau. Très souvent, une végétation monospécifique de *Terminalia macroptera/laxiflora* colonise les sols hydromorphes.

Au total, 60 placettes ont été effectuées de façon disséminée dans l'ensemble des formations végétales de la zone d'emprise de la connexion écologique entre les parcs : 2861 ligneux ont été identifiés. La figure 3 présente la fréquence des espèces les plus représentées dans la zone étudiée.

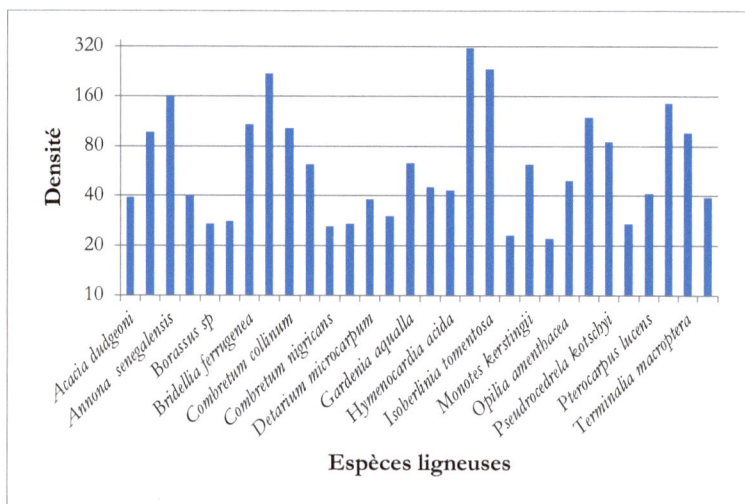

Source : Enquête de terrain (2021)
Figure 3. Richesse spécifique du complexe étudié évalué sur 2.4 hectares

Ces ressources ligneuses sont perçues par les communautés riveraines comme la matrice nourricière qui assure la continuité de la vie sur terre. Le couvert végétal est ainsi valorisé de par son infinie capacité à fournir du bois de chauffe dans les ménages, le charbon de bois pour la vente, le bois d'œuvre pour la construction des maisons et cases… (Calaque, 2018). La végétation et les sols sont favorisés et même liés à l'ambiance climatique de la zone. Ce qui constitue des facteurs importants pour l'installation des hommes. L'aspect actuel du couvert végétal est plus ou moins le résultat des actions diverses de l'homme sur son milieu. L'avancée sans précédent du front agricole est à l'origine de la dégradation des ressources floristiques.

Des ressources fauniques

Dans la zone, près de 306 espèces d'oiseaux et 77 espèces de poissons environ ont été recencées (WWF, 1998 ; MINFOF, 2005). Les espèces animales les plus représentées sont surtout les grands et moyens mammifères parmi lesquels : l'éléphant (*Loxodonta africana africana*), le Buffle (*Syncerus caffercaffer*), le Lion (*Panthera leo),* le Phacochère (*Phacheorus),* le Colobe guéréza (*Colobus guereza*), la Girafe (*Giraffa Cameloparalis*), le Cobe de buffon (*Kobus kob kob*), l'Hippopotame (*Hippopotamus amphibus*), le Babouin (*Papioanubis*), l'Ourebi (*Ourebia ourebi*), le Guib harnaché (*Tragelaphus scriptus*), l'Hyène (*Crocruta Crocruta),* le Céphalophe à flanc roux (*Cephalophus rufilatus*), le Bubale (*Alcelaphus buselaphus major*), le Cobe defassa *(Kobus defassa),* l'Hippotrague (*Hippotragus equines)* et la panthère (*Panthera pardus*).

Cette ressource fait l'objet de deux grandes menaces. Il s'agit du braconnage et de la dégradation des paysages et écosystèmes végétaux, support indispensable à la survie des espèces fauniques. Ces menaces sur les ressources fauniques sont à l'origine de la disparition et/ou de la diminution drastique du nombre d'individus de certaines espèces fauniques, et par conséquent la perte des activités liées à l'exploitation de cette ressource. Cette activité soustrait des milliers d'animaux des parcs. On estime qu'au moins 3000 animaux sont abattus chaque année par les populations (UICN, 2012).

Des ressources en terres

Les sols constituent une composante essentielle des ressources terrestres, du développement agricole et de la durabilité écologique. Ils sont à la base de la production alimentaire (humaine et animale), de la production de carburants et de fibres, ainsi que de nombreux services écosystémiques essentiels. Les sols de la zone d'étude ont été étudiés par Brabant et Humbel (1974), Brabant et Gavaud (1985). Ils distinguent les sols minéraux bruts ; les sols peu évolués (d'érosion, d'apport) ; les sols ferrugineux tropicaux (modaux, à concrétions ou indurés) ; les sols fersiallitiques ; les sols tropicaux lessivés ; les sols hydromorphes (pseudo-gley, amphigley). Selon Narké (2017), deux caractères principaux les distinguent : le caractère superficiel du fait du relief, et l'importance de la fraction grossière dans les horizons superficiels. La diversité des sols de la zone d'étude est propice à la diversification des spéculations agricoles et avec un très bon rendement. On y cultive les céréales, les tubercules, le coton ; et des cultures maraichères. La richesse et la fertilité du sol sont l'un des facteurs d'attraction des migrants venant de la Région de l'Extrême-Nord du Cameroun et des pays voisins notamment le Tchad et Nigéria.

Des ressources minières

Le Département du Mayo-Rey est très nanti en ressources minières telle que l'or. Il devient au fil des années un vaste chantier d'exploitation minière à ciel ouvert. Le cliché est loin d'être exagéré si l'on s'en tient à la progression et à l'inscription spatiale des activités minières à travers la multitude des sites d'exploitation qui sont pour l'essentiel concentrés dans les aires de conservation (Parc National de la Bénoué et Zones d'Intérêt Cynégétique). Cette exploitation se fait de façon artisanale par des orpailleurs venus d'horizons divers, et même de l'étranger (Nigeria, Tchad, République Centre Africaine), malgré l'interdiction des autorités en charge de la gestion des ressources naturelles. Cette exploitation engendre de graves conséquences sur la flore, la faune et l'hydrographie.

Il est également important de noter qu'en dehors de 7% de la population pratiquant l'orpaillage comme activité principale, plusieurs agriculteurs mènent cette activité à temps partiel. Cela peut aussi se justifier par le fait que plus de 82% des propriétaires terriens disposent chacun de moins de cinq (05) hectares pour leurs activités agropastorales. Afin donc de diversifier leurs revenus et être capables de pourvoir à leurs besoins tout au long de l'année, ils sont parfois obligés de se lancer dans d'autres activités. Parmi ces activités, il y a l'exploitation minière.

Des ressources en eau

Le Parc National de la Bénoué et sa périphérie sont bien drainés par son principal cours d'eau, le fleuve Bénoué, et par de nombreux cours d'eau dont certains sont saisonniers et d'autres permanents. Les affluents de ce fleuve sont les Mayos Mbam, Na, Oldiri, Dzoro, Alim, Pem, Sona, Biem, Gour, Beleli, Birma, Laindelaol, Lada Kout et Salah. À côté de ces cours d'eau à débit intermittent, on rencontre suivant les saisons des mares d'eau plus ou moins importantes. Cet important réseau hydrographique, et par conséquent l'abondance d'eau, favorise l'épanouissement d'une importante diversité faunique. En outre, elle favorise le développement de la pêche au niveau du barrage de Lagdo et dans les principaux cours d'eau de la zone d'étude. En dehors de la pêche, elle suscite la convoitise des agro-éleveurs et des orpailleurs.

Cas spécifique des pâturages

Les savanes herbeuses, pâturages par excellence, colonisent les vastes plaines alluviales et sont issues parfois d'une évolution régressive des savanes arbustives due à la forte pression anthropique. Elles correspondent à des jachères, des prairies inondables et des champs. Les ligneux à l'instar des *Ficus spp, Terminalia spp, Hymenocardia acida, Piliostigma thoningii*s, ont piqueté dans le couvert herbacé qui occupe plus de 80% du recouvrement total. Ces pâturages sont fortement concurrencés au sud par les zones de chasse et les réserves (45 % de la superficie totale), au nord par l'agriculture (10 % de la superficie totale) (Labonn et *al.*, 2003).

En dehors des fourrages naturels (herbacés), les résidus de cultures sont réservés pour l'alimentation du bétail : fanes d'arachide et de niébé, pailles de riz, de maïs et de sorgho. Les arbres utiles sont également émondés, tels que *Afzelia africana, Stereospermum kunthianum, Khaya senegalensis, Pterocarpus erinaceus, Danielia oliveri, Acacia sieberiana, Ficus sycomorus*.

D'après les services de l'élevage de la Région du Nord, les éleveurs étrangers qui arrivent dans la région pour un séjour de sept mois (novembre-mai) sont trois fois plus importants que le cheptel local. Outre la « disponibilité » des pâturages, un certain nombre de facteurs (figure 4) poussent les éleveurs à rejoindre la Haute Bénoué. Il s'agit de la forte insécurité qui règne dans toute la région et qui force les éleveurs à quitter leurs parcours habituels ou leurs terroirs d'attache, à séparer éventuellement des troupeaux et à rompre avec leurs pratiques antérieures ; la recherche des points d'eau pour abreuver le bétail en saison sèche, et la protection des troupeaux contre les maladies bovines (Kossoumna Liba'a, 2011 ; Narké, 2017).

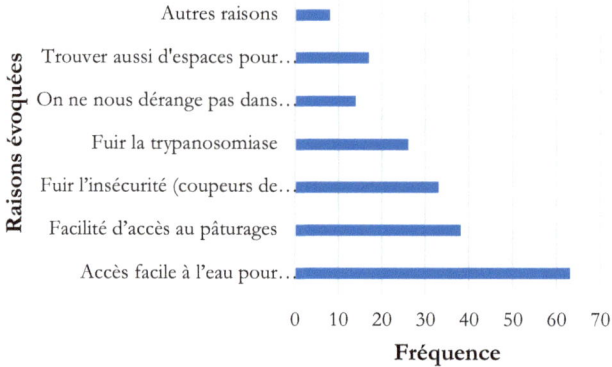

Figure 4. Raisons du choix du PNB et sa périphérie comme zone de pâturage

La figure 4 montre les facteurs d'attraction des bergers sédentaires et transhumants dans et autour du Parc National de la Bénoué. Il s'agit des ressources indispensables à la nutrition du bétail (disponibilité des pâturages et des points d'eau en saison sèche), évaluées à 27,67%, l'insécurité et des prises d'otage (12,88%), les maladies bovines (7,12%) et la recherche de zones favorables à la sédentarisation (trouver des espaces pour faire des champs, être le plus proche des villages pour la scolarisation des enfants, être proche de la route, être proche des centres commerciaux périodiques de la zone).

Cartographie de l'occupation du sol

La diversité et la disponibilité des ressources naturelles dans la vallée de la Bénoué sont à l'origine d'un important flux de migration vers cette zone (Raimond, 2015). Pour leur survie, ces communautés vivent de l'agriculture, de l'élevage, de la pêche, de l'exploitation des Produits Forestiers Non Ligneux (PFNL), du braconnage et de plus en plus, de l'orpaillage et de la vente du charbon et du bois de chauffe. La forte croissance de la population augmente davantage la pression sur les ressources naturelles disponibles ; ce qui est à l'origine de l'envahissement des aires de conservation par l'agriculture et par conséquent la disparition des espèces fauniques. Ces pressions contribuent à la transformation du paysage naturel de cette zone. On est passé progressivement des paysages naturels aux espaces agricoles. La carte d'occupation du sol de la zone d'étude (figure 5) montre l'ampleur des pressions anthropiques sur le couvert végétal.

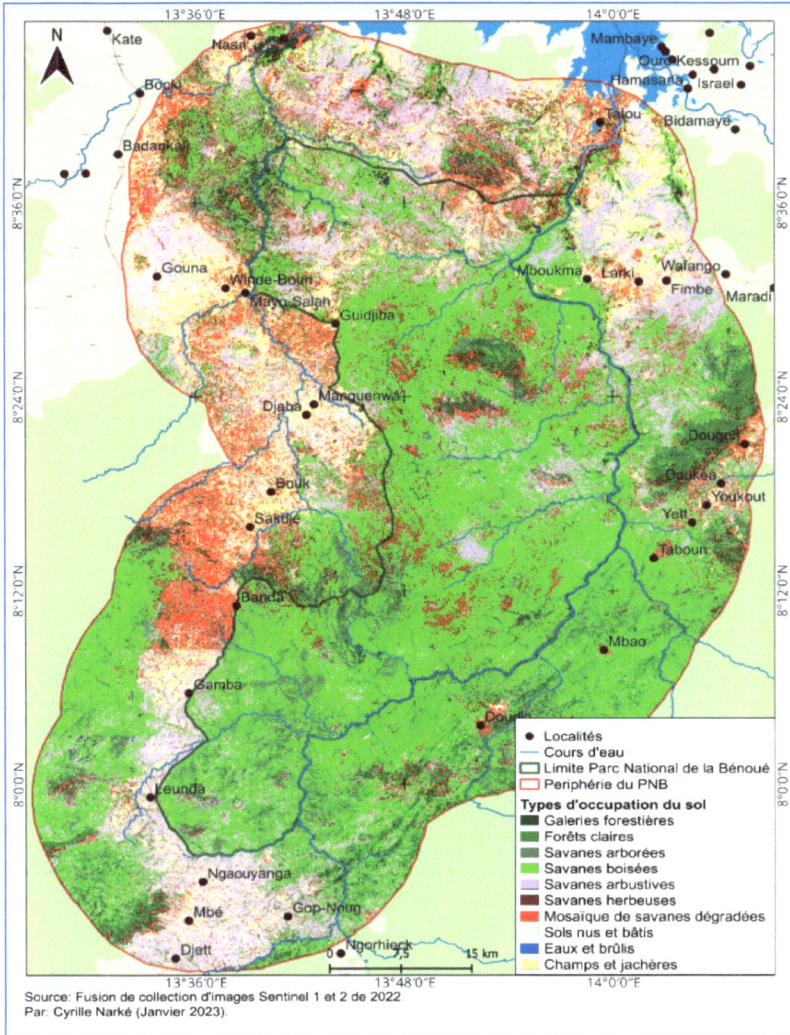

Figure 5. Carte de l'occupation du sol de la zone étudiée

L'évaluation statistique de la cartographie de l'occupation du sol produite a permis de quantifier les superficies et les pourcentages d'occupation du sol de chaque classe d'occupation de l'espace étudié. Il ressort alors de cette évaluation que le type d'occupation du sol dominant est la savane boisée avec 150806,89 hectares, soit 26,40 % de la superficie totale de la zone d'étude. Elle est suivie des savanes arbustives évaluées à 90016,51 hectares, soit 15,76% de la superficie totale. Les surfaces agricoles et jachères viennent en troisième position et couvrent une superficie de 77905,61 ha, soit 13,64%.

Ensuite, nous avons les forêts claires avec une superficie de 74360,12 hectares, soit 13,02%. Les savanes arborées et la mosaïque de savanes dégradées occupent respectivement 58028,11 (10,16%) et 57114,38 (10,00%). Les types d'occupation du sol (tableau 1) les moins représentés sont les forêts galeries évaluées à 24333 hectares, soit 4,26% ; les sols nus et bâtis évalués à 20015,9 hectares, soit 3,50% ; les savanes herbeuses évaluées à 17393,79 hectares, soit 3,04% ; la classe des eaux et brûlis est évaluée à 1266,65 hectares, soit 0,22%.

Tableau 1. Types d'occupation du sol

Types d'occupation du sol	Superficie (Ha)	%
Galeries forestières	24333	4,26
Forêts claires	74360,12	13,02
Savanes boisées	150806,89	26,40
Savanes arborées	58028,11	10,16
Savanes arbustives	90016,51	15,76
Savanes herbeuses	17393,79	3,04
Mosaïque de savanes dégradées	57114,38	10,00
Sols nus et bâtis	20015,9	3,50
Eaux et brûlis	1266,65	0,22
Champs et jachères	77905,61	13,64
Total	571240,96	100,00

Source : Traitement d'images Sentinel 1 et 2

La forte extension de l'emprise spatiale des surfaces occupées par les classes de champs et jachères, la mosaïque de savanes dégradées et les savanes arbustives, soit un pourcentage total d'environ 40% de la totalité de la zone d'étude, témoignent du poids des activités anthropiques et de la forte pression humaine. Car, les activités des populations (figure 6) sont à l'origine de la régression des paysages naturels de savanes au profit des champs et jachères.

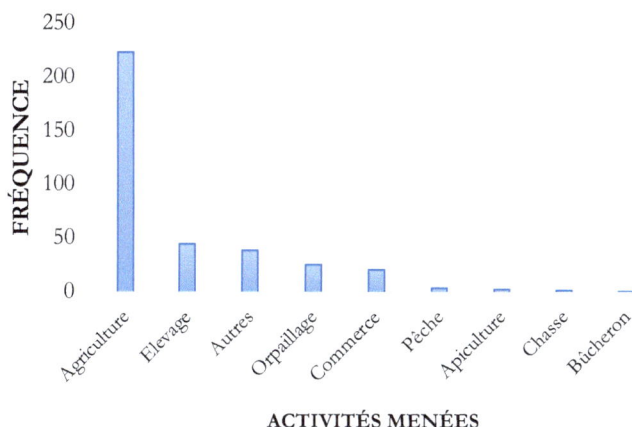

Figure 6. Principales activités des populations dans et autour du Parc National de la Bénoué

L'activité la plus pratiquée demeure l'agriculture, car elle est l'activité principale des autochtones et des communautés migrantes. Les bergers sédentaires également se lancent de plus en plus dans l'agriculture et les petits commerces. L'élevage vient en deuxième position et est plus pratiqué par les sédentaires et les transhumants. Après les récoltes, certains migrants et autochtones se lancent dans des travaux intermédiaires tels que l'orpaillage, la collecte des PFNL et quelques activités génératrices de revenus. Mais il faut noter qu'après exploitation des données collectées auprès de 387 enquêtés, il ressort que l'activité principale est fonction du statut social. Le tableau 2 présente la répartition de l'activité en fonction du statut social.

Tableau 2. Types d'activité selon le statut social

Activités	Statut social					
	Autochtone	Immigré	Réfugié	Sédentaire	Transhumant	Total
Agriculture	116	94	3	11	/	224
Apiculture	6	/	/	1	/	7
Autres	16	19	/	4	/	39
Bûcheron	/	8	/	/	/	8
Chasse	7	4	/	/	/	11
Commerce	5	9	/	7	/	21
Elevage	9	6	/	20	10	45
Orpaillage	10	13	2	/	/	26
Pêche	1	2	/	/	/	4
Total	**171**	**156**	**5**	**10**	**10**	**387**

<u>Source</u> : *Enquêtes de terrain (2021)*

La figure 7 présente les différentes ressources naturelles de ladite zone et leurs différents usages.

Figure 7. Synthèse des différentes ressources naturelles et leurs usages

Pressions sur les ressources naturelles et perceptions des acteurs

L'augmentation des pressions démographiques et la multiplication des acteurs dans la Bénoué sont à l'origine des dégradations observées. L'exploitation des données de terrain montre que lesdites ressources font l'objet d'une dégradation sans précédent.

Les ressources floristiques sont menacées par les défrichements permettant d'acquérir de vastes champs, la carbonisation de bois et l'utilisation des ressources végétales ligneuses comme source d'énergie dans les ménages. Car, 90 % des familles de cet espace dépendent de ces formations végétales pour la cuisson de leur repas (Ganota, 2015). Cela favorise la forte dégradation des formations végétales observée autour des

32

localités de la zone d'étude. Les herbacés sont aussi très prisés par les populations pour plusieurs raisons, à savoir la construction des maisons et/ou cases traditionnelles, la nutrition du bétail. Donc les ressources floristiques sont incontournables pour les riverains.

De plus, les activités d'exploitation minière ont un impact néfaste sur le couvert végétal, en particulier les forêts galeries (barrières naturelles des cours d'eau), et les ressources en eau. Car, elles favorisent la déviation et la perturbation de leur sens d'écoulement, l'ensablement observé au niveau du barrage de Lagdo. La figure 8 présente les types de changements environnementaux observés par les orpailleurs.

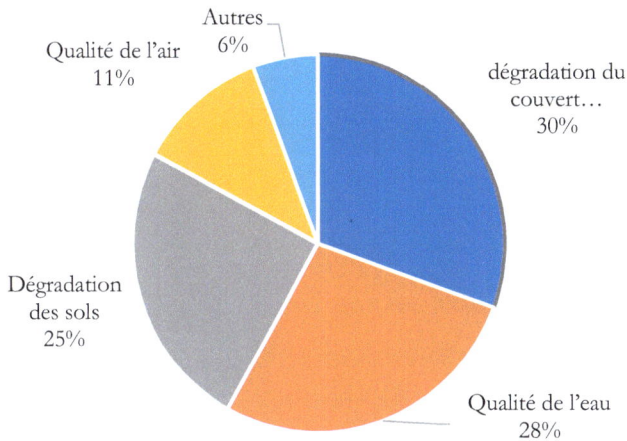

Figure 8. Proportion des changements environnementaux observés par les orpailleurs

À côté des orpailleurs, les pêcheurs ont également une bonne perception des menaces sur les ressources en eau. La figure 9 dresse un bilan de l'ampleur de ces différentes menaces.

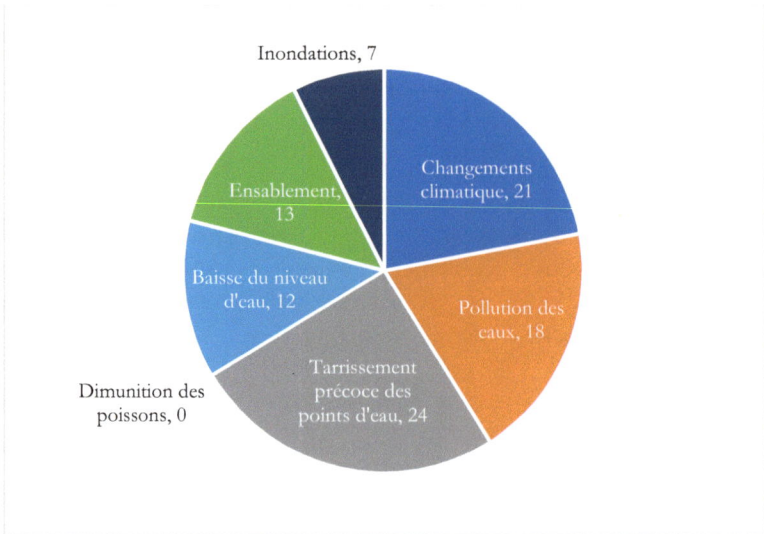

Figure 9. Perception des changements environnementaux observés par les pêcheurs

Les figures 10 et 11 présentent les problèmes rencontrés par les agriculteurs et les causes de la baisse des rendements agricoles.

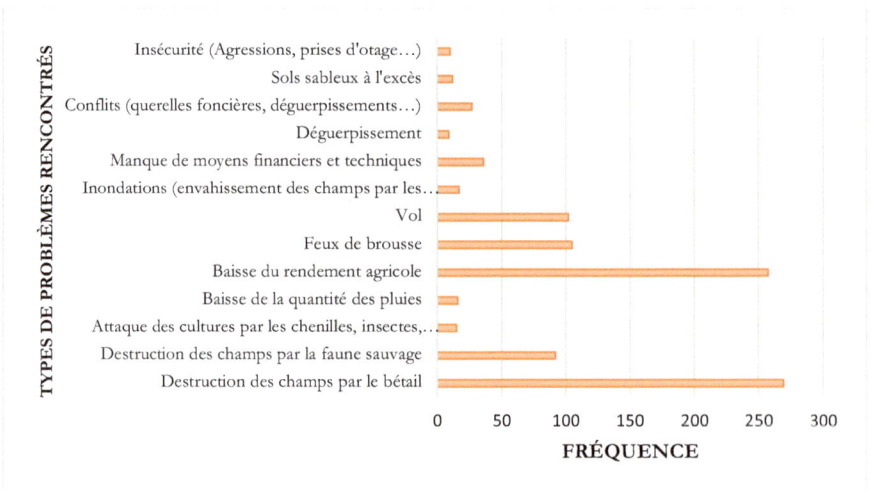

Figure 10. Difficultés rencontrées par les agriculteurs dans et autour du Parc National de la Bénoué

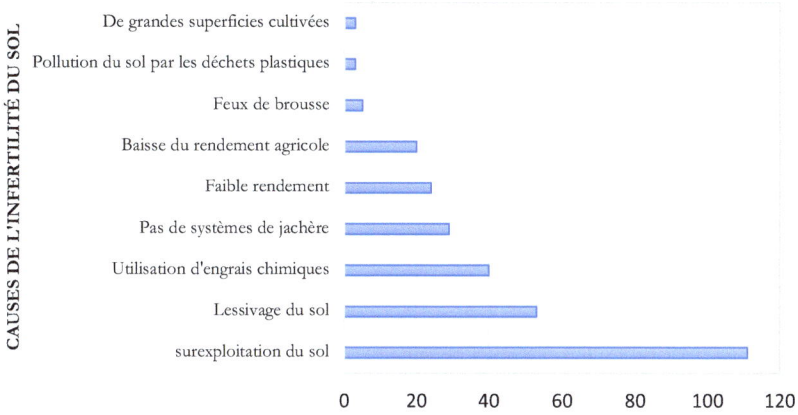

Figure 11. Raison de la baisse du rendement agricole dans et autour du Parc National de la Bénoué

En dehors des problèmes rencontrés par les agriculteurs, les éleveurs de leur côté font aussi face à de nombreuses difficultés. La figure 12 présente les différents problèmes rencontrés par ces derniers.

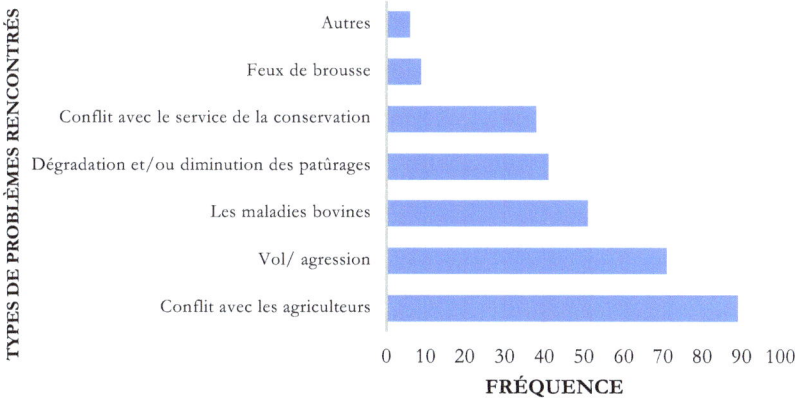

Figure 12. Difficultés rencontrées par les éleveurs dans et autour du Parc National de la Bénoué

La montée des intérêts divergents et controversés autour de l'utilisation des ressources naturelles dans et autour des aires protégées de la Région du Nord génère des conflits et reste un catalyseur de la dégradation de ces aires protégées ainsi que leurs ressources. L'analyse de la figure 12 montre que la plus grande difficulté des éleveurs demeure la situation conflictuelle avec les agriculteurs. Cette difficulté est évaluée à 24,38%. L'évolution du front agricole empiète sur les espaces de pâturage et est la cause des conflits qui se manifestent par l'envahissement et la destruction des champs par le bétail, les feux de brousse allumés par les bergers. Nous avons également l'occupation des abreuvoirs naturels le long des cours d'eau pour des cultures maraichères. Le berger est alors obligé de faire pâturer le bétail dans ces surfaces maraichères afin d'avoir accès au point d'eau.

Il est important de souligner que l'utilisation des zones de conservation pour des questions pastorales par les bergers (transhumants et sédentaires) engendre plusieurs effets, à savoir la perturbation de la quiétude de la faune, la compétition entre animaux domestiques et sauvages pour le pâturage, surtout autour des points d'eau-, la mutilation des arbres par les bergers, et l'érosion par le piétinement ou les déjections d'un bétail trop fréquent.

Défis de la gestion durable des ressources naturelles

La conciliation des objectifs de conservation et des objectifs de développement socio-économique des communautés repose sur la prise en compte d'un certain nombre d'enjeux et défis organisés en trois (03) grands groupes. Il s'agit des enjeux écologiques, des enjeux socioéconomiques et des enjeux sécuritaires.

Des enjeux écologiques

Les enjeux écologiques sont répartis en deux catégories. Tout d'abord, les enjeux environnementaux (préservation et/ou restauration des paysages végétaux, la protection et la préservation des espèces, la protection du barrage de Lagdo et le maintien de ses fonctions, la préservation des ressources en eau) qui vise la pérennisation des services écosystémiques ; ensuite, la lutte contre le changement climatique. Les changements climatiques dominent actuellement le discours relatif aux politiques en matière d'environnement et de développement.

Les études mondiales signalent que ce sont les communautés des pays les plus pauvres qui vont subir vraisemblablement les plus graves impacts des nouveaux schémas et variations climatiques tant suite à leur emplacement géographique que du fait de leur vulnérabilité face aux aléas environnementaux et de leur dépendance directe des services écosystémiques (IPCC, 2007; Kaboré, 2010). Dans le même temps, les changements en matière d'occupation du sol sont la cause de 18% des émissions de gaz à effet de serre et sont presque entièrement liés à la déforestation dans les tropiques (Stern, 2007).

Les aires protégées de la Région du Nord sont quasiment les seuls réservoirs restants où l'on trouve encore une diversité de paysages végétaux avec une richesse spécifique considérable. Elles constituent de ce fait un facteur important dans la régulation du climat de cette zone qui marque la transition entre le domaine guinéen et le domaine sahélien (Dongmo, 2009). La dégradation du couvert végétal de la zone d'étude va accentuer le changement climatique. Outre les produits qu'elle fournit directement, la flore exerce un rôle important dans la protection de l'environnement. Elle protège le sol de l'érosion entraînée par le rayonnement solaire, la pluie et le vent. Les arbres favorisent la fixation de l'azote et font remonter d'autres éléments nutritifs des couches plus profondes de la terre. Les feuilles mortes en formant une litière, constituent un engrais vert qui nourrit la terre. Les feuilles vertes nourrissent les bêtes et les hommes.

Les enjeux socioéconomiques

Face à la croissance démographique soutenue et les changements environnementaux rapides, il est nécessaire de s'interroger sur la pérennité des ZUM (Zones à Usages Multiples) et leur capacité à répondre aux défis non seulement de développement socioéconomique des communautés, mais également de développement durable. Ce qui favorisera la pérennisation des activités agropastorales (lutte contre la baisse du rendement agricole, la gestion des divers conflits…).

Pour freiner ces dégradations, il est important de réorganiser le foncier ; car ceci présente un intérêt majeur pour les collectivités territoriales en matière d'aménagement et de développement durable du territoire. L'aménagement foncier présente un intérêt, celui d'être « un organisateur local ». Il permet de mettre à jour la connaissance des propriétaires, des exploitants, et de délimiter les biens. Car, plus de 82% de la population (individus) possède moins de 05 ha des terres (33% moins d'un hectare et

49% entre 01 et 05 hectares) pour le développement de ces activités (Figure 13). Il s'agit des migrants et des réfugiés qui achètent des parcelles pour des fins agricoles. Ainsi, par manque de moyens financiers, la plus grande majorité des individus possède moins de 5 ha ; ce qui est donc très insuffisant pour faire des champs. Pour accroître leurs espaces, ils envahissent les zones de conservation. Ceux qui ont au-delà de 5 ha sont pour la plupart les autochtones, les commerçants et les autres opérateurs économiques.

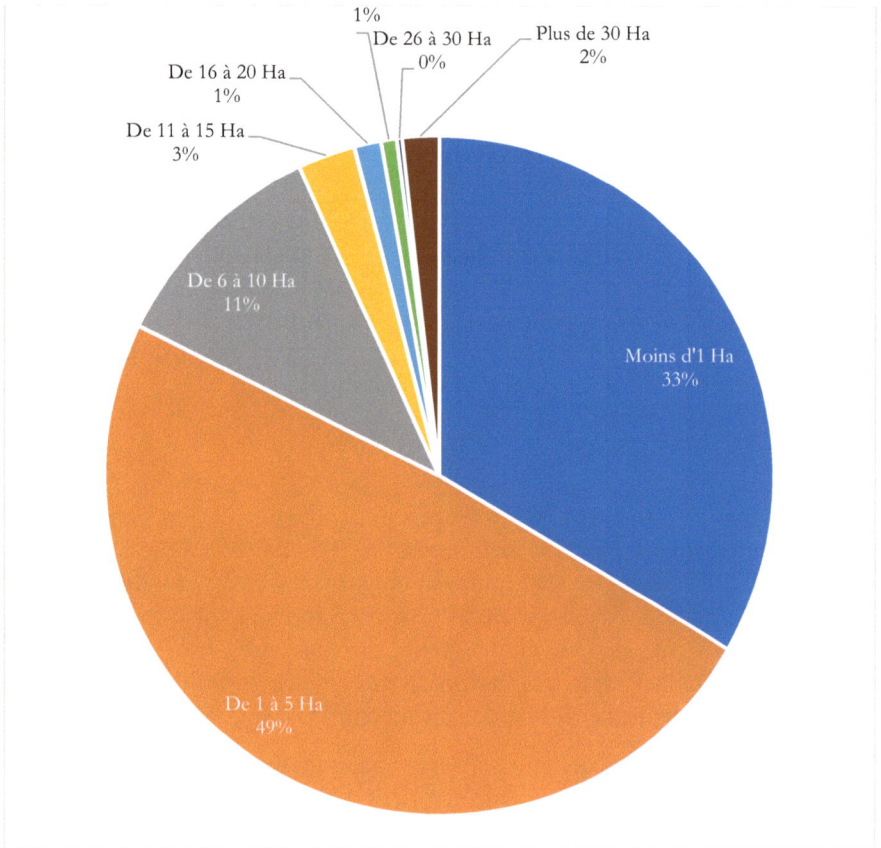

Figure 13. Répartition des terres en fonction de la superficie acquise

Des enjeux sécuritaires

Dans ce contexte de forte et rapide croissance démographique, la pression foncière va s'accentuer ; car le facteur-terre est à la base d'activités diverses. D'où l'impératif de trouver de nouveaux modèles de gestion plus conciliante aux diverses activités menées dans la zone. Il est important de souligner que cet accroissement de la population et la diversification des acteurs aux intérêts divergents, a favorisé l'émergence d'une pléthore de conflits d'usage des ressources naturelles et de l'insécurité.

De plus, il convient de rappeler que la transhumance reste un facteur d'insécurité à maitriser, car les bergers transhumants se déplacent pour la plupart avec des armes et sont parfois « indexés » en cas de prises d'otages, de vols de bétail des bergers locaux, d'agressions sur les agents de la conservation et aussi des communautés. Les périodes de transhumance sont parfois reconnues comme des « moments de terreur » et d'alerte maximale au niveau de chaque armée. Il est alors important de prendre des mesures nécessaires à la gestion du climat d'insécurité.

Le tableau 3 présente la synthèse des défis de la gouvernance des ressources naturelles dans et autour du Parc National de la Bénoué, et leurs causes structurelles et conjoncturelle.

Tableau 3. Synthèse des défis de la gouvernance des ressources naturelles dans et autour du Parc National de la Benoué

Défis	Causes structurelles	Causes conjoncturelles
Garantir la viabilité économique et sociale des aires protégées	Perte de la valeur commerciale des aires protégées, Dégradation des habitats et disparition de la faune	Chute de la chasse sportive, Désintéressement des touristes et des chasseurs, Délabrement des infrastructures touristiques, Les crises sécuritaires (prises d'otage, agression…), Braconnage des espèces emblématiques facteurs d'attraction des touristes
Renforcement du pouvoir de l'autorité traditionnelle	Crises de mécanismes coutumiers de régulation, d'encadrement de l'accès aux ressources naturelles et de	Multiplication des chefferies, Perte progressive du contrôle sur l'accès à la terre et autres ressources naturelles

	gestion de conflits	
Pérennisation des services éco-systémiques nécessaires à la régularisation du climat et de l'environnement	Invasion des crises environnementales, Paupérisation des communautés, Accélération des mutations en cours, Hétérogénéité des communautés et différenciation sociale	Dégradation du couvert végétal, Forte pression pastorale, Extension de nouvelles activités lucratives, Généralisation des mauvaises pratiques (feux de brousse, orpaillages, carbonisation de bois…)
Préservation des ressources en eau	Forte pression sur les ressources en eau et prolifération de mauvaises pratiques	Pollution des eaux par les pesticides, Déviation des lits des cours d'eau, Ensablement, Tarissement précoce des points d'eau (cours d'eau et lacs), Baisse de la quantité de poissons
Pérennisation des activitésagropastorales	Basculement du secteur agropastoral, Crise des territoires agropastoraux, Persistance du sous-développement, Forte croissance démographique dans les zones fertiles autour du Parc National de la Bénoué	Intervention simultanée de plusieurs perturbations Augmentation des sédentaires et transhumants, Fort développement de la filière coton, Diversification des cultures, Surexploitation du sol, Baisse du rendement agricole, Absence de systèmes de jachères, Présence des maladies bovines,
Elaboration d'un plan de zonage et d'un plan de gestion des ressources	Gouvernance amalgamée, Montée des intérêts controversés autour de l'utilisation des ressources naturelles	Pressions foncières, Absence de politiques concertées des sectoriels pour gérer de manière consensuelles les espaces multi-acteurs, Avancé sans précédent du front agricole (SODECOTON)

Aménagement de l'espace rural en concertation avec la population	Manque de plan de zonage et d'un plan d'aménagement du terroir	Absence de gestion de terre Pression démographique (non contrôle du taux de natalité)
Implication de l'autorité traditionnelle dans la gestion des ressources naturelles	Faible organisation sociale (oublies des us et coutumes, valeur de la tradition)	Manque de respect pour les chefs traditionnels par les autochtones (perte de l'autorité du chef)
Adoption et appropriation des textes au niveau local pour encadrer la transhumance	Méconnaissance, faiblesse et Inapplication des textes	Recherche du bon pâturage et des points d'eau par les bergers transhumants Augmentation du cheptel Non stabilisation des animaux (divagation du bétail)
Exécution de l'Arrêté préfectoral sur la gestion des feux de brousse	Méconnaissance, ignorance et faiblesse dans l'application des textes relatifs aux feux de brousse	Augmentation de la population avec l'arrivée des migrants (Création de nouveaux champs) Quête des repousses de pâturages verts par les transhumants
Atténuer l'ampleur du braconnage	Perte du potentiel faunique et de la vocation cynégétique attribuée à la région du Nord-Cameroun	Diminution des espèces faunique, Disparition de certaines espèces fauniques, Braconnage des espèces emblématiques facteurs d'attraction des touristes
Les enjeux sécuritaires	Transhumance transfrontalière	Porosité des frontières avec les pays de départ des éleveurs, Prises d'otage et demande de rançon, Arrivée massive et rapide des transhumants de divers horizons,

DISCUSSION

La conservation de la biodiversité et l'utilisation durable des ressources naturelles dans et autour des aires protégées sont parmi les préoccupations majeures pour les États (Narké, 2015). Car, une production et une utilisation meilleures et plus efficaces des ressources naturelles peuvent être l'un des moyens les plus rentables et efficaces de réduire les impacts sur l'environnement (y compris la pollution) et de faire progresser le bien-être humain (Manager, 2017; Boutinot et Karpe, 2020). Autour du Parc National de la Bénoué, les communautés sont hétérogènes et présentent une grande variété de formes de différentiation sociale et économique ; ce qui rend complexe la problématique de la gouvernance des terres et des ressources naturelles.

Pour identifier les défis et enjeux de gouvernance des ressources naturelles dans la Région du Nord ainsi que leur incidence sur les terres et ressources du Parc National de la Bénoué et de sa périphérie, nous avons adopté une démarche méthodologique articulée autour de trois points, à savoir : la recension des documents nécessaires à la compréhension et au cadrage de l'étude au fil de la recherche, la collecte des données par un travail de terrain, le traitement et l'analyse des données floristiques, socioéconomiques et satellitaires.

CONCLUSION

Au total, 387 personnes dont 87 femmes ont été enquêtées parmi les acteurs utilisateurs des ressources naturelles à la périphérie du Parc National de la Bénoué. En dehors des acteurs utilisateurs directs des ressources naturelles dans cette zone d'étude, nous avons au moyen d'un guide d'entretien obtenu les avis des personnes ressources (autorités administratives et municipales, gestionnaires d'aires protégées, responsables de la société sociétés civiles et Organisations Non Gouvernementales, et des représentants de quelques sectoriels impliqués dans la gestion des ressources naturelles).

En somme, les ressources naturelles du Parc National de la Bénoué restent un facteur d'attraction non seulement pour les communautés riveraines, mais également pour les pasteurs et migrants venus d'ailleurs. Chacun de ces acteurs veut avoir accès aux ressources et les contrôler. Mais ils doivent affronter les autorités traditionnelles, les élus locaux, les gestionnaires des aires en défens, les administrations impliquées dans la gestion des ressources naturelles, les Organisations Non Gouvernementales partenaires, et autres structures parapubliques et/ou privées. Ces acteurs interviennent pour une gestion coordonnée. La conciliation des objectifs de conservation et des objectifs de développement socio-économique des communautés repose sur la prise en compte d'un certain nombre d'enjeux et défis, à savoir les enjeux écologiques, les enjeux socioéconomiques et des enjeux sécuritaires.

REFERENCES BIBLIOGRAPHIQUES

Aoudou Doua, S., (2010). *Suivi de l'évolution de la végétation ligneuse de la savane soudanienne dans haute vallée de la Bénoué au Nord-Cameroun*. Thèse de Doctorat, Université de Ngaoundéré, 307 p.

Abernethy, K., Maisels, F., White, L-J., (2016). Environmental issues in Central Africa. *Annual Review of Environment and Resources*. 41: pp 1-33. doi: 10.1146/annurev-environ-110615-085415.

Boutinot, L., et Karpe, P., (2020). La question autochtone : Forme et processus de construction d'une doctrine naissante spécifiquement africaine. In *Peuples autochtones et intégrations régionales : Pour une durabilité repensée des ressources naturelles et de la biodiversité*, pp 213-234. Presses universitaires de Rennes.

Creese, A, Washington, R., et Jones, R., (2019). Climate change in the Congo basin: Processes related to wetting in the December–February dry season. *Climate Dynamics*. 53(5): pp 3583-3602.

Brabant, P., et Gavaud, M., (1985). Les sols et les ressources en terres du Nord-Cameroun, ORSTOM, Paris, MESRES/IRA Cameroun 285 p.

Brabant, P., et Humbel, F.X., (1974). Notice explicative de la carte pédologique de Poli (n°51), Yaoundé + 1carte au 1/50000è

Callaque, (2018). Préparation du projet de développement territorial au nord Cameroun : revue bibliographique afférente au corridor écologique des trois parcs nationaux de Bénoué, Faro et BoubaNdjidda (2/2) : Synthèse.

Dongmo, A.L., (2009). *Territoires, troupeaux et biomasses : enjeux de gestion pour un usage durable des ressources au nord-Cameroun*. Thèse de doctorat PhD, de l'institut des sciences et industries du vivant et de l'environnement (agro paris tech), 275 p.

IPCC, (2007).*Climate Change 2007: Climate Change Impacts, Adaptation and Vulnerability*. (Summary for Policymakers.) [Working Group II Contribution to the Intergovernmental Panel on Climate Change, Fourth Assessment Report, Intergovernmental Panel on Climate Change,].

Kaboré, A., (2010). *Brousse des uns, aire protégée des autres, histoire du peuplement, perceptions de la nature et politique des aires protégées dans le Gourma burkinabè : l'exemple de la Réserve partielle de faune de Pama.* Thèse de doctorat présentée à l'Institut de Hautes Études Internationales et du Développement, Genève, Suisse, 383 p.

Kossoumna Liba'a. N., Dugué, P., & Torquebiau, E., (2011).*Éleveurs et agriculteurs du nord du Cameroun face à la violence et aux insécurités : Entre adaptation et impuissance.* *55*(155), pp 175-195. https://doi.org/10.7202/1007225ar

Letouzey, R., (1985).*Carte phytogéographique du Cameroun au 1 : 500000.* Yaoundé, Toulouse, Institut national agronomique & Institut de la carte internationale de la végétation, Herbier National, Yaoundé. 5volumes.

MINFOF, (2005). Plan d'Aménagement du parc national de la Bénoué et de sa zone périphérique (2000-2004).

Labonne, M., Magrong, P., etOustalet, Y., (2003). Le secteur de l'élevage au Cameroun et dans les provinces du grand Nord : situation actuelle, contraintes, enjeux et défis. 12 p. ffhal-00139191.

Narké, J.C.,(2015).Dynamique des paysages végétaux du Parc National de la Vallée du Mbéré et sa périphérie sud. Mémoire de Master II, Université de Ngaoundéré. 165 p.

Narké, J.C., (2017). *Fragmentation des habitats et rupture de la connectivité écologique entre les parcs nationaux de la Bénoué et du Faro* [Mémoire de Master]. Université de Maroua.

Ndamé, J.P., (2007). L'aménagement difficile des zones protégées au Nord-Cameroun. *Autrepart,* 2007/2; N° 42, pp 145-161.

Stern, N., (2007). *The Economics of Climate Change:* (Cambridge University Press.).

Raimond, C., (2015). *Agrobiodiversité et dynamiques paysagères Des champs aux territoires de conservation (Haute Bénoué, Cameroun).* Volume 3/3. 247 p.

UICN/PACO, (2012). *Acteurs et gouvernance des aires protégées d'Afrique de l'Ouest : Quelle contribution à la conservation ?* 171 p.

WWF, (1998). Abondance, distribution et Biomasse de quelques grands mammifères dans le Parc national de la Bénoué. WWF/FAC/MINEF, Garoua, 48 p.

Acteurs « belliqueux » et enjeux autour de la gestion de l'eau dans la Région de l'Extrême-Nord du Cameroun : cas du Lac Maga et du fleuve Logone

Zouyane Valentin, Evele Zacharie, Saidou Bogno Daniel et Gonné Bernard

RESUME. Les *Yaérés*, alimentés par le fleuve Logone, restent une zone de forte concentration des éleveurs transhumants (arabe Choa et Foulbé) pendant la saison sèche. En plus d'être des réservoirs d'eau grâce à la présence des points d'eau notamment les mares d'eau et du lac Maga, ils mettent à la disposition du bétail des ressources en herbe. Autour de ces différents points d'eau les éleveurs mobiles et les agriculteurs-pêcheurs (Mousgoum/Kotoko-sédentaires) mènent leurs activités diverses durant toutes les saisons. Ces acteurs aspirent avoir le monopole et le contrôle de cette ressource en eau. Monopole qui est à l'origine des conflits agropastoraux et intercommunautaires depuis des décennies. L'objectif de ce travail est de montrer que le contrôle de la ressource-eau dans la vallée du Logone reste un enjeu important pour les groupes d'acteurs antagonistes. Les méthodes de travail sont basées sur l'analyse documentaire et des enquêtes de terrain dominées par l'observation participante et dissimulée, des entretiens (10) et des questionnaires adressés aux différents groupes d'intérêt : agriculteurs (150), éleveurs nomades (120) et pêcheurs (130). Nos territoires d'étude sont Zina et Logone Birni dans le Département du Logone et Chari et Maga inscrit dans le Département de Mayo-Danay. Les résultats montrent que les conflits entre les acteurs ne font que s'amplifier et connaissent l'utilisation des armes de guerres. Ces armes sont à l'origine de morts d'hommes ; aussi, chaque groupe d'intérêts lutte pour le monopole et le contrôle de la ressource-eau. En plus, un doigt accusateur est pointé en direction des autorités traditionnelles et administratives dans le maintien des conflits, ce qui complique la recherche des solutions durables dans cette zone.

MOTS CLES. Eau, Lac Maga, *Yaéré*, Logone, Enjeux, Acteur, Extrême-Nord du Cameroun.

ABSTRACT. The *Yaérés*, which are fed by Logone River, remain an area of high concentration of transhumant herders (Arab Choa and Foulbé) during the dry season. In addition to being a water reservoir thanks to the presence of water points, notably ponds and Lake Maga, they provide grass resources to livestock. Around these different water points, mobile breeders and farmer-fishermen (Mousgoum/Kotoko-sedentary) carry out their various activities during all seasons. These actors aspire and want to have a monopoly and control of this water resource. Monopoly which has been at the origin of agropastoral and intercommunity conflicts for decades. The objective of this work is to show that the control of water resources in the Logone valley remains an important issue for groups of antagonistic actors. The working methods are based on documentary analysis and field surveys dominated by participant and hidden observation, interviews (10) and questionnaires addressed to different interest groups: farmers (150), nomadic breeders (120) and fishermen (130). Our study areas are Zina, Logone Birni and Maga, three districts in the Logone and Chari division Results show that: conflicts between actors are only increasing and are experiencing the use of weapons of war. These weapons are the cause of human deaths; also, each interest group fights for the monopoly and control of water resources. In addition, an accusing finger is pointed at traditional and administrative authorities in maintaining conflicts, which complicates the search for lasting solutions in this area.

KEYWORDS. Water, Lake Maga, Yaéré, Logone, Issues, Actor, Far North of Cameroon.

INTRODUCTION

Dans toute l'Afrique subsaharienne, les conflits sont fréquents entre les éleveurs et les agriculteurs dont les intérêts et les pratiques diffèrent fortement (Kossoumna Liba'a, 2016). La croissance démographique et l'augmentation de la production marchande ont causé l'expansion agricole sur les terres de pâturage. À chaque fois, les agriculteurs sont à la quête de nouveaux fronts pionniers pouvant leur permettre d'accroître leurs cultures. Les pêcheurs ont également besoin de l'espace pour étendre leurs canaux de pêche. C'est pourquoi ces acteurs n'hésitent pas à envahir les espaces réservés aux pâtures.

Ainsi, lors des descentes massives des éleveurs transhumants des zones sèches vers celles plus humides, les pasteurs se rendent comptent que leurs espaces sont occupés par les champs ou sont obstrués par les canaux de pêche. Cet état de situation contribue à l'augmentation des tensions et conflits entre les acteurs.

Dans la Région de l'Extrême-Nord, ces types de conflits (communautaire ou agropastoral) sont fréquemment observés ces dernières années et sont récurrents dans les *Yaérés*, un milieu humide en zone sahélienne.

Les *Yaérés* sont une zone inondable non seulement riche en ressources halieutiques, mais aussi ces plaines sont dotées de bons pâturages de saison sèche. Pendant cette période de l'année, plus de 200 à 300 000 bovins y séjournent chaque année (Moritz, 2006; Sighomnou, 1997).

Les travaux d'aménagement de la riziculture et de l'endiguement du lac de Maga dans les années 1979 ont considérablement réduit le niveau d'inondation des *Yaérés* et par la même occasion, augmenté les besoins en eau des différents acteurs. L'élevage reste maintenu et entretenu vers les *Yaérés* alors que les pêcheurs multiplient des nouvelles techniques de pêche pour améliorer leurs rendements aux côtés des agriculteurs qui élargissent leurs champs de *Mouskuwari* tout en occupant les espaces de pâturage. Il se pose alors la question de la course à la ressource en eau vers laquelle chacun de ces groupes d'acteurs veut en prendre le contrôle et avoir le monopole de la plaine d'inondation toute entière.

Si autrefois les éleveurs transhumants menaient une vie relativement harmonieuse avec les pêcheurs et les agriculteurs des *Yaérés*, ce n'est plus le cas ces dernières années où les rapports qu'entretiennent ces acteurs sont de plus en plus conflictuelle et exacerbés par l'insécurité créée par la secte islamiste Boko Haram et la circulation d'armes à feu provenant du Tchad (Zouyane et Kouiyé Gabin, 2023). Les conflits qui connaissent désormais l'utilisation des armes à feu, ont un impact direct sur la vie et les moyens de ceux qui sont impliqués ; désorganisent et menacent la durabilité des systèmes de production agricole et pastorale (Moritz, 2006). C'est pour cela que des solutions appropriées sont nécessaires pour réduire ou résoudre « durablement » les conflits agro-halio-pastoraux dans la plaine du Logone.

MATERIEL ET METHODES
Présentation de la zone d'étude

Les *Yaérés* (figure 1) sont situés sur la rive gauche du fleuve Logone, entre le 10° et le 13° de Latitude Nord et entre le 14° et le 16° de Longitude Est (Nvondo, 2003). Ils couvrent une superficie d'environ 7900 Km^2 (CBLT, 2007). Ils sont limités au Sud par le cordon dunaire Limani-Yagoua et les monts Kaélé, à l'Est par le fleuve Logone, au Nord par *El Beid*, cours d'eau servant de vidange des eaux de la plaine vers le lac Tchad, et sa limite à l'Ouest est marquée par les monts Mandara et l'axe Mora-Kousseri. Ils couvrent les Arrondissements de Maga, Zina, Waza et Logone-Birni. Les *Yaérés* présentent deux entités topographiques : celle du Grand *Yaéré*, c'est-à-dire la zone exondée qui constitue la calotte interceptant du côté Est, le petit *Yaéré* ; celle qui reçoit les eaux du déversement du fleuve Logone.

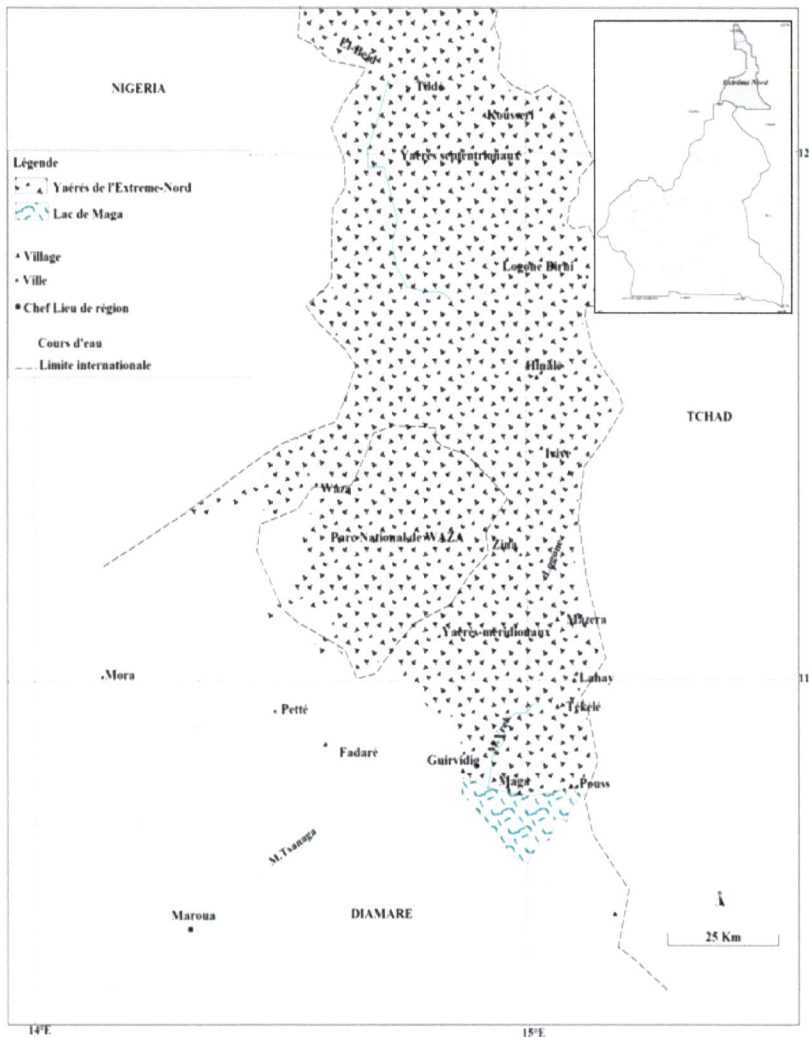

Source: Lienou, 2007
Figure 1. Localisation des *Yaérés* dans la Région de l'Extrême-Nord Cameroun

METHODOLOGIE

Des descentes (03 au total) ont été faites en vue de collecter les différentes données. Elles sont faites au cours de l'année 2021 et 2022 dans le lac de Maga à Maga, à Zina et à Logone Birni qui sont des territoires qui accueillent les transhumants en saison sèche.

Les groupes d'intérêt ou d'acteurs rencontrés et avec qui des entretiens ont été menés, sont les personnes suivantes : les chefs de poste zootechnique (03), les chefs de village (03), les agriculteurs (150), les éleveurs nomades (120) et les pêcheurs (130). C'est ainsi qu'au total, 406 personnes ont constitué notre échantillon aléatoire.

Tous ces acteurs sont conscients des problèmes rencontrés dans cette zone et souhaitent que des solutions puissent être apportées définitivement. De ce fait, tous soutiennent que sans un code rural, la gestion des ressources pastorales posera toujours des difficultés.

Par ailleurs, un protocole d'enquête leur a été administré afin de faciliter la communication. En outre, les appareils d'enregistrement audio et photographique ont été également mis à contribution tout le long de nos différentes investigations. Mais, tout compte fait, au terme de ces recherches les résultats glanés ont permis de produire les résultats escomptés.

RESULTATS

Les *Yaérés* constituent une zone hydromorphe qui reçoit le débordement des eaux du fleuve *Logone* et de ses affluents notamment le *loromé*, la *logomatiya*, le *mayo-vrick* et le *guerleo*, un cours d'eau alimenté par les eaux de vidange des rizières ainsi que d'*Arey-Tékélé*. Le couvert végétal est essentiellement herbacé, avec une prédominance des espèces annuelles très nourrissantes et appréciées par les animaux (figure 2).

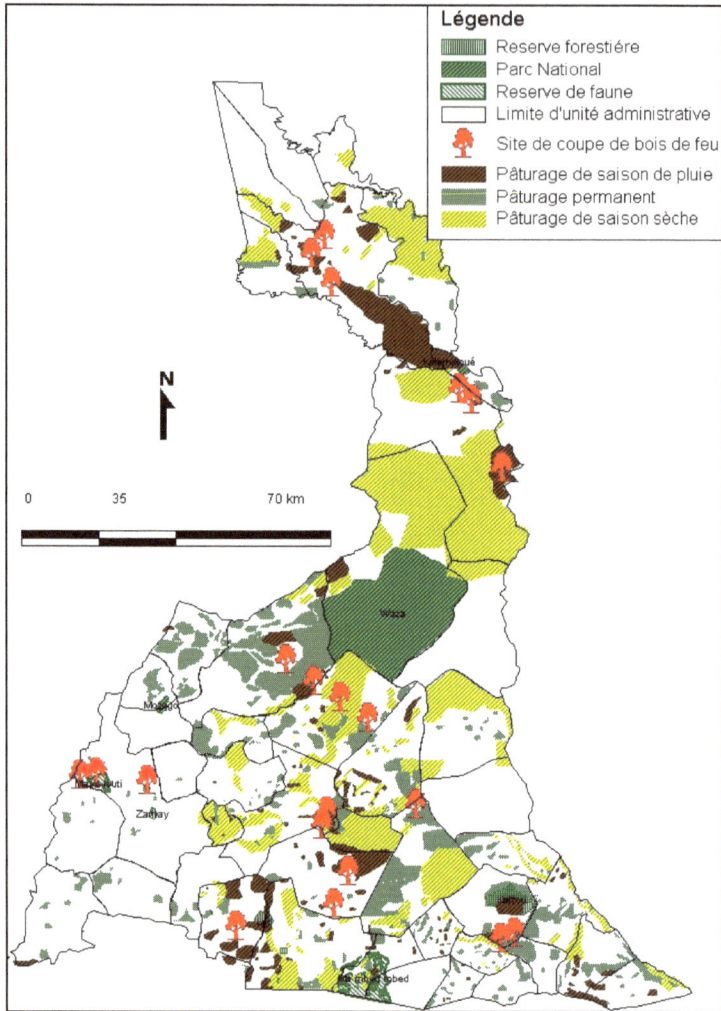

Source : *Requier (2001) et Midima, 2006*
Figure 2. Ressources végétales de l'Extrême-Nord Cameroun

La présence du lac Tchad, du fleuve Logone et du lac Maga dans la zone inondable, attire différents groupes d'acteurs en quête de survie. Les éleveurs mobiles considèrent cette zone comme une « zone de concentration des ressources pastorales et de refuge en saison sèche ». C'est pourquoi ils restent concentrés dans cette zone de septembre à Mai de chaque année (Photos 1 et 2).

A=Bras du fleuve Logone (Maga-Pouss) B= Animaux en pâture C= pâturages
Photo 1. En pâture le long du fleuve Logone (Pouss-Maga)

Durant toute la période de la saison sèche, les transhumants parcourent régulièrement les berges du fleuve Logone avec les animaux pour qu'ils exploitent la végétation herbeuse.

Photo 2. Animaux en pâture dans une partie du Lac Maga (Pouss-Maga)

Après le retrait des eaux dans une partie du lac Maga, la végétation s'installe. Les éleveurs utilisent donc cette végétation pour nourrir le bétail.

51

Pendant toute la saison sèche, ils vont utiliser la végétation du fleuve Logone et celle du lac Maga.

Les agriculteurs, en plus de la riziculture pratiquée, se livrent également à la culture du mil de contre saison. Enfin, les pêcheurs exploitent soit les ressources des lacs (les poissons), soit les ressources du Logone (Photo 3).

Source : Zacharie Evelé, 2022
A= Bras du fleuve Logone   B=Pêcheurs en activité
Photo 3. Pêcheurs en plein activité dans le fleuve Logone-Pouss

Facteurs des conflits dans la plaine du Logone

La diminution de la ressource en eau des *Yaérés* exacerbée par l'utilisation irrationnelle de l'eau de surface, la baisse de la pluviométrie annuelle et le rétrécissement du lac Tchad à plus de 90% de sa superficie, accroissent les besoins de survie des groupes d'acteurs (éleveurs mobiles, agriculteurs et pêcheurs).

Les pêcheurs sont confrontés à la sous-production halieutique, ce qui aboutit à la reconversion de certains d'entre eux (près de 90 pêcheurs soit 69.23 % sur les 130 choisis) dans l'agriculture, surtout celle de contre saison développée dans les *Yaérés* soit, une association de ces activités. C'est dire que la pêche devient pour eux une activité secondaire. Un regard est tourné vers les espaces laissés en pâturage ou les pistes de transhumance. Dans cette mouvance, on assiste ainsi à la fragmentation des espaces de pâture et à la transformation des pâturages en champs de culture.

Le haut rendement et l'importance du sorgho dans la vie socio-économique des populations accélèrent non seulement l'intensification de la *Muskuwaaculture,* mais aussi la transformation des couloirs à bétail en espaces de culture, surtout dans les zones de Guirvidig et Massah autour du lac Maga, zones considérées par les éleveurs transhumants comme leur porte d'entrée dans la plaine du Logone. Également, dans la zone de Zina, l'intensification de la riziculture fluviale, appelée « hors Casier », autour des points d'eau, a fragmenté les espaces de pâture et obstrué les couloirs à bétail.

Pourtant, les éleveurs mobiles ont besoin de passage pour entrer dans les *Yaérés*, paître les animaux et accéder à l'eau. Mais ils sont buttés non seulement aux champs de sorgho et du Riz créés sur leur passage, mais surtout à la résistance avec les agriculteurs. Ce qui est source de tensions fortes entre les différents utilisateurs de l'espace (Tableau 1). C'est dans cette logique que les conflits agro-pastoraux sont récurrents dans les zones des *Yaérés* où se développent la *Muskuwaaculture* et la riziculture.

Tableau 1. Raisons des conflits dans les *yaérés*

Acteurs concernés	Raisons des conflits				
	A	B	C	D	E
Agriculteurs					
Eleveurs mobiles					
Pêcheurs					
Pêcheurs-agriculteurs					

Source : Zouyane, 2018 et enquête 2023

+ Conflits les plus meurtriers

Légende : A : Destruction des canaux ; B : Destruction des champs ; C : Réduction des espaces pâturables ; D : Occupation des pistes et parcours ; E : Obstruction des pistes à bétail

Le tableau présente les raisons des conflits dans la zone inondable de la Région de l'Extrême-Nord. De tous les facteurs évoqués, la destruction ou l'utilisation des canaux de pêche sans autorisation engendre des conflits meurtriers. Car les pêcheurs se plaignent que le bétail « trouble » les canaux aménagés pour piéger les poissons et les éleveurs transhumants, eux, se plaignent que les canaux sont des couloirs à bétail.

Touffes d'herbes et canaux de pêche comme sources de conflit

Les nouvelles techniques de pêche développées suite à l'introduction de nouveaux outils de pêche par le Centre Technique Forestier Tropical (CTFT) en 1970 doublées de la diminution de la ressource eau, s'accompagnent des pratiques à caractère individualistes développées au sein de la population. Il s'agit des canaux qui sont des tranchées à ciel ouvert (photos 4) et de forme curviligne, de profondeur et de longueur variables et qui relient une mare ou une partie de la plaine au cours d'eau (Belal, 2003). La technique de pêche dans les canaux a un moyen rendement (entre 35 à 110 sacs de poissons/canal) par rapport aux techniques de pêche classique (pêche à la ligne, au filet…). Car la pêche dans les canaux permet « d'attirer et de piéger » les poissons. C'est pour cela que les pêcheurs des *Yaérés* vont creuser plus de canaux dans cette zone inondable. On dénombre près de 4000 canaux creusés dans la zone avec 40% du total concentrés sur la décennie 1996-2006.

A. Pêche dans un canal à Pouss-Maga

Photos : Zouyané, 2023
B= Filet permettant à piéger les poissons
Photos 4. Canaux de pêche à Pouss-Maga

La photo montre deux canaux : l'un dans lequel les pêcheurs se livrent à leur activité de collecte des produits halieutiques, l'autre, le fillet est mis en place pour pieger les poissons. C'est dans ces types de canaux que les transhumants viennent abreuver leurs aminaux.

À cette technique de pêche aux canaux s'ajoute la pêche aux touffes d'herbes. Elles sont en effet des aménagements sous forme de nappe de bosquets d'herbes constitués généralement des graminées qui sont entretenues et maintenues dans les mares d'eau par les pêcheurs afin d'attirer le maximum de poissons. Ces réserves individuelles à haut rendement sont multipliées sur l'étendue des *Yaérés* aux côtés des canaux de pêche que les propriétaires mettent en défens et contrôlent les vastes territoires traversés par leurs canaux de pêche et les sites de leurs touffes d'herbes.

Cet état des choses « frustre et marginalise » les pêcheurs « non-propriétaires qui viennent d'autres villages non riverains » et surtout les éleveurs transhumants qui considèrent eux-mêmes la zone comme leur identité et n'acceptent pas qu'un espace de pâturage leur soit interdit, approprié et contrôlé par les pêcheurs[1]. Pour ceux-là, l'accès à la ressource en eau est gratuit. Ainsi, pour avoir accès à ladite ressource pour abreuver le bétail, les pasteurs utilisent les canaux de pêche comme abreuvoir à Maga, Zina et Logone Birni. Cet acte n'a jamais était apprécié des pêcheurs. Souvent, lors de la consommation d'eau, le bétail tombe et se fracture, ce qui exacerbe les tensions entre les pêcheurs et les éleveurs. C'est dans cette controverse qu'on assiste à des conflits entre ces acteurs dans les *Yaérés*.

Conflits agro-halio-pastoraux : une épineuse problématique d'interaction, d'action et des réactions dans les *Yaérés*

La gestion des ressources en eau dans la zone inondable fait intervenir plusieurs acteurs : plus les agriculteurs veulent de l'eau pour alimenter les rizières, plus les pêcheurs, en plus de la pêche dans les lacs et les fleuves, mettent en place les canaux pour accroitre la production halieutique et les éleveurs transhumants, qui viennent soit du Niger, du Nigeria, du Tchad et de certains villages camerounais, sillonnent la zone inondable en saison sèche. On note donc une forte concentration des pasteurs dans la zone entre

---

[1] C'est l'autorité traditionnelle qui octroie et permet la mise en place des canaux dans cette zone.

les mois de septembre à juin de chaque année. Cette présence s'accompagne de dégâts divers.

Les réserves d'eau retenue dans le lac de Maga et les mares pendant l'étiage deviennent des points de convergences conflictuelles des acteurs pourtant condamnés à mener leurs activités sur le même support spatial où chacun entend poursuivre librement son activité. Les éleveurs de leur côté ont besoin de la ressource en eau pour faire paître (après le retrait des eaux dans le lac, une végétation herbeuse se met en place progressivement) et abreuver leurs animaux. Ils pénètrent les *Yaérés* en début d'étiage et entendent parcourir presque toute la zone inondable. Ils migrent vers les points d'eau autour et dans desquels se trouvent le fourrage et également les aménagements créés par les pêcheurs, notamment les canaux et les touffes d'herbes.

Les pêcheurs quant à eux aménagent les *Yaérés* en multipliant des techniques pour une exploitation permanente. Les canaux de pêche sont généralement des drains créés pour connecter une mare à un cours d'eau. En début de la crue, ces canaux drainent l'eau vers la mare en arrachant et transportant les débris et les alluvions pour les déposer dans le bas-fond. Après quelques années d'exploitation, les mares qui sont considérées comme des réservoirs d'eau, finissent ensablées et ne peuvent plus retenir l'eau et les poissons pendant l'étiage.

On assiste alors à une diminution quantitative de la ressource en eau, ainsi qu'à la disparition des mares surexploitées, entrainant par la même occasion une baisse de fourrage et une sous-production halieutique. C'est le cas de certaines mares telles que « *Bobogoui* », « *Balihou* » dans le canton de Lahaye, Arrondissement de Zina. Car, si elles ne sont pas entretenues, les mares qui sont exploitées par la méthode de pêche aux canaux finiront par disparaître.

La diminution quantitative de l'eau a désormais affecté la pratique de l'élevage et surtout la pêche, ce qui oblige certains pêcheurs à se convertir dans l'agriculture de contre saison développée dans le grand *Yaéré* autour des villages tels que Guirvidig, Massah, Gadam, Kanai-Kanai… où l'on peut observer l'intensification de la *Muskuvaaculture* à travers le développement de techniques permettant d'étendre les espaces culturaux. Finalement, la pression sur la ressource en eau exercée par la trilogie d'acteurs (Agriculteurs, Eleveurs et Pêcheurs) entraine la diminution de l'eau et la sous production de fourrage et des poissons. Cet état des choses augmente les besoins des acteurs et se positionnent en course souvent concurrentielle vers la ressource en eau, une course qui se solde parfois par des conflits et des tensions violents dans ces *Yaérés*.

Des probables foyers de conflits dans les Yaérés

Le problème du village Massa (Maga) est en train de «dépasser» les autorités traditionnelles et administratives. Successivement ces dernières années (2011-2014, 2015-2020), l'autorité administrative a déployé régulièrement une équipe des forces de maintien de l'ordre pour calmer les tensions sanglantes entre les agriculteurs et les éleveurs transhumants à l'entrée des *Yaérés* (figure 4). En 2014, chaque camp voulait en découdre avec l'autre. Les forces de l'ordre ont passé près de 12 jours à essayer de calmer les parties.

Pour les transhumants, si rien n'est fait, ils seront dans l'obligation de transhumer vers le Nigeria voisin. Pourtant, la situation sécuritaire y est très hypothétique dans ce pays. Entre l'insécurité notoire au Nigéria et la récurrence des tensions avec les populations riveraines dans les zones de pâturages, les pasteurs sont pris entre deux obstacles majeurs. La tension qui monte sans cesse dans ce village part du fait que l'escale dans le village Massa est une obligation pour les transhumants. Ils peuvent marquer une pause de près de 02 semaines, voire plus, avant de regagner effectivement les *Yaérés* profonds. Cette escale permet aux bouviers de recueillir des informations sur les comportements de quelques mayos[2] à traverser et de la praticabilité des pistes de passage.

---

[2] Cours d'eau saisonnier

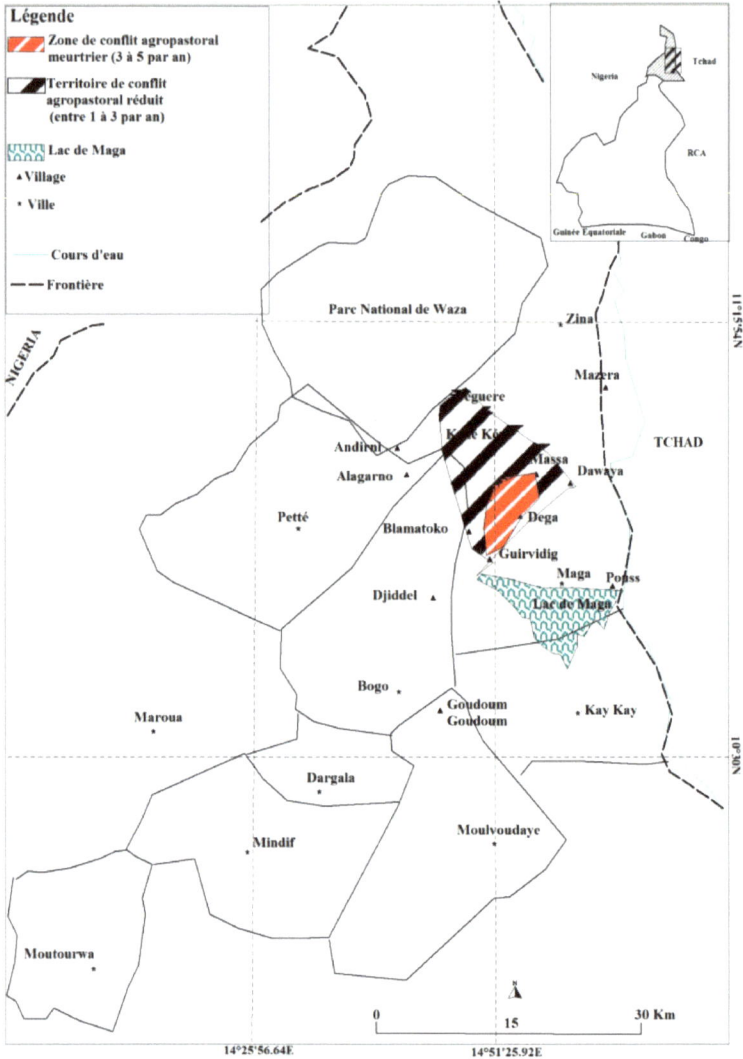

Source: Saïdou, K. et Mouhaman, A. 2008 et Image LANDSAT, 2015
Figure 4. Territoires des conflits à l'entrée des *Yaérés*

La vente « désordonnée » des armes à feu alimente de nombreux conflits intercommunautaires ou agropastoraux. C'est le cas vécu entre Arabe-Choa et Kototo-Mousgoum au Cameroun. Il s'agit d'un affrontement qui remonte à des décennies, entre les éleveurs mobiles que sont les Arabe-Choa et les pêcheurs/agriculteurs que sont les Kototo-Mousgoum. Ces différents acteurs-locaux veulent alors avoir le contrôle total de toutes les ressources en eau, en excluant tout étranger. En effet, le conflit vécu entre les mois d'août et décembre 2021 était dû à l'utilisation des canaux de pêche creusés pour piéger les poissons par les éleveurs Arabe-Choa venus abreuver leurs troupeaux dans les canaux et se considérant aussi comme propriétaires de l'espace utilisé par les pêcheurs Kototo-Mousgoum. Face à cette situation, des mésententes ont été observées et ont généré un conflit latent entre les deux communautés[3].

Au cours de ces affrontements, différentes armes à feu et blanches ont été utilisées par les deux parties. C'est ainsi que de nombreuses pertes en vies humaines, en matériels et bétails ont été enregistrés de part et d'autre de chaque communauté. De même, des villages ont été incendiés, occasionnant des migrations forcées des populations qui se sont finalement réfugiées en territoire tchadien, ou dans certaines localités comme Mora, Yagoua et Maroua.

Insécurité instaurée par la secte Boko Haram

La porosité des frontières au Nord du Nigeria a favorisé l'incursion de la secte Boko Haram qui s'installe dans le lac Tchad et transforme cette zone déjà difficile d'accès, en une base arrière et crée l'insécurité dans cette partie du territoire à la frontière avec les *Yaérés*.

Dans ce contexte d'insécurité et de panique généralisée, les éleveurs qui peuplaient la zone du lac Tchad effectuent un mouvement de refuge. À cet effet, certains vont migrer vers le sud pour se retrouver dans les Arrondissements de Kousseri, Logone-Birni et Zina. Or, c'est effectivement dans ces Arrondissements que la pêche artisanale s'est développée avec les aménagements des mares et des canaux de pêche qui font déjà l'objet de conflits entre pêcheurs et éleveurs.

La concentration du bétail dans ces territoires suite au mouvement d'ensemble des éleveurs et leurs animaux augmente non seulement le surpâturage, mais aussi le désir des pêcheurs et des agropasteurs d'approprier et de contrôler de « leur espace » notamment les points d'eau et certains pâturages. C'est dans cet élan que les agro-éleveurs et les pêcheurs vont se constituer en front contre l'arrivée des éleveurs transhumants déjà « terrorisés » par les exactions de Boko Haram depuis le

---

[3] https://www.crtv.cm/2021/08/logone-birni-12-morts-et-48-blesses-graves/

lac Tchad. Ces agro-éleveurs et pêcheurs perçoivent l'arrivée des éleveurs transhumants comme un envahissement et les privent de l'accès à l'eau ainsi qu'aux pâturages des mares pourtant très appréciés par les animaux.

Dès lors, des tensions multiformes naissent entre ces groupes d'acteurs. C'est pourquoi les pêcheurs pensent que la concentration du bétail augmente le surpâturage et exacerbe les tensions liées à la cohabitation entre les groupes de pasteurs et les agropasteurs, dans une zone où, même en année normale, l'exploitation des ressources pastorales est marquée par des fortes exclusions. C'est pour cela que, malgré l'antériorité du conflit agro-éleveur, l'arrivée massive des éleveurs en fuite aux exactions de Boko Haram a augmenté « le caractère belliqueux des acteurs ». Car, ces territoires n'accueillent pas moins de 200 000 têtes d'animaux y compris ceux du Tchad voisin. Cette arrivée est mal perçue par les populations riveraines qui doivent vivre annuellement avec ces acteurs pendant au moins 06 à 07 mois.

Les conflits sont généralement alimentés par la prolifération des armes légères et de petit calibre le AK 47 en circulation (Photo 4) et détenues par les civils.

Photo : Zacharia Loumsiri 02 07 2000 à Maga
Photo 4. Des kalachnikovs AK-47utilisés dans les conflits

L'acquisition de ces armes est facilitée par l'influence de la secte Boko Haram à partir du Nigeria. Cette dernière instrumentalise la population, surtout les jeunes, à travers la religion musulmane et à partir du Tchad voisin. Ces armes font également partie de la cargaison des armes à feu vendues en territoire camerounais lors du putsch vécu en république tchadienne en 1990 (Zouyane et Kouyé, 2023). Ces armes achetées circulent dans la zone et alimentent les conflits halio-agro-pastoraux dans les *Yaérés*. Ils connaissent désormais l'utilisation des armes à feu et deviennent de plus en plus communautaires.

DISCUSSION DES RESULTATS

Les résultats issus des enquêtes montrent que l'accès aux ressources pastorales constitue un enjeu clé dans le Logone-et-Chari, dans un contexte de profondes mutations de l'occupation et de mise en valeur de l'espace par les acteurs. La situation est caractérisée par le déficit croissant de ressources en eau découlant de l'occupation de l'espace par les pêcheurs devenus riziculteurs et agriculteurs, avec pour conséquence l'appropriation de l'espace pastoral.

Ce résultat corrobore aux recherches de Kossoumna Liba'a (2022) qui explique que les conflits dans ces plaines de *Yaérés* sont liés aux ressources naturelles où les activités se chevauchent dégénérant en conflit d'usage. Pour les Organismes Non Gouvernementaux, ce sont les effets du réchauffement climatique et les problèmes d'accès à l'eau qui ont catalysé les tensions, mettant les acteurs autour de la table (UNHCR, 2022).

Pourtant, les éleveurs mobiles ont besoin de passage pour entrer dans les *Yaérés*, paître les animaux et accéder à l'eau pour abreuver le bétail. Mais ils sont buttés non seulement aux champs de sorgho et de riz créés sur leur passage mais surtout à la résistance avec les agriculteurs. Selon Zouyane (2018), la tension est souvent perceptible à partir du village Massa (Maga) qui est une escale obligatoire pour les transhumants. Ceux-ci peuvent marquer une pause de près de 02 semaines, voire plus, avant de regagner effectivement les *Yaérés* profonds. Cette escale permet aux pasteurs de recueillir des informations sur les comportements de quelques mayos à traverser et sur la praticabilité des pistes de passage. C'est dans ce village que les conflits commencent, car la présence des transhumants coïncide avec la culture du *Muskwaari*.

Aussi, Mohamadou et Maman (2019) pensent que la concentration du bétail augmente le surpâturage et exacerbe les tensions liées à la cohabitation entre les groupes de pasteurs et les agropasteurs, dans une zone où, même en année normale, l'exploitation des ressources pastorales est marquée par des fortes exclusions. Kossoumna Liba'a (2016) et Zouyane (2018) précisent que les couloirs à bétail sont au centre des conflits agro-pastoraux notamment lors du départ et le retour pour les pâturages pour lesquels les éleveurs ayant besoin de passage pour pouvoir migrer quotidiennement avec les troupeaux à la recherche de pâturages ou pour accéder au point d'eau. C'est dans cette logique que les conflits agro-pastoraux sont récurrents dans les zones des *Yaérés* où se développent la *Muskuwaculture* et la riziculture.

ACEEN (2007) précise que la technique de pêche dans les canaux a un moyen rendement par rapport aux techniques de pêche classique. C'est pour cela que dans le souci d'optimiser le rendement, les pêcheurs vont multiplier les canaux sur l'ensemble des cours d'eau des *Yaérés*. Or, ces canaux ne permettent pas aux pasteurs de circuler librement et d'abreuver convenablement le bétail.

D'autres auteurs, notamment Sambo (2021), estime que ce conflit est lié à la situation économique. Quand la situation économique se détériore, les gens se replient sur leur ethnie, la religion et les questions identitaires. Historiquement, les agro-pêcheurs sont des autochtones et les éleveurs des nomades qui viennent occuper le territoire par effraction. Saibou (2018) soutient qu'il faut nuancer le poids de l'histoire dans les configurations conflictuelles apparues au cours des années 1990.

La récurrence des ces conflits dans la zone inondable est encouragée par la circulation des armes légères et de guerres. Un doigt accusateur est pointé sur les pays voisins, à savoir le Nigeria et le Tchad. Zouyane et Kouyé (2018) montrent que, pendant le départ du pouvoir du Président Hissène Habré en 1990, des armes à feu se sont retrouvées abondamment sur le territoire camerounais. Durant cette période, ce sont les pistolets, les kalachnikovs AK-47 qui se vendaient respectivement 5000 et 15000 FCFA l'unité. Ce sont ces armes qui alimentent les tensions dans cette zone inondable. Dans le récent conflit dans la zone inondable, OCHA (2022) précise qu'au moins 44 personnes ont été tuées et plus de 100 autres blessées lors de ces violences de décembre 2021 dans l'Arrondissement de Logone Birni, dans le reste du Département du Logone et Chari et dans le Mayo Danay, avec des déplacements des populations à travers le Logone et Chari et vers les Départements du Mayo Sava et du Diamaré. Des incendies, destructions et pillages de maisons et de diverses infrastructures socio-économiques ont été signalés dans plus de 110 villages. Plusieurs centaines de têtes de bétails auraient été perdues ou détruites.

Pour Mohamadou Abdourahamani et Maman Waziri Mato (2019), ils pensent que la concentration du bétail augmente le surpâturage et exacerbe les tensions liées à la cohabitation entre les groupes de pasteurs et les agropasteurs dans une zone où, même en année normale, l'exploitation des ressources pastorales est marquée par des fortes exclusions. C'est pour cela que même si le conflit agro-éleveur existait, l'arrivée massive des éleveurs en fuite aux exactions de Boko Haram a augmenté le caractère belliqueux des acteurs.

CONCLUSION

La forte concentration des ressources pastorales dans les *Yaérés* attire les communautés des pasteurs, des agriculteurs et des pêcheurs de tous bords. Pendant toute l'année, on note une panoplie d'activités. Ainsi, l'arrivée des éleveurs mobiles à la quête des ressources pastorales surtout en eau, va toujours créer des conflits entre les communautés rurales, en l'occurrence les agriculteurs-pêcheurs de la zone inondable. Chaque groupe va asseoir son autorité sur cette ressource en eau et la contrôler. Pourtant, c'est une ressource commune et gratuite. Ainsi, les conflits qui éclatent se soldent régulièrement par des morts d'hommes. Car en plus des armes blanches utilisées, on note la présence des armes de guerres. La présence de ces armes sur le territoire camerounais est facilitée non seulement par la porosité de la frontière, mais aussi les vagues d'insécurité au niveau des frontières avec le Tchad et le Nigeria.

Des efforts sont faits pour juguler ce problème mais ne sont pas suffisants. Il faut délimiter les pistes de transhumance, créer des points d'eau artificiels pour chaque communauté et contrôler la bonne application de ces mesures. Pour arriver à une gestion efficace, il est également important de penser à la mise en place d'un code pastoral.

REFERENCES BIBLIOGRAPHIQUES

ACEEN, (2007). Gestion de la plaine de Waza-Logone, d'une véritable tragédie au redécollage perceptible. Document de capitalisation du projet de contribution à la gestion de la plaine d'inondation de Waza-Logone, Maroua, Cameroun, 26 p

Arditi, C., (1997). Paysans Sara et éleveurs arabes dans le sud du Tchad : du conflit à la cohabitation ? Colloques et séminaires. *L'homme et l'animal dans le bassin du Lac Tchad*. Edition IRD, pp555-573.

Grujard, É., (2003). La gestion de l'eau à l'épreuve des territoires, La Découverte/«Hérodote»   https://www.cairn.info/revue-herodote-2003-3-page-47.htm

Kossoumna Liba'a, N., (2016). Étude sur les conflits agro-pastoraux dans les régions camerounaises du Nord, Adamaoua et Est, Rapport final, janvier 2016, 30 p.

Lewis, N., (2001). La Gestion intégrée de l'eau en France, thèse de doctorat de sociologie, université d'Orléans, 2001.

MIDIMA, (2009). Bilan diagnostic 2008-2009 en vue de l'actualisation du Schéma Directeur Régional d'Aménagement Durable du Territoire (SDRADDT) de la Région de l'Extrême-Nord du Cameroun réalisé en 2001, BET GEOCOMPETENCE, 244 p.

MIDIMA, (2011). Schéma directeur d'aménagement et développement durable de l'Extrême-Nord : image et orientation stratégiques à l'horizon 2035, Rapport final, 96 p.

Mohamadou, A., et Waziri Mato, M., (2019). L'insécurité de Boko Haram au conflit intercommunautaire dans le Lac Tchad. Le conflit peul/Boudouna au Niger in *Le Tchad des Lacs. Les zones humides sahéliennes au défi du changement global* (Raimond C., Sylvestre F., Zakinet D. et Moussa A., éditeurs scientifiques), pp 255-238.

Moritz, M., (2012). Pastoral intensification in West Africa: implications for sustainability. *J.R. Anthropol. Inst.* 18, pp 418-438.

Moritz, M., Hamilton, I., Scholte, P., -Chen, J.-Y., (2013). Open access, open systems: Pastoral management of common-pool resources in the Chad Basin. Hum. Ecol. pp 351-365.

Moritz, M., Scholte, P. and Saïdou, K., (2000). The demise of the nomadic contract: arrangements and rangelands under pressure in the far north of Cameroon. Nomadic Peoples (2002), Volume 6, 20 p.

Moritz, M. et Scholte, P., (2011). Défendre la sécurité pour les pasteurs mobiles dans les États faibles, *Anthropology-Today* vol 27 no 3, Juin 2011.

Requier, D. M., (2001). *Élevages et transhumances à l'Extrême-Nord du Cameroun, une étude des contrats d'accès aux pâturages communs*. Thèse de doctorat en sciences éco, Université de Versailles, Paris, Force, vol.2, 625 p.

Saibou, I., (2018). Attaque et attentats de Boko Haram dans l'Extrême-Nord du Cameroun, *Revue Kaliao*, 180 p.

Saïdou, K. et Mouhaman, A., (2008). L'accès et usage du foncier pastoral l'expérience du Cameroun dans la plaine d'inondation du Fleuve Logone, province de l'Extrême-Nord, CARPA, 15 p.

Sambo, A., (2017). La cohérence des coalitions interrégionales pour lutter contre le terrorisme en Afrique subsaharienne : cas de la force multinationale mixte de la CBLT contre la secte Boko Haram, in *Afrique et Développement*, pp 137-155.

Schéma Directeur d'Aménagement et de Développement du Territoire, (2010). Version provisoire, 96 p.

Sougnabe, P., (2000). Les conflits agriculteurs/éleveurs en zone soudanienne au Sud du Tchad : Moyen Chari, mémoire, DEA, ESSOR, Toulouse, 64 p.

United Nations Office for the Coordination of Humanitarian Affairs (OCHA), (2022). CAMEROUN : Extrême-Nord-Violences intercommunautaires de Logone-Birni, Rapport de situation N°7 1 février 2022.www.unocha.org

Zouyane, V., (2018). Mobilités pastorales et construction des territoires d'élevage dans la plaine du Diamaré-Extrême Nord Cameroun. Thèse de Doctorat Ph D de Géographie, Université de Maroua-Cameroun, 340 p.

Zouyane, V., et Kouiyé Gabin, J., (2023). Intensification du trafic des armes à feu entre les frontières tchado-camerounaises : enjeux et esquisses de solutions. In *JASRA-International Journal of Advanced Studies and Research in Africa*. Vol 12 No1 June 2023 ISSN: 1920-8693**.** University of Montréal – *Geospatial Land&Health Research Laboratory*.www.ijasra.org/vol.12. p1.18

Exploitation des ressources naturelles dans la plaine de Mindif à l'Extrême-Nord Cameroun : conflits de contrôle et stratégies locales d'apaisement

Jules Balna, Mveme Olougou Mireille Michée, Kongnyuy Anastasia Kinila, Danra Evrad, Mobara Benoît et Gonné Bernard

RESUME. Cette étude traite des conflits d'usage autour du contrôle des ressources naturelles dans la plaine de Mindif sur une période de 33 ans. Elle met en exergue les stratégies locales d'apaisement pour pérenniser leur exploitation. Elle s'inscrit ainsi dans la problématique de la gestion durable de l'espace en zone sèche du Cameroun. Il s'agit en fait de transiter des systèmes de production agrosylvopastoraux longtemps restés extensifs, vers des systèmes intensifs fondés sur les solutions locales des acteurs. Pour collecter les données, la méthodologie adoptée a été principalement basée sur une approche ayant impliqué les utilisateurs de la brousse et les acteurs institutionnels, appuyée par l'analyse des cartes d'occupation du sol de 1990 à 2023. Ces données ont été collectées à partir des enquêtes de terrain de 2011 et 2023 combinant la recherche documentaire et les Systèmes d'Information Géographiques. Il découle des analyses qu'un lien significatif existe entre les types d'occupation du sol et les multiples conflits enregistrés. Les perceptions que les acteurs se font des modes d'usage et de gestion de ces ressources expliquent également l'existence des conflits. Face à l'inflation des conflits, des solutions locales sont proposées à la fois par les utilisateurs de la brousse et les acteurs institutionnels. Ces solutions peuvent contribuer à réduire les conflits entre les différents utilisateurs d'une part, et les régler de façon équitable d'autre part.

MOTS-CLES. Ressources naturelles, Perception, Conflits, Terroir de Mindif, Zone sahélienne, Cameroun

ABSTRACT. This study investigates local conflicts management concerning the exploitation and management of natural resources for 33 years. It concerns the issue of sustainable management of land in the semi-arid zone of the far North of Cameroon and precisely in the Mindif area. It is about the transition from extensive agro-sylvo-pastoral production systems to more intensive systems initiated by local actors. To collect data, the methodology adopted was principally bases on an approach that implicated those who use the bush, institutional and administrative actors enforced by analysis of land use maps of 1990 to 2023. These data were collected through interviews with farmers, graziers, administrative and traditional rulers to complement literature review and geographic information system. Results of data analysis indicate that there is a significant relationship between the demographic traits, the socio-economic status of the actors involved and the nature of conflicts. Actors' perceptions on the use and management of resources also lead to conflicts in Mindif. To reduce conflicts, bushland users and the various administrations have made some suggestions. These suggestions may help to reduce the phenomenon among land users and also promote equitable settlements

KEYWORDS. Natural resources, Perception, Conflicts, Mindif zone, Sahelian area, Cameroon

INTRODUCTION

Dans les savanes sèches africaines, la gestion durable des ressources naturelles est un enjeu majeur pour les sociétés rurales face aux crises démographique et écologique. Elle est au centre de multiples conflits sociaux parmi lesquels ceux liés à l'accès et à l'exploitation des ressources naturelles en Afrique (OCHA, 2022). Les crises relevées ça et là sont sans doute responsables de nombreux problèmes dont la dégradation socio-économique des conditions de vie des populations, la prolifération et l'exacerbation des conflits (Blanc-Pamard et Cambrézy, 1995 ; Sougnabé, 2002 ; Gonné, 2005 ; Mazimi et Fichter, 2010, Kossoumna Liba'a, 2018b, Kossoumna Liba'a, 2021). La pluralité d'usages concomitants de l'espace et de ses ressources est l'une des caractéristiques de ces savanes. Plusieurs raisons expliquent l'embouteillage dans l'usage de l'espace. Il s'agit des désaccords sur l'accès et l'utilisation des ressources, des exclusions de certains groupes sociaux, notamment les femmes et les étrangers, des multiples interventions des acteurs institutionnels en milieux paysans (Kossoumna Liba'a, 2019 ; Balna et Gonné, 2021), des contradictions entre les différents modes locaux de gestion (Sougnabé, 2002 ; Teyssier, 2006 ; Wassouni, 2006 ; Béchir et al., 2009) et des migrations humaine et animale peu coordonnées, car les textes légiférant ces mouvements souffrent de plusieurs ambigüités et sont parfois caducs (Ganota et al., 2009).

Par ailleurs, il faudra désormais intégrer le paramètre sécuritaire lié à la secte Boko Haram qui a davantage amplifiée la pression sur les ressources naturelles (Sambo, 2016 ; Njavoua, 2024). Avec la fermeture des frontières du côté du Nigéria, les éleveurs transhumants qui avaient l'habitude de séjourner dans les plaines de l'Extrême-Nord entre décembre et juin sont coincés au Sud du Diamaré. Ils doivent désormais discuter les ressources pastorales avec les éleveurs sédentaires devenant de plus en plus nombreux. Peu à peu, une nouvelle configuration des territoires d'élevage se met en place. Ces éleveurs mobiles doivent négocier leur accès aux ressources pastorales à des prix souvent exorbitants (Balna et Gonné, 2021).

La zone sèche du Nord-Cameroun en général, et la plaine de Mindif en particulier, n'échappe pas à cette problématique. C'est une zone où les éleveurs transhumants (500 000 têtes de bovin) venant des pays membres de la Commission du Bassin du Lac Tchad disputent les ressources pastorales avec les éleveurs locaux (CEDC, 2009). La coupe de bois, suite à une forte demande des villes, devient de plus en plus intensive (Isséri, 1997 ; Madi et *al*., 2002, Wassouni, 2006). Il est également observé dans ce territoire agropastoral l'extension de la culture de *mouskwari* (sorgho de contre-saison). Enfin, c'est une zone de passage annuel des éléphants venant du Parc National de Waza et parfois du Tchad (CEDC, 2009 ; Balna, 2013). La conduite des activités sus-citées dans les plaines du Nord-Cameroun débouche, notamment dans la plaine de Mindif, sur des conflits se manifestant par des affrontements verbaux et non verbaux (ACEEN, 2007 ; SNV, 2009 ; CEDC, 2009, Khari, 2010 ; Kossoumna Liba'a, 2018a, Kossoumna Liba'a, 2021). Dans ces plaines, les conflits d'usage les plus poignants et souvent meurtriers concernent ceux entre les agriculteurs et les éleveurs autour des pêcheries, d'une part (Zouyane et Kouiyé Gabin, 2023) et ceux entre les agriculteurs et éleveurs pasteurs, d'autre part.

Face à cette problématique des conflits d'usage, des actions multiformes ont été entreprises, afin de les atténuer. C'est le cas de la médiation (Teyssier et *al.*, 2002 ; GRET-IRD-LAJP, 2003), de l'intégration de l'agriculture et de l'élevage (Gautier et *al.*, 2002; Gonné et *al.*, 2009) et de la cogestion (Ankogui-Mpoko, 2002 ; Kondayen et Kaine, 2009 ; Béchir et *al.*, 2009 ; Traoré M., 2010), de l'usage des mécanismes endogènes de résolution des conflits (Thierno Moctar, 2003 ; Diyé, 2012 ; Dekané, 2015 ; Balna et *al.*, 2021, Seignobos, 2022). Pour ce qui concerne la plaine de Mindif, certaines propositions formulées par les acteurs se positionnent dans cette nouvelle dynamique de gestion participative et locale des ressources naturelles.

L'objectif principal de la présente étude est de mettre en relation les types d'occupation des sols et la diversité des conflits observés, déterminer les perceptions de l'usage de l'espace et de ses ressources chez les acteurs d'une part, et leurs modes de résolution des conflits, pour gérer durablement les ressources naturelles d'autre part.

METHODOLOGIE
Terrain d'étude

La plaine[4] de Mindif (figure 1) est située à 25 km au Sud de la ville de Maroua. Elle fait partie du Département du Mayo-Kani. Créée en 1959 selon l'ordonnance N°59/80 du 12 décembre 1980 créant les Arrondissements, elle regorge des potentialités agricoles, sylvicoles et surtout pastorales. Sa superficie est de 970 km². Sa population est de 50 530 habitants selon le 3ième RGPH[5] en 2005 (BUCREP, 2010). Du point de vue traditionnel, l'Arrondissement de Mindif possède une chefferie de 1e degré basée à Mindif, 06 chefferies de 2e degré et 126 chefferies de 3e degré.

Son climat est du type soudano-sahélien, caractérisé par une longue saison sèche et une pluviométrie annuelle moyenne de 800 mm inégalement répartie dans le temps. La végétation appartient au type de savane où l'on trouve des espèces ligneuses à l'instar d'*Acacia seyal*, *Anogeissus leiocarpus*, *Balanites aegyptiaca*, *Commiphora africana*, etc., étant des espèces recherchées par les collecteurs de bois et les animaux (éléphants, gros et petit bétail).

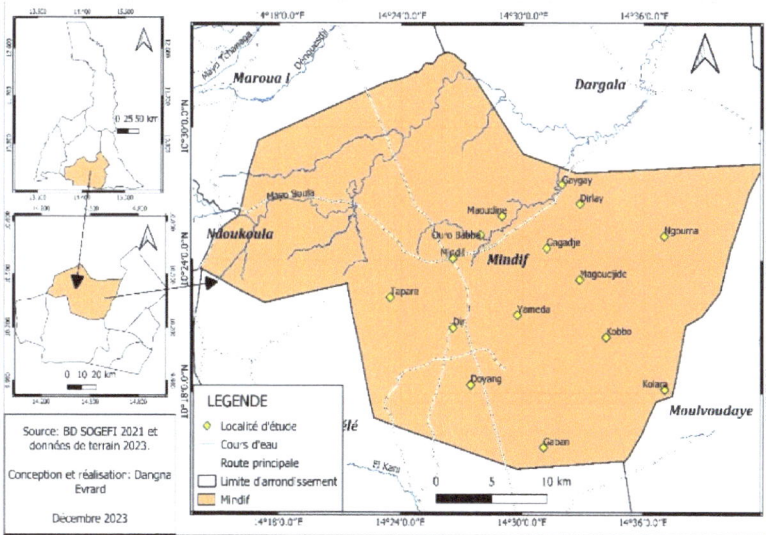

Figure 1. Localisation de la plaine de Mindif

La plaine de Mindif est un circuit des éleveurs transhumants (planche

---

[4]D'un point de vue administratif, la plaine de Mindif correspondant à l'ensemble de l'Arrondissement

[5] Recensement Général de la Population et de l'Habitat.

des photos 1). À partir des *Yaérés*, 07 principales pistes de transhumance sont identifiées. Ces pistes se multiplient hors de cette zone inondable. Dès que les transhumants quittent ces plaines inondables à partir de juillet, ils traversent Pouss, Kay-Kay, Kaday avant d'entrer à Korré, puis Hardéo et Ngouma. Dans le terroir de Mindif, ils implantent leurs campements de préférence à Gagadjé, Doyang, Dir et Yameda. De juillet à septembre, ils pâturent dans la brousse des localités citées ci-haut. À partir de septembre, ils repartent dans le *Yaéré* en empruntant le même circuit. Sur ces pistes sont installés des villages essentiellement agropastoraux à l'instar de Ngouma et de Gagadjé.

Photo de Balna (2022)
Planche des photos 1. Déplacement des éleveurs transhumants du *Yaérés* vers la plaine de Mindif

Le calendrier annuel des activités économiques dans cette plaine est fonction du type d'activité, des actions menées et de la période. Les activités telles que l'élevage local et transhumant, l'agriculture pluviale et de décrue, la collecte de bois de feu et de la paille et les mouvements des éléphants se chevauchent dans le temps. Ces activités suivent le rythme des saisons. Ainsi, la conduite des animaux à la recherche des résidus de récoltes s'effectue principalement entre mars et mai. Cette période correspond évidemment à la récolte du *mouskwari* dans cette plaine. Les résidus de récolte pour les cultures pluviales sont utilisés de novembre à janvier. De mai à novembre, s'effectue la conduite des animaux pour les éleveurs locaux dans les pâturages et les espaces boisés. Or, cette conduite est faite conjointement avec les éleveurs transhumants arrivant dans la plaine à partir de juin-juillet. De juin à septembre, ces pasteurs s'occupent à la coupe des arbustes dans les espaces boisés pour le fourrage aérien. Ensuite, ils font pâturer leurs animaux dans les zones boisées et dans les champs de cultures pluviales des utilisateurs locaux. Ce qui engendre de multiples conflits dans ladite plaine. Les pasteurs itinérants quittent la plaine à partir d'octobre pour regagner les *Yaérés*. Pendant que les agriculteurs préparent le terrain pour les semis des cultures pluviales à partir de mai-juin, d'août à octobre pour la mise en place des pépinières et le repiquage, les éléphants s'implantent dans cette zone entre juin et août. Ils la quittent en janvier. Leur séjour s'accompagne de dégâts parfois importants sur les cultures pluviales. Ils s'étendent sur les ligneux et les champs de cultures pluviales principalement dans les localités de Doyang, de Gagadjé (Foulbé et Moundang), de Gaban et de Gadja.

Échantillonnage et collecte des données

La population d'étude impliquée dans les conflits est issue de plusieurs villages (Ngouma, Dir, Kolara, Taparé, Doyang, Kobbo, Gaban, Mindif, Gaygay, Dirlay, Ouro Babba, Maoundine, Gagadjé) (figure 1) et des campements des nomades. Il s'agissait de choisir les acteurs impliqués dans les conflits, notamment les éleveurs locaux, les éleveurs transhumants, les agriculteurs, les collecteurs de bois et la faune sauvage. Par ailleurs, les gestionnaires des ressources naturelles ont été aussi choisis. Il s'agit de ceux relevant du secteur rural à l'instar des sectoriels[6], des autorités locales (Sous-Préfêt, Lamido), de la commune de Mindif, et des Organisations Non Gouvernementales (ONG) et associations locales qui se penchent sur la gouvernance des ressources naturelles. Ces acteurs sont choisis sur la base des critères suivants : ethnie, religion, sexe, âge, statut social, ancienneté dans le terroir, niveau de l'éducation et activité pratiquée. Au total, 14 localités ont été choisies pour conduire une enquête quanti-qualitative sur la gestion endogène des conflits liés à l'usage des ressources naturelles dans la plaine de Mindif.

La collecte des données a mobilisé plusieurs outils : les enquêtes de terrain par questionnaire administré individuellement et un guide d'entretien auprès des acteurs institutionnels et des personnes ressources. Ce guide a été d'abord administré collectivement, puis individuellement. Ces données primaires ont été complétées par celles collectées auprès des services techniques de l'État et certaines structures de développement et de recherche. Leur analyse s'est appuyée sur les statistiques descriptives pour les questions fermées, et l'analyse du discours pour les entretiens individuels

---

[6] Il s'agit des délégations d'Arrondissement du MINADER (Ministère de l'Agriculture et du Développement Durable), du MINEPIA (Ministère de l'Élevage, des Pêches et des Industries Animales), du MINFOF (Ministère des Forêts, des Eaux et de la Faune).

ou de groupe.

Traitement et analyse des données

Les données portant sur les perceptions et les propositions des acteurs ont été traitées à l'aide du logiciel SPSS.20. Cet outil a permis de quantifier les données qualitatives recueillies sur le terrain. L'analyse du contenu a servi à appréhender le comportement des usagers de la brousse et de décrypter les modes d'accès aux ressources de la brousse. Les diverses utilisations des ressources de la brousse ont été analysées grâce à la théorie sur les Régimes Institutionnels des Ressources. Celle sur les perceptions sociales a permis de comprendre la mise en valeur des ressources de la brousse. La gestion du territoire, les propositions réelles des acteurs locaux et institutionnels et le sens de la communication des acteurs, ont également été compris grâce à cet outil. Cette gestion (surtout la résolution des conflits) a été appréhendée grâce aux différentes approches de négociation. Le traitement des données a débouché sur des tableaux et figures (histogrammes, courbes et diagrammes circulaires). Celles issues de la recherche documentaire ont aussi fait l'objet d'une analyse de contenu.

Trois types d'analyse des conflits ont été mis sur pied. Il s'agit de « 3P » : les Personnes, le Problème, le Processus des conflits de Lederach (in MCS, 1995) cité par Balna (2011). Le premier « P » a d'abord permis de comprendre le comportement des utilisateurs des ressources naturelles, leurs sentiments et leurs émotions, les perceptions individuelles ou collectives sur les modes d'accès et de gestion des ressources naturelles. Ensuite grâce au deuxième « P », il était question de comprendre les différences de valeurs ou d'intérêts divergents et les différences réelles d'usage de la répartition ou encore d'accès à des ressources rares à l'instar de la forêt communautaire. En effet, les causes profondes des conflits ont été appréhendées par ce deuxième « P ». Enfin, le dernier « P » a porté sur la compréhension des acteurs sur la prise des décisions pendant la négociation. En plus, le comportement des parties en conflit a été appréhendé par ce troisième « P ». Concrètement, les techniques de régulation des conflits ont été relevées.

Les images satellitaires LC09_L2SP 2023, LC08_L2SP 2012, LE07_L1TP 2001 et LM05_L1TP 1990 ont permis d'extraire les informations grâce à leur indice réflectance et les composites des bandes qu'elles comportent. Ces informations ont également permis de faire des classifications afin de réaliser les cartes d'occupation du sol de la plaine de Mindif pour observer l'évolution des ressources qui constituent les conflits dans les différentes localités concernées par les conflits pendant 33 ans.

L'analyse statistique quant à elle est essentiellement descriptive. Elle a principalement concerné les informations relatives aux avis des utilisateurs des terres sur l'appréciation de la gestion traditionnelle et publique de l'espace, l'arrivée des pasteurs et le passage des éléphants dans le terroir, la délimitation des espaces protégés et les modes de règlement des litiges. Les différentes analyses faites ont ainsi permis de présenter les résultats contenus dans ce présent travail.

RESULTATS

Les résultats présentés ici s'appesantissent tour à tour sur l'occupation de l'espace de nature à accentuer les conflits, les perceptions divergentes de l'exploitation de l'espace et de ses ressources naturelles, la cartographie des conflits et les mécanismes actuels de règlement des conflits dans la plaine de Mindif.

Occupation du sol et ressources à problèmes

L'analyse de l'occupation du sol dans la plaine de Mindif s'est appuyée sur deux types de cartes. Il s'agit d'une part de la carte participative effectuée dans le cadre du projet ESPRIT[7] en 2009 ayant réuni les localités impliquées dans les conflits, et d'autre part de la carte d'occupation du sol basée sur les images satellitaires.

De la carte participative des acteurs pour comprendre la superposition des activités dans le temps

La plaine de Mindif regorge d'importantes ressources naturelles non négligeables. La carte participative (figure 2) indique les ressources stratégiques de cette plaine et les zones d'activités.

---

[7]ESPRIT: Environmental Sustainability, Priority for Research and education In the Tropics. Ce projet avait pour objectif de mettre en place des stratégies de gestion durable des ressources naturelles dans les zones sèches du Cameroun, du Bénin et du Burkina Faso.

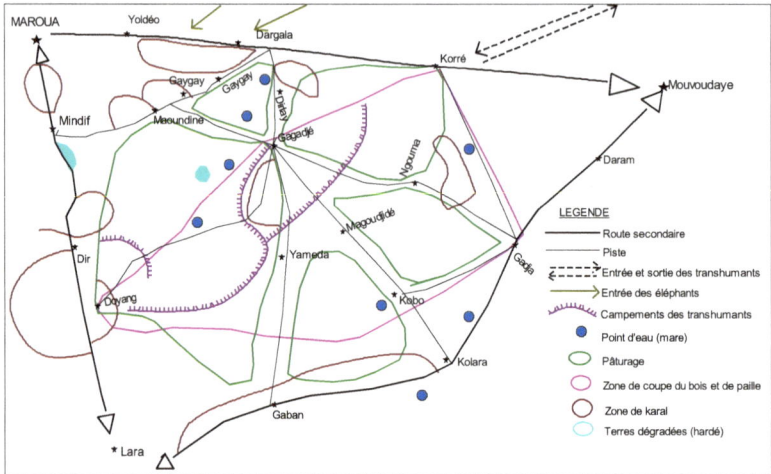

Source : CEDC, 2009 et enquête de terrain, 2023
Figure 2. Carte-à-dire d'acteurs de l'organisation de l'espace du terroir de Mindif

La carte participative de la plaine étudiée ressort 05 zones de pâturage, 09 points d'eau pour le bétail, 12 zones de culture de *mouskwari* (sorgho de contre-saison), une grande zone de coupe de bois où sont localisés les pâturages et les champs de *mouskwari*, le circuit des éleveurs transhumants et le mouvement des éléphants. Au-delà de ces ressources s'ajoutent les résidus de récolte des cultures pluviales et de saison sèche et le pâturage aérien. Les usagers à la recherche du bois, des terres cultivables, de pâturages et des résidus de récolte, exercent une pression importante sur ces derniers dans un contexte de changement climatique et surtout de l'insécurité liée à Boko Haram. Ce qui exacerbe de multiples conflits en lien surtout avec l'enchevêtrement des activités dû à une occupation irrationnelle du sol.

Une occupation de l'espace de nature à multiplier les conflits d'usage

L'analyse de la carte d'occupation du sol (figure 3 et tableau 1) de cette plaine sur 33 ans (1990-2023) laisse croire que c'est un espace qui subit une très forte pression de la part des acteurs aux intérêts divergents.

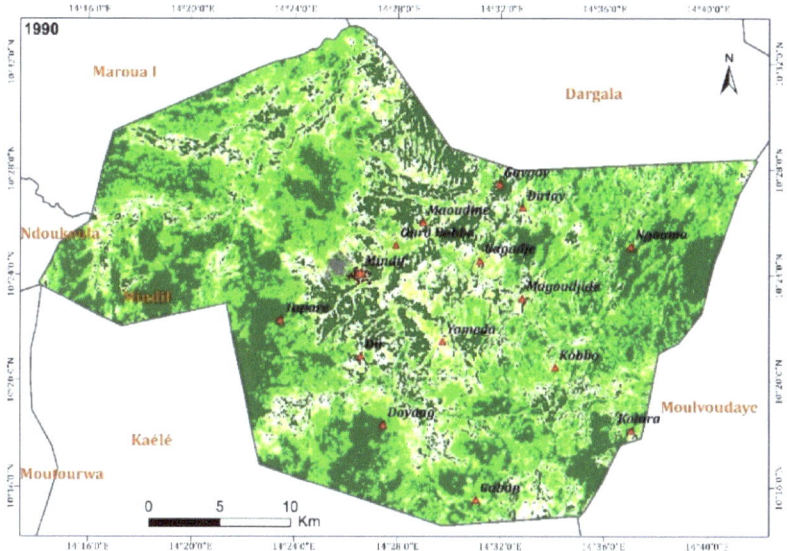

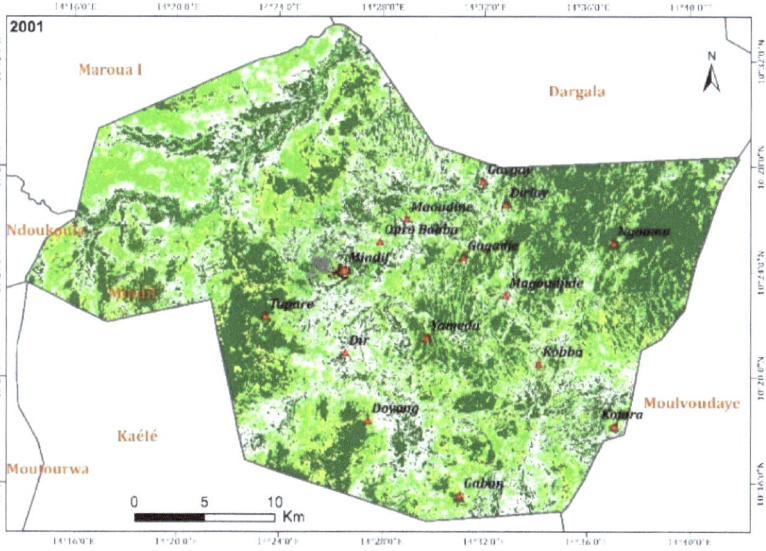

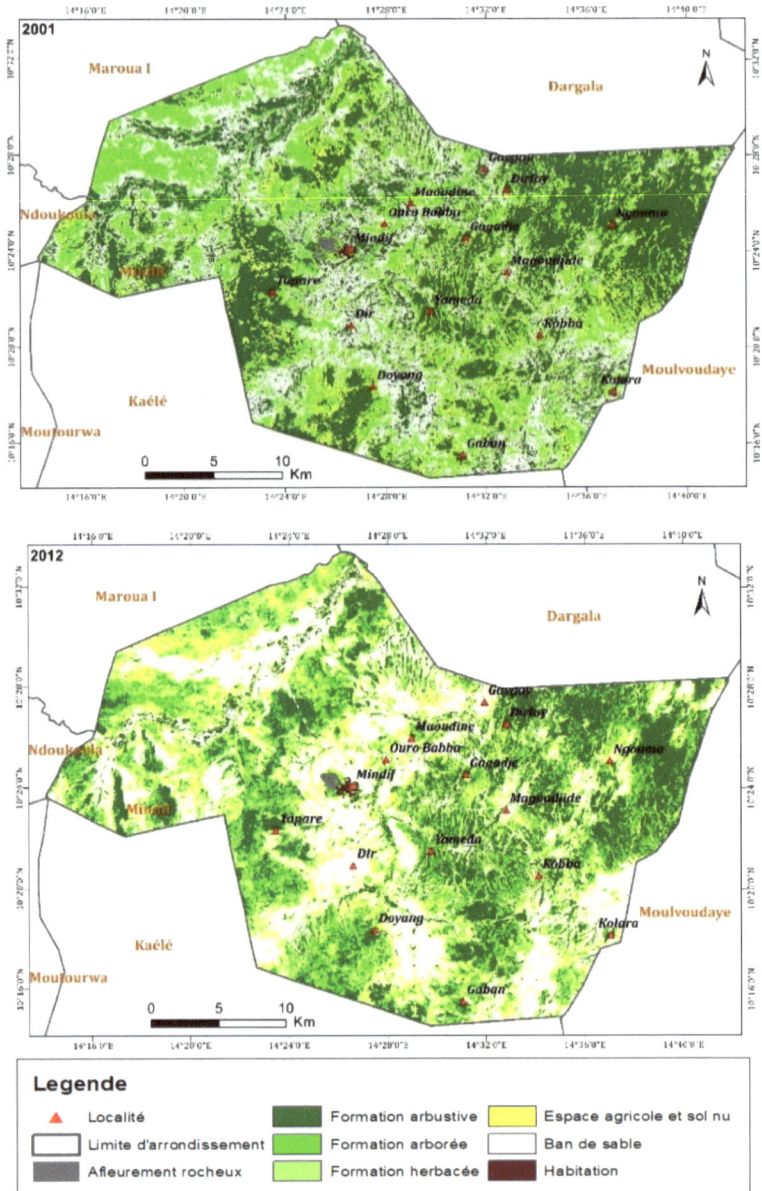

Source : Image LC09_L2SP 2023, LC08_L2SP 2012, LE07_L1TP 2001, LM05_L1TP 1990
Figure 3. Occupation du sol dans la plaine de Mindif de 1990 à 2023

Tableau 1. Superficies (km²) de chaque type d'occupation

Années Type d'occupation du sol	1990	2001	2012	2023
Affleurement rocheux	8,5	8,2	9	7,8
Formation arbustive	306,7	250,4	215,4	170,1
Formation arborée	410,5	372,4	270,4	263,3
Formation herbacée	80,9	95,5	190,3	286,1
Espace agricole et sol nu	97,4	163,2	150,2	165,2
Banc de sable	96,3	110,3	160,3	100,3
Habitation	9,8	10,1	14,5	17,3

Il ressort des analyses de ces cartes d'occupation du sol une dynamique régressive des formations végétales ligneuses. De 1990 à 2023, la formation arbustive a connu une perte de 199,6 km² et celle arborée, de 138,2 km². Il faut davantage justifier cela par la cessation des activités du projet Mindif-Moulvoudaye suite à la crise économique ayant frappé les pays africains. Par contre, les autres types d'occupation du sol ont connu une dynamique progressive. Il s'agit notamment des formations herbacées qui ont augmenté de 105,2 km², des espaces agricoles et nus de 67,5 km², du banc de sable de 4 km² et des espaces bâtis de 7,5 km². Cette dynamique dans l'occupation du sol s'explique par la forte présence d'autres utilisateurs de l'espace dans la plaine de Mindif. La proximité de cette plaine de la ville de Maroua explique aussi les différents changements intervenus dans cette occupation du sol. La demande urbaine en bois de chauffe augmente, d'où la pression sur les ressources ligneuses. La plaine de Mindif accueille aussi de nouveaux migrants issus du pays Toupouri à la recherche de nouvelles terres agricoles.

La zone sèche du Nord-Cameroun en général, et l'Arrondissement de Mindif en particulier, regorge des ressources naturelles non négligeables. La plaine de Mindif fait partie intégrante de la grande forêt située dans la région du Diamaré et du Mayo-Kani. La superficie de cette forêt est d'environ 5 500 hectares (Njaffeur, 1995). Cette forêt est l'une des rares de l'Extrême-Nord du Cameroun. La pression sur les ressources pastorales telles que les pâturages, les mares et les couloirs à bétail apparait de plus en plus forte. Les ressources sont âprement disputées par les éleveurs locaux et les transhumants. Ces ressources se dégradent à cause des pratiques pastorales essentiellement basées sur l'extensivité.

La plaine de Mindif est aujourd'hui sous forte pression humaine à cause de la remontée des fronts pionniers Toupouri. La raison d'installation de ces paysans dans ce terroir est la recherche des terres cultivables. La croissance démographique entraînant la fin des terres les ont poussés à chercher de nouvelles zones de culture. Compte tenu de sa vastitude (970 km²), l'Arrondissement de Mindif devient ainsi de plus en plus une terre d'accueil pour les Toupouri implantés principalement à Ngouma, Patawal et à Garwa.

Pour s'installer à Ngouma, les cultivateurs Toupouri ont développé une stratégie consistant à travailler d'abord pour le *Djaoro*[8] (Peulh) pendant une ou deux années. L'hypothèse de travailler pour son propre compte n'étant pas exclue. Ensuite, le migrant ouvre son champ après avoir obtenu l'accord du *Djaoro* du quartier. L'année suivante, il demande l'autorisation pour construire sa case. Mais, il va continuer à travailler en même temps sur la parcelle du chef de quartier et sur sa parcelle. Dès qu'il obtient cette autorisation, il fait venir un autre migrant. Ce dernier en passant par le *Djaoro* s'installera sur un autre endroit. C'est dans ce contexte que les Toupouri ont occupé anarchiquement ce couloir à bétail. Désormais, on observe la « toupourisation » de Ngouma.

Il existe par conséquent un lien significatif entre l'implantation des paysans Toupouri à Ngouma et les conflits sur l'appropriation de nouveaux espaces culturaux qui sont des zones de parcours du bétail. Face à la saturation foncière en pays Toupouri, les paysans se dirigent ainsi vers d'autres espaces culturaux. Ngouma constitue une fenêtre à partir de laquelle les pasteurs entrent dans le terroir de Mindif. La compétition sur l'espace entraîne donc des conflits. Ces conflits tirent leur origine dans les formes d'organisation de la société du Grand-Nord. En effet, la forte pression démographique et l'augmentation sans cesse du bétail menacent les ressources en terres agricoles et pastorales. À cela s'ajoute la pratique d'une agriculture itinérante consommatrice d'espace. Elle contribue à confiner l'élevage ne s'adaptant pas encore à l'utilisation d'un système de production intensif.

Des perceptions divergentes de l'usage de l'espace et de ses ressources naturelles

Face aux sécheresses des années 1970, un projet a été conçu à partir de

---

[8] Chef du 3e degré

1978 pour organiser l'espace en zones agricole et pastorale. Mais depuis qu'il a cessé de fonctionner suite à la crise économique des années 1980 et 1990, le projet a clôturé ses activités en 1988 (Jolanda, 1991), d'où l'occupation anarchique de l'espace par les différents usagers .

Une pression sur les ressources pastorales

En zone sèche du Nord-Cameroun, la pression sur les ressources pastorales telles que les pâturages, les mares et les couloirs à bétail apparait de plus en plus forte. Les ressources sont âprement disputées par les éleveurs locaux et les transhumants. Ces ressources se dégradent à cause des pratiques pastorales essentiellement basées sur l'extensivité.

En outre, 03 types de pâturages sont visualisés : le pâturage de saison des pluies pratiqué majoritairement dans la zone de Mindif et de Moulvoudaye, le pâturage de saison sèche pratiqué plus à Moulvoudaye, à Dargala, à Kay-Kay, à Pété et à Gazawa qu'ailleurs et le pâturage permanent pratiqué plus dans les marges de Maroua 3, à Moulvoudaye et à Bogo. De toute évidence, ces types de pâturages sont dispersés dans l'espace. Mais, Mindif est réputée pour son pâturage de saison pluvieuse, car la brousse est encore vaste. La carte fait aussi ressortir les points d'eau pour le bétail. Deux types de mares sont identifiés : les mares artificielles et celles construites par le DPGT[9]. Les zones des conflits agro-pastoraux sont également matérialisées. Ces conflits sont plus présents dans la plaine du Diamaré que dans le *Yaéré*. Ceci s'explique par la concurrence autour des ressources pastorales, puisqu'elle en possède.

Selon les agriculteurs, l'occupation de la brousse ne doit obéir à aucune règle, car tout est permis (élevage, agriculture, coupe de bois, etc.). C'est pourquoi, 80% des agriculteurs enquêtés ont installé leurs champs dans les campements et le couloir à bétail. Ces derniers pensent que le pâturage ne doit pas connaître de limite. C'est ce qui explique leur incursion même dans les aires protégées. En plus, ils disputent les résidus de récoltes et les mares avec les éleveurs locaux puisqu'ils payent le droit de place auprès des autorités locales avant leur passage dans le terroir. Ce passage est anormal pour 66% des utilisateurs locaux enquêtés à cause de la taille élevée du cheptel (photo 1 et 2), de l'irrespect des règles locales d'accès aux ressources et des dégâts commis dans les champs et sur les ressources boisées.

---

[9] DPGT : Développement Paysannal et Gestion des Terroirs.

Ces photos prises chez OPEN[10] présentent respectivement les *ardo'en* sillonnant l'espace de l'intercommunalité K3MT[11] et les représentants des éleveurs. Chacun possède en moyenne 1000 têtes de bovins. Au-delà des ressources pastorales, celles ligneuses sont également appréciées par les bûcherons. La zone de Mindif constitue l'un des points essentiels de la collecte du bois à l'Extrême-Nord du Cameroun.

Le bois de chauffe : entre source de revenus et protection de l'écosystème forestier

La plaine de Mindif regorge d'un potentiel ligneux important évalué à 358,5 m³ en volume et 123,3 tonnes en masse (Madi, Huub et Sali ; 2002). Ledit potentiel est réputé pour son bois de qualité et son prix abordable. Dans la plaine de Mindif, les zones de coupe de bois concernent surtout les localités de Ngouma, Gagadjé et Doyang.

En effet, plusieurs raisons expliquent la coupe du bois vert dans la Région de l'Extrême-Nord en général, et particulièrement dans la plaine de Mindif. Comme l'ont si bien écrit Madi, Huub et Sali (2002), si avant l'exploitation du bois de feu n'était que destinée à satisfaire essentiellement les besoins domestiques, aujourd'hui ce prélèvement est tourné vers la vente. La pauvreté et les pertes des récoltes dues à la destruction des champs surtout par les éléphants dans les localités en l'occurrence de Gagadjé

---

[10]OPEN : Observatoire du Pastoralisme pour l'Extrême-Nord. C'est un cadre de concertation entre les acteurs pertinents du pastoralisme ayant pour finalité, d'améliorer les conditions de vie des pasteurs et des activités pastorales. Sa vision est de les instruire, les éduquer, les éveiller et les aider à être le maître de leur destin.
[11]K3MT : Kaélé, Mindif, Moulvoudaye, Moutourwa et Touloum

Foulbé, Gagadjé Moundang et Doyang, expliquent la coupe du bois.

Au-delà des facteurs évoqués ci-haut, s'ajoute l'ouverture de nouveaux champs où la remise en culture des jachères a pour conséquence la coupe des arbres. Ce phénomène s'est amplifié vers les années 1990 correspondant à la crise économique et aux invasions répétitives des cultures occasionnées par le passage des éléphants. Ainsi, la forte demande urbaine en bois de chauffe entraîne des problèmes écologiques (déboisement et partant la déforestation, destruction de l'habitat de la faune sauvage, raréfaction des espèces utiles, etc.). L'étendue du couvert végétal est l'un des facteurs attirant les acteurs locaux et les éleveurs transhumants. Le terroir de Mindif est indubitablement une zone d'accueil des pasteurs itinérants.

Pour le bûcheron, la brousse a toujours été définie comme le lieu dans lequel on coupe librement du bois. Le choix est porté sur des espèces telles que *Balanites aegyptiaca*, *Acacia seyal*, *Prosopis africana,* etc. Traditionnellement, cette collecte n'est pas organisée. Chaque membre de la communauté peut y accéder puisque les frontières ne sont pas définies. Dans les années 1980, les collecteurs ne payaient aucune taxe, car le bois n'avait pas encore une valeur marchande. Aujourd'hui, sa gestion est devenue problématique avec l'arrivée des textes publics. Ces collecteurs sont conscients que les arbres de la brousse appartiennent à l'État. Mais, ils font semblant d'ignorer la loi (83% des enquêtés pensent qu'il n'est pas interdit de couper le bois) car le bois est la source de leur pain quotidien depuis la destruction abusive des champs par les éléphants en 1994.

Une zone de refuge pour les éléphants

La plaine de Mindif est une zone de passage des éléphants. Ces derniers viennent du Parc National de Waza (PNW), car ils s'embourbent pendant la saison des pluies. Ils sont plus attirés par la présence *d'Acacia seyal,* une espèce végétale considérée comme leur principale nourriture.

Dans cette plaine, il existe un circuit des éléphants. Ces derniers entrent par Dargala et Yoldéo (figure 4) dans le Diamaré. Ils traversent Korré, Doyang, Gagadjé et Kobo. Leur retour suit le même itinéraire. Parfois, ils font le sens Gagadjé-Doyang-Kazoro. Ils remontent par Mojoumbodi-Sabongari-Hoppo, puis Mindif-Larié et Bembel. Curieusement, ce sont des couloirs de transhumance où s'installent aussi les nomades.

Toutefois durant leur séjour, ces éléphants commettent des dégâts. Face à la destruction des cultures dans le Mayo-Kani, et particulièrement dans l'Arrondissement de Mindif, le comité de lutte contre l'insécurité alimentaire du village de Doyang avait écrit une pétition en 2007. Elle a été destinée aux autorités administrative et traditionnelle, aux services techniques de l'État (MINADER, MINFOF)[12], aux structures protégeant l'écosystème mondial (WWF, UICN)[13], aux organismes de défense des droits de l'homme et aux médias (CRTV[14] et Voix du Paysan). L'objectif de cette pétition était de leur faire comprendre que les situations alimentaire et psychologique des populations sont préoccupantes. À Doyang en particulier, et dans le Mayo-Kani en général, ces situations ont eu des répercussions sur les activités économiques.

---

[12] MINADER : Ministère de l'Agriculture et du Développement Rural
MINFOF : Ministère des Forêts et de la Faune
[13] WWF: Worldwide Fund for nature.
UICN : Union Internationale pour la Conservation de la Nature.
[14] CRTV : Cameroun Radio Télévision.

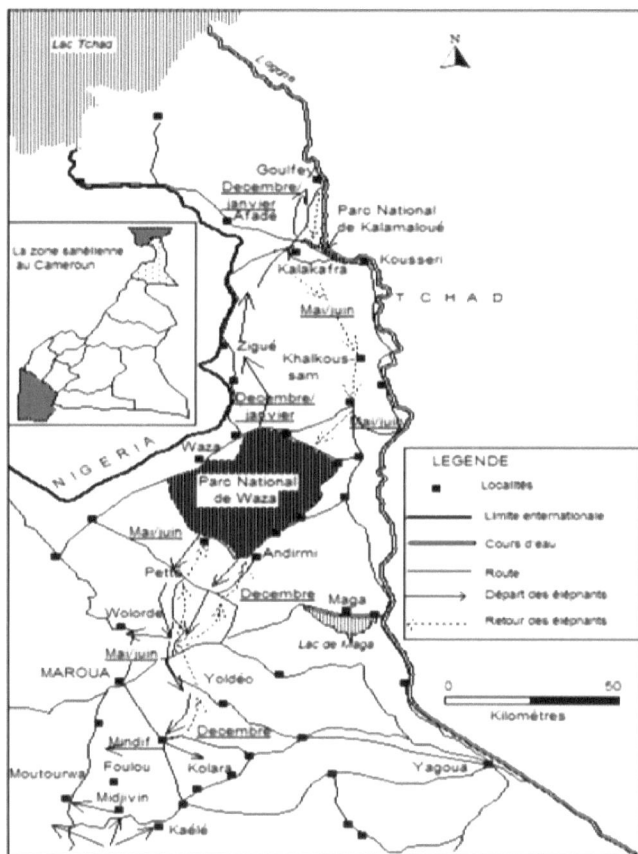

Source : Tchamba, 1996
Figure 4. Mouvements des éléphants en zone sahélienne du Cameroun

La population locale a aussi des perceptions sur le passage des éléphants fortement protégés. Selon les paysans, l'éléphant est devenu l'« enfant de l'État » et équivaut à 1000 hommes. Le passage des éléphants provoque une dégradation socio-économique. Avoir de quoi se nourrir se durcit et la population a faim de nourriture et souhaiterait être libre sur ses terres. Ces « enfants de *gomna* » pénètrent dans les concessions. Face aux dégâts commis, l'État indemnise les victimes ; mais la manière selon laquelle les dons sont distribués à ces derniers n'est pas positivement appréciée. À cause de cette mauvaise distribution, les populations de Doyang se sont alignées derrière l'opposition. Ainsi, 94% des enquêtés détestent la protection de la

83

faune par l'État.

Tout compte fait, les perceptions que les acteurs se font de l'espace sont fonction des intérêts individuels de chaque groupe stratégique. Celles-ci peuvent être utiles dans l'élaboration de la cartographie des conflits.

Cartographie des conflits dans la plaine de Mindif

La cartogrphie des conflits de la plaine de Mindif a pris en compte les localités impliquées dans les conflits, les types, la gravité, les causes et les acteurs du conflit (tableau 2).

Tableau 2. Cartographie des conflits dans le terroir de Mindif

Sites	Typologie	Ampleur	Causes	Acteurs
Ngouma	- Conflits agropastoraux	++++++	- Installation des champs dans le couloir à bétail - Usages des résidus de récolte	- Agriculteurs migrants et éleveurs transhumants - Éleveurs locaux et éleveurs Transhumants
Taparé	- Conflits agropastoraux	+	- Exploitation concurrente des résidus de récolte	- Agroéleveurs et éleveurs transhumants
OuroBabba	- Conflits sylvopastoraux	++	- Utilisation concurrente du fourrage aérien	- Agro-pasteurs et éleveurs transhumants
Doyang	- Conflits Homme/Faune - Conflits sur le bois - Conflits agropastoraux	++++ ++++++ +++++	- Dévastation des champs par les éléphants - Exploitation illégale du bois - Utilisation concurrente de l'espace - Dévastation des cultures par les animaux	- Population locale et État - État et collecteurs de bois - Agriculteurs locaux et Éleveurs locaux
Maoundine	- Conflits agropastoraux	+++	- Utilisation concurrente de la mare - Exploitation des résidus de récolte	Éleveurs locaux et éleveurs transhumants
Gagadjé	- Conflits Homme/Faune - Conflits sur le bois - Conflits agropastoraux	+++++ +++ ++++	- Dévastation des champs par les éléphants - Exploitation illégale du bois - Rétrécissement des pistes à bétail - Dévastation des cultures par les animaux	- Population locale et État - Agriculteurs locaux, éleveurs (locaux transhumants)
Campemen	- Conflits Bétail/Faune	++ ++ +++++	- Attaque du bétail par les hyènes - Abattage systématique	- Éleveurs transhumants et État

84

	- Conflits sur le bois - Conflits agropastoraux		des arbres pour clôturer les enclos - Occupation des campements pour les cultures	- Agriculteurs locaux et éleveurs transhumants

Selon le tableau ci-dessus, les sites à conflit sont regroupés en trois selon leur gravité : le groupe I composé de Ngouma, Gagadjé et Doyang ; le groupe II concernant les campements et le groupe III constitué de Taparé, Ouro Babba et Maoundine. Le comportement des conflits dans ces sites dépend de l'importance des ressources. Plus la ressource est stratégique, plus les conflits sont poignants. C'est le cas de l'espace utilisé conjointement par les agriculteurs, les éléphants et les éleveurs transhumants, des résidus de récolte et des ligneux. Par contre, l'usage du pâturage aérien et les mares entraîne peu des conflits. Ainsi, chaque acteur joue un rôle dans la présence de ces conflits. Dans les localités où les enquêtes ont été effectuées, les acteurs des conflits sont partout présents.

Dans les campements, l'État et les agriculteurs sont plus impliqués dans les litiges que d'autres acteurs. Dans les villages, les éleveurs transhumants, les collecteurs de bois et l'État sont plus concernés par les conflits. L'implication de l'État dans les conflits est justifiée par le passage annuel des éléphants et le contrôle des activités sylvicoles à travers ses agents des eaux et forêts. Pour résoudre ces conflits, ces acteurs utilisent plusieurs procédures.

Selon le tableau 1 ressort les ressources à problèmes dans la plaine de Mindif, les terres pastorales (pâturages, mares, pistes à bétail) et agricoles font l'objet de rivalités entre non seulement leurs utilisateurs, mais aussi entre les utilisateurs et les autorités traditionnelle et administrative. Ngouma, Doyang et Gagadjé sont des villages dans lesquels les conflits sont nombreux. À Ngouma, les paysans ont installé leurs cases sur le couloir des éleveurs transhumants. À Doyang, les conflits opposent plus les agriculteurs et les agro-éleveurs que les autres acteurs, car les champs sont situés autour des cases. À cause de la présence des éléphants, il n'est pas possible de cultiver dans la brousse. En 2005, « Doyang était considéré comme Touboro » comme l'a si bien affirmé l'un des répondants. Les agents du Ministère des Eaux et Forêts et les collecteurs de bois sont aussi en conflit. À Gagadjé Moundang et Gagadjé Foulbé, non seulement cette localité est implantée sur la route des transhumants, mais les populations coupent aussi du bois.

Pourtant à Maoundine, à Ouro Babba et à Taparé, bien que les conflits soient signalés, ces ressources posent moins de problèmes comme dans les autres villages. Ceci s'explique par l'installation des agriculteurs sur les couloirs à bétail. En plus, la coupe du bois ne constitue pas une activité principale. Globalement, plusieurs acteurs sont impliqués dans ces conflits. Toutefois, des mecanismes de leur règlement sont développés afin de les réduire.

Des mécanismes locaux de règlement des conflits

Au Nord-Cameroun en particulier, et dans les paysanneries africaines en général, le recours aux mécanismes endogènes de gestion des conflits est courant. À ce sujet, plusieurs mécanismes sont identifiés dans la plaine de Mindif : l'arbitrage, la médiation, l'ordalie et le règlement à l'amiable.

L'arbitrage

L'arbitrage est un mode utilisé par l'autorité traditionnelle qui s'appuie sur l'oralité. Quand un conflit éclate entre deux usagers de l'espace, le plaignant se présente verbalement devant le tribunal coutumier. Avant le jugement, un constat est d'abord fait par le responsable chargé des affaires pastorales à la chefférie appelé *sarki saanu*. Après cette étape, le juge sous le contrôle des membres de la cour (*Fada*) lamidale examine le problème et prononce la sentence. Si le plaignant n'est pas satisfait du jugement rendu, il peut renvoyer l'affaire au niveau de la juridiction moderne.

La médiation

Elle est formelle et informelle. La médiation formelle est conduite par la commission consultative fixée selon le décret N° 78/263 du 03 juillet 1978 définissant les modalités de résolution des conflits. Cette commission organise l'espace en réglant les éventuels litiges. Lorsqu'un conflit éclate entre un agriculteur et un éleveur, elle fait le constat par le canal de ses services techniques après que le plaignant ait versé une somme de 20 000 FCFA pour le carburant. Après cette étape, sur la base de la plainte déposée à la gendarmerie puis acheminée vers la Sous-préfecture et du constat, la commission siège et prend une résolution. Cette résolution est consignée dans un procès-verbal. La médiation peut aussi être informelle. C'est le cas de celle se déroulant dans les quartiers par le canal des personnes influentes en l'occurrence les autorités religieuses, les gardiens de la tradition et les anciens du village.

La négociation

Il existe plusieurs modalités de négociation : la compétition, la collaboration, la compromission, l'accommodation et l'évitement. L'objectif visé est d'aboutir à un compromis. En cas de conflit, la procédure consiste pour les deux parties à utiliser le dialogue auprès d'une autorité religieuse ou coutumière Chaque camp est représenté par un porte-parole qui doit fortement défendre les intérêts de son camp. Cette façon implique que les deux parties cherchent à trouver un terrain d'entente plutôt que de s'opposer et de maintenir avec acharnement des positions contraires. Cela signifie probablement que les deux parties sont satisfaites du résultat des négociations. Personne ne se sent volé ou dupé.

Le règlement à l'amiable

La résolution des conflits à l'amiable est un mode qui peut dans une moindre mesure permettre aux usagers de l'espace et de ses ressources, de résoudre équitablement les conflits afin d'éviter la juridiction de « ceux qui bouffent ». Le problème de fond est traité entre les deux parties en présence des voisins ou des personnes écoutées dans la société. Des instruments de paix sont alors utilisés après avoir résolu le problème de fond. C'est le cas d'une retrouvaille autour d'un pot de la bière locale (*bili-bili* et *arki*) ou le partage d'un cola faisant signe du retour à la paix. Tous ces modes sont différemment appréciés par les usagers de la brousse (tableau 2).

Tableau 2. Type de règlement des conflits et niveau de satisfaction des acteurs

Niveau de satisfaction / Type de règlement des conflits	Efficace	Peu efficace	Pas du tout efficace
Arbitrage			X
Médiation		X	
Négociation		X	
Gré-à-gré	X		
Procédure animiste	X		

Il ressort de ce tableau que plusieurs modes de résolution des conflits sont déployés par les usagers des ressources. Il s'agit de l'arbitrage, de la médiation, de la procédure ancestrale, de la négociation et du gré-à-gré.

L'arbitrage, la médiation et la négociation sont des modes de règlement des conflits peu ou pas du tout efficaces d'après les compréhensions des utilisateurs des ressources naturelles. Par contre, les modes de résolution des conflits les plus efficaces selon les perceptions des acteurs sont le gré-à-gré et la procédure ancestrale.

Des propositions pour réduire les conflits et gérer durablement l'espace

Pour réduire les conflits dans la plaine de Mindif, plusieurs propositions sont faites par les acteurs, notamment les usagers des ressources de la brousse et les acteurs institutionnels.

Les propositions des acteurs pour l'atténuation des conflits

Les solutions endogènes pour l'apaisement des conflits s'articulent autour des points contenus dans le tableau 3.

Tableau 3. Propositions des acteurs pour réduire les conflits

Propositions des utilisateurs de l'espace	
Agriculteurs, agroéleveurs et agropasteurs	- Matérialisation des limites entre les espaces agricoles et pastorales - Surveillance des éléphants dans le parc - Évaluation réelle des dégâts sur le terrain par la commission consultative - Déplacement des membres de la commission consultative pour le constat - Gestion des conflits par un comité local indépendant - Dédommagement réel des victimes - Moins de l'État dans la distribution des dons
Éleveurs transhumants	- Importance aux dialogues et à la négociation - Déguerpissement des villages installés dans les couloirs à bétail - Délimitation réelle de l'espace pastoral
Collecteurs de bois	- Autorisation de coupe de bois d'une durée de 3 à 5 ans - Facilitation de son obtention
Propositions des acteurs institutionnels	
Délégation d'Arrondissement de l'Élevage, des Pêches et des Industries Animales.	- Délimitation des espaces agropastoraux - Cartographie des espaces pastoraux
Délégation d'Arrondissement de	Clôture des champs à l'aide des haies vives

l'Agriculture et du Développement Rural	
Poste du contrôle Forestier	- Besoins en plants pour clôturer les champs - Engagement des agents forestiers par la commune
SNV (Organisation Néerlandaise de Développement) et CARPA (Centre d'Appui à la Recherche et au Pastoralisme)	- Redynamisation des comités de gestion des mares - Mise en place des comités de gestion des ressources pastorales - Délimitation des espaces agropastoraux
Commune	- Mise en place d'une stratégie de communication avec les parties en conflit - Délimitation des espaces agropastoraux
Autorités administrative et traditionnelle	- Déguerpissement des agriculteurs dans les couloirs à bétail - Clôture des champs - Délimitation des espaces agropastoraux

Des propositions des acteurs pour une gestion durable des ressources naturelles

Pour gérer rationnellement les ressources naturelles, les usagers et les acteurs institutionnels ont fait des propositions (tableau 4).

Tableau 4. Propositions pour gérer durablement les ressources naturelles

Propositions des utilisateurs de l'espace	
Agriculteurs, agroéleveurs et agropasteurs	- Droits définitifs sur les ressources foncières - Réduction de la taille du cheptel des éleveurs transhumants - Présence d'un projet pour organiser l'espace - Besoins en plants
Éleveurs transhumants	- Implication dans la gestion des couloirs à bétail - Implication dans la gestion des mares
Collecteurs de bois	- Faciliter l'accès aux crédits pour développer le petit commerce et stocker les vivriers marchands - Besoins en plants
Propositions des acteurs institutionnels	
Délégation d'Arrondissement de l'Élevage, des Pêches et des Industries Animales.	- Délimitation des espaces agropastoraux - Cartographie des espaces pastoraux - Suivi régulier des exploitants pastoraux
Délégation d'Arrondissement de l'Agriculture et du Développement	Clôture des champs à l'aide des haies vives
Poste du contrôle Forestier	- Besoins en plants pour clôturer les champs

89

	- Engagement des agents forestiers par la commune
SNV (Organisation Néerlandaise de Développement) et CARPA (Centre d'Appui à la Recherche et au Pastoralisme)	- Redynamisation des comités de gestion et de surveillance des mares - Mise en place des comités de gestion des ressources pastorales - Identification des campements des nomades
Commune	Respect du règlement intérieur de l'intercommunalité Kaélé, Mindif, Moutourwa, Moulvoudaye et Touloum
Autorités administratives et Traditionnelles	- Acquisition des titres fonciers - Sensibilisation des utilisateurs sur la nécessité d'une gestion rationnelle des ressources naturelles

DISCUSSION DES RESULTATS

L'exploitation concurrente de l'espace et de ses ressources explique la présence des conflits dans le terroir de Mindif. Il ressort que les utilisateurs n'ont pas la même vision de mise en valeur de la brousse. Les modes actuels de règlement de ces conflits dans le terroir de Mindif sont aussi pratiqués dans les autres savanes africaines. Au Mali dans la région de Yorosso, la médiation est un outil essentiel entre différentes communautés déchirées autour des ressources naturelles (Oumar et Diallo, 2003). D'autres modes (AOPP, 2004) relevés dans ce pays portent sur la conciliation locale assurée par le chef de village ; la procédure animiste dans les terroirs de Koulikoro, Ségou, Sikasso et Mopti où les populations ont aussi recours aux chefs de terre après l'échec de la conciliation tentée par le conseil de village ; et enfin la procédure judiciaire est le dernier mode de gestion des conflits après l'épuisement des procédures locales précitées. Dans des pays sahéliens à l'instar du Burkina Faso, du Mali, de la Mauritanie, du Niger et du Tchad, les us et coutumes jouent un rôle non négligeable dans la réduction des conflits liés à l'exploitation des ressources naturelles (Centre pour le Dialogue Social, 2021). En effet, cette voie constitue le fruit d'une tradition de préservation du lien social, un ciment de la cohésion sociale et renforce la mise sur pied des conventions locales en matière de la gouvernance locale des ressources naturelles en Afrique.

Dans le Moyen-Chari et le Mayo-Kebbi en zone soudanienne du Tchad, Sougnabé (2002) a relevé la diversité des modes de résolution des conflits agro-pastoraux parmi lesquels le règlement à l'amiable et au niveau des chefs traditionnels (arbitrage) comme dans le terroir de Mindif. C'est aussi le cas mis en relief dans plusieurs travaux de Kossoumna Liba'a (2008, 2012, 2016, 2018a) ; Gonné (2005, 2006) et Balna (2016) et Balna et Gonné (2021).

Toutes ces procédures comportent des anomalies. En effet, les décisions prises prennent souvent en compte les relations sociales et les affinités cultuelles. La commission consultative n'est pas souvent opérationnelle sur le terrain, car des « enveloppes » pour gagner des procès lui sont présentées. Quand il faut dédommager le plaignant, la totalité de la contrepartie ne lui est pas reversée. Souvent, on lui fait comprendre que l'accusé n'a pas encore versé cette contrepartie. Concernant la médiation informelle, elle n'est pas suffisamment fondée sur des textes. Comment peut-on évaluer en début de campagne un champ de mil dévasté par un troupeau de bœufs ? Doit-on dédommager en fonction de la semence ou des prévisions de récoltes en termes de vente, mais à quel prix ? À cause de la partialité des juges, des contraintes de payement de frais de justice ou la peur d'être pris par le « gri-gri », elle est largement critiquée en milieux paysans. Dans le terroir de Mindif tout comme dans d'autres plaines des régions du Nord-Cameroun, l'autorité traditionnelle peut prendre de l'argent chez un éleveur représentant la rente pastorale à verser en nature ou en argent ou les deux formes à la fois. Cette taxation (Requier-Desjardins, 2001 ; Kossoumna Liba'a, 2008, 2018b, 2021 ; Balna, 2016 ; Zouyane, 2018 ; Balna et Gonné, 2021) permet sans doute à l'éleveur mobile d'accéder aux ressources pastorales notamment fourragères et hydriques. Dans ce genre de situation, où se plaindre sans redouter d'être refoulé du village ? Cependant, les arrangements à l'amiable et la procédure animiste sont les plus recherchés, car on parvient à régler équitablement les conflits.

Les différentes suggestions formulées par les acteurs sont en contradiction avec les textes en vigueur et les cadres de concertation déjà créés ou en cours de création. En plus, ces textes sont caducs face aux contraintes écologiques et aux mouvements humain et animal actuels. L'autre épineux problème est la corruption qui sévit dans la zone. Pourtant, le rôle des autorités en charge de la gestion des territoires est clairement défini par le décret N° 78/263 du 03 avril délimitant et définissant les conditions de résolution des conflits agro-pastoraux en milieu rural (MINEPIA, 1994). Pour prendre en compte ces propositions paysannes, il faudra aussi tenir compte du poids du pouvoir traditionnel.

Certaines propositions formulées par les acteurs s'inscrivent dans la nouvelle donne de gestion des territoires et des ressources naturelles qu'est la cogestion. Les travaux de synthèse de Roe et *al.,* (2009) ont révélé que le Sénégal et le Mali ont très tôt (1970) eu le temps pour mettre en place les structures administratives et les politiques requises pour adopter cette cogestion. Dans le sahel burkinabé, les leçons tirées ont montré que la participation paysanne dans la gestion des ressources naturelles permet de sécuriser l'accès aux ressources clés et le maintien de la paix sociale (Boureima, Grell et Poda, 2001).

En Afrique centrale, il faut relever que cet outil est en phase d'expérimentation. Les cadres de concertation peuvent produire des résultats probants à l'exemple des terroirs de Laidé Karewa dans la vallée de la Bénoué, de Didango-Mandjo et de Ngoumbélé en République centrafricaine et de N'guétté au Tchad (Kodayen et Kaine, 2009 ; Béchir et *al.* 2009). Cependant, on s'interroge sur la durabilité de ce nouveau dispositif de gestion commune des ressources naturelles. En effet, les propositions formulées par les acteurs s'appliqueraient difficilement en raison des contraintes socio-économiques telles que la taille élevée du ménage, le faible taux d'alphabétisation ne permettant pas aux usagers de prendre connaissance des textes sur la gestion des ressources naturelles et un revenu financier faible ne leur permettant pas de diversifier les activités. D'autres contraintes sont écologiques. C'est le cas de la sècheresse qui favorise de plus en plus l'extensivité des systèmes agrosylvopastoraux de production.

CONCLUSION

De cette étude sur la multiplicité des conflits autour de l'exploitation des ressources naturelles dans la plaine de Mindif à l'Extrême-Nord Cameroun, il ressort que leur contrôle est fonction des types d'acteurs qui s'affrontent. Il est clair que chaque groupe d'acteur essaye de tirer la couverture de son côté en matière de contrôle des ressources à problèmes dans cette plaine. Toutefois, les angles sont arrondis, car des propositions en fonction des réalités locales sont faites. Pour réduire les conflits dans cette plaine, l'État devrait être très présent sur le terrain. Dans les politiques de la gouvernance des ressources naturelles, il devra aussi prendre en compte la transhumance transfrontalière. En perspective, une étude sur la gestion locale des conflits et la pérennisation de l'exploitation des ressources naturelles dans la plaine de Mindif en particulier, et celle du Diamaré en général, devra faire l'objet d'une analyse plus fine.

REFERENCES BIBLIOGRAPHIQUES

ACEEN, (2007). Gestion de la plaine de Waza-Logone, d'une véritable tragédie au redécollage perceptible. Document de capitalisation du projet de contribution à la gestion de la plaine d'inondation de Waza-Logone, Maroua, Cameroun, 26 p

Ankogui-Mpoko, G-F., (2002). Gestion des espaces agropastoraux en zones de savanes centrafricaines : de l'arbitrage de l'État à une cogestion. *Actes du colloque de Mai 2002, Maroua, Cameroun*, PRASAC, pp 16-22.

AOPP, (2004). Propositions paysannes pour une cogestion pacifique et durable des ressources foncières au Mali, Atelier national tenu les 26, 27 et 28 janvier 2004 au CRES, Bamako, Mali, 25 p.

Balna, J., (2016). Exploitation fourragère par les pasteurs mbororo et émergence du foncier de l'arbre dans les plaines de Mozogo et de Tolkomari (Extrême-Nord, Cameroun), Thèse de Doctorat/Ph.D de Géographie, Science de l'Homme et de la Société, École Normale Supérieure, Université de Maroua, 348 p.

Balna, J., (2013). Au-delà des problématiques environnementales face aux conflits homme-éléphants dans le Sahel camerounais, *Géotunis*,11p. www.geosp.net/wpcontent/uploads/2013/07/JULES-BALNA.pdf.

Balna, J., Etame Sone Diabe, Diyé, J., Gonné, B. et Bongoyok, M., (2021). *The use of kuley in resolving land disputes among the Mofu Cameroon* in Intégralité, Revue de développement holistique, Vol 1, N°3, Presses Universitaires de Mokolo (PUM).

Balna, J., et Gonné, B., (2021). Émergence du foncier de l'arbre en zone sèche du Cameroun, in Monique Bertrand (dir.), pp 65-78, « *Une Afrique des convoitises foncières, Regards croisés depuis le Mali* », Collection Cahiers Afriques Vol. 31.

Bechir, A.B., Moussa, A., Kaine, V.E. et Kaboré-Zoungrana, C.Y., (2009). Une plateforme de gestion concertée de l'espace et des ressources. Leçons tirées des méthodes mises en œuvre en zone de savanes d'Afrique centrale, *Actes du colloque, 20-23 avril 2009, Garoua, Cameroun*, PRASAC, 10 p.

Blanc-Pamard, C., et Cambrézy, L., (1995). *Terre, terroir et territoire : les tensions foncières*, ORSTOM, 472 p.

Boureima, D., Grell, H., et Poda, A., (2001). « Gestion concertée des ressources agropastorales : cas du sahel burkinabé » in *Tielkles E., Schlecht E et Hiernaux P ; (éditeurs) Élevage et gestion de parcours au Sahel, implication pour le développement*, Grauer, Beuren-Stuttgart, Allemagne.

BUCREP, (2010). Rapport de présentation des résultats définitifs du 3e

Recensement Général de la Population et de l'Habitat, République du Cameroun, 65 p.

CEDC, (2009). Utilisation et gestion des ressources naturelles en zone sèche du Nord-Cameroun, ESPRIT, Rapport du diagnostic de base, 34 p.

Centre pour le Dialogue Social, (2021). Gestion des ressources naturelles au Sahel : les us et coutumes au service de la résolution des conflits Burkina Faso, Mali, Mauritanie, Niger & Tchad. 47 p.

Dekané, E., (2015), Les ordalies en justice traditionnelle au Nord-Cameroun : outils, rituels et effets. *International Journal of Innovation and Applied Studies.* Vol. 11 N° 2, pp 262-272, http//: www.ijias.issr.journals.org. (Consulté le 15 juin 2018).

Diyé, J., (2012). Mangala Douvangar et la résolution endogène des conflits dans les monts Mandara, *in* J. Kouessou et N. Tchouaké (éds), *Figures de l'histoire du Cameroun. XIX-XXᵉ siècle*, L'Harmattan, Paris, 2012, pp 145-148.

Ganota, B., Ankogui, Mpoko G-F., Passingring, K., Tchotsoua, M., et Arabi, M., (2009). Législation des migrations humaines et animales en Afrique centrale : cas du Cameroun, de la République centrafricaine et du Tchad, *Actes du colloque du 20-23 avril 2009, Garoua, Cameroun,* PRASAC, 7 p.

Gautier, D., Ankogui-Mpoko, G-F., Reounodji, F., Njoya, A., Seignobos, C., (2002). Agriculteurs et éleveurs : deux communautés, deux activités dominantes, pour quelle intégration territoriale*, Actes du colloque du 20 Mai, Maroua, Cameroun*, PRASAC, 9 p.

Gonné, B., Sougnabé, P., et Ngana, F., (2009). Le champ et le bœuf en savane d'Afrique centrale. Complémentarité, antagonisme ou intégration ? *Actes du colloque du 20-23 avril 2009, Garoua, Cameroun.* PRASAC, 9 p.

Gonné, B., (2005). La crise foncière sur les terres à karal dans les plaines de l'Extrême- Nord du Cameroun : un dysfonctionnement déterminant dans la dynamique actuelle des terroirs, Thèse de Doctorat ph. D de Géographie, Université de Ngaoundéré, FALSH, 531 p

Gonné, B., et Seignobos, C., (2006). Des questions foncières dans le Nord-Cameroun. Consulté le 15 mai 2018. www-inter-reseaux.org

GRET-IRD-LAJP, (2003). Les dispositifs locaux de régulation foncière : description empirique et premières analyses. www.diplomatie.gouv.fr

Isseri, F.G., (1997). Utilisation de la brousse et problème foncier dans la région de Mindif : cas de Doyang et de Mizao guizak, Rapport de stage, CEDC, 45 p.

Jolanda, van den Berg, (1991). *Implementation of the agropastoral project Mindif-Moulvoudaye*, Field report, February 1991, CEDC, Maroua, Cameroun, CML, Leiden, The Netherlands.

Khari, B.. (2010). Impact socioéconomique des conflits liés aux ressources halieutiques : cas de la plaine d'inondation de Waza-Logone (Extrême-Nord, Cameroun) pour la période de 1985 à 2009. Mémoire du diplôme d'Ingénieur Agronome, Département de Vulgarisation Agricole et de Sociologie Rurale, FASA, Université de Dschang, 117 p.

Kondayen, A.I., et Kaine, V.E., (2009). Cogestion de la galerie forestière de Ngoumbélé, République centrafricaine, pour un meilleur contrôle des ressources par les populations riveraines. Actes du colloque du 20-23 avril 2009, Garoua, Cameroun, PRASAC, 10p.

Kossoumna Liba'a, N., (2019). L'accès des femmes au foncier dans l'Extrême-Nord du Cameroun : Entre persistance de la tradition et dynamique socio-économique. *African Journal of Land and Geospatial Science*. pp 39-45. Special issue n°4.

Kossoumna Liba'a, N., (2008). De la mobilité à la sédentarisation : Gestion des ressources naturelles et des territoires par les éleveurs Mbororo au Nord-Cameroun, Doctorat de Géographie, Université Paul Valéry-Montpellier III, 259 p.

Kossoumna Liba'a, N., (2012). Sédentarisation des éleveurs transhumants dans le Nord du Cameroun : évolution des conflits ruraux et de leurs modes de résolutions. *Afrique Populations Studies* [APS] Vol 26, I (April 2012) pp 113-132.

Kossoumna Liba'a, N., (2016). Étude sur les conflits agro-pastoraux dans les régions camerounaises du Nord, Adamaoua et Est. Rapport d'étude, Bertoua/Cameroun. UNHCR/LWF. 123 p.

Kossoumna. Liba'a, N., (2018a). Revue des expériences de reconnaissance/sécurisation des droits fonciers des communautés au Nord-Cameroun. Rapport d'étude. IIED/Centre pour l'Environnement et le Développement/RELUFA/Union Européenne. 30 p.

Kossoumna, Liba'a, N., (2018b). *La fin du nomadisme ? Crises des territoires d'élevage du Nord-Cameroun*. Dinimber et Larimber, Yaoundé, Cameroun. 200 p.

Kossoumna Liba'a, N., (2021). Les contraintes de l'élevage au Cameroun, in symposium sur « *la relance des activités pastorales* », CNEB-CAM, Maroua.

Ndjavoua, M., (2024). Déplacés victimes des groupes extrémistes Boko Haram et la question d'accès au foncier dans le Mayo-Tsanaga (Extrême-Nord Cameroun), *Intégralité* Vol. 2Numéro 9JAN. 2024, pp 22-33.

Madi, A., Huub, P., et Sali, B., (2002). La demande urbaine en bois énergie et nécessité d'une gestion rationnelle des ressources naturelles : le cas de la ville de Maroua à l'Extrême-Nord du Cameroun, *Actes du colloque, Maroua, Cameroun,* PRASAC, 13 p.

Mazimi, A., et Fichter, P., (2010). Cultiver la paix : les conflits et la gestion des ressources naturelles au Bas-Congo*, Atelier provincial des acteurs du développement rural au Bas-Congo organisé du 19 au 21 octobre 2010 à Kimpese*, CRAFORD et AGRISUD INTERNATIONAL, 49 p.

MINEPIA, (1994). Recueil des textes régissant l'élevage, les pêches et les industries animales, Contact hors série N° 1, 292 p.

Njaffeur, E., (1995). Le flambeau de la nature, association à but non lucrative, ADESNA, 15 p.

Oumar, C., et Diallo, F.P., (2003). Prévention et gestion des conflits agro-pastoraux. Accompagnement d'acteurs locaux pour l'élaboration concertée et négociée d'un schéma d'aménagement pastoral, cas de Yorosso (Mali). DIC-PT n° 23, 10 p.

Oumnia, B., (2022). La gouvernance des ressources naturelles en Afrique : le modèle botswanai. Policy paper. N° 18/22 - Octobre 2022.

Requier-Desjardins, M., (2001). Élevages et transhumance à l'Extrême-Nord du Cameroun, une étude des contrats d'accès aux pâturages communs, enquêtes en milieu pastoral et essai de modélisation contractuelle, Thèse de doctorat en sciences économiques, U.F.R des Sciences Sociales et des Humanités, Université de Versailles-Saint-Quentin-en-Yvelines, 625 p.

Roe, D., Nelson, F., et Sandbrook, (2009). Gestion communautaire des ressources naturelles en Afrique Impacts, expériences et orientations futures. Série Ressources naturelles n° 18, *Institut International pour l'Environnement et le Développement*, Londres, Royaume-Uni, 242 p.

Sambo, A., (2016). Déplacés internes et question foncière dans la région de l'Extrême-Nord-Cameroun, in Réfugiés et déplacés dans les systèmes des conflits du bassin du Lac Tchad, *Bulletin d'analyse stratégique et prospective*, pp 61-69.

Seignobos, C., (2022). Chez nous, on ne tue pas le chien sans raison, *Revue d'ethnoécologie* [En ligne], 22/ 2022, mis en ligne le 31 décembre 2022.URL : http// journals.openedition.org/ethnoecologie/9524 ; DOI : https://doi.org/10.4000/ethnoecologie.9524.

SNV, (2009). État des lieux des ressources pastorales dans les communes de Kaélé-Mindif-Moulvoudaye et Moutourwa, Rapport d'étude, SNV et CARPA, 30 p.

Tchamba, M., (2006). Elephants and their interaction with people and vegetation in the Waza-Logone Region, Cameroun. 233 p.

Thierno Moctar, B., (2003). Les mécanismes traditionnels de prévention et de résolution des conflits en Afrique noire, in *Les fondements endogènes d'une culture de la paix en Afrique : mécanismes traditionnels de prévention et de résolution des conflits*, Paris.

United Nations Office for the Coordination of Humanitarian Affairs (OCHA), (2022). CAMEROUN : Extrême-Nord Violences intercommunautaires de Logone-Birni, Rapport de situation N°7 1 février 2022.www.unocha.org

Wassouni, (2006). Bushland in Mindif Region, Cameroon Functions, Decline, Context and Prospects. PhD, University of Leiden-Netherland, 213 p.

Zouyane, V., et Kouiyé Gabin, J., (2023). Intensification du trafic des armes à feu entre les frontières tchado-camerounaises : enjeux et esquisses de solutions. In JASRA-*International Journal of Advanced Studies and Research in Africa*. Vol 12 No1 June 2023 ISSN:1920-8693. -University of Montréal-Geospatial Land & Health Research Laboratory. www.ijasra.org/vol.12. pp 1-18

Zouyane, V., (2018). Mobilités pastorales et construction des territoires d'élevage dans la plaine du Diamaré-Extrême Nord Cameroun. Thèse de Doctorat Ph D de Géographie, Université de Maroua-Cameroun, 340 p.

Approches innovantes face à la résurgence des conflits intercommunautaires dans la Région de l'Extrême-Nord du Cameroun

Alioum Hamadou

RESUME. L'accès, le contrôle et la gestion des ressources en eau et en pâturage ont toujours alimenté les conflits intercommunautaires dans la Région de l'Extrême-Nord Cameroun. Ces conflits liés à la question de la gouvernance des ressources naturelles, prennent une connotation identitaire, donnant lieu à des amalgames entre clivages du passé et antagonismes socioéconomiques. L'objectif de ce travail consiste à analyser la résurgence des conflits intercommunautaires afin de proposer des nouvelles approches innovantes de leur traitement à l'Extrême-Nord Cameroun. Il en va ainsi des expériences analysées dans la plaine du Logone avec une extension des situations similaires dans toute la région. La méthodologie utilisée consiste à recourir aux sources orales et écrites, aux rapports d'activités et aux archives. Nous avons aussi opté pour une combinaison d'approches sélective, critique et prospective pour capitaliser les pratiques rationnelles de traitement de ces conflits et contribuer enfin de compte à mieux prévenir et gérer les sources d'instabilité qui enveniment les relations entre les différentes communautés qui utilisent les mêmes espaces à l'Extrême-Nord du Cameroun.

MOTS-CLES. Gouvernance, ressources naturelles, conflit intercommunautaire et Extrême-Nord Cameroun.

ABSTRACT. Access, control and management of water and pasture resources have always fueled intercommunity conflicts in the Far North region of Cameroon. These conflicts linked to the question of resource governance take on an identity connotation, giving rise to amalgamations between divisions of the past and socio-economic antagonisms. The objective of this work is to analyze the resurgence of intercommunity conflicts in order to propose new innovative approaches to their treatment in Far North Cameroon. This is the case with the experiences analyzed in the Logone plain with an extension of similar situations throughout the region. The methodology used consists of using oral and written sources, activity reports and archives. We also opt for a combination of selective, critical and prospective approaches to capitalize on good practices for dealing with these conflicts and ultimately contribute to better preventing and managing the sources of instability which poison relations between the different communities that use the same spaces in the Far North of Cameroon.

KEYWORDS. Governance, naturals resources, intercommunity conflict and the Far North Cameroon.

INTRODUCTION

La Région de l'Extrême-Nord du Cameroun est marquée par une compétition permanente pour l'accès aux ressources naturelles à cause de l'imbrication des champs et des pâturages. En effet, la cohabitation entre les différentes communautés qui utilisent les mêmes espaces (agriculteurs, éleveurs, pêcheurs, collecteurs de bois, etc.) se détériore depuis les sécheresses des années 70. On assiste donc à la dégradation continue de l'environnement avec des déficits pluviométriques et la diminution des pâturages. Ces difficultés frappent de plein fouet les nomades (peuls, arabes) qui vivent essentiellement de l'élevage. C'est dans ce sens qu'on note l'émergence des conflits locaux autour de l'accès aux ressources naturelles entre éleveurs, puis avec des agriculteurs et des pêcheurs sédentaires[15]. Ces conflits qualifiés « de faible intensité » sont parfois mal appréciés par les autorités locales. Une telle situation engendre une violence qui s'amplifie d'année en année avec son cortège de destructions des biens, de règlements de comptes, d'attaques, de morts (Bamba Gaye, 2017 :7). Aux conflits larvés de faible intensité, se sont progressivement ajoutées des violences qui ont dégénéré en conflits intercommunautaires le long du fleuve Logone et qui méritent une attention particulière.

La résurgence de ces conflits intercommunautaires dans la Région de l'Extrême-Nord Cameroun se justifie par l'accès aux ressources naturelles qui s'amenuisent davantage et dans un environnement de plus en plus aride. Dès lors, ces conflits, pourtant liés à la gouvernance des ressources naturelles, prennent une connotation identitaire, donnant lieu à des amalgames entre clivages du passé et antagonismes socioéconomiques. Il en va ainsi des expériences analysées dans la plaine du Logone avec une extension des situations similaires dans toute la région. Ainsi, comment

---

[15] Benjamin R., et Aïssatou D., « Peuls et djihadisme au Sahel : le grand malentendu », in https://www.jeuneafrique.com/mag/1007217:politique/sahel-peuls-le-grand-malentendu, consulté le 09 septembre 2022.

capitaliser les bonnes pratiques de traitement des conflits entre les groupes d'intérêt ? Face à la recrudescence de ces conflits, les dispositifs traditionnels de gestion sont-ils restés fonctionnels ? Les modes de gestion des conflits mis en place apparaissent-ils inefficaces ? Les initiatives de résolution des conflits de la société civile restent elles aussi peu pertinentes, les actions menées restant limitées au cas par cas. Les mesures prises par l'État manquent de vigueur structurelle. Il n'existe aucun mécanisme permanent de prévention, de gestion et de résolution des conflits dans la région. Il y a lieu de mettre en place de nouvelles approches alternatives et innovantes de gestion des conflits entre ces différentes communautés pour garantir la cohésion sociale dans une mouvance durable.

MATERIELS ET METHODES
Description de la zone d'étude

La présente étude est réalisée dans la Région de l'Extrême-Nord du Cameroun qui partage ses frontières avec le Tchad et le Nigéria (figure 1). En effet, cette région présente un relief varié. Elle s'étend sur environ 160 km d'Ouest en Est et sur plus de 270 km du Nord au Sud. Entre les latitudes 10° et 13° nord, elle s'étire des pays soudaniens jusqu'aux rivages du lac Tchad. Des contrastes topographiques et saisonniers divisent l'espace en deux grandes unités, soulignées par un grand cordon dunaire quasi continu entre Yagoua et Limani : au nord les plaines d'épandage et d'inondation du Logone dont l'uniformité ne se rompt que par des tumuli Saw ; au sud, des paysages cloisonnés, compartimentés, éclatés en petits massifs dans les monts Mandara (Morin, 2005). La région est aussi caractérisée par un climat semi-aride. Elle se répartit entre les régions semi-arides du nord (le Sahel) et les terres centrales[16]. Son économie repose essentiellement sur l'agriculture, l'élevage, la pêche et le commerce.

La conflictualité dans les sociétés de l'Extrême-Nord du Cameroun est récurrente. Du fait de sa faible pluviométrie qui n'optimise pas les rendements agricoles, de sa démographie importante et d'une pauvreté rampante, la région est vulnérable aux antagonismes. Cette vulnérabilité est entretenue par le difficile accès aux ressources vitales, à la manipulation de l'ethnicité dans un contexte démocratique-multipartiste et aux oppositions d'origine diverse (PNUD et UNESCO, 2015 :11). Ainsi, dans cette région,

---

[16]https://www.donneesmondiales.com/afrique/cameroun/climat-extreme-nord.php, consulté le 12 septembre 2023

les conflits intercommunautaires sont une préoccupation majeure. Ces conflits, devenus récurrents, opposent diverses communautés, notamment les groupes ethniques, les pêcheurs, les éleveurs et les agriculteurs. Les tensions sont exacerbées par des facteurs tels que les mouvements de population liés aux changements climatiques et à la crise générée par les exactions de Boko Haram. Au moins 100 000 personnes ont été forcées de quitter leur foyer en raison de ces affrontements, mais le nombre réel pourrait être bien plus élevé[17]. En somme, l'Extrême-Nord du Cameroun est une région géographiquement diverse, avec des enjeux liés au climat, à la démographie et aux ressources naturelles.

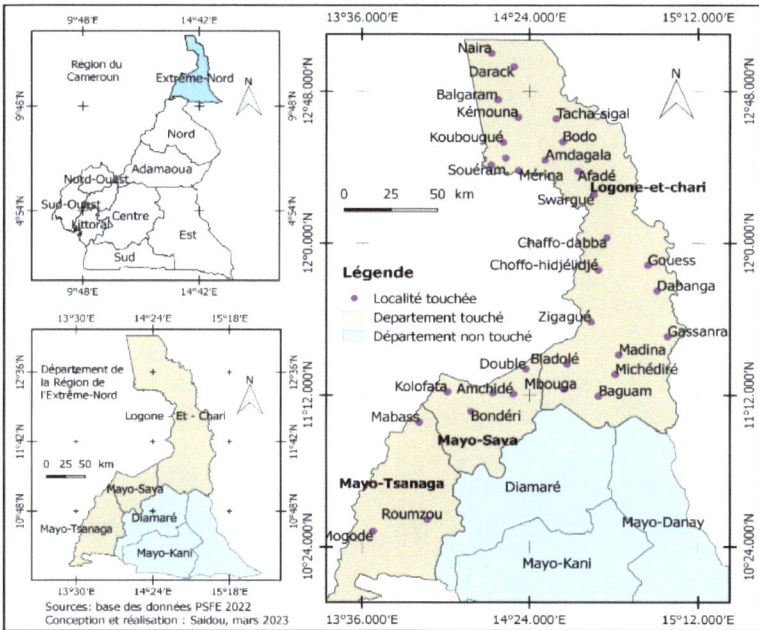

Figure 1. Localisation de la zone d'étude

Démarche méthodologique

La méthodologie utilisée dans le cadre de cette investigation porte d'une part, sur les sources et méthodes de collecte, et d'autre part, sur la méthode d'analyse des données.

---

[17]https://www.unhcr.org/fr/actualites/briefing-notes/des-affrontements-dans-lextreme-nord-du-cameroun-entrainent-le, consulté le 12 septembre 2023

Les sources exploitées sont d'ordres primaire et secondaire. Les sources primaires sont constituées des données d'archives et orales. Les sources archivistiques concernent les rapports de tournées et d'études des organisations onusiennes (PNUD, UNESCO), des projets et organismes œuvrant dans le cadre du maintien de la paix dans la Région de l'Extrême-Nord du Cameroun. Pour les exploiter, nous nous sommes rendus aux cellules des projets et organisations pastorales à savoir la cellule du Projet d'Appui à l'Amélioration de la Productivité de l'Élevage dans la Région de l'Extrême-Nord (PAPE), le Centre d'Appui à la Recherche au Pastoralisme en Afrique (CARPA) et la Confédération Nationale des Éleveurs du Bétail du Cameroun (CNEB-CAM). Les sources orales pour leur part, sont d'une importance capitale et nous y avons mis un accent particulier. En effet, elles sont collectées de septembre à décembre 2022 dans les localités où nous avons séjourné, à savoir Kousseri, Logone Birni, Waza, Mora, Kolofata, Tokombéré et Koza. Ces sources sont constituées des témoignages oraux, collectés auprès d'une trentaine d'informateurs et cette collecte des données s'est faite sur la base d'un questionnaire. De ce fait, la cible choisie pour les enquêtes est composée des autorités administrative et traditionnelle, des agents techniciens de l'État, des humanitaires, des membres des organisations intervenant dans la résolution des conflits, les communautés d'agriculteurs, d'éleveurs et des pêcheurs.

Les sources secondaires sont constituées des données écrites et numériques. Il s'agit en effet des ouvrages, des articles, des rapports, des communications, des thèses et mémoires. La collecte de ces données s'est effectuée au centre de documentation de l'École Normale Supérieure de Maroua et dans notre bibliothèque personnelle. Nous avons aussi eu recours aux sources électroniques à partir de l'internet. Toutefois, la combinaison de ces deux types de sources a permis de déceler les fondements lointains et immédiats des conflits intercommunautaires dans la Région de l'Extrême-Nord.

Une fois toutes ces informations réunies pour la présente recherche, nous avons procédé à leur analyse en confrontant les données. Ainsi, les approches sélective, critique et prospective sont les clés d'analyse de ce travail. En effet, l'approche sélective de Broadbent (1958)[18] a permis de sélectionner les données relatives aux différentes activités socio-

---

[18]https://theses.univ-lyon2.fr/documents/getpart.php?id=lyon2.2.2003.vaz_c§part=84883, consulté le 08 septembre 2023

professionnelles en lien avec les conflits. L'approche critique de Paola (2017) quant à elle, a permis de mener une analyse critique et objective de l'ensemble des mécanismes existants pour gérer les conflits intercommunautaires. Enfin, l'approche prospective de Gaston Berger (1964) nous permet de diagnostiquer l'étiologie de ces conflits afin de proposer des approches innovantes de crise intercommunautaire à la suite des stratégies pratiques existantes à l'Extrême-Nord Cameroun.

RESULTATS

Les résultats présentés dans ce travail sont axés sur trois points. Il s'agit d'abord de présenter les facteurs des conflits identitaires. Ensuite, les pratiques de traitement des conflits intercommunautaires sont déterminés. Enfin, les recommandations innovantes de la gouvernance des ressources entre les communautés sont ressorties.

Les facteurs des conflits identitaires à l'Extrême-Nord Cameroun

À l'Extrême-Nord Cameroun, la gouvernance des ressources naturelles demeure complexe et pluridimensionnelle. Ainsi, la permanence des conflits tourne autour de cette gouvernance dont il importe d'analyser les mobiles[19].

Des dégâts champêtres

À l'Extrême-Nord Cameroun, on enregistre des tensions entre les différentes communautés socioprofessionnelles telles que les agriculteurs et les éleveurs. L'une des causes des conflits entre ces dernières est la destruction des cultures par le bétail sur des itinéraires de transhumance ou dans les zones de pâturage. En effet, la précarité et la rareté des ressources se sont soldées par la mise en culture de tout l'espace réservé aux transhumants. Cette occupation des zones de pâturage par les agriculteurs se solde par les dégâts causés par les animaux dans les champs des agriculteurs. C'est ce qui se traduit par les conflits entre agriculteurs et éleveurs. À ce sujet, Kossoumna Liba'a (2008 :188), en prenant l'exemple des terroirs au Nord-Cameroun, constate que pour les agriculteurs, cette situation résulte du refus délibéré des éleveurs de respecter les usages établis

---

[19] Les mobiles des conflits intercommunautaires dans ce travail renvoient aux risques et menaces qu'a enregistrées la Région de l'Extrême-Nord Cameroun à partir des années 1970.

en la matière. Les éleveurs sont accusés de rester plus longtemps avec leurs animaux dans leurs territoires d'attache (fin juillet-début-août) alors que les cultures des agriculteurs sont déjà bien développées. D'autre part, les agriculteurs disent que les éleveurs ne respectent plus « la date de libération des champs » pour entreprendre le retour de la transhumance. Ce genre d'incidents se déroule principalement en début de saison sèche, quand un grand nombre de champs ne sont pas encore récoltés.

L'accès aux points d'eau et aux pâturages

L'accès aux points d'eau et aux pâturages alimente les sources des conflits entre les différents groupes d'intérêt qui utilisent les mêmes espaces dans la Région de l'Extrême-Nord Cameroun. En effet, dans les plaines inondables du Mayo-Danay et du Logone et Chari, une bonne partie des espaces de pâturage sont envahis par les canaux de pêche, perturbant la circulation des animaux. De plus, certaines mares pastorales ont été transformées en canaux de pêche par les populations riveraines et/ou vendues aux pêcheurs par les chefs traditionnels, générant des conflits entre les pasteurs Peuls/Arabes-choas et les pêcheurs Mousgoum (Kossoumna Liba'a, 2021 : 7).

Cette structuration des conflits est similaire à celle connue entre les éleveurs Arabes-Choa et agriculteurs issus d'autres communautés dans la zone du delta du lac Tchad. Le recul des eaux a favorisé la multiplication de nouvelles zones de cultures sur les abords du lac. En même temps, s'intensifient les mouvements transfrontaliers des pêcheurs dans le sillage du retrait du lac. Si la compétition pour l'accès aux ressources halieutiques est âpre dans le lac Tchad, celle constatée dans la vallée du Logone l'est tout aussi avec une fixation sur les mares d'eau en période sèche (Abdoulaye, 2014). Ces sources des conflits restent récurrentes aux abords du fleuve Logone.

Il se pose aussi les difficultés d'accès aux aires de parcours du fait de l'inaccessibilité des couloirs de passage pour les animaux en transhumance. Pour Abakar Brahim, la concentration forte des éleveurs sur les aires de parcours de plus en plus réduites entraine parfois des conflits violents avec des pertes en vies humaines. Aussi, affirme-t-il, l'occupation anarchique des zones de parcours par des habitats sauvages ou anarchiques réduit le couloir de transhumance et peut aller jusqu'à sa suppression définitive[20].

Face à un manque de fourrage, les bergers n'hésitent pas à laisser délibérément les animaux dans les champs afin d'assurer leur survie malgré le risque que cela peut engendrer. Ainsi, les travaux de Magrin (2000 : 146) montrent que les différends entre agriculteurs et éleveurs en Afrique représentent 44,66% des litiges. Ceux entre éleveurs autour des points d'eau et de pâturages en représentent 6,6%. Il note également que les différends qui opposent les éleveurs aux autres opérateurs ruraux représentent 2,2%. Les litiges concernent surtout les revendications foncières, l'accès aux points d'eau, les couloirs de passage et les pâturages. Ces conflits peuvent être graves, car chaque année, les conflits entre éleveurs et agriculteurs engendrent des pertes en vies humaines, ravivant les tensions intercommunautaires. Ce type de conflits est prégnant dans le Mayo-Kani, Mayo-Danay et la plaine inondable du Logone.

Banditisme et vol de bétail

Le vol reste un réel facteur de conflits entre les communautés au point de structurer les relations entre Peul et Guiziga dans la plaine du Diamaré (Saïbou Issa et Hamadou Adama, 2002). Le vol du bétail génère des conflits intra ou intercommunautaires dans le Diamaré, le Logone et Chari et le Mayo Danay. Les conflits liés au vol de bétail opposent les éleveurs peuls aux bandits souvent armés et qui s'emparent de troupeaux entiers à l'Extrême-Nord du Cameroun. En effet, le banditisme et le vol de bétail sont perceptibles le long des sections des frontières du Nigéria, du Tchad, du Cameroun, entre autres. Ceci pose un défi sécuritaire dans les zones transfrontalières, notamment en période de transhumance, pour les éleveurs. D'après le rapport de l'Organisation des Nations Unies pour l'Alimentation et l'Agriculture (2012 :44), le vol de bétail au Sahel a augmenté au cours des vingt dernières années pour devenir une activité « moderne » et bien organisée.

Aux confins du Cameroun, du Tchad et de la République Centrafricaine, les éleveurs autrefois victimes des razzias par les groupes non-peuls ou les coupeurs de route, sont exposés aujourd'hui à plusieurs menaces (des enlèvements, des pillages, des prises d'otages) qualifiées « comme une

---

[20] Entretien avec Abakar Brahim, Maire de la commune d'Arrondissement de Logone Birni, le 04 septembre 2022.

nouvelle forme de banditisme rural » (Saïbou, 2006). Pour Malloum Mey, ces éleveurs sont livrés à la merci des brigands qui enlèvent leurs animaux, et parfois leurs progénitures, contre des rançons et la terreur gagne du terrain avec pour conséquences les déplacements, l'appauvrissement des familles ou l'abandon de l'activité pastorale[21]. Ceci dit, les pertes d'animaux et des vies humaines amènent certains éleveurs à se radicaliser en utilisant les armes légères en circulation au Sahel pour se défendre et protéger leurs biens (bétails).

Complexification des conflits agropastoraux intercommunautaires

Le conflit agropastoral en Afrique subsaharienne s'est complexifié en laissant entrevoir une violence intercommunautaire avec des pertes en vies humaines et des dégâts matériels considérables. Le passage du bétail à partir du Burkina Faso a occasionné des conflits meurtriers intercommunautaires en 2009 au sud-ouest, notamment dans la ville de Bouna située à la frontière avec la Côte d'Ivoire. On note également la recrudescence de ces conflits au nord et au centre du Nigéria, au nord du Mali et du Niger que nous observons de nos jours et qu'on peut qualifier « des zones instables ». C'est ainsi que le rapport thématique spécial de l'observatoire d'alerte précoce de WANEP (2020 :3)[22] révèle qu'entre 2011 et 2016, plus de 2000 vies, dont celles de nombreuses femmes, ont été perdues au Nigéria seulement et 5000 autres personnes se sont déplacées au cours de la même période. Également, au Mali, on a enregistré 300 décès à la suite de conflits entre agriculteurs et éleveurs en 2018, tandis qu'au moins 100 personnes, dont des femmes et des enfants, ont également été tuées au Burkina Faso au cours de la même période.

Dans l'Arrondissement de Logone Birni (Extrême-Nord Cameroun), nous avons enregistré des conflits intercommunautaires en août 2021 entre les pêcheurs (Mousgoum) et les éleveurs (Arabe-Choa) et en décembre de la même année entre les agriculteurs (Mousgoum et Massa) et les éleveurs (Arabe-Choa). En effet, lorsque les arabes décident d'emprunter les couloirs de transhumance du Logone pour profiter des pâturages existants et abreuver leurs bétails, ils piétinent les cultures des Mousgoum et Massa. Ces dernières communautés saisissent le sous-Préfet mais le problème n'est pas résolu à l'immédiat par l'autorité administrative. Les Mousgoum et Massa

---

[21] Entretien avec Malloum Mey, Commissaire de Police de Waza, le 08 septembre 2022.
[22] *West Africa Network for Peacebuilding.*

décident d'expulser les arabes et leurs bétails des champs cultivés. Mais il a fallu qu'un Mousgoum au nom d'Adoum Domo lance sa flèche sur un éleveur arabe pour qu'on assiste à un conflit ouvert qui aura des conséquences à plus d'un égard[23]. Ainsi, ces conflits sont liés à l'accès et au contrôle des mares d'eau par les différents acteurs et ils débouchent au déplacement forcé des populations vers Waza[24], Kousseri, Bogo, Maroua et aux flux des réfugiés vers le Tchad. On enregistre aussi une cinquantaine de villages détruits. Il s'agit entre autres de Dilga Eli, Dilga Endam, Gouwalakoué, Maroufa, Djamena, Bara I, Bara II, Bara III, Salam, Dilga Dabanga, Gadoudji, Bamzala I, Bamzala II, Yamré Kotoko, Yamré Youssof, Yamré Abdouraman, Dobtori, Maham, Kidam, Goudgouni Mousgoum, Marté, Darsala, etc. Des pertes en vies humaines, en bétail, des vols de tous genres et la destruction des biens sont des conséquences de ces conflits.

En filigrane, la compétition pour le contrôle et la gestion des ressources est à l'origine des oppositions entre les différentes communautés qui utilisent les mêmes espaces (agriculteurs, éleveurs, pêcheurs) à l'Extrême-Nord Cameroun. Mais, il est important de noter que la survenue des conflits n'est pas toujours liée à la rareté des ressources. Plusieurs conflits sont causés par le manque d'organisation des espaces disponibles, lequel engendre un accès anarchique favorable aux conflits. Toutefois, la recrudescence de l'insécurité à l'Extrême-Nord Cameroun durant ces dernières décennies a nécessité l'élaboration et l'adoption de stratégies susceptibles de prévenir et de gérer les conflits entre ces différentes communautés socioprofessionnelles. C'est pourquoi il importe de mener une analyse sur les mécanismes de traitement des conflits à connotation identitaire à l'Extrême-Nord Cameroun.

Les pratiques de traitement des conflits intercommunautaires à l'Extrême-Nord Cameroun

Les communautés locales et les institutions étatiques ont mis sur pied des pratiques de résolution des conflits entre les communautés et qui sont encore viables à l'Extrême-Nord Cameroun.

---

[23] Entretien avec Mahamat Bahar, Sénateur et Sultan de Logone Birni, le 04 septembre 2022
[24] Selon Malloum Mey, le Commissaire de Police de Waza, le nombre total des déplacés est estimé à 3470 à partir de l'enregistrement fait les 21 et 22 décembre 2022.

Pratiques « informelles ou traditionnelles » de traitement des conflits

Plusieurs mécanismes endogènes ont été observés à l'Extrême-Nord Cameroun pour prévenir et gérer les conflits en lien avec la gouvernance des ressources naturelles. Ces mécanismes existent et fonctionnent selon la considération que leur vouent les populations. En effet, les cadres de médiation sont l'instance coutumière intégrée au système traditionnel du pouvoir, la diplomatie traditionnelle, les alliances matrimoniales, la contribution des fêtes et les rites traditionnels, le recours à la médiation et au dialogue. Ces cadres de gestion et de résolution des conflits se rencontrent dans toute la région. Leur fonctionnement reste tributaire de la sollicitation des parties en cas de conflit.

Chez les Arabes-Choa

Parce qu'organisés en tribus, fractions et en familles, les Arabes-Choa connaissent une structuration politico-sociale lâche. Cet émiettement de groupes humains a conduit à l'expression de plusieurs micro-centres de pouvoirs exercé par des sages en fonction du type de conflit. Les conflits d'héritage sont réglés par le *sayyidna*, maître religieux d'un village ou d'une tribu. Par contre, les procès liés aux conflits fonciers sont placés sous l'autorité du chef de tribu qui applique le droit islamique. Selon le Maire de Kousseri[25], les sociétés Arabes-Choa urbanisées n'ont plus recours à ces dispositifs traditionnels. Seuls les groupements villageois, dans une certaine mesure, continuent d'avoir recours à ces institutions traditionnelles de gestion des conflits.

Chez les Kotoko

Chez les Kotoko, le Sultan dirige la cité. Sur le plan de la justice et de la construction de la paix, le Sultan est assisté de notables chargés de rendre les jugements. Aux sultanats de Kousseri et de Logone Birni, le tribunal coutumier joue aussi le rôle d'instance de dialogue et de médiation entre les Kotoko et, éventuellement, d'autres communautés. Le fonctionnement de cette instance s'articule sur le *chetima*, conseiller religieux du sultan et ministre de la justice ; et *l'alifa*, ministre du territoire qui s'occupe, en particulier, des litiges fonciers. À une échelle plus basse, le chef de village/quartier ou *blama,* résout les conflits qui surviennent sur son

---

[25] Entretien avec Mahamat Abdoulkarim, Maire de Kousseri, le 06 septembre 2022.

territoire.

Selon le sultan de Kousseri[26], la législation appliquée dans le cadre des jugements rendus est essentiellement basée sur le Saint Coran. Cependant, il apparait que les conflits intercommunautaires qui opposent les Kotoko aux Arabes-Choa et Mousgoum, ne sont pas traités au sein de ce tribunal[27]. C'est pourquoi la crise foncière qui divise toutes les communautés ethniques de Kousseri ou le conflit latent entre Arabes-Choa et Kotoko, n'ont fait l'objet d'aucune conciliation au sultanat de Kousseri.

Chez les Mousgoum

Peuple vivant en cohabitation avec d'autres groupes ethniques dans la vallée du Logone, les Mousgoum sont concernés par plusieurs conflits. Ils sont organisés au sein des sultanats dont le régime politique s'inspire du modèle baguirmien. Le règlement des litiges et la promotion de la paix sont animés par trois catégories d'acteurs qui correspondent à trois niveaux d'intervention. Au bas de l'échelle de commandement, l'on retrouve les *blamas* qui gèrent les conflits de leurs territoires de compétences. Ensuite vient le *Ngarmay magna*, ministre de la justice qui s'occupe des conflits de la communauté. Il organise les jugements et les conciliations hors du palais du Sultan. Ces deux niveaux d'intervention connaissent les affaires d'adultère, de sorcellerie, de vol, de conflits interpersonnels. Le niveau le plus élevé de jugement et de médiation est réservé au Sultan qui l'assure en présence de toute sa cour. Les sujets inscrits à l'ordre de cette haute cour sont les conflits fonciers généralement liés au partage des parcelles de riziculture, les crises de succession dans les villages ou toutes situations nécessitant une audience de conciliation (PNUD et UNESCO, 2015).

À la différence d'autres groupes ethniques, les Mousgoum ont défini une stratégie de médiation lorsque surviennent des conflits avec d'autres communautés. Ainsi, des « faiseurs de paix » sont désignés pour leur charisme, leur sens de négociation, leur grande connaissance du peuple belligérant. Cette stratégie est revendiquée par le Sultan de Pouss qui, à l'occasion des crises avec ses voisins des Sultanats de Logone-Birni, Kataoua ou Guirvidig, initie des missions de médiation auprès desdits

---

[26] Entretien avec Mahamat Abba 2, Sultan de Kousseri, le 06 septembre 2022.
[27] Il faut dire que la communauté Kotoko de Kousseri reste encore divisée sur la légitimité de leur monarque ; ce qui conduit les autres communautés, en particulier les Mousgoum, Massa et Kanuri, à ne pas solliciter son autorité en cas de crises.

souverains. Par exemple, les conflits récurrents entre Mousgoum et Kotoko au sujet des mares d'eau et canaux de pêche à la frontière des deux sultanats, ont fait l'objet de médiations ayant abouti à l'accalmie. Mais ce dispositif reste aléatoire dans son efficacité à long terme (PNUD et UNESCO, 2015). Les missions de bons auspices ne sont pas structurées et permanentes, elles sont initiées seulement après un conflit ouvert. Elles n'ont donc pas une vocation résolument préventive. Il faut cependant noter que ces instances connaissent un fonctionnement minimal du fait des influences diverses, de l'existence d'autres outils de médiation, de l'action des autorités étatiques.

Les comités ad hoc

La structure des interventions en faveur de la paix intègre aussi les comités *ad hoc*. Ils sont constitués à la suite des initiatives ministérielles ou des autorités administratives territorialement compétentes. Les comités *ad hoc* interviennent toujours après les affrontements ouverts. Ils réunissent toutes les parties en conflit en présence de médiateurs, afin de trouver une solution. Les travaux des comités *ad hoc* s'inscrivent dans la durée à travers une mission de suivi et d'évaluation des résolutions prises au cours des travaux. Ce type de solution a été appliqué en 2007 par le Ministre d'État en charge de l'Administration territoriale et de la décentralisation à la suite des affrontements sanglants entre Kotoko et Mousgoum autour de la mare à poissons de Tcikam.

Le cas le plus récent remonte à 2021 avec le conflit conflit intercommunautaire dans le Logone Birni opposant les arabes aux Mousgoum et Massa. Le comité *ad hoc*, constitué pour la circonstance, dirigé par les Gouverneurs Ahmadou Tidjani (2007) et Midjiyawa Bakari (2021), avait réuni l'élite politico-administrative du Logone et Chari à l'instar de Adoum Gargoum, Kalkaba Malboum Abakar Ahamat, Kamsouloum Abba Kabir, Mahamat Bahar, dans l'objectif de trouver une solution à ces conflits répétitifs et soulager les communautés en conflit. Le comité a poursuivi ses travaux plusieurs fois sous la présidence du Gouverneur de la Région de l'Extrême-Nord et autour des représentants des communautés en conflit.

L'action de l'État

Le décret n°78/263 du 03 juillet 1978 fixant les modalités de règlement des litiges agro-pastoraux

Ce décret porte composition, attributions et modalités de fonctionnement de la commission consultative prévue à l'article 12 du décret n° 76-166 du 27 avril 1976, fixant les modalités de gestion du domaine national. Cette commission est chargée notamment d'organiser l'espace rural en zones agricoles et zones d'élevage ; de définir les modalités d'utilisation des zones mixtes, qui sont insensibles à l'appropriation privée ; d'assurer le respect des délimitations agro-pastorales et de régler les litiges agro-pastoraux. Le décret fixe les modalités de règlement des litiges agro-pastoraux. Parmi les mesures prises pour éviter les litiges, le décret prévoit : le déplacement du bétail uniquement par des couloirs de transhumance, l'accompagnement de tout troupeau par un berger, l'obligation de conserver le petit bétail dans un enclos dans les zones forestières à vocation agricole. Toutefois, ce décret abroge les articles 14, paragraphe 1er et 15, paragraphe 4 du décret n°76/166 du 27 août 1976.

La mise en œuvre de projets de développement intégré

Sur le plan de l'intervention de l'État, on peut faire allusion à l'impact des projets de développement sur les situations de crise qui génèrent les conflits. Dans ce registre, le Projet de Développement Rural Intégré-Chari Logone en est un exemple. Cofinancé par l'État du Cameroun, le fonds de l'Organisation des Pays Producteurs de Pétrole (OPEP) et la Banque Islamique de Développement (BID) à hauteur de 10 milliards, le projet œuvre pour l'amélioration de la sécurité alimentaire par le développement de la pêche, de l'agriculture irriguée, le forage des puits, la création des marres d'eau et étangs, la construction de silos et de magasins de céréales afin de réduire les pertes après récoltes ; le développement de certaines infrastructures sociales et environnementales telles que les salles de classe, les aires de jeu, la plantation d'arbres et de vergers en vue de lutter contre la désertification et la réhabilitation des pistes rurales. Cette démarche de renforcement de la paix par des actions de développement est similaire à celle entreprise par la Mission de Développement Intégré des Monts Mandara dans le Département du Mayo-Tsanaga.

Les tournées de sensibilisation à la coexistence pacifique

Au niveau opérationnel, on peut citer les nombreuses initiatives prises par les autorités administrative et traditionnelle pour consolider ou ramener la paix entre les communautés. C'est le sens à donner à la mission de sensibilisation à la coexistence pacifique effectuée par Ahmadou Tidjani, le Gouverneur de la Région de l'Extrême-Nord, dans le Département du Logone et Chari, en mars 2006. Au cours de sa mission, le Gouverneur a tenu à adresser un message de paix articulé sur trois points : connaissance réciproque, préservation de la paix civile et bataille pour le développement.

En parcourant dix localités, en particulier celles souvent concernées par les conflits (Zina, Logone-Birni, Blangoua, Goulfey, Hile-Alifa, Makary, Darak, Fotokol, Kousseri et Waza), le Gouverneur a prêché la paix et la tolérance (PNUD et UNESCO, 2015). Les mêmes opérations ont été effectuées par les Gouverneurs Awa Fonka Augustine en 2012 et Midjiyawa Bakari en 2014 et 2021, en particulier dans les localités conflictogènes du Logone et Chari. Ce type de campagnes, effectuées de façon conjoncturelle par les autorités administratives, permettent de porter auprès des communautés le discours de la concorde, de la cohésion sociale et de la cohabitation pacifique.

En filigrane, l'ensemble de ces mécanismes de traitement des conflits fait défaillance surtout avec la montée en scène de l'extrémisme violent et la résurgence des conflits intercommunautaires dans cette région. Il faut à présent proposer de nouvelles pistes de règlement équitable des conflits pour une meilleure gouvernance des ressources dans un contexte sécuritaire en détérioration.

Recommandations innovantes de gouvernance des ressources naturelles entre les communautés à l'Extrême-Nord Cameroun

La résurgence des conflits intercommunautaires au sein des groupes socioprofessionnels différents mais qui utilisent les mêmes espaces, amène à formuler les recommandations suivantes :

Élaborer une stratégie régionale intégrée de prévention des risques et menaces liés à la paix et à la sécurité ; Capitaliser les ressources scientifiques à travers des partenariats avec les universités et les centres de recherche (Saïbou, 2021 :17) ; Actualiser la cartographie pastorale et booster les activités de l'élevage ; Améliorer les couloirs de transhumance avec les plantes fourragères, les mares et puits pastoraux, les parcs de vaccination et les marchés à bétail. Conduire rapidement une réforme du système de sécurité de manière coordonnée en impliquant tous les acteurs dans la gestion et l'élaboration de la charte nationale ; Corriger les injustices anciennes et nouvelles en matière d'accès aux ressources naturelles et les discriminations sociales ; Réconcilier les communautés afin de recoudre le tissu social déchiré et défiguré ; Créer des villages cosmopolites où toutes les communautés sont représentées ; Valoriser les autorités traditionnelles afin qu'elles retrouvent leurs lettres de noblesse ancestrale et qu'elles puissent aider l'État à encadrer efficacement les populations ; Lutter de manière efficace contre la pauvreté qui gangrène les communautés des pêcheurs, des éleveurs et des agriculteurs dans la région ; Multiplier les mares en fonction des activités socio-professionnelles ; Donner aux communautés les moyens de travailler pour avoir un rendement satisfaisant pour les activités agricoles et piscicoles et enfin, encourager l'impartialité des autorités administratives dans la gestion de leur mission. Toutefois, ces recommandations s'inscrivent sur la liste de celles faites par d'autres chercheurs en Afrique.

DISCUSSION DES RESULTATS

Il ressort de cette étude que la résurgence des conflits intercommunautaires dans la Région de l'Extrême-Nord Cameroun est liée à la problématique de la gouvernance des ressources naturelles. En effet, les dégâts champêtres, l'accès aux points d'eau et aux pâturages, le banditisme et le vol de bétail décapitalisent les communautés d'éleveurs, des pêcheurs et des agriculteurs et constituent les sources des conflits qui les opposent durant des décennies. Les affrontements intercommunautaires entre éleveurs, pêcheurs et agriculteurs, qui ont éclaté en 2021 dans le Logone Birni, ont chassé au moins 100 000 personnes de leurs foyers, créant une situation d'urgence humanitaire. Face à cette situation alarmante, plusieurs mécanismes de résolution des conflits (traditionnels et modernes) ont été utilisés pour passer du conflit à la coexistence pacifique pour une cohésion paisible entre les différentes communautés.

Cependant, la configuration plurale des communautés à l'Extrême-Nord Cameroun est fragilisée par l'instrumentalisation, à divers égards, du registre identitaire (positionnement des élites, organisation des partis politiques, accès aux privilèges matériels etc.). Cette instrumentalisation politique est souvent génératrice d'exclusion et donc de frustration et par conséquent, se révèle potentiellement conflictogène. Ceci étant, les approches innovantes formulées dans ce travail permettent de faciliter le retour à la paix durable qui est une nécessité pour la survie des différentes communautés qui utilisent les mêmes espaces.

Plusieurs auteurs nous ont précédé sur ce sujet. Dongmo (2010), lors d'un colloque, analyse le système de sédentarisation des communautés d'éleveurs sur des terroirs stratégiques et nécessaires à leur autosuffisance vivrière en Afrique soudano-sahélienne. Dans sa grande dimension, l'auteur s'appuie sur l'étude des territoires d'attache des éleveurs voisins et des agriculteurs, pour appréhender le phénomène de transhumance saisonnière et quelquefois, la décolonisation du troupeau. Pour finir, Dongmo invite les autorités traditionnelles en charge, les services administratifs concernés et les fédérations d'éleveurs et d'agriculteurs à entreprendre une concertation afin de déterminer ensemble les conditions et les mécanismes de gestion durable des conflits entre les différentes communautés qui utilisent les mêmes espaces.

Hellendorf (2012) pour sa part, réalise que c'est entre agriculteurs et éleveurs que s'observent des tensions d'ordres socio-économique et politique qui, généralement, ont pour cause principale les aléas climatiques. Pour lui, le changement climatique n'est qu'un facteur d'exacerbation de ces tensions. L'auteur argumente que ces conflits sont l'expression des dissensions qui peuvent exister au sein des groupes sociaux. Par ailleurs, au niveau interne, les conflits agropastoraux ou intercommunautaires sont les conséquences de l'inadaptation des administrations et des systèmes socio-politiques spécifiques et des contraintes du pastoralisme. N'Dimina-Mougala (2012), aborde les conflits identitaires ethno-politiques ou encore communautaires. Il présente dans son article les caractéristiques, les manifestations et les mécanismes de prévention des conflits identitaires africains. Il prend pour exemple les conflits identitaires au Nord-Kivu, à l'Ituru au Congo, le conflit au Darfour, le conflit intra-rwandais et le conflit intra burundais.

Ahidjo (2016) dans son article, met un accent particulier sur l'action des réfugiés dans la dégradation de l'environnement et les conflits d'accès aux ressources naturelles dans les zones d'accueil du fait de leur implication dans les Activités Génératrices de Revenus (AGR) comme l'agriculture, l'élevage et la coupe de bois de chauffe au Nord-Cameroun. Selon lui, la cohésion sociale et la prise en compte des préjudices environnementaux sont des axes à intégrer dans les projets humanitaires pour un développement durable dans les localités d'accueil des migrants forcés. Hoinathy et Delanga (2021), Niagalé et *al.* (2021), analysent l'insécurité dans le bassin du lac Tchad en particulier, et le Sahel en général, accentuée par des violences communautaires. Ils construisent leurs analyses autour des facteurs qui accentuent les violences communautaires et liés aux conflits fonciers et d'accès aux ressources dans la Région de l'Extrême-Nord. Les conflits Arabes-Choa, Mousgoum, Kanouri et Kotoko sont également présentés. Gaimo (2021) répertorie les conflits en plusieurs catégories, notamment les conflits entre éleveurs et agriculteurs, les conflits entre les agriculteurs eux-mêmes, les conflits entre éleveurs et autorités traditionnelles ou bien les conflits entre population locale et éleveurs qui se transforment plus tard en conflits interethniques.

Ce travail est utile au vu de la méthode d'approche appliquée dans la résolution de ces conflits agropastoraux dans la partie septentrionale du Cameroun. Mba et Ngueuta Nouffeussie (2022) déduisent que les conflits intercommunautaires ne peuvent plus se réduire aux seules querelles foncières, politiques et agro-pastorales au Cameroun. Au-delà de ces causes traditionnelles, il faut désormais saisir le rôle joué par les forces et groupes armés, ainsi que d'autres formes d'allégeances transfrontalières, dans l'incitation et l'exploitation des lignes de fractures préexistantes en leur faveur.

Cette recherche vient donc compléter leur apport en mettant en exergue la compétition pour l'accès et la gestion des ressources naturelles liées à l'imbrication des champs et de pâturages intercommunautaire dans la Région de l'Extrême-Nord. Aussi, souligne-t-elle les stratégies de résilience des acteurs étatiques et traditionnels, enfin, elle table sur les pistes innovantes de prévention et de gestion des sources d'instabilité qui enveniment les relations entre les différentes communautés qui utilisent les mêmes espaces à l'Extrême-Nord du Cameroun.

CONCLUSION

En somme, il était question dans ce travail de cerner le lien entre les conflits intercommunautaires et la gouvernance des ressources naturelles afin de contribuer à mieux prévenir et gérer les sources d'instabilité qui enveniment les relations entre les différentes communautés qui utilisent les mêmes espaces à l'Extrême-Nord Cameroun. Pour mener à bien ce travail, nous avons cerné la question de la gouvernance des ressources à l'aune de la permanence des conflits identitaires, ensuite, nous avons mené une analyse critique des mécanismes de traitement des conflits intercommunautaires et enfin, cette contribution met à jour les nouvelles pistes innovantes de gouvernance des ressources entre les communautés à l'Extrême-Nord Cameroun. Ceci dit, face à cette dégradation des liens sociaux entre les communautés, la préservation de la paix est placée au cœur du processus de toute négociation afin d'obtenir un usage concerté et durable de l'espace et de ses ressources. Toutefois, nous avons besoin d'organisations crédibles et légitimes pour la gestion de l'espace, l'accès aux ressources et les relations cordiales entre les différents groupes socioprofessionnels.

REFERENCES BIBLIOGRAPHIQUES

Abdoulaye, D., (2014). *Conflits interethniques et sous-développement dans le Logone et Chari*, mémoire de master en Sciences Sociales pour le Développement, Institut Supérieur du Sahel, Université de Maroua

Ahidjo, P., (2016). *Migrations tchadiennes et centrafricaines au Nord-Cameroun : Enjeux humanitaires et problématiques de la dégradation de l'environnement*, Public administration & régional Studies, N°2 Galati University Press.

Bamba Gaye, S., (2017). Conflits entre agriculteurs et éleveurs dans un contexte de menaces asymétriques au Mali et au Burkina Faso, in séries FES sur *la Paix, et la Sécurité en Afrique*, n°28, pp.1-32.

Dongmo, A-L., (2010). Le territoire d'élevage : Diversité, complexité et gestion durable en Afrique soudano-sahélienne. Cas du Nord-Cameroun, Ouest Burkina Faso, Mali-Sud et Sud-Tchad, actes du colloque, CIRAD, Montpellier, France, Cédérom.

Hoinathy, E., et Delanga, C.,(2021). La violence communautaire au Cameroun accentue l'insécurité dans le bassin du lac Tchad, *Institut des études de sécurité*.

FAO, (2018). La transhumance transfrontalière en Afrique de l'Ouest, Rome : FAO, 2012.

Gaimo, M.,(2021). *Migrations et conflits agropastoraux au Nord-Cameroun XIXe-XXIe siècles*, Thèse de Doctorat Ph.D en Histoire, Université de Yaoundé 1 (Cameroun).

Hellendorf, B.,(2012). Changement climatique et conflits agropastoraux au sahel, *Note d'analyse* du GRIP, Bruxelles.

Kossoumna Liba'a, N., (2021). Les contraintes de l'élevage au Cameroun, in *symposium sur la relance des activités pastorales*, CNEB-CAM, Maroua

Kossoumna, Liba'a, N., (2008). De la mobilité à la sédentarisation : Gestion des ressources naturelles et des territoires par les éleveurs Mbororo au

Nord-Cameroun, Doctorat de Géographie, Université Paul Valéry-Montpellier III.

Krätli, S., et Toulmin, C., (2020). *Conflits entre agriculteurs et éleveurs en Afrique subsaharienne ?* rapport de recherche de l'Institut International pour l'Environnement et le Développement (IIED), octobre 2020, https://pubs.iied.org, consulté le 12 octobre 2022.

Magring, G., (2000). *Le sud du Tchad en mutation. Des champs de coton aux sirènes de l'or noir.* Thèse de doctorat. Université de Paris I/Panthéon-Sorbonne/Cirad-Prasac, novembre 2000, 1053 p

Mba, J.É., et Ngueuta Nouffeussie, L., (2022). Conflits intercommunautaires au Cameroun : une rationalisation néo-causale au prisme des interférences intra et extraterritoriales, *Afrique contemporaine*, 2 (N° 274), pp 97-121.

Morin, S., (2005). Géomorphologie » In : *Atlas de la province Extrême-Nord Cameroun* (en ligne). Marseille : IRD Éditions (généré le 09 septembre 2023). Disponible sur Internet : http://books.openedition.org/irdeditions/11548.

N'Dimina-Mougala, A-D., (2012). Les conflits identitaires ou ethnopolitiques africains au XXe siècle : caractéristiques et manifestations, *Guerres mondiales et conflits contemporains* 4 (n° 248), pp 97-119

Niagalé, B., Yeo,G.,et Fahiraman, R.K., (2021). Analyse des causes profondes des violences et conflits communautaires dans l'espace du G5/Sahel, *African sécurity sector network*

Paola, S., (2017). Approche critique : quelle appropriation par le SIC ?, *Revue française des sciences de l'information et de la communication (en ligne)*, mis en ligne le 01 août 2017, consulté le 10 septembre 2023. URL : http://journals.openedition.org/rfsic/3115

PNUD et UNESCO, (2015). Conflits et mécanismes de résolution des crises à l'Extrême-Nord du Cameroun in Projet d'urgence pour le renforcement des mécanismes de prévention des crises et le développement inclusif dans la Région de l'Extrême-Nord et du projet Rapid Response du PNUD et de l'UNESCO.

WANEP, (2020). Atténuer les conflits agropastoraux en Afrique de l'Ouest : la nécessité de revisiter les moyens d'action pour l'application effective des recommandations, AN. Rapport Bulding Relationship for Peace

Saïbou, I., (2021). Caractérisation stratégique et traitement des conflictualités dans l'espace CEEAC. Approche retro-prospective, in *symposium sur « la relance des activités pastorales »*, CNEB-CAM, Maroua

Saïbou, I. et Hamadou, A. (2002). Vol et relations entre Peuls et Guiziga dans la plaine du Diamaré (Nord-Cameroun), in *Cahiers d'Études Africaines*, 166, XLII-2, pp 359-372.

Saïbou, I., (2006). La prise d'otages aux confins du Cameroun, de la Centrafrique et du Tchad : une nouvelle modalité du banditisme transfrontalier. *Polis/Revue camerounaise des Sciences Politiques*, Vol. 13. N° 1-2, pp 119-146.

Thierno Moctar, B., (2003). Les mécanismes traditionnels de prévention et de résolution des conflits en Afrique noire, in *Les fondements endogènes d'une culture de la paix en Afrique : mécanismes traditionnels de prévention et de résolution des conflits*, Paris.

Enchevêtrement des droits locaux : cas des acteurs autour de la réserve forestière de Laf-Madjam (Extrême-Nord Cameroun)

Tissidi David

RÉSUMÉ. Ce travail de recherche vise à évaluer le processus d'implémentation de la législation forestière au sein des unités forestières de protection en mettant en exergue la réglementation moderne et celle coutumière. La démarche méthodologique adoptée est pluridisciplinaire. Elle s'appuie sur l'analyse des textes relatifs aux forêts, l'élaboration des outils juridiques jusqu'à leur mise en œuvre ; également des enquêtes socio-économiques sont menées auprès des populations riveraines (46484 hbts en 2020) et des entretiens auprès des autorités communale et institutionnelle dans les structures administratives. Les résultats des données traitées et analysées démontrent que malgré les efforts à consolider un cadre normatif, le droit moderne se heurte aux traditions/règles coutumières. Les interactions entre acteurs à l'échelle locale débouchent sur plusieurs formes de droits d'accès et d'usage, des autorisations ou titres d'exploitation, des instances de résolution des infractions forestières ou encore des droits d'occupation de la réserve forestière. Également, on relève un stéréotype de droit issu de la confrontation du droit moderne et droits coutumiers dans et autour des réserves forestières. La réserve forestière de Laf-Madjam est envahie parfois sur la moitié de la superficie protégée (2/3). Sur le modèle spatial, on relève que les limites des zones de transition et tampon se confondent au noyau de protection déjà dégradé. Cet état de co-usage entre acteurs devrait contribuer à garantir un cadre normatif plus cohérent et collectif en matière de compétences, pour une conservation durable des ressources forestières.

MOTS-CLÉS. Droits locaux, Droit coutumier, Droit moderne, Co-usage, Laf-Madjam, Extrême-Nord Cameroun

ABSTRACT. This paper aims to evaluate the process of implementation of forestry legislation within forest protection units by highlighting the modern regulations in force in relation to traditional local customs. The methodological approach adopted is multidisciplinary. It is based on the analysis of existing texts relating to the forest regime, covering the development of legal tools up to their implementation, socio-economic surveys of local populations (46484 residents in 2020) and interviews with communal and institutional authorities in the administrative structures. The results of the data processed and analyzed show that despite efforts to consolidate a normative framework, modern law comes up against customary traditions. Interactions between actors at the local level lead to several forms of access and user rights, exploitation authorizations or titles, instances of resolution of forest infractions, or occupation rights in the forest reserve. In addition, there is a stereotypical relationship between modern law and customary law in and around forest reserves. The Laf-Madjam forest reserve is invaded at a 2/3 proportion of the protected area. In the spatial model, the boundaries of the transition and buffer zones merge with the already degraded core protection area. This state of co-use between actors should help ensure a more coherent and collective normative framework of competencies for sustainable conservation of forest resources..

KEYWORDS. Local rights, Customary rights, Modern law, Co-use, Laf-Madjam, Far North Cameroon

INTRODUCTION

À la lumière de la Loi forestière de 1994[28] en vigueur au Cameroun mis à jour en juillet 2024 selon la oi N° 2024/09 du 24 juillet 2024 portant régime des forêts et de la faune, république du Cameroun , des réformes ont été entreprises pour un modèle de gestion participative des réserves forestières. C'est une nouvelle vision qui marque une rupture d'avec le modèle central, d'une gestion dite conservatoire à un modèle participatif (Tissidi, 2022 :332). Également, il est question de rehausser le potentiel ligneux déjà dégradé dans les zones de savane en même temps qu'un plan national forestier cohérent devrait prendre en compte toutes les grandes zones climatiques du Cameroun.

En outre, il est évident que les populations locales soient impliquées dans la conservation des écosystèmes forestiers, étant déjà en contact avec les espaces mis en défens par l'agriculture itinérante, les feux de brousse et l'élevage mobile. Tout compte fait, la faible participation des populations locales au processus de gestion, la gestion monopolisée et l'appropriation des ressources forestières par l'État au détriment des riverains, constituent des griefs qui caractérisent une gouvernance insatisfaisante des forêts, d'où l'approche de co-usage et de cogestion des ressources forestières (Tissidi,

---

[28]Loi n° 94/01 du 20 janvier 1994 portant régime des forêts, de la faune et de la pêche.

2021 :149).

Cette nouvelle phase de gestion met en présence plusieurs acteurs impliqués, matérialisant ainsi leur participation effective aux différentes décisions dans la gestion et la conservation des ressources forestières. Par ces faits, l'État transfère certaines prérogatives en matière de gestion des réserves forestières aux Communes compétentes[29]. Cependant, le caractère incohérent masque les principales innovations de la loi forestière de 1994 où divers droits sont reconnus aux populations locales : le droit d'usage selon les dispositions de l'article 8 (1) de la loi sus-citée, combiné aux droits d'acquisition des espaces, droits d'accès aux bénéfices, mais par-dessus tout, le droit d'association à la prise des décisions en matière de gestion forestière (Tsemo Noumeyi, 2020). Sur le terrain, l'implémentation de ces réformes relatives au régime des forêts permet d'observer un rapport de forces exercé par les acteurs dans une approche multi-partenariale aux intérêts divergents.

Cette situation laisse transparaître des formes de droits qui se conjuguent, notamment les droits coutumiers ou droits traditionnels ou encore droits hérités, face au droit moderne en vigueur (Tissidi, 2021 :156). Les acteurs institutionnels prônent l'implémentation du droit moderne par la mise en œuvre des opérations forestières : inventaires forestiers, exploitation des produits forestiers ligneux et reboisement des réserves forestières. Les communautés riveraines prônent le droit d'usage des produits forestiers soit par leur proximité, soit par incivisme volontaire. Par ailleurs, on assiste à l'émergence des instances de décisions et de résolution des infractions forestières, les instances institutionnelles étant quasi invisibles. Face à cette situation et en l'absence de toute maîtrise de la bonne participation des acteurs, le cadre participatif ne favorise-t-il pas l'émergence des droits locaux ? Le chevauchement de compétences entre acteurs locaux n'est-il pas synonyme de pluralisme juridique ? La réserve forestière de Laf-Madjam, tout comme les autres réserves transférées pour gestion aux collectivités territoriales décentralisées, n'est-elle pas en proie à la gestion plurielle mal maîtrisée ? Les droits d'usage et d'accès excluent-ils les devoirs de renouveler et de rehausser le potentiel ligneux ?

---

[29] Décret n°2012/0882/PM du 27 mars 2012 fixant les modalités d'exercice de certaines compétences transférées par l'État aux Communes en matière d'environnement.
Décision n°2002/D/MINFOF/SG/DF/CSRRVS du 21 août 2012 fixant la liste et les modalités de transfert de la gestion de certaines réserves forestières.

MATÉRIELS ET MÉTHODES
Laf-Madjam : une réserve forestière à l'épreuve des mutations socio-environnementales

La réserve forestière de Laf-Madjam est située dans la partie sud de la plaine du Diamaré. Elle s'étend sur une superficie de 5000 ha entre 10°14' et 10°18' de latitude nord et 14°23' et 14° 30 de longitude est (figure 1).

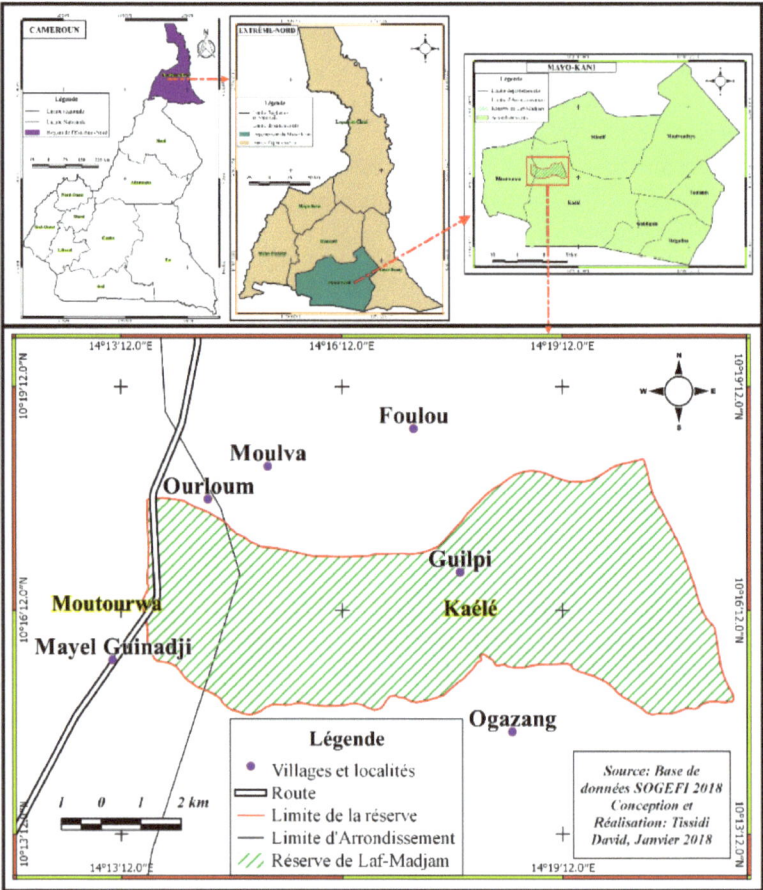

Figure 1. Localisation de la réserve forestière de Laf-Madjam

Au plan géographique, c'est un domaine qui couvre une formation boisée constituée principalement des espèces à *Acacia seyal, Balanites aegyptiaca, Anogeissus leiocarpus,* et *Acacia gerrardi.* Ces espèces ligneuses figurent parmi les plus exploitées et fournissent des services écosystémiques aux communautés riveraines de la réserve forestière, notamment les activités agropastorales, les services domestiques (bois de chauffe et bois de service) et même dans l'artisanat. Ces formations boisées sont réduites à quelques ilots de peuplements ligneux fragmentés sous une physionomie plus ou moins hétérogène. Son climat, caractéristique des régions semi-arides, est de type soudano-sahélien avec des précipitations inférieures à 900 (mm) par an. En dépit des baisses interannuelles de la pluviométrie, les mois pluvieux vont de juin à septembre, le reste de l'année étant chaud et sec avec des températures moyennes avoisinant 30°C (Tissidi, 2022). Ces caractéristiques limitent l'épanouissement écologique de son écosystème forestier, déjà soumis à une forte dégradation sous les pressions anthropiques.

La partie sud de la plaine du Diamaré correspond à cette étendue de terres arables, riches pour les activités agropastorales en toutes saisons. Ces vastes étendues constituent des destinations, privilégiées pour les populations en quête de parcelles. Dans cette vaste plaine, la réserve forestière de Laf-Madjam évolue sous le poids des activités humaines qui freinent son aménagement et perturbent l'implémentation des mesures juridiques pour sa conservation. Des pratiques pastorales nomades, une agriculture extensive, des coupes de bois sans autre forme de régulation et surtout les défriches et l'installation des habitats humains, constituent l'ensemble des activités qui concourent à la dégradation des ressources forestières dans et autour de la réserve forestière de Laf-Madjam. La rareté des ressources, la saturation foncière, la croissance démographique avec des ménages aux revenus faibles décrivent également les caractéristiques socio-économiques des communautés environnantes (Ndamé, 2007).

Cette situation, presque générale dans la zone soudano-sahélienne, favorise la ruée des populations sur les seules ressources forestières disponibles contenues dans les espaces protégés. Par ailleurs, ces diverses activités sont pratiquées sans aucune forme de restrictions ou une contrainte réglementaire nonobstant la proximité de la Commune de Moutourwa, compétente en matière de gestion. Malgré les missions de contrôle et de conservation des services du MINFOF (Ministère des Forêts et de la Faune) à travers le Poste de Contrôle Forestier et de Chasse de Moutourwa, cette réserve forestière subit toujours l'incursion de la population riveraine pour les activités agropastorales et la collecte du bois de chauffe. La situation complexe d'aménagement d'une réserve forestière intégrale en milieu soudano-sahélien, contrairement à la partie sud des forêts denses, fait état de droits multiples (Kossoumna Liba'a, 2018b) ou encore d'un tout confondu de droits enchevêtrés.

METHODOLOGIE

Cette phase s'articule autour de trois étapes précises : les observations faites sur le terrain, la collecte des données primaires et secondaires, et l'exploitation des textes juridiques relatifs au régime des forêts. Les observations ont été faites dans les localités riveraines de la réserve forestière, notamment Laf, Foulou, Moulva, Djagara, Mayel-Guinnadji, Ogazang et Guilpi. Le choix de ces localités est basé sur la proximité de certaines et la situation des autres à l'intérieur du périmètre protégé. Les autres paramètres de choix reposent sur les activités intenses plus ou moins liées à la réserve forestière de Laf-Madjam, notamment l'accès aux ressources forestières, les modes d'exploitation et les catégories d'acteurs riverains.

En plus des activités quotidiennes liées à la réserve forestière (bois-énergie, bois d'œuvre et/ou bois de service), les activités agropastorales ont été principalement ciblées sur le terrain. Des enquêtes par questionnaire ont été adressées aux acteurs impliqués dans ces activités (exploitants ou vendeurs de bois et gestionnaires). Également, les autorités locales (administratives et traditionnelles) ont été contactées au travers des entrevues pour comprendre les processus de résolution des infractions forestières.

Le processus de traitement des données combine les étapes des dépouillements manuel et numérique. À cet effet, des applications ont été faites, notamment des traitements à base de Microsoft Excel 2013 et du logiciel QGIS 3.16. Les résultats de ces traitements ont permis d'apprécier l'occupation des sols et de déterminer le processus de dégradation dans et autour de la réserve forestière de Laf-Madjam. L'exploitation des textes juridiques a facilité l'évaluation des contenus juridiques des textes relatifs aux régimes. Toutes ces démarches ont permis d'aboutir à l'analyse d'une approche institutionnelle sur le terrain en fonction des impacts sur la réserve forestière en état de protection, à observer les différentes formes de droits multiples enchevêtrés en rapport avec les acteurs impliqués dans le processus de gestion et de conservation durables des écosystèmes forestiers.

RÉSULTATS

Pour mieux mettre en relief la superposition des droits locaux dans la gouvernance de la réserve de Laf, nous avons orienté l'analyse des résultats sur trois axes majeurs. Le premier axe se penche sur l'approche institutionnelle instable et diffuse des droits forestiers locaux. Quant au second, il présente la multiplicité d'instances et modes de résolution des infractions forestières. Le dernier point présente les acteurs locaux qui sont entre autres l'incivisme et la méconnaissance des droits d'usage et d'accès aux produits forestiers.

D'une approche institutionnelle instable et diffuse à la multiplicité des droits forestiers locaux

Des multiples raisons sont évoquées pour justifier les réformes forestières instaurées à partir de la Loi n°94/01 du 24 janvier 1994 voire celle N° 2024/09 du 24 juillet 2024 fixant le régime des forêts et de la faune au Cameroun. Entre autres, la gestion et la conservation durables de la biodiversité, la bonne gouvernance forestière, l'équité sociale recherchée pour les communautés riveraines, et surtout leur implication effective au processus d'élaboration à la prise des décisions. Ces modalités prescrites font suite au diagnostic selon lequel la gestion précédente avec l'État central a montré des échecs. On peut relever entre autres l'absence de participation des populations locales, la gestion peu ouverte des revenus et ressources forestières, la faible promotion des ressources forestières et leur dégradation continuelle.

Toutes ces conditions sont sujettes à de multiples facteurs qui limitent et masquent l'approche d'une gestion rationnelle et cohérente des ressources forestières. D'abord, il y a un changement régulier et inefficace des établissements forestiers depuis 1981, avec le CENADEFOR, jusqu'en 2002 avec l'ANAFOR[30]. Les objectifs étant reconduits, l'on assiste à la révision peu opérationnelle des contenus desdites structures tout en réduisant l'effectif des personnels qualifiés. Également, l'État multiplie des

---

[30] CENADEFOR (Centre National de Développement Forestier) en 1981 et ONAREF (Office National de Régénération des Forêts) en 1982, suite à la fusion des deux structures l'on met sur pied ONADEF (Office National de Développement des Forêts) en 1990, après des échecs dans la mise en œuvre, une opération de restructuration de la structure matérialise l'avènement d'ANAFOR (Agence Nationale d'Appui au Développement Forestier) en 2002.

partenariats sans apports véritables avec certaines structures étrangères. À l'exemple de la World Ressources Institute et Global Forest Watch en 2002, qui avait le contrôle conjoint de toutes les opérations d'exploitation forestière sur l'ensemble du territoire national. Ces efforts ont permis de mettre sur pied un Atlas interactif des forêts du Cameroun pour avoir des informations détaillées sur les titres d'exploitation forestière, des cartes sur les sites d'exploitation dans tous les types de forêts, mais aussi et surtout pour aider à détecter les éventuelles pistes forestières et d'autres signes physiques d'extraction légale ou illégale.

Par-dessus tout ce processus, il y a un observateur indépendant à savoir le *Global witness* créé en 2001, pour assurer le respect de la loi en vigueur. Ce dysfonctionnement institutionnel caractérisant le cadre normatif implémenté crée un contexte plus ou moins défavorable à la cohésion entre les acteurs à l'échelle locale. Il y a ainsi un écart entre les objectifs escomptés et l'échelle locale d'implémentation de la réglementation en vigueur. Cet état de choses permet d'apprécier une opposition et une résistance des acteurs locaux qui évoluent vers un droit d'accès plus accessible et ouvert à toutes formes d'exploitation des ressources forestières (figure 2).

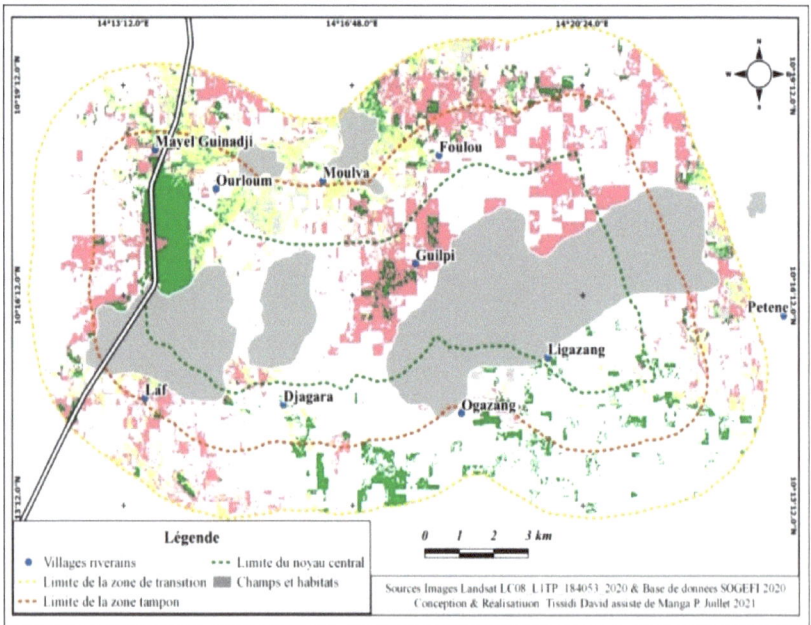

Figure 2. Occupation humaine empiétant les limites de la réserve forestière

126

L'illustration faite de l'occupation des sols dans et autour de la réserve forestière de Laf-Madjam est une sorte d'envahissement suite à la présence légère d'un appareil institutionnel peu rayonnant sur le terrain. La conséquence directe de ce cadre institutionnel moins cohérent est la dégradation continuelle des ressources forestières et l'occupation ou mieux la diminution du périmètre protégé de la réserve forestière de Laf-Madjam. Dans le cas échantillonné, plus des 2/3 sont occupés par les localités, par l'extension des habitats humains, ainsi que les défriches par les pratiques agropastorales[31]. Les limites entre les zones de transition, tampon et le noyau protégé, sont visiblement masquées par les activités humaines et de petites agglomérations. La norme forestière est interprétée par chacun des acteurs suivant ses propres intérêts, d'où une profusion de droits forestiers relatifs aux contextes d'implémentation des opérations d'aménagements forestiers.

Une multiplicité d'instances et modes de résolution des infractions forestières

Les relations quotidiennes entre les communautés locales et la réserve forestière de Laf-Madjam s'expriment en termes de prélèvements et d'activités agropastorales. L'élaboration des normes relatives aux écosystèmes forestiers vise principalement une conservation et une gestion durable. Dans le contexte d'application et d'implémentation des réformes forestières, on relève, et il est reconnu, des droits d'accès et d'usage, qui selon les normes, garantissent une gestion rationnelle et durable des écosystèmes forestiers. En l'absence d'un dispositif de gestion forestière efficace et considérant la faible présence institutionnelle, des divergences juridiques s'installent dans le milieu.

La situation actuelle dans et autour de la réserve forestière n'échappe pas aux réalités socio-économiques, traditionnelles et culturelles locales. Elle expose la réalité si ambigüe de la cohabitation entre les pouvoirs locaux/traditionnels et le droit moderne en vigueur. Conséquemment, des instances de résolution et de répression des infractions forestières qui émergent çà et là sont plurielles. Il s'agit entre autres de la chefferie, du poste

---

[31] Cette situation fait suite à la transition institutionnelle entre l'ex-ONADEF (1990) et l'actuel ANAFOR (2002), puis au transfert de la réserve forestière (2012) à la Commune de Moutourwa dans le cadre de la décentralisation bénéficiaire en matière de gestion (Décision n°2002/D/MINFOF/SG/DF/CSRRVS du 21 août 2012 fixant la liste et les modalités de transfert de la gestion de certaines réserves forestières).

de la brigade de gendarmerie et naturellement du Poste de Contrôle Forestier et de Chasse (tableau 1).

Tableau 1. Instances décisionnelles et résolution des infractions forestières

Modalités	Réserve forestière de Laf-Madjam
Activités pastorales	Chefferie/Brigade/PCFC
Agricultures	Mairie/Brigade/Chefferie
Chasses	/
Coupes	PCFC/Mairie/Chefferie
Autres	Chefferie/PCFC/Brigade/Mairie

Source : Enquête de terrain, septembre-novembre 2022

L'accès libre et ouvert, et l'usage excessif et non-contrôlé des ressources forestières, les diverses imbrications des territoires, sont les formes issues de l'approche pratique de la législation forestière sur le terrain. Ces modèles divers et stéréotypés de gestion trouvent des liens selon les pouvoirs locaux les plus proches et les plus influents. Les chefferies traditionnelles sont plus sollicitées pour régler les litiges forestiers. Elles autorisent l'accès et les différentes formes d'usage des ressources forestières, moyennant des contreparties aux acteurs. Elles jouent le rôle d'arbitres et se présentent comme les dépositaires des ressources (terres et végétaux). La rente tirée des litiges liés à la gestion des ressources forestières contribuent en grande partie à alimenter leurs trésoreries, et constituent un moyen d'affirmer leurs pouvoirs sur les populations locales. Les postes de brigade de gendarmerie interviennent également dans ce processus dans les cas de violences, souvent régulières dans ces localités, surtout que les personnels qui assurent les missions de contrôle sont insuffisants.

La Commune (collectivité territoriale décentralisée) compétente en matière de gestion de la réserve forestière, conformément aux dispositions des textes (décrets et décision de 2012[32]) en vigueur en matière de transfert et d'exercice des compétences sur la réserve forestière concédée initie, élabore et fixe le cadre local de mise en œuvre des plans simples de gestion de la réserve forestière et de ses ressources, bien évidemment en étroite

---

[32]-Décret n°2012/0878/PM du 27 mars 2012 fixant les modalités d'exercice de certaines compétences transférées par l'État aux Communes en matière de promotion des activités de reboisement dans les périmètres urbains et les réserves forestières concédées.
-Décret n°2012/0882/PM du 27 mars 2012 fixant les modalités d'exercice de certaines compétences transférées par l'État aux Communes en matière d'environnement.
- Décision n°2002/D/MINFOF/SG/DF/CSRRVS du 21 août 2012 fixant la liste et les modalités de transfert de la gestion de certaines réserves forestières.

collaboration avec les acteurs impliqués. L'échec et la réussite des opérations de reboisement, les inventaires d'exploitation et d'aménagement, le plan d'aménagement et la délimitation des assiettes de coupes dans les unités forestières de gestion, ainsi que le cadre partenarial de coordination à l'échelle locale, relèvent de la compétence communale.

Le poste de contrôle forestier et de chasse est la structure technique qui régit et réglemente toutes les opérations techniques sur les domaines forestiers permanents et non-permanents de l'État. Ils assurent, en collaboration avec la Commune et les autres acteurs et partenaires, les missions de contrôle permanent et de suivi des activités forestières, de leur mise en œuvre, des titres d'exploitation et des infractions forestières. Cela, conformément aux dispositions de l'article du décret organisant le MINFOF[33]. Il y a ainsi un foisonnement de pouvoirs à l'échelle de la Commune, combinés aux jeux des compétences en matière de gestion et de conservation des écosystèmes forestiers.

La réserve forestière, unité technique opérationnelle de seconde catégorie décentralisée, est soumise à des droits multiples. Malgré son statut d'espace protégé, elle est en état de dégradation, résultat d'un enchevêtrement de droits et de chevauchement de compétences (planche photographique 1).

Photos : Tissidi, octobre 2019
Planche photographique 1. Pratiques agricoles à l'intérieur de la réserve forestière

---

[33]Décret n° 2005/099 du 06 avril 2005 portant organisation du Ministère des Forêts et de la Faune.

Ces images (A : X : 10.284° ; Y : 14.237°) (B : X : 10.274° ; Y : 14.237°) illustrent la percée des activités agricoles dans la réserve forestière de Laf-Madjam. La photo (A) est un champ de sorgho (depuis 2010) de contre-saison ou le *mouskouvari* et la photo (B) présente un champ de coton (depuis 2011). Ces parcelles sont bien identifiées et régulièrement exploitées. Ces années 2000 à 2012 correspondent effectivement à la transition entre ONADEF et ANAFOR pour la gestion des écosystèmes forestiers au Cameroun.

Ces images illustrent également la substitution des instances de répression : les chefferies locales et les brigades qui remplacent les postes de contrôle forestier, le droit moderne et les services institutionnels étant ineffectifs sur le terrain. Les pouvoirs locaux ont eu cette liberté d'exprimer leurs influences. Les droits d'accès aux ressources forestières et les droits d'usage des produits forestiers prennent des formes divergentes en fonction des intérêts de chacun des acteurs environnants. L'on débouche sur une forme de tolérance administrative où tous n'ont pas accès de manière théorique, mais tous possèdent au moins une parcelle au sens pratique. Le système de co-usage des ressources entre acteurs n'est plus favorable aux ressources et à la préservation du patrimoine forestier, mais il exprime l'échec de son implémentation à l'échelle locale. Bien plus, dans ce processus, le cadre défini par la convention provisoire MINFOF-Commune est soumis à une évaluation locale par la Commune qui est acteur, coordonnateur et arbitre à l'échelle locale.

Les acteurs locaux : entre incivisme et méconnaissance des droits d'usage et d'accès aux produits forestiers

Les rapports entre les acteurs, les relations entre acteurs et réserve forestière, l'opposition entre droit moderne et droit coutumier, résulte en partie, de la méconnaissance de la législation forestière. Ce sont des rapports plus ou moins conflictuels, constituant des contraintes à l'implémentation de la législation forestière. Dans la plupart des cas, la méconnaissance des normes forestières est un facteur d'enchevêtrement de droits locaux multiples (figure 3).

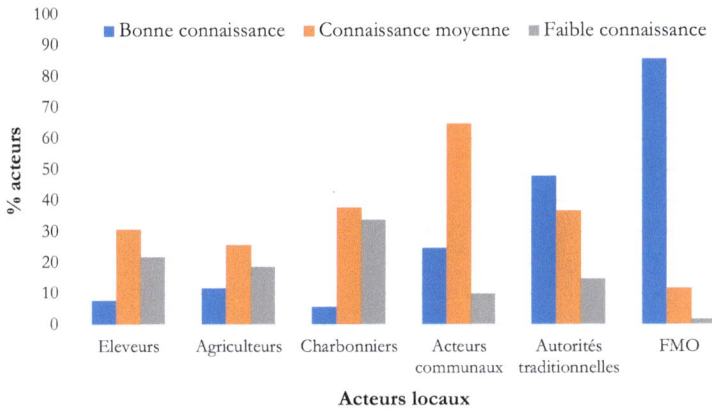

Figure 3. Acteurs locaux et règles d'accès aux ressources forestières

Les règles d'usage et d'accès sont basées sur le modèle d'exploitation traditionnelles. Les ressources forestières et les périmètres mis en défens demeurent des patrimoines locaux. Il y a également cet écart entre communautés riveraines et droit moderne, en ce sens que leurs droits sont prescrits mais peu vulgarisés. Les pratiques traditionnelles locales virent à l'incivisme, empiétant ainsi les mesures éditées en vigueur.

DISCUSSION DES RÉSULTATS

L'enchevêtrement est une situation de confusion d'un désordre au sein d'un système ou dans une entité (Tissidi, 2021). Dans cette étude, l'enchevêtrement des droits locaux désigne toutes formes de droits supplémentaires au droit moderne, dont la tendance pratique vise à obstruer l'implémentation effective de la législation forestière. C'est le cas de la réserve forestière de Laf-Madjam. Cette approche rejoint le concept de pluralisme juridique et institutionnel développé par Dembour (1990), Lund (2001) ; et plus récemment encore, par Schiff Berman (2013). Le contexte d'application et d'implémentation est susceptible de modifier les pratiques et contribuer ainsi à la diffusion de plusieurs formes de droits à l'échelle locale, bien que les composantes soient cohérentes.

Cependant, il est nécessaire de relever que l'absence de clarification au niveau de l'élaboration des normes en amont du processus prédispose à des moyennes peu conformes, toutes choses qui débouchent sur une pluralité de droits en aval. Au Cameroun, Kenfack., Nguiffo et Nkuintchua, (2016) développent l'approche selon laquelle la superposition des formes de droits sur les terres caractérise l'état de chevauchement des compétences. Cette démarche permet de comprendre l'état instable et diffus des normes qui se multiplient en matière de gestion des ressources forestières. Cependant, les contextes des écosystèmes forestiers du domaine climatique humide diffèrent quant aux opérations d'aménagement forestier. Évidemment certaines limites sont à relever dans cette étude, notamment l'absence d'un véritable cadre législatif au niveau local et une faible implication des acteurs communaux.

CONCLUSION

L'analyse faite de la cohabitation des acteurs autour de de la réserve forestière montre que l'État demeure le seul propriétaire des espaces protégés, mais sa faible présence dans les étapes clés du processus filtre les objectifs fixés. Finalement, face à cette situation qui consacre une dégradation continue des ressources forestières, l'on ne sait plus de manière formelle qui a droit d'accéder aux ressources forestières et qui détient le droit d'usage des ressources forestières. Tout compte fait, il serait judicieux de créer un cadre de concertation, d'abord entre acteurs et organes institutionnels, puis de développer des rapports harmonieux entre pratiques locales et droit moderne. Cette démarche, si elle est adoptée, pourrait contribuer à produire les objectifs escomptés en matière de gestion et de conservation durable des ressources forestières d'une part, et à établir de meilleurs rapports plus cohérents entre acteurs impliqués d'autre part.

REFERENCES BIBLIOGRAPHIQUES

Dembour, M. B., (1990). Le pluralisme juridique : une démarche parmi d'autres, et non plus innocente, *in Revue interdisciplinaire d'études juridiques* 1990/1(Volume 24), Éditions Presses de l'Université Saint-Louis, ISSN 0770-2310 DOI10.3917/riej.024.004 ; pp 43-59

Giuseppe Topa, Karsenty, A., Megevand, C. & Debroux, L., (2010). Forêts tropicales humides du Cameroun. Une décennie de réformes. La Banque Internationale pour la Reconstruction et le Développement/La Banque mondiale1818 H Street, NW Washington, DC 20433, 210 p.

Kenfack, P. E., Nguiffo, S., &Téodyl, Nkuintchua, (2016). Investissements fonciers, redevabilité et cadre légal : Leçons du Cameroun, *In International Institute for Environment and Development*, https://www.jstor.org/stable/resrep18066.1, 4 p.

KossoumnaLiba'a, N., (2018a). La fin du nomadisme pastoral ? Crises des territoires d'élevage au Nord-Cameroun. Éditions Dinimber & Larimber, Yaoundé, 190 p.

Kossoumna Liba'a N., (2018b). Revue des expériences de reconnaissance et sécurisation foncière des communautés Nord Cameroun. LandCam, Cameroun, 44 p.

Lund, C., (2001). Les réformes foncières dans un contexte de pluralisme juridique et institutionnel : Burkina Faso et Niger. *In Inégalités et politiques publiques en Afrique : pluralité des normes et jeux d'acteurs*, Karthala, Collection Économie et Développement, ISBN/ISSN/EAN, 978-2-84586-141-1, pp 195-207.

Ndamé, P. J., (2007). L'aménagement difficile des zones protégées au Nord Cameroun, *Presses de Sciences Po* (P.F.N.S.P.) | « Autre part » 2007/2 (n° 42), DOI10.3917/autr.042.0145. pp 145-161.

Saleh, A., (2012). Un modèle et son revers : la cogestion des réserves de biosphère de Waza et de la Bénoué dans le Nord du Cameroun ». Thèse de doctorat, Université du Maine, UMR CNRS6590 ESO, ESO Le Mans, 338 p.

Schiff Berman, P. (2013). Le nouveau pluralisme juridique, *in Revue internationale de droit économique* 2013/1 ((t. XXVII)), Éditions Association internationale de droit économique, ISSN 1010-8831, ISBN 9782804178291, DOI 10.3917/ride259.0229.pp 229-256.

Tissidi, D., (2021). Évaluation de la gestion participative et difficultés de conservation des ressources ligneuses dans la réserve forestière de Kalfou (Extrême-Nord Cameroun). *Cahier de l'ENS de Bongor-Tchad*, ISBN 2708-2342, Série A, Vol 2(1), pp 148-158.

Tissidi, D., (2022). *Politiques publiques et gestion des ligneux : une analyse à partir des cas des réserves forestières de Kalfou et de Laf- Madjam (Extrême-Nord Cameroun)*. Thèse de doctorat, Unité de Formation doctorale ''Sciences de l'Homme et de la Société, Université de Maroua, 436 p.

Tsemo Noumeyi, F., (2020). Politiques publiques forestières et participation des populations autochtones à la gestion des forêts camerounaises : analyse d'une implication problématique, In *International Multilingual Journal of Science and Technology* (IMJSTP29120217) ISSN: 2528-9810 Vol.

5 Issue 3, March, 2020, pp 860-847.

Décision n°2002/D/MINFOF/SG/DF/CSRRVS du 21 août 2012 fixant la liste et les modalités de transfert de la gestion de certaines réserves forestières.

Décret n°95/531/PM du 23 aout 1995 fixant les modalités d'application du régime des forets.

Décret n°2012/0878/PM du 27 mars 2012 fixant les modalités d'exercice de certaines compétences transférées par l'État aux Communes en matière de promotion des activités de reboisement dans les périmètres urbains et les réserves forestières concédées.

Loi n° 94/01 du 20 janvier 1994 portant régime des forêts, de la faune et de la pêche.

Pression anthropique et son impact sur les berges des cours d'eau en zone sahélienne : cas du fleuve Logone à l'Extrême-Nord-Cameroun

Hamadou Faissal, Etame Sone Diabe, Jules Balna, Fita Dassou Elisabeth, Djiangoué Berthin, Ombolo Auguste et Sambo Armel

RESUME. Les berges des cours d'eau sont des espaces convoités par les activités humaines et économiques du fait de leur caractère fertile. Les berges du Logone dans la Région de l'Extrême-Nord Cameroun n'échappent pas à cette pression anthropique, engendrant ainsi sa dégradation progressive. L'objectif de la présente étude est d'évaluer la contribution de la pression anthropique sur les berges de la rive gauche du Logone et de dégager des pistes de solutions pour une gestion durable de ces dernières. La méthodologie adoptée est une approche empirique basée sur des observations de terrain, des enquêtes et entretiens. Les premiers résultats montrent que les berges sont fortement dégradées du fait de leur surexploitation pour des activités agricoles, notamment la culture maraîchère, le surpâturage dû à la recherche d'herbes fraîches pendant la saison sèche, la collecte de matériaux de construction (argiles pour les briques cuites, sable, graviers, pailles, etc.). Les résultats des enquêtes révèlent que 75% des populations enquêtées estiment que les activités agropastorales dégradent le plus les berges et pour les 25%, ce sont la coupe du bois et les activités extractives. En effet, toutes ces activités conduisent à une importante perte de la couverture végétale présente sur les berges, ce qui accélère leur dégradation et qui va davantage accentuer leur sensibilité à l'érosion. Des mesures et actions visant leur protection sont pour le moment alternatives pour limiter la dégradation de ces berges qui s'aggrave au fil des ans.

MOTS-CLES. Pression anthropique, érosion de berges, dégradation, Logone, Extrême-Nord Cameroun.

ABSTRACT. The banks of watercourses are spaces sought-after by human and economic activities due to their fertile nature. The banks of the Logone in the Far North region of Cameroon are not immune to this anthropogenic pressure, thus causing their progressive degradation. The objective of this study is to evaluate the contribution of anthropogenic pressure on the banks of river Logone and to identify possible solutions for sustainable management of the latter. The methodology adopted is an empirical approach based on field observations, surveys and interviews. Results show that the banks are highly degraded due to their overexploitation for agricultural activities, notably market gardening, overgrazing in search of fresh grass during the dry season, and the collection of construction materials (clay for building bricks production, sand, and gravel, as well as straw). Also, 75% of the populations surveyed believe that agropastoral activities are those which most degrade the banks and for 25% woodcutting and extractive activities. In fact, all these activities lead to a significant loss of plant cover on the banks, which accelerates their degradation and will further accentuate their sensitivity to erosion. Measures and actions aimed at their protection are currently alternatives to limit the degradation of these banks which is worsening over the years.

KEYWORDS. Anthropogenic pressure, bank erosion, degradation, Logone, Far North Cameroon.

INTRODUCTION

Les berges des cours d'eau sont des espaces convoités par les populations pour des besoins de cultures et de pâturages. Elles sont réputées pour leur fertilité et se révèlent être propices pour tous types de cultures. C'est ainsi qu'elles se trouvent exploitées toute l'année du fait de la disponibilité des eaux dans les cours d'eau. Les cultures maraichères et de subsistance excellent donc sur ces bandes de terre grâce à des systèmes d'irrigation adaptés. La disponibilité du pâturage sur ces abords et la recherche d'eau pour l'abreuvage des animaux les rendent très attrayants. Cette attraction est l'objet de leur surexploitation. Tous ces éléments réunis favorisent la dégradation des berges. Les berges des cours d'eau sont fortement dégradées suite à la conjugaison de facteurs climatiques (Ebodé et *al.*, 2021) et anthropiques néfastes (Maïga et *al.*, 2014).

Du fait de leur caractère très fertile, les berges du Logone présentent un potentiel irréprochable de ressources naturelles, notamment en termes d'eau, de terres arables, de pâturages, de carrières d'argile et de sable. Cependant, la coupe du bois, les défriches culturales, le surpâturage, la fabrication des briques crues et l'extraction du sable et graviers, sont des éléments qui ont conduit à la dégradation du couvert végétal de ces berges. Or, cette dégradation n'est pas sans conséquence. L'objectif de cette étude est d'évaluer la pression anthropique sur les berges du Logone et de proposer des pistes de solution pour limiter, voire empêcher cette pression. Ce travail de recherche passe par une méthodologie, la présentation des résultats obtenus suivie d'une discussion finale des résultats basée sur des études antérieures traitant de cette thématique.

MATERIELS ET METHODES
Zone d'étude

Le site d'étude (fgure 1) est constitué de 04 localités. Du point de vue géographique, les localités étudiées sont situées dans la Région de l'Extrême-Nord Cameroun, dans le Département du Mayo-Danay et plus précisément dans les Arrondissements de Yagoua, Guémé, Kay Kay et Maga, entre les 10e et 11e degrés de latitude Nord et les 14e et 15e degrés de longitude Est, pratiquement à la frontière Tchad-Cameroun. Sur le plan administratif, ce site est limité au Sud par la Commune de Yagoua, au Nord par la Commune de Kay Kay, à l'Ouest par la Commune de Kalfou et Moulvoudaye, et à l'Est par la République du Tchad.

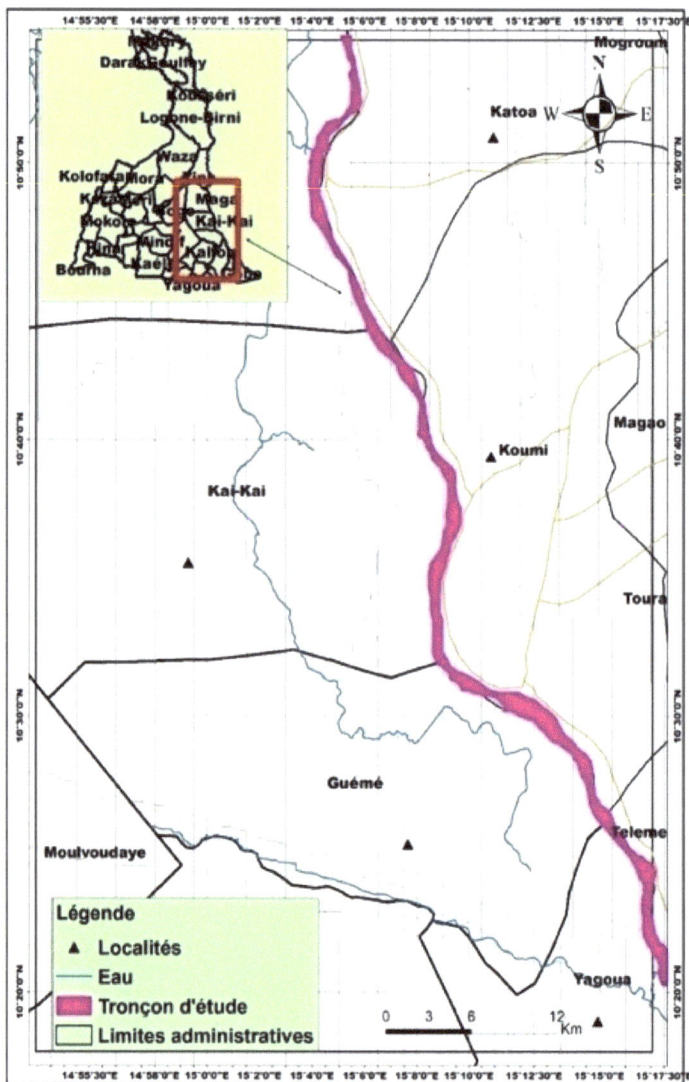

Source : *Base des données DIVAGIS, 2022*
Figure 1. Situation et localisation du site d'étude

Matériels

Dans le cadre de cette étude, plusieurs outils ont été mobilisés. Les

Matériels utilisés sont constitués d'un appareil photo numérique pour la prise des photos, d'un GPS 64xmap de marque Garmin, dont la précision est de 3 m, pour prendre les coordonnées géographiques de cette zone d'étude, d'un ordinateur portable, du logiciel Qgis 3.14 pour la réalisation des cartes. Microsoft Word 2013 a permis de saisir les données et Excel 2013 permis de traiter et d'analyser ces données.

Méthode
Collecte des données

Deux types de données ont été collectés pour la réalisation de cette étude. Il s'agit des données secondaires et primaires. Les données secondaires ont consisté en l'exploitation de plusieurs documents relatifs à cette thématique. Ces données ont été collectées dans les documents à l'instar des articles scientifiques, des revues scientifiques et des ouvrages qui traitent de cette thématique.

Les données primaires ont été obtenues à travers des observations *in situ*, les enquêtes et les entretiens en tenant compte des techniques d'échantillonnage. Ainsi, à l'aide de la méthode d'échantillonnage aléatoire, un échantillon de 400 personnes est défini en fonction des activités qu'elles pratiquent sur les berges. Au total, 400 personnes ont été enquêtées, soit 100 par site. L'observation *in situ* a permis d'identifier les types d'activités pratiquées sur les berges, ainsi que d'évaluer leur niveau de dégradation. Les enquêtes par questionnaire et les entretiens ont aussi permis d'obtenir des informations relatives aux indicateurs de pression anthropique et leurs conséquences.

Traitement et analyse de l'information

Les données collectées lors des enquêtes par questionnaire et entretiens ont été traitées à l'aide du logiciel Microsoft Excel 2013. L'application des statistiques descriptives à travers le calcul des fréquences a servi de base à l'analyse de ces données. C'est d'ailleurs ce qui a permis de déterminer les types d'activités humaines pratiquées, ainsi que les indicateurs de dégradation des berges.

RESULTATS

Après l'analyse des données, les résultats présentés sont fixés sur quelques points majeurs. Il s'agit d'abord de montrer que les berges des cours d'eau du Logone sont soumises à une dégradation physique progressive et à une forte pression anthropique. Par la suite, les impacts de la pression humaine sur les berges sont dégagés. Cette partie des résultats se termine par la présentation des mesures de protection des berges.

Une dégradation physique progressive

La dégradation des berges du Logone se caractérise par un recul continu des berges. Ce recul des berges entraine des fortes mutations morphométriques notoires. Ainsi, ces mutations observées sur le Logone traduisent une forte dynamique des berges dans le tronçon Yagoua-Maga. En effet, la variation du trait de berge entre la période 1984-2022 (figure 2) dans ce tronçon a fortement contribué à la dégradation de ces berges du Logone. La figure ci-dessous permet d'observer cette évolution des berges.

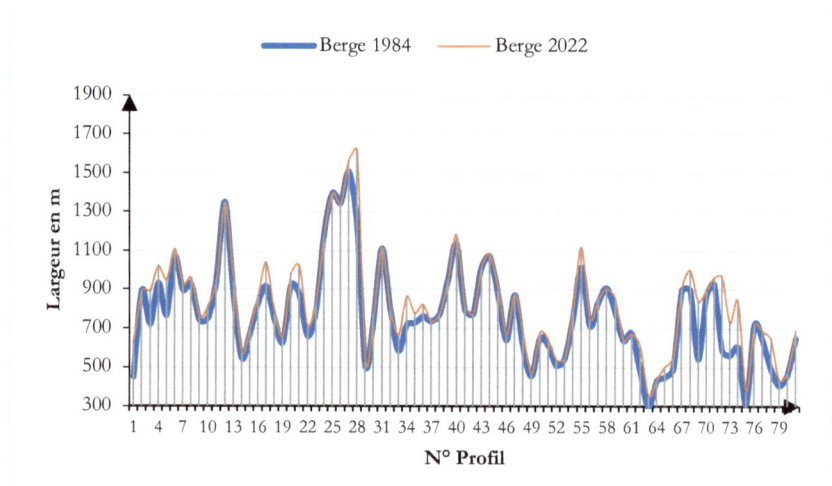

Figure 2. Évolution des berges du Logone entre 1984 et 2022

La présente figure permet d'évaluer la dégradation des berges à partir des reculs observés sur ces berges entre la période 1984-2022. En effet, l'évolution des berges observée pendant cette période varie d'une berge à l'autre. La variation des différentes courbes d'une berge à l'autre entre 1984 et 2022 sur cette figure permet d'observer le recul des berges. Ainsi, ce tronçon est marqué par un fort recul des berges dans la partie amont et aval du tronçon tel qu'on l'observe entre les profils 1 à 37 et les profils 64-76. Cependant, la variation des berges reste un indicateur de dégradation des berges.

Les berges du Logone sont fortement dégradées (tableau 1). Cette dégradation s'est faite de manière continue au fil des ans. Soumises à une forte pression anthropique, ces berges se sont dégradées. L'homme, à travers ses activités, a laissé des empreintes physiques de dégradation sur les berges. Ainsi, les techniques culturales utilisées par les populations sur la berge du Logone sont dites rudimentaires. Il s'agit d'une agriculture traditionnelle basée sur des actions de défriches, de labour et de feux de brousse. Ces pratiques locales dégradent progressivement la couverture végétale existante. C'est d'ailleurs ce qui entraine la diminution de la couverture végétale, un déboisement massif, et une forte dénudation des berges. Ainsi, l'homme devient donc la principale cause de dégradation des berges du Logone. Les résultats des enquêtes ont donc permis de classer les indicateurs de dégradation en fonction de leur emprise sur les berges. Ces résultats sont mis en évidence à travers le tableau 1 ci-dessous.

Tableau 1. Indicateurs de dégradation des berges

Activités pratiquées	Agriculture	Élevage	Coupe du bois	Extraction des matériaux
Nombre de répondants	102	198	47	53
Fréquences de réponses %	26,25%	49,5%	11,75%	13,25%

Source : enquête de terrain, juin 2022

Ce tableau permet de déterminer les indicateurs de dégradation des berges du Logone. On constate que les activités qui dégradent les berges du Logone sont à la fois l'agriculture, l'élevage, la coupe du bois et l'extraction de matériaux de construction. En se basant sur les fréquences présentées dans ce tableau, l'on se rend compte que les activités agropastorales sont celles qui dégradent le plus ces berges. Elles contribuent à hauteur de 75% à la dégradation des berges. C'est ce qui permet de dire que les activités agropastorales menées sur les berges du Logone sont néfastes pour ces dernières. Cependant, les chiffres que présente ce tableau montrent que la coupe du bois et les activités extractives sont celles qui dégradent le moins les berges.

Le retrait de la végétation sur les berges montre clairement l'état de dégradation de ces dernières. Cela se traduit par l'accroissement des cultures sur les berges. En effet, les berges du Logone ont été fortement anthropisées pour des besoins de cultures et de pâtures. Le labour des berges pour la mise en culture a fortement contribué à la dégradation des berges du Logone comme cela s'observe sur la figure 3.

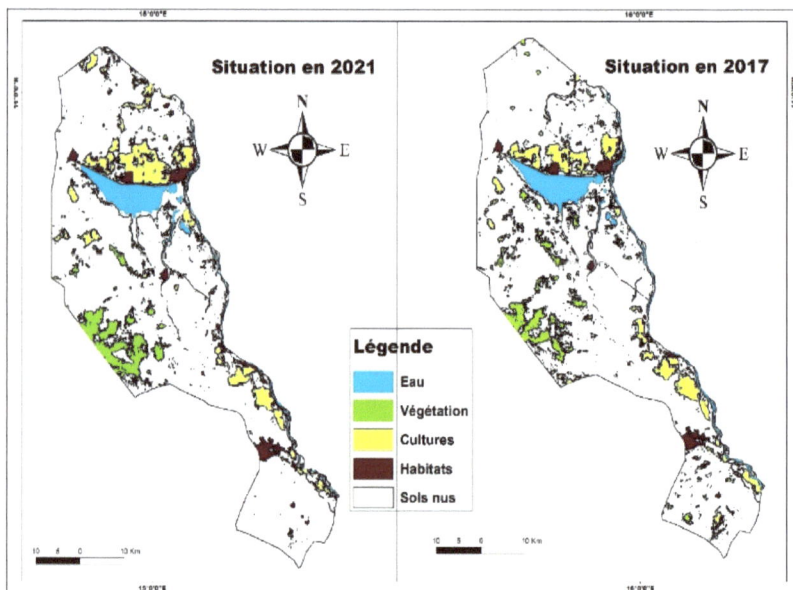

Figure 3. Carte d'occupation du sol entre 2017 et 2021

Cette figure présente la carte d'occupation du sol de 2017 et 2021. Sur cette figure, on observe une évolution dans la distribution des différentes entités qui composent le sol. La carte d'occupation du sol de 2017 montre une meilleure représentativité du couvert végétal par rapport à celle de 2021. Cependant, l'on observe également sur la carte de 2021 un accroissement des superficies des cultures autour du tronçon et en dehors, par rapport à 2017. Ces éléments permettent donc de comprendre clairement que le site d'étude est soumis à une forte dégradation sous l'emprise des activités humaines.

Une forte pression anthropique

Ramades (1993) cité par Tagueguim (2010) souligne que la pression anthropique est une action propre à l'Homme. Elle peut être bénéfique lorsqu'elle vise à conserver ou à réhabiliter un milieu naturel. Mais dans la plupart des cas, elle est néfaste et entraine la dégradation des ressources naturelles. Ainsi, les berges du Logone réputées pour leur caractère fertile favorable aux activités agropastorales, n'échappent pas à la pression anthropique. Cette pression anthropique se manifeste sur les berges du Logone à travers leur surexploitation. Il faut noter que ces berges ont longtemps fait l'objet d'une surexploitation et de manière continuelle. Plusieurs activités humaines sont pratiquées sur les berges du Logone (figure 4).

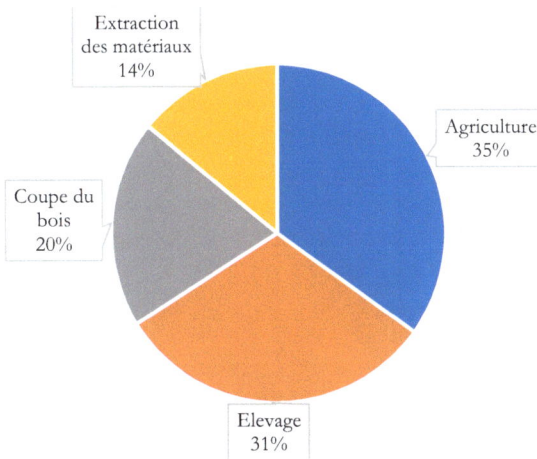

Source : enquête de terrain, juin 2022
Figure 4. Typologie d'activités pratiquées sur les berges du Logone

La figure 4 présente les résultats issus des enquêtes menées auprès des populations riveraines. Ce graphique met en évidence les différentes activités humaines pratiquées sur les berges du Logone. Il s'agit entre autres de l'agriculture, de l'élevage, de la coupe du bois et de l'extraction des matériaux de construction. Parmi ces activités, celles qui sont plus pratiquées par les populations riveraines sont l'agriculture et l'élevage qui occupent respectivement 35% et 31% de l'ensemble des activités humaines pratiquées sur les berges. Par contre, les activités qui ne sont pas représentatives sur ces berges sont la coupe du Bois et l'extraction des matériaux de construction telle que cela apparait dans cette figure.

De manière générale, dans le souci de satisfaire les besoins en espace nécessaire pour la conduite de ses activités, l'Homme exerce une forte pression sur les endroits non occupés et accessibles. Les travaux d'Allah-asra et *al.* (2021) montrent que les activités anthropiques, notamment l'agriculture, l'élevage ; le braconnage, la production du bois énergie, l'orpaillage, les feux de brousse, la récolte des produits forestiers non ligneux d'origine végéale constituent une pression sur les ressources. Les berges du Logone, n'étant donc pas occupées et disposant de vastes superficies, sont devenues un espace de convoitise où s'enchevêtrent à la fois plusieurs types d'activités, notamment l'agriculture et l'élevage.

Des agricultures à la recherche des terres aux abords des berges

Les agriculteurs sont attirés par les berges du Logone qui se révèlent être très fertiles et productives. En outre, ces berges sont arables et riches en matières organiques, ce qui entraine des bons rendements. L'installation des champs de cultures sur ces berges se justifie également par la présence des eaux du Logone. La disponibilité de ces eaux facilite l'irrigation et booste davantage la production agricole (photo 1). C'est pourquoi l'on observe une prédominance des cultures irriguées sur l'ensemble de ces berges. Il s'agit principalement des cultures maraîchères, notamment les légumes feuilles (gombo, oseille, choux, salade, etc.) et les légumes fruits (concombre, tomate, carotte, aubergine, etc.). Ces techniques nécessitent donc l'usage des motopompes qui vont faciliter la distribution de l'eau dans les champs.

Source : Faissal, juin 2022
Photo 1. Culture le long des berges du Logone à Bidim (15.28750 E et 10.34538 N)

Cette image présente un champ de culture sur la berge droite du Logone à Bidim. Il s'agit d'un champ de pastèques. En analysant l'image en question, on se rend compte qu'il s'agit d'une culture irriguée, car l'on observe l'usage d'une motopompe et d'un tuyau long de plusieurs mètres. Ce système de jardinage est beaucoup plus utilisé dans cette zone du fait de leur proximité au Logone.

Pendant la saison de pluies, ces berges sont également revêtues par des cultures pluviales à l'instar des céréales. Des vastes superficies sont mises en valeur par les céréales pendant cette saison. L'on note également l'apparition de nouveaux champs chaque année. Il faut relever que la mise en valeur de ces berges à travers des champs de culture exige des défrichements et des coupes de bois. En outre, les techniques de labour utilisées par ces agriculteurs sont essentiellement rudimentaires. Il s'agit notamment de l'utilisation de la houe pour gratter le sol et le retournement de la terre à l'aide des bœufs ou chevaux, accompagné d'une charrue.

Toutes ces pratiques agricoles entrainent une réduction assez importante du couvert végétal des berges. Selon Tegueguim (2010), les techniques de mise en valeur des terres semblent être à l'origine de la disparition du couvert végétal. En effet, les activités agricoles pratiquées sur les berges du Logone contribuent à la dégradation du couvert végétal (planche photographique 1).

Source : Faissal et André, juin 2022
Planche des photos 1. Activités agricoles sur les berges du Logone
(A : 15.30232 E et 15.31285 N ; B : 15.14131 E et 10.57586 N)

Cette planche photographique permet d'identifier les types de cultures pratiquées sur les berges du Logone. L'image A montre un champ en plein labour où l'on observe un enfant qui précède un cheval qu'il tient par la bride, suivi d'une autre personne tenant une pelle à labour en marchant derrière le cheval. Il s'agit ici d'une pratique agricole qui consiste à retourner le sol à une épaisseur variant entre 10 et 15 cm à l'aide d'un cheval et d'une pelle. L'image B quant à elle présente un champ de jardinage composé de légumes et disposant d'une clôture à base des haies mortes épineuses. La présence du cours d'eau en arrière-plan de cette image montre que ce champ se trouve sur les berges du Logone.

Des éleveurs pratiquant encore un système d'élevage traditionnel

L'élevage tel que pratiqué sur les berges du Logone demeure encore un système traditionnel. Il s'agit d'un élevage basé essentiellement sur le fourrage naturel. Ces éleveurs n'achètent pas des intrants et autres éléments nutritifs à leurs bétails. La disponibilité du pâturage une bonne partie de l'année sur les berges du Logone favorise également l'arrivée des transhumants. Ces transhumants ont à leur actif un nombre important de troupeaux en termes de cheptel bovin. Une fois installés dans ces villages, ils pâturent sur les berges du Logone de façon abondante. En saison sèche, les herbes fraiches ne sont disponibles que sur les berges du Logone. Il faut noter que ces herbes sont très appétées par les animaux surtout pendant la saison sèche. La recherche de ces herbes fraiches pour le bétail conduit donc ces éleveurs sur ces dernières. Ils pratiquent également l'émondage pour nourrir leurs bétails. C'est ce qui explique le grand nombre d'arbres coupés sur les berges.

Les *Acacias* sont les arbustes les plus prisés du fait de l'appréciation de leurs feuilles par les animaux. La forte présence de ces bétails dégrade la couverture végétale par le biais du broutage, ainsi que de leur piétinement. Pour Moussa et *al.* (2014), l'effectif du bétail local cumulé à celui des transhumants fait accroitre la pression quant à l'exploitation des ressources fourragères. Leurs sabots n'étant pas adaptés à la structure du sol de ces berges, éliminent au passage une partie de la végétation. La disponibilité des eaux du Logone facilite l'abreuvage de ces bétails. Cependant, les sites d'abreuvement n'étant pas aménagés et laissant libre passage aux animaux sur l'ensemble des berges, contribuent à accentuer la vulnérabilité de ces berges. En effet, ces animaux effritent, voire font effondrer les berges au moment de leur descente dans le Logone pour s'abreuver. La photo ci-dessous met en évidence les activités d'émondage sur les berges du Logone.

Source : Faissal, juin 2022
Photo 2. Action d'émondage sur les berges (15.19483 E et 10.50163 N)

La photo 2 met en évidence une pratique couramment utilisée par les éleveurs sur les berges du Logone pour nourrir leurs bétails. Il s'agit de l'émondage, une technique qui consiste à couper des branches d'arbres pour les donner en pâture à leurs animaux. En observant cette image, un peu à l'extrême gauche, on aperçoit un arbre qui est coupé pratiquement à raz et dont les branches sont étendues au sol. En observant ces branches de près, l'on remarque que leurs feuilles ont été complétement appétées par les animaux. C'est ce qui montre qu'il y a eu émondage à ce niveau.

Les vendeurs de matériaux de construction

Les activités de collecte et de vente du sable et graviers sur le Logone occupent une place importante chez les populations riveraines et d'ailleurs. La disponibilité du sable et des graviers dans le Logone a favorisé le développement des activités génératrices de revenus. Ces activités connaissent un essor considérable en termes de gains. La préférence des constructions en dur par les populations a permis aux activités de collecte et de vente du sable et de gravier d'être rentables. La demande en sable et graviers augmente chaque année, ce qui rend ce secteur d'activité attractif. Chaque jour, des dizaines de camions chargent des tonnes de sable ou de graviers pour des destinations diverses. Plusieurs jeunes sont fortement impliqués dans cette activité.

À côté de cette activité, l'on retrouve également la vente des briques cuites qui sont aussi très sollicitées. Dans la plaine du Mayo-Danay, les populations utilisent pour la plupart ces briques cuites pour la construction des maisons. Cette préférence des briques cuites entraine donc une forte demande auprès des fabricants. Ces briques cuites sont donc produites en

147

quantité pour répondre à la forte demande des populations. Les berges du Logone qui sont constituées pratiquement par de l'argile semblent donc être la cible de ces fabricants. On retrouve donc sur ces berges d'importants foyers de fabrication de ces briques cuites à base d'argile (planche des photos 2). L'on constate également l'installation de fours destinés à la cuisson de ces briques. Ces fours sont mis en place en superposant les briques crues sous forme de château de cartes puis ensuite en les joignant avec la pâte d'argile de telle sorte que la fumée ne puisse s'échapper.

Source : Faissal, juin 2022
Planche des photos 2. Fabrication des briques crues sur les berges du Logone (A : 15.19394 E et 10.50214 N ; B : 15.26843 E et 10.41505 E)

Cette planche photographique décrit brièvement les activités pratiquées sur les berges du Logone. L'image A présente un site de fabrication des briques non cuites à base d'argile. Sur cette image, on observe des briques qui ont été fabriquées et laissées pour séchage sur les berges. À côté de ces briques, on observe également des trous visibles qui ont été laissés après decapage pour la fabrication de ces briques. L'image B quant à elle permet de visualiser des briques cuites. On observe sur cette image trois tas des briques cuites disposant chacun d'environ mille briques. On note aussi l'absence du couvert végétal. Sur ce site, les berges sont pratiquement nues, à l'exception de quelques arbres qu'on observe aux alentours.

Principale source d'énergie dans cette zone, le bois est très sollicité dans les ménages. De ce fait, la coupe du bois ne saurait donc se réduire uniquement à des fins agropastorales. Les populations en font donc d'autres usages. En effet, les populations coupent les arbres pour les utiliser comme bois de chauffe dans les ménages. Il faut également noter que les populations riveraines utilisent certains troncs d'arbres pour les toits de leurs maisons. Il s'agit notamment du *Borassus aethiopum*. C'est pourquoi on observe une coupe assez importante de ces espèces sur l'ensemble des berges (photo 3).

Photo 3. Matérialisation de la coupe du bois sur les berges du Logone
(15.12327 E et 10.70319 N)

L'image présente un arbre abattu et qui a subi une transformation. La présence du cours d'eau observable en arrière-plan de cette image permet de dire qu'il s'agit ici des berges du Logone. Pour l'arbre en question, lorsqu'on observe de près, il s'avère être un individu de l'espèce *Borassus aethiopum*. Il faut noter que cet arbre est très prisé par les populations riveraines, car il est très sollicité pour la confection des toits de maison à cause de sa résistance aux rongeurs et termittes. Cette image présente également de façon brève la technique de sa transformation en chevrons. À partir de cette image, l'on constate qu'il faut d'abord couper l'arbre puis enlever les feuilles de manière à obtenir un tronc bien droit et enfin le découper en plusieurs morceaux dans le sens de la longueur. Cette image présente de manière détaillée la technique de transformation du *Borassus aethiopum* en chevrons par la population riveraine pour la charpente.

Impacts de la pression anthropique sur les berges

L'homme a toujours conquis l'espace pour mener à bien ses activités. Les activités anthropiques ont toujours nécessité des aménagements. Les actions d'aménagements agro-pastoraux passent pour la plupart par des défrichements et des déboisements. Ces actions sont considérées comme une pression de l'homme sur les ressources. Mais cette pression anthropique varie en fonction de l'intérêt que ces terres représentent pour les populations. Dans la plupart des cas, les terres qui sont fertiles et propices aux activités agropastorales sont celles qui subissent le plus de pression. Étant des espaces réputés fertiles à cause de leur productivité, les berges sont très prisées par l'homme. C'est d'ailleurs ce qui explique cette forte pression anthropique sur les berges du Logone. Cette pression anthropique s'observe sur les berges du Logone à travers les activités agropastorales et d'extraction de matériaux de construction. De ce fait, cette pression anthropique entraine une forte dégradation des berges, conduisant ainsi à leur détérioration accentuée.

Les activités anthropiques exercées sur les berges du Logone ont contribué à une dégradation de la couverture végétale. Cette dégradation s'est faite progressivement au fil des ans. La principale cause de cette dégradation reste les activités agro-pastorales et d'extraction de matériaux de construction. Les activités agricoles sur ces berges ont favorisé la régression de la couverture végétale au profit des champs de cultures et des vergers. Les populations procèdent à l'élimination de la végétation pour mettre en culture ces berges. Cette élimination de la végétation passe par des défriches, des feux et des coupes massives du bois. En outre, les activités d'élevage à travers l'abreuvage et la recherche d'herbes fraiches pour les animaux contribuent également à la dégradation du couvert végétal. Pour Maïga et al. (2014), la recherche de terres cultivables compensatoires dans les zones exondées se traduit par un déboisement très sévère dans la plaine jusque sur les bords des cours d'eau. La dénudation des berges les expose à la dégradation physique suite à l'érosion hydrique et au piétinement lié au surpâturage.

Cependant, le broutage des animaux entraine une réduction de la végétation. Les berges du Logone sont fortement occupées par des milliers de troupeaux pendant la saison sèche. Les transhumants occupent une grande partie de cette plaine. Ils disposent d'un nombre important de troupeaux. Leur présence constitue un facteur de dégradation. L'eau étant disponible dans le Logone, leurs troupeaux s'y abreuvent. Lors de leur descente dans le Logone pour s'abreuver, ces animaux effritent les berges, ce qui conduit à la dégradation de ces dernières. Vu leur grand nombre, le piétinement de ces animaux contribue à une régression de la couverture végétale.

La collecte et la vente des matériaux de construction dégradent de manière significative les berges du Logone. Cette dégradation est visible non seulement à travers l'extraction du sable et granulats, mais également par la fabrication des briques cuites. La collecte de matériaux de construction, notamment l'argile pour la fabrication des briques cuites, le sable, le gravier, la paille pour le toit des maisons, entraine une diminution de la couverture végétale des berges. La fabrication des briques demande l'extraction de l'argile. Les berges sont donc constituées de l'argile favorable à la fabrication de ces briques. C'est pourquoi l'on note une forte extraction de ces berges en vue de l'extraction de l'argile pour la fabrication des briques. La disponibilité de l'eau à proximité de ces berges entraine une concentration des fabricants des briques dans et autour de ces berges. Les foyers de fabrication de ces briques connaissent une forte croissance du fait de la forte demande en briques cuites. Le décapage des berges pour extraire de l'argile conduit à la réduction du couvert végétal. Cette action contribue également à l'élimination d'une partie de la couverture végétale. L'obtention des briques cuites passe par leur cuisson.

La mise en place des fours pour obtenir des briques a un effet double sur les berges. L'usage du feu entraine d'abord une dégradation physique et ensuite biologique. Ce feu élimine la couverture végétale et conduit à la destruction des propriétés du sol. Les microorganismes qui sont présents dans le sol et qui constituent des éléments nutritifs du sol sont détruits, ce qui conduit à l'improductivité de ces sols. Les activités d'extraction de sable et graviers (planche des photos 3) pour des besoins de construction contribuent fortement à la dégradation des berges. La circulation des camions et autres engins pour la collecte du sable et graviers entraine une régression de la couverture végétale. Ces engins, par leur forte circulation, détruisent au passage le couvert végétal de ces berges.

Source : Faissal, juin 2022
Planche des photos 3. Extraction du sable et gravier sur le Logone
(A : 15.06579 E et 10.80424 N ; B : 15.06569 E et 10.06579 E)

Cette planche photographique présente deux sites d'extraction de sable et graviers existant sur le Logone. La photo A indique un camion garé dans le lit du cours d'eau et qu'on remplit de sable. On observe sur cette image trois individus, qui à l'aide des pelles, ramassent du sable et le déversent dans le camion. Quant à la photo B, elle montre une voiture 404 de marque Peugeot stationnée dans le lit du cours d'eau. À côté de cette voiture, on observe des graviers entassés par les potentiels vendeurs. En avant-plan de cette image, on aperçoit environ une dizaine de jeunes qui, à l'aide de pelles à manches ramasse du gravier et le versent dans la voiture.

Mesures de protection des berges

Les berges sont des milieux multifonctionnels où les activités s'enchevêtrent. Étant un milieu assez original, les berges font l'objet d'une forte pression anthropique aboutissant à sa dégradation. Dans le but de préserver la nature de ces berges, des mesures de protection sont nécessaires. Ces mesures doivent prendre en compte le rôle de ces berges pour les populations riveraines. C'est pourquoi nous préconisons tout d'abord une sensibilisation de la population riveraine sur les méfaits de leurs actions sur ces berges. Cette campagne de sensibilisation a pour but d'entretenir ces populations sur le rôle du couvert végétal dans la protection des berges contre l'érosion. De même, elle doit également être centrée sur les modes d'exploitation de ces berges dans la durabilité. Une fois cette phase terminée, il faudra donc, de commun accord avec tous les acteurs impliqués dans l'exploitation de ces berges, délimiter une bande de servitude. Cette bande commence à partir de la berge et devrait de préférence s'étendre jusqu'à 30 m au-delà. Sur cette bande, aucune activité ne doit être menée, quelle que soit son ampleur.

Ensuite, il faudra initier des actions de végétalisation et de reboisement sur l'ensemble de la berge dans le but de réhabiliter le couvert végétal déjà dégradé. Cette végétalisation doit tenir compte à la fois des ligneux, mais aussi des herbacées. Le choix des espèces doit se faire en tenant compte de l'intérêt que les populations accordent à ces dernières. Il s'agira ici de chercher à savoir quelles sont espèces les plus prisées par les populations dans ces villages.

Selon les résultats des enquêtes, les espèces les plus prisées par les populations de ces localités sont entre autres *Hyphaene thebaica*, *Borassus aethiopium*, *Vetiver ianigrita*, *Faiherbia albida* et les *Acacias*. Les *Hyphaene thebaica* et les *Borassus aethiopium* sont utilisées comme charpentes pour les maisons. Le *Vetiver ianigrita* quant à lui est utilisé comme paille pour les toits et clôtures des maisons. Le *Faidherbia albida* et les espèces ligneuses du genre *Acacias* sont utilisés comme bois de chauffe et servent de fourrage aérien aux animaux domestiques.

L'élevage contribue considérablement à la dégradation des berges. Le surpâturage reste donc un facteur majeur de dégradation des berges. Pour éviter le surpâturage sur les berges du Logone, les éleveurs doivent être édifiés sur les risques liés à ce dernier. Il faudra donc inviter ces éleveurs à migrer d'un élevage traditionnel basé essentiellement sur la recherche du pâturage nature à l'élevage moderne axé non seulement sur le pâturage naturel, mais qui intègre également l'achat d'intrants pour les animaux domestiques. L'aménagement des points d'abreuvage des animaux va limiter les effets du piétinement sur le couvert végétal. En outre, la vulgarisation des mares artificielles ainsi que des points d'abreuvage des animaux en dehors des berges va beaucoup limiter la dégradation des berges. Cela épargnera ces berges du piétinement massif des animaux au moment de leur abreuvage dans le cours d'eau. Il faut noter que le piétinement à répétition de ces animaux a pour conséquence la disparition du couvert végétal.

L'extraction de l'argile pour la fabrication des briques non cuites doit se faire au-delà des berges pour éviter leur détérioration. Il faut donc prévoir une zone d'extraction et de fabrication de ces briques. Ceci évitera de décaper ces berges pour extraire de l'argile. Du coup, le couvert végétal ne sera pas détruit, ce qui va lui procurer une protection, car elle aussi va réduire la vulnérabilité de ces berges à l'érosion. En réalité, toute la plaine d'inondation du Logone est recouverte de matériaux argileux propices à la fabrication des briques non cuites.

À cet effet, il est impératif de délimiter les sites d'extraction, de collecte et de fabrication des briques non cuites à base d'argile. Ces sites doivent minutieusement être délimités sans pour autant compromettre les activités déjà existantes dans les zones choisies. Ainsi, ces sites seront destinés uniquement à cette activité d'extraction et de fabrication des briques crues à base d'argile. Il faut aussi au préalable doter ces sites de points d'eau ou des mares artificielles indispensables à leur bon fonctionnement, étant donné que l'eau reste au centre de cette activité. C'est pourquoi il est absolument nécessaire de doter cette zone de points d'eau permanents.

DISCUSSION DES RESULTATS

Les berges du Logone ont connu une forte dégradation au fil des années. L'on observe une diminution progressive et continue du couvert végétal. En effet, cette diminution résulte d'une forte pression anthropique exercée sur les berges. Il en ressort que la pression anthropique sur les berges du Logone est très intense. Plusieurs indicateurs nous ont permis d'évaluer cette pression à l'instar de la coupe d'arbres, les défriches culturales, les feux de brousse, la recherche du pâturage et d'herbes fraiches ainsi que l'extraction d'argile et de sable. Les travaux de Mohamadou et Boureima (2014) sur l'aire protégée du « W » au Niger ont également montré que la recrudescence d'activités anthropiques dans cet espace entraine une nette transformation du paysage sur le plan physique et biologique.

Ces résultats sont confortés par ceux de Tagueguim (2010) qui montrent que les principales causes de la disparition des espèces ligneuses sont la coupe du bois, les défrichements culturaux, le pastoralisme et l'extraction du miel. Au Burkina Faso, les travaux de Drabo (2007) sur la contribution de la protection des berges du cours d'eau Gourouol dans la portion du Bassin du Niger ont mis en évidence la forte humanisation des berges suite aux activités agricoles, aux mutilations faites sur les arbres et au pâturage. Pour remédier à cela, la population riveraine, a formulé des propositions pour sa gestion durable à travers l'organisation d'une campagne médiatique de sensibilisation des populations sur la protection des berges, le renforcement des capacités des acteurs, le développement de la concertation et la poursuite des actions de la restauration des berges. C'est allant dans le même sens que Maleval et *al.* (2016) ont montré que la majorité des rivages lémaniques de la ville de Thonon-les-Bains sont érodés (55 %) par l'eau lacustre ; le recul le plus important atteint 1 m par an. Cette érosion est en partie liée aux activités humaines présentes dans le bassin-versant de la Dranse (aménagement hydroélectrique), ainsi qu'à celle située à l'embouchure de cette rivière dans le lac (extraction de sédiments).

CONCLUSION

Au terme de cette étude, il était question de caractériser la pression anthropique et son impact sur les berges du Logone. Car, les berges du Logone sont menacées par la dégradation. L'objectif de cet article est d'évaluer la pression anthropique sur les berges du Logone ainsi que de dégager des pistes de solutions pour une gestion durable de ces dernières. Il en ressort que les berges du Logone ont été progressivement dégradées au fil des années. Cette dégradation se caractérise par une diminution du couvert végétal et un déboisement apparent. Les résultats des enquêtes révèlent que parmi les activités anthropiques contribuant à la dégradation de ces berges, l'agriculture et l'élevage représentent à 75% selon la population, et la coupe du bois associée à l'extraction des matériaux de construction en représentent 35%. Pour limiter cette dégradation, des mesures de protection axées sur la sensibilisation des populations riveraines couplée à des actions telles que l'interdiction des activités anthropiques sur la bande de servitude, la végétalisation et le reboisement de la berge ainsi que l'aménagement des points d'abreuvage des animaux et des sites d'extraction des matériaux de construction sont un impératif pour une gestion durable de ces berges.

REFERENCES BIBLIOGRAPHIQUES

Drabo, S., (2007). *Contribution de la protection des berges du cours d'eau Gourouol dans la portion du Bassin du Niger située au Burkina Faso.* Mémoire de fin de cycle, Ecole Nationale des Eaux et Forêts, Ministère de l'Environnement et du Cadre de vie, 85 p.

Ebodé, V.B., Mahé, G., et Amoussou, E., (2021). Impact de la variabilité climatique et de l'anthropisation sur les écoulements de la Bénoué (Nord Cameroun). Proc. IAHS, 384, pp 261-267.

Maïga, A.Y., Timbély, D., Sénou, O., Kouyaté Amadou, M., Maïga, A.S., Keïta, M., Dembélé, F., Coulibaly, D., Yossi, H., Traoré, D., Bengaly, M. et Kanté, S. (2014), Identification d'espèces végétales appropriées pour la fixation des berges et la récupération des terres dégradées dans le système de décrue du cercle de Yélimané, pp 209-226.

Mohamadou, S.M., et Boureima, A., (2014). Indicateurs de mesure de la pression anthropique sur les ressources naturelles : exemple de la périphérie du parc "W" dans la commune rurale de Tamou au Niger. *VertogO-Revue electronique en sciences de l'environnement*, volume 14 Numéro 1.

Maleval, V., Destombes, P-B et Astade, L. (2016), Diagnostic et propositions d'actions relatifs à l'érosion des berges du Léman sur la commune de Thonon-les-Bains (Haute-Savoie, Fance), *Physio-Géo*,

Volume 10-2016, pp 21-43.

Ministère de L'Administration Territoriale, d. L.-F., (2011). étude de faisabilité de l'aménagement des berges des fleuves Mouhoun et Sourou.

Tagueguim, E., (2010).*Evaluation de la pression anthropique et son impact sur la faune dans les zones d'intérêt cynégétique autour de la Bénoué, Nord Cameroun.* Université de Liége, Belgique. 43 p.

Reconfiguration des terroirs d'accueil des déplacés de la crise sécuritaire : cas de la plaine de Mora (Extrême-Nord, Cameroun)

Habaga Vincent et Kossoumna Liba'a Natali

RESUME. L'installation des déplacés de la crise sécuritaire depuis 2014 dans les terroirs d'accueil de la plaine de Mora engendre des transformations territoriales importantes. Il s'agit dans cette étude de montrer que les territoires d'accueil sont reconfigurés sous l'effet des mobilités. Cette recherche s'appuie sur une méthodologie de traitement cartographique des images satellitaires obtenues à partir des satellites Landsat 8 et sentinel 2B sur la période (2013-2022). Les descentes sur le terrain ont permis de géoréférencer les territoires concernés et d'interroger 240 ménages déplacés afin de faire une meilleure projection des effets territoriaux. Les entretiens directifs et les focus groups ont permis de mettre en évidence les conflits autour des ressources naturelles. Les résultats révèlent des effets spatiaux importants du point de vue de la reconfiguration territoriale. Les impacts sont visibles sur les unités paysagères, notamment la régression des ligneux à Makalingai de 22,8 ha, et l'augmentation du foncier agricole de 70,6 ha. À Moundouvaya, le foncier pastoral est occupé par des exploitations agricoles et installations pastorales. L'habitat déplacé est intégré dans l'habitat hôte à Moundouvaya, tandis qu'il est diffus à Makalingai. L'évaluation de ces indicateurs permet de conclure que les déplacés ont impulsé une dynamique territoriale dans la plaine de Mora. Cette dynamique attire une attention qui débouche sur la proposition d'un plan de restructuration des terroirs d'accueil. Ce qui favoriserait la protection environnementale et le développement des territoires en crises sécuritaires.

MOTS-CLES. Crises sécuritaires, mobilités humaines, reconfiguration des terroirs, unités paysagères, plaine de Mora, Extrême-Nord, Cameroun.

ABSTRACT. The settlement of people displaced by the security crisis since 2014 in the host territories of the Mora plain is generating major territorial transformations. The aim of this study is to show how the host territories are being reconfigured as a result of mobility. The research is based on a methodology of cartographic processing of satellite images obtained from the Landsat 8 and sentinel 2B satellites over the period (2013-2022). Field visits were used to geo-reference the areas concerned and to interview 240 displaced households in order to make a better projection of the territorial effects. The results reveal significant spatial effects in terms of territorial reconfiguration. The impacts are visible in the landscape units. In particular, the regression of woody vegetation in Makalingai by 22.8 ha and the increase in agricultural land by 70.6 ha. At Moundouvaya, pastoral land is occupied by farms and pastoral installations. Displaced settlements are integrated into the host habitat in Moundouvaya, whereas they are scattered in Makalingai. Evaluation of these indicators leads to the conclusion that the displaced people have created a territorial dynamic in the Mora plain. This dynamic is attracting attention, leading to a proposal for a plan to restructure the host areas. This would promote environmental protection and the development of areas affected by security crises.

KEYWORDS. Security crises, human mobility, land reconfiguration, landscape units, Mora plain, Far North, Cameroon.

INTRODUCTION

Depuis 2014, la crise sécuritaire que connait la Région de l'Extrême-Nord entraine des flux migratoires dans les territoires exempts des atrocités de Boko Haram. Selon le HCR (2023), cette région camerounaise totalise 427 833 déplacés internes. La plaine de Mora, une zone de proximité à la frontière conflictogène enregistre 125 045 déplacés, soit 29,22% de la population déplacée dans la Région de l'Extrême-Nord. Les terroirs de Makalingai (1279 déplacés) et de Moundouvaya (653 déplacés) sont plus concernés par cette étude. Leur choix est influencé par plusieurs facteurs, notamment la durée sur le territoire, le nombre de déplacés sur le site et l'ampleur de la dynamique territoriale qui est mesurable. La présence des déplacés dans ces territoires depuis une décennie engendre des dynamiques territoriales importantes ; des transformations observables sur les unités paysagères, notamment le foncier pastoral, le foncier agricole, les sols nus et l'habitat.

C'est ainsi qu'il convient d'analyser la dynamique territoriale impulsée par la présence des déplacés dans les terroirs d'accueil de Makalingai et de Moundouvaya (plaine de Mora). Ainsi, comment se reconfigurent les territoires d'accueil des déplacés sous l'effet des mobilités ? Quels peuvent être les impacts environnementaux sur les unités paysagères ? L'analyse de ce travail emmène à mettre en évidence la dynamique territoriale et proposer un plan de restructuration des territoires étudiés à partir d'une évaluation-diagnostique de terrain.

MÉTHODOLOGIE
Terrain d'étude

La zone d'étude correspond à la plaine de Mora, un territoire d'accueil des personnes déplacées internes. Elle est située entre le 10° 48'00" et 11° 15' 00" de Latitude Nord et le 13° 57'00" et 14°24'00"de Longitude Est. La plaine de Mora (figure 1) est limitée au Nord par le cordon sableux Limani-Yagoua qui marque la frontière d'avec la plaine du Tchad, au Sud par les massifs des monts Mandara, à l'Ouest par le Nigéria et à l'Est par la plaine du Diamaré. La présence des déplacés dans cette plaine est favorisée par plusieurs potentialités qu'offre le milieu naturel entre autres, le climat soudano-sahélien favorable à la pratique des activités agropastorales avec une moyenne annuelle des précipitations de 700 mm, la disponibilité de la ressource foncière et l'hospitalité de la population locale favorable à l'installation des déplacés, car ayant vécu elle aussi des expériences migratoires à travers l'émigration (Boutrais, 1973).

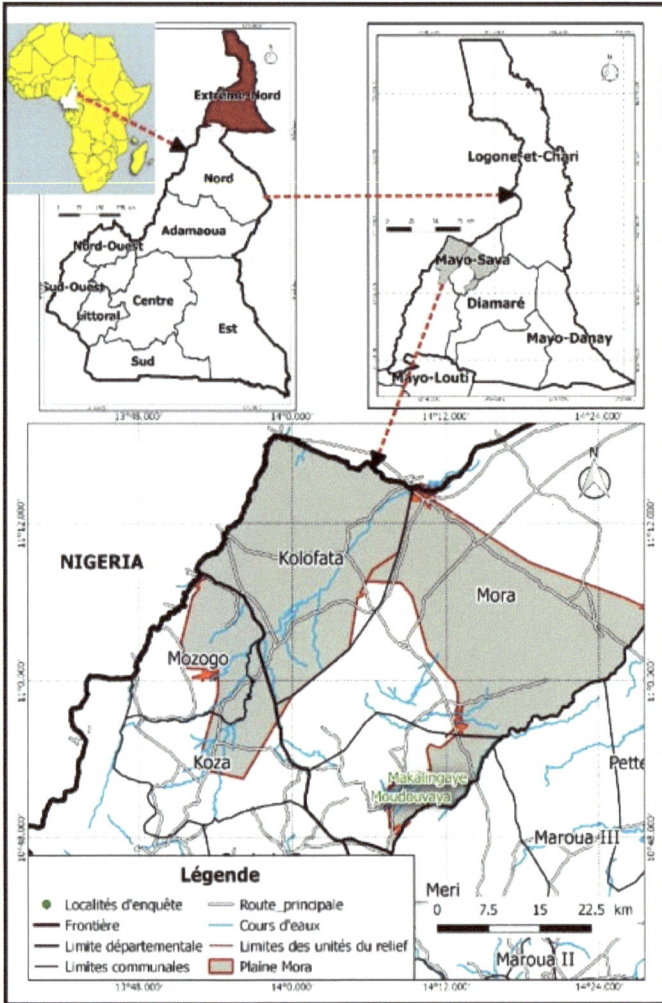

Source : *Données Open Mapstreet et levées de terrain, mars 2022 Réalisée par : Habaga, mai, 2022*
Figure 1. Localisation de la plaine de Mora et des sites d'étude

Échantillonnage

Pour appuyer cette recherche sur les dynamiques migratoires, 240 ménages déplacés ont été interrogés. Pour un modèle d'enquête fondé sur un échantillon aléatoire simple, la méthode utilisée est celle de calcul de la taille de l'échantillon selon Réa et Parker (1997)[34].

Traitement cartographique

Le traitement cartographique s'est fait en considérant les années d'avant l'installation des déplacés (2013) et l'année du déroulement de l'étude (2022). Ceci afin de mesurer l'impact territorial de la présence des déplacés.

Sélection et téléchargement des images satellitaires

La temporalité de l'étude s'étend sur une décennie. Il est question d'obtenir des images satellitaires sur la période 2013-2022. Deux groupes d'images concernées dans cette tâche sont : les images Landsat 8 et Sentinel 2B, chaque satellite ayant des caractéristiques particulières au niveau de la résolution spatiale. Les images Landsat 8 utilisées sont celles de 2013, elles servent de référence des années d'avant l'arrivée des déplacés dans les territoires d'accueil de la plaine de Mora. Les images Sentinel 2B sont celles de 2022 (tableau 1).

Tableau 1. Caractéristiques des images satellitaires

Satellites	Capteur	Résolution	Acquisition
Landsat 8	OLI	30 m 15m panchromatique	2013
Sentinel 2B	MSI	10 m	2022

<u>Source</u> : *Images Lansat 8 (2013) et Sentinel 2B (2022)*

Prétraitements sur les images satellitaires

Les images obtenues par téléchargement sur le site de l'USGS ne sont pas prêtes à l'analyse. Il était question de procéder à des corrections pour les analyser par la suite dans l'application de télédétection *Envi 4.5*. Ces corrections géométriques, radiométriques et atmosphériques ont été appliquées automatiquement aux images satellites à l'aide du même logiciel. Bien avant cette opération, des bandes nécessaires à l'analyse des données ont été sélectionnées, conditionnées en images multi-spectrales à travers la

---

[34] Rea, L. M., & Parker, R. A. (1997). Designing and Conducting Survey Research: A Comprehensive Guide. San Francisco, CA : Josey-Bass Publishers.

combinaison des canaux. Lorsqu'elles sont réalisées, les prétraitements ont permis d'améliorer la lisibilité des images, laquelle est indispensable pour des analyses et traitements ultérieurs, notamment les unités paysagères ligneuses et herbacées, les mosaïques des cultures, les sols nus et l'habitat.

Cette étape de prétraitement a pris fin avec la mosaïque des images et les compositions colorées. La mosaïque des images est un processus qui permet de lier deux ou plusieurs images adjacentes en une image unique. Cette opération était indispensable pour l'analyse de données à l'échelle des territoires de Makalingai et de Moundouvaya. Les tuiles d'images Landsat 8 et Sentinel 2B ont été assemblées en fonction des années de référence pour donner une image d'ensemble dans chaque territoire d'étude. Des compositions colorées ont par la suite été appliquées aux séries d'images pour identifier celle propice aux unités paysagères. Cette étape vise à combiner les bandes spectrales des images sélectionnées par l'étude aux canaux des couleurs (RGB), en vue de disposer d'une composition colorée des fausses couleurs naturelles nécessaires pour identifier des phénomènes environnementaux étudiés.

Identification des unités paysagères

Deux procédés de détection et d'identification des unités paysagères ont été retenus : la détection par descente sur le terrain et la détection par télédétection à travers des images à haute résolution spatiale (10 m). La première méthode a nécessité la descente des agents sur le terrain dans les zones à accès libre pour les levées GPS des territoires d'installation et de réinstallation des déplacés. Les coordonnées GPS ont par la suite été enregistrées dans un fichier de référence pour des usages pluriels. La deuxième méthode a conduit à sélectionner et à digitaliser à partir de l'imagerie de Google Earth, les polygones des sites d'accueil. Les polygones issus de cette deuxième méthode d'identification des unités paysagères ont été validés par les points GPS collectés lors de la descente sur le terrain.

Segmentation et création des classes spectrales identiques

Ce procédé consiste à créer des polygones identiques à partir de l'image brute. Elle fusionne consécutivement les pixels ou des objets d'images existantes ayant des valeurs spectrales proches, similaires ou semblables, avec leurs voisins sur la base de critères relatifs d'homogénéité. Le résultat obtenu permet de produire des classes spectrales d'égales valeurs et d'y assigner des codes objets à partir des points GPS collectés plus haut. Les signatures spectrales des objets sont ainsi issues des regroupements des classes spectrales et elles vont servir à la classification des images avec un accent particulier sur les unités paysagères.

Classification des images par le maximum de vraisemblance

Après une correction des effets atmosphériques et des distorsions géométriques, et un étalonnage radiométrique du capteur, les bandes multi spectrales ont permis la réalisation d'une spatio-carte des dynamiques paysagères entre 2013-2022. Les images combinées en bandes multi-spectrales ont subi une classification supervisée à travers le maximum de vraisemblance. Les signatures spectrales sont issues des points GPS collectés sur le terrain et des polygones dérivés des images satellites à haute résolution spatiale. Compte tenu de l'immensité de l'espace d'étude, les territoires d'accueil sont presqu'invisibles à l'échelle globale, c'est pourquoi nous avons dans ce cas sélectionné les territoires concernés.

Méthodes qualitatives

Elles ont nécessité plusieurs travaux de terrain. Les entretiens directifs avec les personnes ressources (chef traditionnel, responsable des projets/programmes, représentant des déplacés de chaque terroir d'installation) et les focus groups avec les populations déplacés et hôtes ont permis de déceler les conflits autour de la gestion des ressources naturelles. À partir des observations de terrain, des plans de restructuration des territoires ont été proposés pour pallier les conflits et promouvoir le développement des territoires d'accueil des déplacés.

RESULTATS

Il s'agit dans cette étude de présenter les effets spatiaux observés avec la présence des déplacés dans les terroirs d'accueil d'une part, et de proposer un plan de restructuration de ces terroirs de Makalingai et de Moundouvaya, d'autre part.

Dynamique migratoire dans la plaine de Mora

Les déplacés qui affluent dans la plaine de Mora proviennent des localités frontalières au Nord-Est du Nigéria. Ils sont arrivés par vagues successives de 2015 à 2021 (Figure 2).

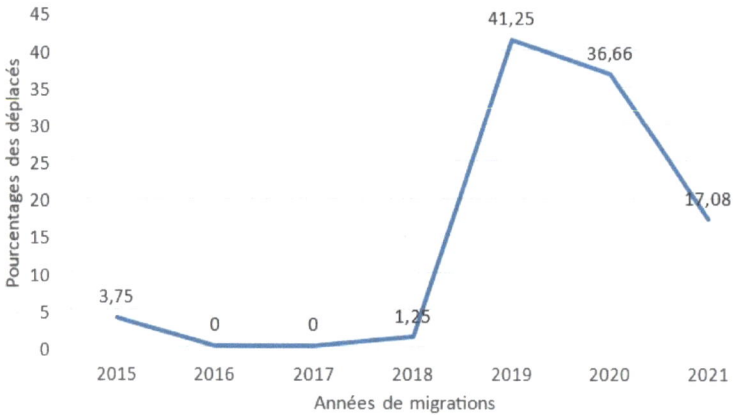

Figure 2. Dynamique migratoire des déplacés de 2015 à 2021

Les déplacements de migrants forcés ont été enregistrés dans la plaine de Mora de 2015 à 2021. Il ressort que 240 ménages constituent la population déplacée ayant fait l'objet de cette étude. En 2015, 03,75% de ménages ont été dénombrés et un dénombrement quasi-nul en 2016 et 2017 marqué par le retour des déplacés dans leurs localités d'origine et des mobilités vers d'autres localités. Ceci s'explique par la stabilité dans les villages frontaliers et des nouvelles occupations des territoires frontaliers. Les localités comme Banki, Amchidé et Kolofata ont enregistré durant cette période le retour des déplacés et l'ouverture des écoles dans les localités frontalières pendant l'année scolaire 2017-2018. La reprise d'attaques terroristes ouvre la voie à de nouveaux déplacements vers le canton de Makalingai. C'est ainsi qu'en 2019 et 2020, l'on enregistre les plus gros flux de migrants forcés vers ce canton, soit respectivement 41,25% de ménages et 36,66% de ménages qui accèdent de nouveau sur les terres de la plaine de Mora. En 2021, 17,08% de ménages déplacés ont été accueillis à Makalingai. Les déplacés qui s'installent dans les territoires d'accueil ont accès aux ressources naturelles avec le concours des acteurs étatiques et non étatiques.

L'accès aux ressources naturelles avec le concours des acteurs étatiques et non étatiques

Les chefs traditionnels et les populations hôtes ont favorisé l'accès des déplacés aux ressources naturelles dans la plaine de Mora. Le foncier agricole, le pâturage et l'eau sont les différentes ressources auxquelles ont accès les déplacés. Toutefois, pendant l'utilisation de ces ressources naturelles, des conflits sont enregistrés dans les territoires d'installation et des solutions sont proposées par les acteurs étatiques et non étatiques dans l'optique de la sortie de crise.

Processus d'accès aux ressources agropastorales dans les territoires d'accueil

Au préalable, le déplacé s'approche de l'autorité traditionnelle dès son arrivée dans la localité. Il signale sa présence et soumet une doléance d'accès à la terre pour s'installer et l'exploiter dans le domaine agropastoral. Premièrement, les déplacés sont accueillis dans les familles. Les enquêtes de moralité sont effectuées par le conseil des sages afin de déterminer le comportement des déplacés. Progressivement, des liens d'amitiés se créent entre les déplacés et les autochtones. À travers les négociations, cela aboutit aux dons de parcelles pour l'installation et l'exploitation. Le métayage s'applique pour les terres fertiles. À la demande du représentant des déplacés qui bénéficie d'une écoute à la chefferie et présentant le désir de s'installer définitivement dans la localité, le chef du village a cédé les parcelles pour leur installation et l'exploitation à des fins agropastorales. Le dialogue et la bonne conduite dans la localité facilitent l'accès au foncier. La figure 3 présente les modes d'accès à la terre dans les territoires d'accueil de la plaine de Mora.

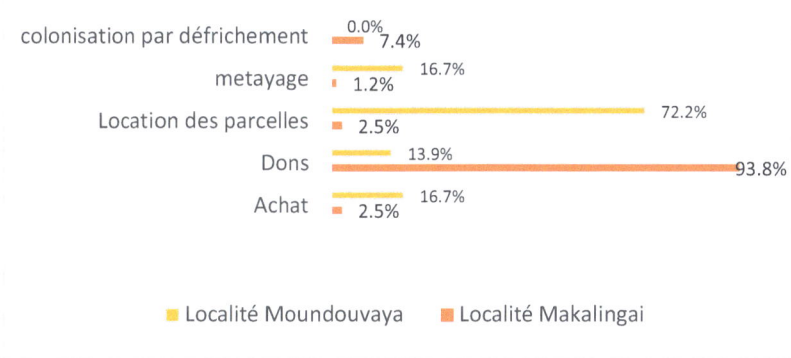

Source : Enquête de terrain, mars 2022
Figure 3. Modes d'accès à la terre dans les territoires d'accueil

165

La figure 3 illustre une diversité des modes d'accès à la terre dans les territoires d'accueil de la plaine de Mora, avec une forte représentativité des dons des parcelles, soit 93,8% à Makalingai ; et une omniprésence du mode de location, soit 72,2% à Moundouvaya.

Accès au pâturage

Les espaces de pâturages disponibles sont aussi exploités par les éleveurs déplacés. Les déplacés ont toujours formulé une demande auprès des autorités administratives et traditionnelles pour l'exploitation du pâturage. Ils ont toujours trouvé avis favorables. Cependant, ces pâturages restent insuffisants et ne parviennent pas à alimenter tout le bétail. Les espaces de pâturages sont libres d'accès pour tous les éleveurs. Toutefois, les conflits agropastoraux sont enregistrés sur le territoire.

Accès à l'eau

Dans les territoires d'installation, l'accès à la ressource en eau est effectif, mais reste insuffisant. Les interventions des projets tels que PRODEL (Projet de Développement de l'Élevage) et de l'IRC *(International Rescue Commitee)* ont permis la réalisation d'un forage à Makalingai et des bornes fontaines à Moundouvaya. Des conflits sont enregistrés à Makalingai dans l'utilisation des ressources en eau. L'accès des déplacés aux ressources naturelles entraine des transformations territoriales importantes.

Effets territoriaux de la présence des déplacés dans les territoires d'accueil

Analyse des dynamiques territoriales à Makalingai entre 2013 et 2022

Cette analyse est faite sur les unités paysagères à Makalingai de 2013 à 2022. Il s'agit de montrer l'écart observé par la présence de déplacés sur le foncier agricole, les unités paysagères et l'habitat. Le tableau II présente les dynamiques spatiales observées dans les territoires d'installation de Makalingai de 2013 à 2022 (tableau 2).

Tableau 2. Dynamique statistique des unités paysagères de Makalingai

Unités paysagères	Superficies en 2013 exprimées en ha	Superficies en 2022 exprimées en ha	Écarts en ha
Végétation ligneuse	59,3	36,5	-22,8
Couvert herbacé	194,5	189,3	-5,2
Mosaïque de culture	123,4	194	70,6
Sols nus	141,6	97	-44,6
Habitat	0,2	2,2	2

Source : Enquêtes de terrain, mars 2022

L'on observe une dynamique des unités paysagères prises en compte dans cette étude dont l'impact est visible. Elle permet de montrer les effets de la présence de nouveaux acteurs dans ce terroir. Le foncier agricole est en croissance avec une augmentation de 70,6 ha, l'espace de l'habitat augmente de 2 ha. De l'autre côté, la végétation ligneuse a régressé de 22,8 ha, le couvert herbacé de 5,2 ha et les sols nus mis en valeur à hauteur de 44,6 ha. L'impact sur le milieu naturel est considérable. L'environnement prend un véritable coup. On questionne dès lors les stratégies de protection de l'environnement. Elles sont plus perceptibles à travers l'analyse cartographique.

Dynamique spatiale des unités paysagères à Makalingai

L'analyse cartographique de la dynamique spatiale concerne le foncier, les unités paysagères (végétation ligneuse, couvert herbacé) et l'habitat (figure 4).

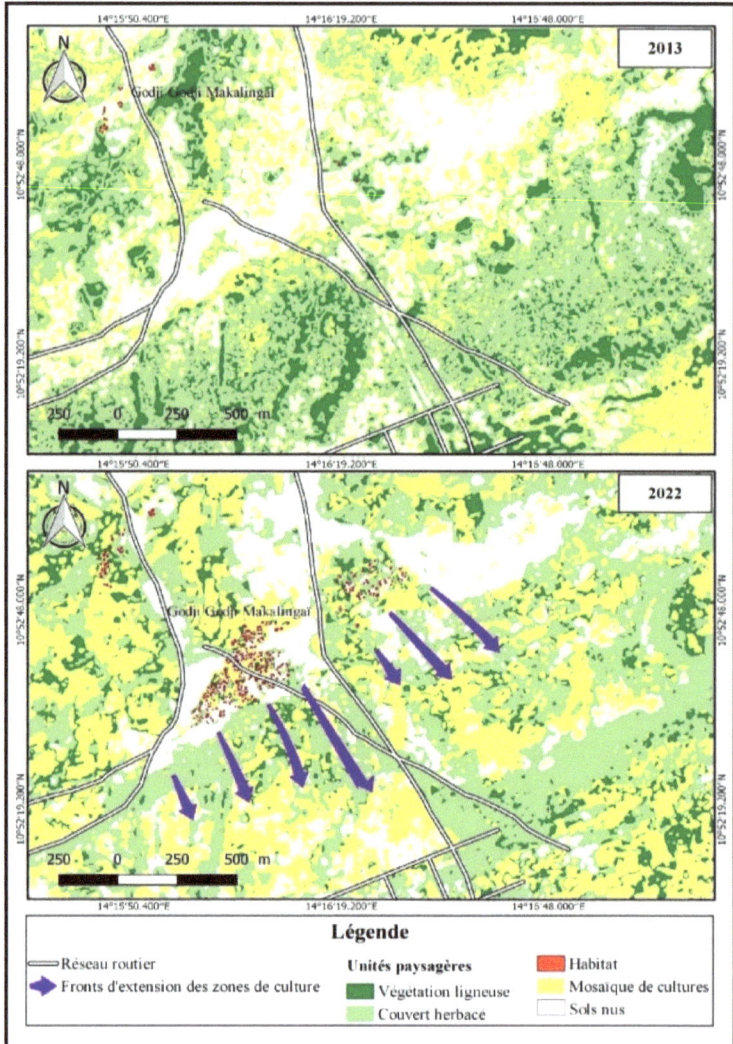

Source : Levées de terrain et traitement cartographique, mars 2023
Figure 4. Dynamique spatiale des unités paysagères à Makalingai

La figure 4 est une illustration cartographique des dynamiques des unités spatiales à Makalingai entre 2013 et 2022. La Mosaïque des cultures est en nette extension de 2013 à 2022, créant un front d'extension de cultures empiétant sur les unités paysagères ligneuses et herbacées vers le sud du territoire d'installation. L'on note une extension de 70,6 ha en 2022. De 2013 à 2023, on note une régression de la végétation ligneuse de 22,8 ha.

Une diminution considérable qui laisse questionner la gestion environnementale des territoires d'accueil. Le couvert herbacé a diminué de plus de 05 ha. Le couvert herbacé a fait l'objet d'une exploitation foncière. L'habitat est en extension à travers les différentes vagues migratoires qui s'installent sur le site d'accueil de Godji Godji Makalingai. Deux (02) groupements d'habitats sont visibles sur cette carte. Le premier groupement situé au Sud-Ouest du camp est constitué d'habitats des premiers migrants forcés. Le deuxième groupement dans le Nord-Est est formé des derniers migrants forcés à s'installer. Le nombre d'habitats global des déplacés en 2022 est de 358, dénombrés sur le site d'accueil. Les sols nus ont fait place à l'habitat, et aux exploitations agricoles. La superficie des sols nus a régressé de 44,6 ha. Globalement, l'on a relevé dans cette analyse cartographique une dynamique régressive des unités ligneuses et herbacées, des sols nus et une dynamique croissante du foncier agricole et de l'habitat.

Dynamique des unités paysagères dans le terroir d'accueil de Moundouvaya entre 2013 et 2022

L'installation des déplacés de crise sécuritaire depuis 2014 a entrainé une transformation territoriale. Cette analyse est basée sur les superficies issues des levées de terrain et du traitement cartographique des images sentinelles entre 2013 et 2022.

Dynamique statistique des unités paysagères à Moundouvaya de 2013 à 2022

Cette analyse met l'accent sur les écarts créés entre les différentes unités territoriales entre 2013 et 2022. Les écarts sont observés sur les ligneux, le couvert herbacé, le foncier agricole, les sols nus et l'habitat (tableau 3).

Tableau 3. Dynamique des unités paysagères dans le territoire d'installation de Moundouvaya

Unités paysagères	Superficies en 2013 exprimée en ha	Superficies en 2022 exprimée en ha	Écarts en ha
Végétation ligneuse	12,9	10,1	-2,8
Couvert herbacé	44,8	40	-4,8
Foncier agricole	114,5	133	18,5
Sols nus	42,7	31,5	-11,2
Habitat	1,1	1,4	0,3

<u>*Source :*</u> *Levées de terrain et traitement cartographique, mars 2023*

Le tableau 3 présente la dynamique des unités paysagères à Moundouvaya entre 2013 et 2022. Ce tableau fait ressortir les superficies de 2013 et 2022 et met en exergue les écarts observés entre les deux dates. L'on relève une régression des ligneux sur une superficie de 2,8 ha. Le couvert herbacé a diminué de 4,8 ha. En ce qui concerne le foncier agricole, il a augmenté de 18,5 ha. Les sols nus ont été mis en valeur. Ils ont diminué de 11,2 ha et la superficie de l'habitat a augmenté de 0,3 ha avec 23 nouvelles habitations construites sur les 524 habitations que compte ce territoire d'accueil.

Globalement, l'on observe une transformation du territoire d'accueil de Moundouvaya. Cette dynamique territoriale s'observe à travers la régression des ligneux, du couvert herbacé et des sols nus. L'on note cependant une augmentation des superficies du foncier agricole et de l'habitat.

Dynamique spatiale des unités paysagères à Moundouvaya entre 2013 et 2022

Cette analyse met l'accent sur la dynamique spatiale des différentes unités paysagères à Moundouvaya entre 2013 et 2022. Il s'agit du foncier agricole, des unités paysagères ligneuses et herbacées et de l'habitat (figure 5).

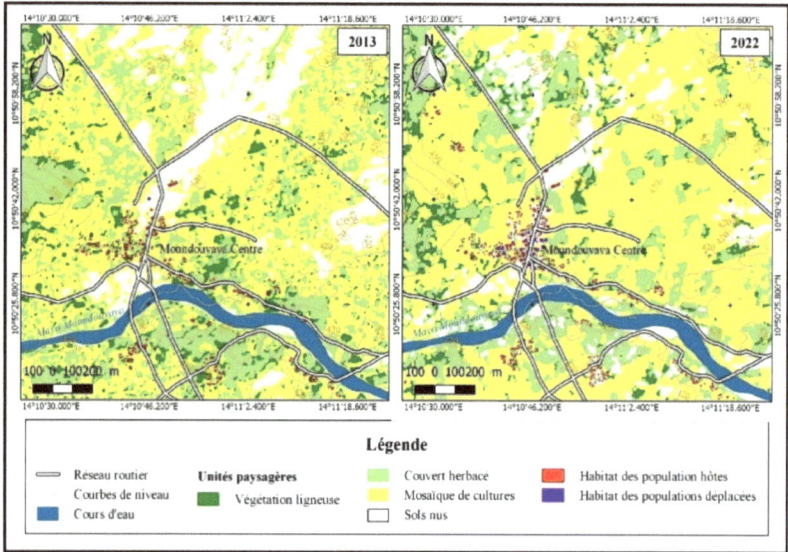

Source : Levées de terrain et traitement cartographique, mars 2023
Figure 5. Dynamique territoriale des unités paysagères à Moundouvaya entre 2013 et 2022

170

Dans cette représentation cartographique, plusieurs catégories d'unités paysagères sont mises en exergue. Il s'agit des mosaïques de cultures représentant le foncier agricole, les ligneux, le couvert herbacé et l'habitat. Il faut également relever une prédominance du foncier agricole dans le territoire d'accueil de Moundouvaya avec 133 ha en 2022, soit 61,57 % des superficies. Une partie du foncier pastoral de Moundouvaya (3 ha) est transformée par le chef traditionnel et les sectoriels agro-pastoraux en foncier agricole au profit des déplacés. Une partie du foncier a servi à l'installation d'un ouvrage pastoral par le Projet de Développement de l'Élevage (PRODEL) en 2021 (parc à vaccination et forage pastoral).

Le ligneux est en régression bien que représentant moins de 5 % des superficies. Du fait de la présence des déplacés, les sols dégradés, compacts et nus sont mis en valeur pour des intérêts agricoles avec une revalorisation de ces sols de 11,2 ha. Entre 2013 et 2022, l'habitat a subi une extension bien que moins importante (0,3 ha). Il s'agit d'un habitat intégré construit par des déplacés en matériaux définitifs à Moundouvaya centre, marquant la cohésion sociale entre déplacés et population hôte. Ces différentes transformations territoriales s'accompagnent souvent de conflits autour des ressources naturelles.

Conflits autour des ressources naturelles et solutions envisagées

Des conflits sont enregistrés dans les territoires d'accueil des déplacés. Il s'agit des conflits autour des ressources en eau, le pâturage et le foncier (tableau 4).

Tableau 4. Les conflits sur la gestion des ressources naturelles

Territoires	Conflits identifiés	Nombre des conflits	Solutions envisagées
Makalingai	Conflits autour des ressources en eau	5	Construction des forages supplémentaires
	Conflits agropastoraux	3	Délimitation des zones de pâturages et des pistes à bétail
Moundouvaya	Conflits fonciers	2	Exploitation des zones montagneuses

<u>Source</u> : *Enquête de terrain, mars 2022*

Les différents conflits enregistrés dans les territoires d'accueil des déplacés sont les conflits autour de la ressource en eau, les conflits agro-pastoraux et les conflits fonciers. Les conflits autour de la ressource en eau sont les plus enregistrés (05). On enregistre aussi des conflits agro-pastoraux (03) exclusivement localisés dans les territoires d'accueil de Makalingai, et 02 conflits fonciers à Moundouvaya. La résolution de ces conflits à travers différentes propositions (construction des forages, délimitation des zones de pâturages et exploitation des zones montagneuses) sont des atouts pour la cohésion sociale et l'intégration dans les communautés.

Concernant les conflits liés à l'accès à l'eau, les déplacés Kanuri musulmans du camp évoquent des problèmes en lien avec la religion. Selon eux, les populations riveraines chrétiennes et animistes, s'adonnent à la consommation des aliments dits « impurs » comme la viande du chien, du porc, ce qui ne leur permet pas de faire usage d'un même point d'eau. À cet effet, des approches du dialogue intercommunautaire sont mises en place. L'approche du dialogue intercommunautaire avec le concours d'ACADIR sert à créer des liens afin de renforcer un climat de confiance entre les communautés.

Le plan de restructuration des territoires élaborés permettra de pallier les conflits autour des ressources naturelles et de promouvoir le développement des territoires d'accueil des déplacés de la plaine de Mora.

Plan de restructuration des territoires d'accueil

Le plan de restructuration des territoires de crise sécuritaire de la plaine de Mora est réalisé à partir d'une étude diagnostique de terrain. Ce plan proposé est un outil d'aide à la gouvernance des territoires de crise sécuritaire dans la plaine de Mora. Il s'agit des plans de restructuration des territoires d'accueil des déplacés de Makalingai et de Moundouvaya.

Plan de restructuration du territoire de Makalingai

La résolution des problèmes posés par les mobilités des déplacés à Makalingai est capitalisée sur la figure 6 présentant d'une manière précise le plan de restructuration du territoire de Makalingai.

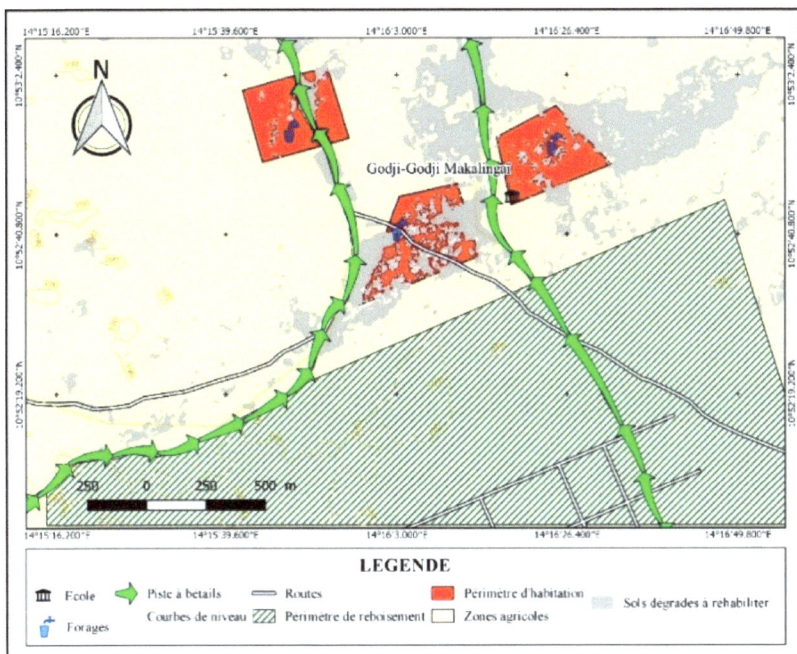

Source : Levées de terrain et traitement cartographique, mars 2023
Figure 6. Plan de restructuration du terroir de Makalingai

La figure 6 présente d'une manière détaillée le plan de restructuration du territoire proposé pour le site d'accueil de Makalingai. Il s'agit de la mise sur pied des infrastructures sociales de base constituées d'une école primaire, de trois adductions d'eau potable dont une adduction par périmètre d'habitation, des réalisations agro-pastorales qui intègrent la réhabilitation des sols nus pour l'extension des parcelles agricoles.

Une école primaire

L'école est située au centre du site. Cette infrastructure scolaire peut résoudre le problème de sous-scolarisation auquel font face les jeunes déplacés en âge scolaire du site de Godji Godji. L'école devrait contenir la majorité des élèves déplacés en situation de débandade.

Des adductions d'eau potable

Les adductions d'eau potable sont installées dans les trois secteurs

173

d'habitation délimités, constituant des périmètres. Ces forages dans chaque périmètre d'habitation sont en réponse au conflit sur la ressource en eau enregistré sur le site d'accueil des déplacés. Cela pourra avoir pour mérite de limiter les contacts entre les communautés du fait de leur disposition disparate, et de garantir une cohésion sociale par élimination des affrontements directs entre les populations.

Des sols dégradés à réhabiliter

Des sols dégradés sont représentés sur tout le territoire. Il reste 97 ha des sols dégradés à mettre en valeur. Cette réhabilitation est une solution efficace pour accroitre la production agricole à Makalingai. Il faut noter que 44,6 ha de sols dégradés ont été mis en valeur par les populations déplacées de ce site d'accueil. La fabrication locale et l'utilisation des composts organiques et la sédentarisation des éleveurs déplacés dans des espaces agricoles pendant la saison sèche sont des atouts dans la réhabilitation des sols dégradés. Malheureusement, l'extension des parcelles agricoles a eu un impact considérable sur les ligneux, principalement sur la zone de reboisement créée. Il y a lieu d'agir rapidement pour éviter la destruction de l'environnement à travers le reboisement.

Des périmètres de reboisement

Le périmètre de reboisement tel que proposé, est une zone bien délimitée qui fera l'objet d'un reboisement à la suite du déboisement et défrichement sous l'action anthropique. La mise en place de ce périmètre de reboisement corrigera l'impact causé à l'environnement. Les espèces végétales comme *Faidherbia albida*, *Acacia senegal* et *Anacardium occidentale,* en expérimentation à Makalingai, détiennent des vertus pour la fertilisation des sols et l'alimentation du bétail. La mise en place et en défens de la nouvelle zone de reboisement qui peut être utilisée comme espace de pâturage pour le bétail après maturation des espèces reboisées.

Des pistes à bétail

Bien que disponibles, les pistes à bétail devraient être matérialisées, à travers le bornage entier de la zone choisie. Le respect de ces pistes constitue une solution aux conflits agropastoraux enregistrés sur le territoire.

Plan de restructuration de Moundouvaya

La restructuration du territoire obéit à un plan cartographique élaboré afin d'apporter des solutions idoines aux problèmes posés dans les territoires de mobilité des déplacés (figure 7).

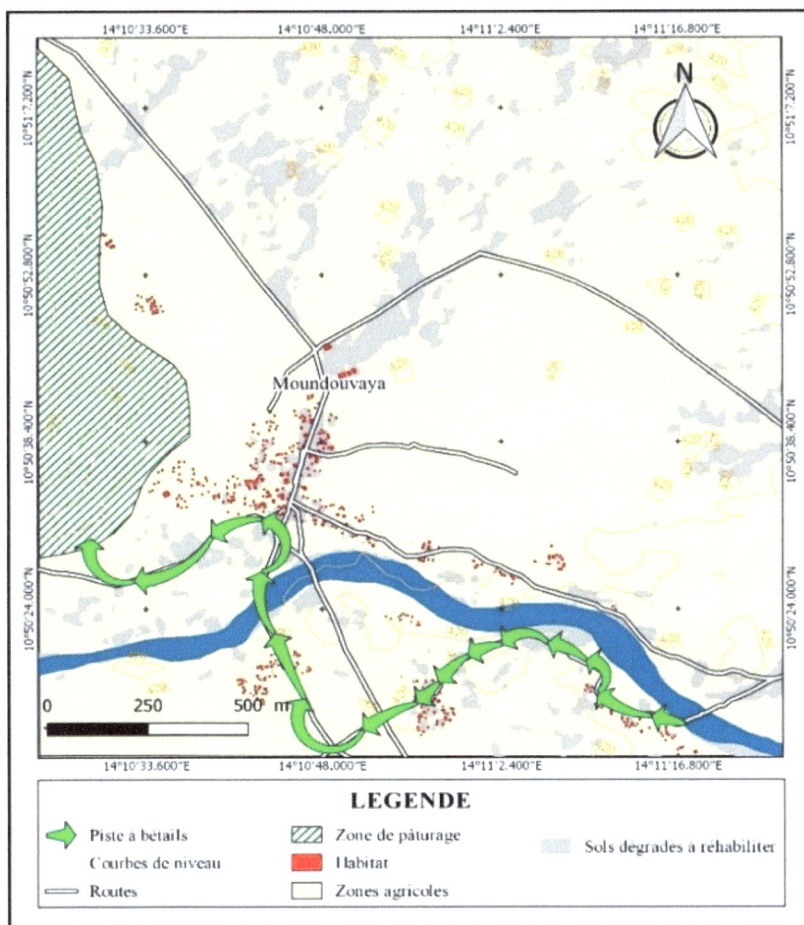

Source : Levées de terrain et traitement cartographique, mars 2023
Figure 7. Plan de restructuration du terroir de Moundouvaya

La figure 7 prend en compte les différentes propositions qui entrent dans la restructuration du territoire afin de pallier les problèmes du territoire de Moundouvaya. Il s'agit de la délimitation des pistes à bétail, de la délimitation de la zone de pâturage et de la réhabilitation des sols dégradés.

Des sols dégradés à réhabiliter

Des sols dégradés à réhabiliter sont répandus sur tout le territoire. L'ensemble des superficies à réhabiliter est de 31,5 ha. La mise en valeur de ces terres à des fins agricoles permettra d'accroitre la production agricole sur le territoire.

Exploitation de la zone montagneuse à des fins pastorales et matérialisation de la piste à bétail

La zone de pâturage proposée, située à l'ouest du territoire, est une zone montagneuse. Elle est située à proximité du territoire d'installation. Sa mise en exploitation est avantageuse pour le pastoralisme de ce territoire en crise de zone de pâturage. La cartographie ressort une piste à bétail tracée afin de permettre au cheptel de retrouver la zone de pâturage en question. Son bornage et le respect de cette piste serait important et pourrait prévenir et éviter les conflits agriculteurs-éleveurs dans l'avenir.

DISCUSSION DES RESULTATS

La présence des déplacés a impulsé une dynamique spatiale dans les territoires d'installation. Les effets spatiaux sont observables sur les unités paysagères ligneuses et herbacées, le foncier et l'habitat. L'on a relevé dans les territoires d'accueil de la plaine de Mora, une régression des ligneux et du couvert herbacé et une évolution du foncier agricole. Ce cas est observé à Ndokayo, dans l'Arrondissement de Bétaré-Oya, dans la Région de l'Est du Cameroun où les réfugiés centrafricains ont impulsé une dynamique territoriale importante. L'accès aux ressources naturelles a entrainé des conflits entre populations hôtes et refugiés (Dia, 2019).

La croissance du nombre de déplacés dans les territoires de plaine de Mora entraine la saturation foncière et l'impact sur les territoires d'installation. Cette croissance démographique engendre une pression sur les ressources naturelles dont les ligneux. Ce comportement trouve sa cause dans la vulnérabilité des ménages déplacés. Ce qui corrobore les travaux de Barmo (2008) qui associent les actions anthropiques dégradantes du milieu à la pauvreté des populations. Saidou Bogno (2020), mentionne une régression de l'état du couvert végétal ces vingt dernières années dans les territoires de Banda (Nord, Cameroun) du fait de l'anthropisation du milieu. Dans le même ordre d'idées, Saliou Moussa et *al.* (2022) explique que la diminution de la végétation est la conséquence de l'augmentation de la population qui se tourne vers la nature pour assouvir différents besoins, notamment la quête du bois de feu, le pâturage, les biens et services divers.

L'impact sur le foncier pastoral est perceptible à Moundouvaya où les espaces de pâturages ont été transformés en parcelles agricoles du fait de la pression foncière exercée sur le territoire. Ce qui rejoint les résultats de Kossoumna Liba'a (2018) et Zouyane (2018) selon lesquels les territoires de mobilité pastorale sont menacés par les migrations vers les espaces dédiés à l'élevage.

Dans la vallée de la Bénoué, Nord-Cameroun, les migrations encadrées par l'État avec l'appui des Organisations de la Société Civile (OSC) ont participé au développement et à la transformation du milieu rural (Koulandi, 2006 ; Seignobos, 2002). Le plan de restructuration des territoires proposé pour la plaine de Mora s'inscrit dans cette dynamique de développement des territoires. C'est un outil d'aide à la gouvernance des territoires. Cependant la mise en œuvre effective d'un plan de restructuration des territoires de la plaine de Mora participerait au développement des territoires d'accueil des déplacés.

CONCLUSION

Les effets spatiaux de la présence des déplacés sont significatifs dans les territoires d'installation de la plaine de Mora. Les dynamiques impulsées par les déplacés concernent la végétation ligneuse, le couvert herbacé, la mosaïque des cultures, les sols nus et l'habitat. La végétation ligneuse a régressé, créant un front d'extension du foncier agricole à Makalingai et à Moundouvaya par rapport à la superficie initiale impactant ainsi l'environnement. L'on observe une dynamique régressive significative des ligneux et moins importante du couvert herbacé. À Moundouvaya, l'on enregistre la régression des unités paysagères ligneuses et herbacées. Elle est de 21,7% pour les ligneux et 10,71% pour le couvert herbacé. L'habitat est dans une dynamique évolutive du fait de l'installation progressive des déplacés dans les territoires d'accueil. Il est dispersé à Makalingai et intégré à Moundouvaya, montrant une symbiose entre déplacés et populations hôtes. Pour favoriser le développement durable dans les terroirs d'accueil, un plan de restructuration des territoires de crise sécuritaire a été proposé pour aider à la gouvernance des territoires d'accueil en crise sécuritaire dans la plaine de Mora. Il s'agit de la protection de l'environnement à travers la création de périmètres de reboisement, la stricte délimitation des pistes à bétail, la réhabilitation des sols dégradés, et la construction de nouvelles infrastructures sociales de base (adductions d'eau potables, écoles…).

Au total, les dynamiques spatiales sont importantes dans les territoires d'installation de la plaine de Mora, entrainant une reconfiguration des territoires. L'État, les Collectivités Territoriales Décentralisées (CTD) et les Organisations Non Gouvernementales (ONG) pourraient se servir du plan de restructuration territorial proposé pour la gouvernance locale des ressources naturelles et des territoires.

REFERENCES BIBLIOGRAPHIES

Abdelkader., Spai., Hicham., Lasga., & Mohamed Sabri. (2016). Contribution de la télédétection dans l'étude et évolution spatiotemporelle du couvert végétal : cas du couloir de Taourirt-El Aioun est ses bordures montagneuses (Maroc Oriental). *La 3e édition du Colloque International des utilisateurs du SIG,* Maroc, pp 245-250.

Aoudou Doua, S., (2010).Suivi de l'évolution de la végétation ligneuse de la savane soudanaise dans la haute vallée de la Bénoué au Nord-Cameroun (1954-2004), approche pour une télédétection. Thèse de Doctorat en Géographie, Université de Ngaoundéré, 307 p.

Boutrais, J., (1984). La colonisation des plaines par les montagnards au Nord-Cameroun (Monts Mandara). Paris, France : ORSTOM, 279 p.

Dia, F., (2019). Dynamiques socio spatiales des lieux d'accueil des refugies centrafricains : cas de Ndokayo (Est-Cameroun). *Revue de l'Acaref,* Dia-Florence.pdf (acaref.net), pp 65-81.

Koulandi, J., (2006). Rural resettlement, cotton cultivation and coping strategies in the Benue river basin, Northern Cameroon, Doctoral Thesis PhD, University of Tromos (Norway), 309 p.

Kossoumna Liba'a, N., (2018). La fin du nomadisme pastoral ? Crises des territoires d'élevage au Nord-Cameroun. Yaoundé (Cameroun) : D&L, 200 p.

Magrin, G., Pérouse De Montclos, M-A., (Sous la direction). (2018). *Crise et développement. La région du lac Tchad à l'épreuve de Boko Haram,* Paris : AFD, 294 p.

Saidou Bogno, D., (2020). Production du charbon de bois et dynamique de la végétation ligneuse dans les terroirs périphériques Ouest du parc national de la Bénoué : cas de Banda et de Samoh Gouna (Nord-Cameroun), Thèse de Doctorat Ph D, Université de Maroua, Cameroun, 357 p.

Saliou, M., Baiyabe IL Matai, & Balna, J., (2022). Dynamique de la végétation ligneuse dans le site d'essai naturel de Laf (Extrême-Nord, Cameroun)*, Revue Ivoirienne de Géographie des Savanes, Numéro 13 Décembre 2022, ISSN 2521-2125*, Bouaké, Côte d'ivoire, pp 22-39.

Seignobos, C., (2002). La gestion des espaces par la migration.in Hamadou Ousman et Seignobos C., (dirs) : *Élément d'une stratégie de développement rural pour le Grand Nord du Cameroun (II notes thématiques)*, Ministère de l'agriculture du Cameroun., SCAC, Cameroun, pp 39-42.

UNHCR, (2023). Données statistiques sur les réfugiés et déplacés internes dans la région de l'Extrême-Nord, Maroua, Cameroun, 5 p.

Zouyane, V., (2018). *Mobilités pastorales et construction des territoires d'élevage bovin (Extrême Nord, Cameroun)*, Thèse de Doctorat/ Ph.D, Université de Maroua-Cameroun. 406 p.

DEUXIEME PARTIE:

ANALYSE DES OUTILS DE LA GOUVERNANCE DES RESSOURCES NATURELLES ÉVALUÉES ET PERÇUES

Évaluation du potentiel hydrique de surface des monts Mandara : cas des sous-bassins versants des mayo Mouftoum, Mandia et Zamay (Extrême-Nord, Cameroun)

Halimassia Emina et Kossoumna Liba'a Natali

RESUME. L'Afrique sahélienne, désignée comme la zone de transition entre le désert saharien et la zone équatoriale pluvieuse du Golfe de Guinée, se caractérise par une variabilité temporelle extrême des précipitations. Soumise à l'influence de la mousson ouest africaine, la saison des pluies n'y excède pas 04 mois et sa pluviométrie est inférieure à 700 mm/an. Cette situation est à l'origine de la sècheresse généralisée de la Région de l'Extrême-Nord du Cameroun, qui, associée à une importante croissance démographique, contribue à accroître la pénurie d'eau dans cette région. Toutefois, le paysage des monts Mandara, caractérisé par des fortes altitudes (plus de 1 000 m), se démarque des autres unités géomorphologiques de la région par sa pluviométrie importante (environ 1 000 mm/an) qui confère aux cours d'eau un potentiel hydrique important. L'objectif de cet travail est donc d'évaluer le potentiel hydrique de surface sous péjoration climatique à travers l'estimation des écoulements dans deux unités géomorphologiques, à savoir le plateau et le piedmont. Les écoulements ont été appréciés par des jaugeages au flotteur et des observations des hauteurs d'eau journalières au limnimètre en saison des pluies. Cette démarche permet de faire une évaluation des débits moyens, des volumes et lames d'eau ruisselées aux pas de temps journalier, mensuel et annuel. Les cours d'eau étudiés produisent des débits importants de l'ordre de 25,6, 25,9 et 32,7 m³/s, respectivement pour les mayo Mandia, Zamay et Mouftoum. Ces débits génèrent des volumes de l'ordre de 22,1, 17,5 et 52,5 millions de m³/an, respectivement pour les mêmes cours d'eau. La quantification de ces variables hydrologiques peut être un instrument de base à la prospection des zones propices aux aménagements tels que les ouvrages de stockage de l'eau surface.

MOTS-CLES. Péjoration climatique, Extrême-Nord Cameroun, potentiel hydrique de surface, Monts Mandara, Sous-bassins versants.

ABSTRACT. Sahelian Africa, designated as the transition zone between the Sahara desert and the rainy equatorial zone of the Gulf of Guinea, is characterized by extreme temporal variability in rainfall. Subject to the influence of the West African monsoon, the rainy season does not exceed 4 months and its rainfall is less than 700 mm/year. This situation is at the root of the widespread drought in the Far North region of Cameroon, which when combined with significant population growth; contribute to increasing water scarcity in this region. However, the landscape of the Mandara Mountains characterized by high altitudes (more than 1,000 m) stands out from other geomorphological units in the region by its high rainfall (about 1,000 mm/year) which gives rivers a high-water potential. The objective of this article is to evaluate the surface water potential under climatic deterioration through the estimation of the flows in two geomorphological units, namely the plateau and the piedmont. The flows were assessed by gauging with floats and observations of daily water levels with a rain gauge in the rainy season. This approach made it possible to make an assessment of the average daily, monthly and annual flow volumes and streams water runoff with time. The rivers studied produce significant flow rates of around 25.6, 25.9 and 32.7 m^3/s respectively for the Mayo Mandia, Zamay and Mouftoum. These flows generate volumes of around 22.1, 17.5 and 52.5 million m^3/year respectively for the same rivers. The quantification of these hydrological variables can be a basic tool for prospecting areas suitable for development of surface water storage structures.

KEYWORDS. Climatic deterioration, Far North Cameroon, surface water potential, Mandara Mountains, Sub-watershed.

INTRODUCTION

En Afrique, la bande sahélienne (5,4 millions de km²), où vivent plus de 50 millions de personnes, est une des régions du globe où la problématique de l'eau se pose avec le plus d'acuité (Dambo, 2007). Cette région géographique se caractérise par une variabilité spatiale et temporelle extrême des ressources en eau. Soumise aux influences de la mousson ouest-africaine, la saison des pluies n'y excède pas cinq mois et sa pluviométrie est inférieure à 700 mm/an (Pfeffer, 2011). Cette situation est à l'origine de la sècheresse généralisée qui, associée à une importante croissance démographique, a considérablement accru la vulnérabilité de la population sahélienne.

D'une superficie de 475 000 km², le Cameroun s'étire entre le 2ème et le 13ème degré de latitude Nord, et entre le 8ème et le 16ème degré de longitude Est. Sa position géographique lui confère un paysage humain et naturel très diversifié, marqué par une grande variabilité spatio-temporelle des ressources en eau qui sont décroissantes du Sud vers le Nord. Ainsi, la Région de l'Extrême-Nord du Cameroun, marquée par un climat de type soudano-sahélien avec une température moyenne annuelle de 28°C et des précipitations annuelles qui varient de 400 à 900 mm (Kossoumna Liba'a, 2001), n'est pas en marge du stress hydrique qui affecte toute la bande sahélienne.

Le paysage des monts Mandara, caractérisé par des fortes altitudes (plus de 1 000 m), se démarque par sa pluviométrie importante d'environ 1 000 mm/an. Ce qui confère à cette unité géomorphologique un potentiel hydrique important. Face au captage très difficile des eaux souterraines à cause du substratum géologique du milieu, le potentiel en eau de surface constitue une opportunité d'exploitation. Avec une population estimée à 1.135.695 habitants (BUCREP, 2010) et une densité allant de 100 à plus de 250 habitants au km², la démographie des monts Mandara constitue un défi majeur dans la mesure où elle contribue à saturer l'espace et exerce une pression importante sur les ressources qui se font rares. Ce qui nous amène à s'interroger sur la capacité du potentiel en eau de surface à couvrir les différents besoins en eau de la population.

Ce travail vise donc à évaluer quantitativement la ressource hydrique de surface sous péjoration climatique, à travers les mesures des écoulements qui permettront par la suite d'évaluer le niveau de disponibilité de l'eau des Sous Bassins Versants des mayo Mandia, Moutfoum et Zamay, tous situés en amont du bassin versant du mayo Louti.

MATERIELS ET METHODES
Présentation de la zone d'étude

De façon générale, l'espace géographique qui fait l'objet de cette étude est le bassin versant du mayo Louti, situé dans le Département du Mayo-Tsanaga, Région de l'Extrême-Nord Cameroun. D'une superficie de 5 540 km², ce bassin versant est localisé entre le 10°54'48.51" et 09°38'42.77" de latitude Nord et le 13°27'19.04"et 14°11'46.44"de longitude Est. Il est drainé par de nombreux cours d'eau dont le collecteur principal est le Mayo Louti qui prend sa source dans le massif des monts Mandara. Spécifiquement, ce travail est effectué dans trois sous-bassins versants (SBV), à savoir les SBV des mayo Mandia, Moutfoum et Zamay (figure 1).

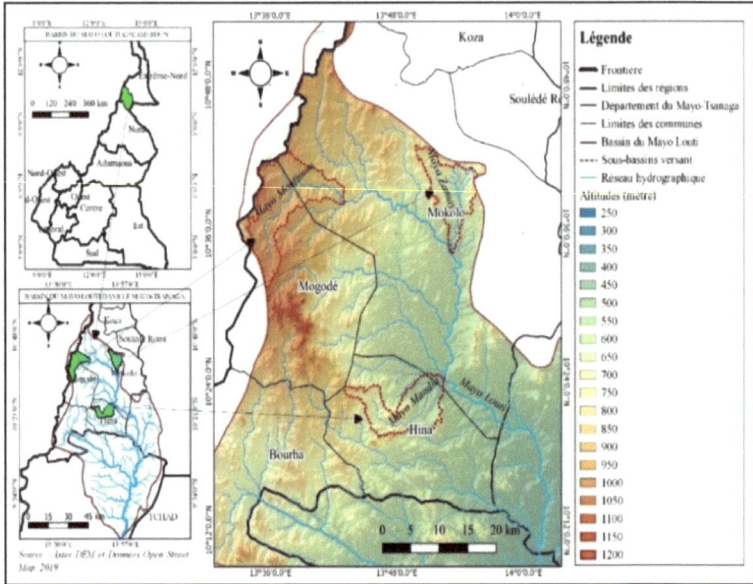

Source : Aster DEM, données OSM, 2019
Figure 1. Localisation des sous-bassins étudiés

Deux principaux critères ont facilité le choix de ces sous-bassins dans le cadre de cette étude. Le premier critère de choix tient compte de la position géographique variée des SBV pour une meilleure prise en compte des spécificités au sein du bassin versant. Le SBV du mayo Mouftoum se situe sur le plateau, alors que ceux du mayo Zamay et mayo Mandia sont situés sur les piedmonts. Ceci offre la possibilité de comparer les modalités de fonctionnement hydrologique sur deux types de reliefs contrastés. Le second critère est relatif au poids démographique. En effet, les SBV étudiés sont ceux ayant un poids démographique important. Le choix des SBV des mayo Mouftoum, Zamay et Mandia où se trouvent respectivement les localités de Mogodé, Zamay et Hina, sont donc justifiés, sachant que ceux-ci ont un poids démographique important estimé respectivement à 26 874, 12 885 et 7 418 habitants (BUCREP, 210).

Méthode et outils de collecte des données
Les données secondaires

Ce sont les données des précipitations et les données démographiques. En outre, la documentation écrite constituée des articles, des revues, des livres, des mémoires et thèses, a été consultée sur l'internet et dans les différentes bibliothèques de l'Université de Maroua. Cette documentation a permis de dresser un état des connaissances sur les travaux mettant en relation le climat et la ressource en eau de surface.

Les données des précipitations

Les données des précipitations utilisées sont celles des postes pluviométriques du réseau de la SODECOTON (Société de Développement du Coton), de la Délégation Départementale des transports du Mayo-Tsanaga et celles des Délégations d'Arrondissement du MINADER (Ministère de l'Agriculture et du Développement Rural). Au total, 10 stations et postes pluviométriques sont choisis pour cette étude. Les données pluviométriques ont été collectées au pas de temps annuel dans huit (08) postes pluviométriques (Gawar, Hina, Mogodé, Mokolo, Mora, Maroua, Kaélé et Guider). Ces données qui couvrent la période de 31 ans servent à la caractérisation du potentiel pluviométrique des monts Mandara dans le contexte sahélien. Les hauteurs journalières des pluies sont issues des postes pluviométriques des trois SBV étudiés. Ces séries courtes (2019 à 2021) servent à la caractérisation du potentiel hydrique des SBV étudiés en mettant en relation les pluies et les écoulements.

Détermination des moyennes pluviométriques

La détermination des moyennes pluviométriques a été faite pour apprécier le régime pluviométrique des monts Mandara par rapport aux autres unités morphologiques de la région. Elle est indiquée par la formule ci-après :

$$X = \frac{1}{n}\sum \overline{Xi}$$ avec : X = Moyenne, N = Nombre d'années sur la période d'étude et Xi = Pluie mensuelle.

Indice Standardisé des Précipitations (SPI)

L'indice pluviométrique est un outil très intéressant pour caractériser les années sèches et les années humides. Les valeurs annuelles négatives indiquent une sécheresse, et donc, une période déficitaire ; et les positives, une situation humide, et donc, une période excédentaire. Sa formule est la suivante :

SPI = (*Xi* - *Xm*) / *Si* Avec : *Xi*= Cumul de la pluie pour une année i, *Xm* = Moyenne des pluies annuelles observées pour une série donnée et *Si*=Écart type des pluies annuelles observées pour une série donnée. Cet indice définit la sévérité de la sècheresse en différentes classes et périodes (tableau 1).

Tableau 1. Classification de la sècheresse en rapport avec la valeur de l'Indice Standardisé des Précipitations (SPI)

Classes du SPI	Degré de la sècheresse	Période
SPI > 2	Humidité extrême	
1 < SPI < 2	Humidité forte	Excédentaire
0 < SPI < 1	Humidité modérée	
-1 < SPI < 0	Sècheresse modérée	
-2 < SPI < -1	Sècheresse forte	Déficitaire
SPI < -2	Sècheresse extrême	

Source : T.B. MCKEE et al. (1993)

Le SPI permet de ressortir deux principales tendances hydrologiques. Il s'agit des hautes eaux qui correspondent à la période d'excédent pluviométrique, et l'étiage qui correspond à la période de déficit pluviométrique.

Les données démographiques

Les données servant de base à la présente étude sont issues des RGPH (Recensement Général de la Population et de l'Habitat) effectués en 1987 et 2005, qui indiquent un taux de croissance annuel de 3,4% de la population du Mayo-Tsanaga. Ainsi, le nombre d'habitants de chaque sous-bassin en 2020 a été calculé sur la base de ce taux selon la formule :

$$P(t) = Po * e^{TAN(t-0)}$$ avec :*P* = Population, *t* = Année recherchée, *0*= Année de référence et *TAN* = Taux d'Accroissement Naturel = 3,4%.

Les données démographiques permettent d'évaluer la quantité d'eau disponible pour couvrir les besoins des populations des sous-bassins étudiés tels qu'exprimés par les indicateurs quantitatifs de la pénurie d'eau.

Les données primaires

L'objectif visé étant d'estimer le potentiel en eau, les deux variables de l'écoulement qui ont été mesurées sur le terrain sont la hauteur d'eau ou

186

côte d'eau exprimée en cm, sa mesure concerne la limnimétrie. La deuxième variable est le débit noté Q et exprimé en m³/s, obtenu à partir des jaugeages. Les relevés hydrométriques ont été effectués sur trois années hydrologiques, à savoir, 2019, 2020 et 2021.

Les débits d'eau

Pour le calcul des débits liquides instantanés, la méthode de jaugeage par exploration des champs de vitesse, plus précisément le jaugeage au flotteur, a été utilisé. Le matériel utilisé pour le jaugeage est constitué d'une bouteille au bout de bois, d'un traceur coloré, d'un bâton gradué, d'un chronomètre, d'un décamètre, d'un bloc note, d'un crayon, d'une calculatrice et d'un papier millimétré.

Mesure de la vitesse du courant

Pour mesurer la vitesse, on a utilisé un flotteur (bouteille lestée avec du sable). À l'aide d'un chronomètre, on a relevé les différents temps mis par le flotteur pour parcourir les tronçons d'une longueur de 40 m. La vitesse moyenne a été calculée à partir de la formule suivante : $V=d/t$

Mesure de la section mouillée

La détermination de la section mouillée proprement dite s'est faite par la méthode de la grille, qui a consisté à réaliser le profil de la section mouillée sur un papier millimétré. Cela a été effectuée une fois la section mouillée correspondant à chaque hauteur d'eau déterminée.

Calcul des débits

Les débits ont été calculés selon la formule de Roche (1963) : $Q = Vms$ x S x K avec : Vms = Vitesse moyenne, S = Surface dans le secteur en m² qui varie en fonction de la hauteur d'eau à l'échelle, K = coefficient de correction (1,05 pour les rivières des montagnes).

Les courbes de tarage

La courbe de tarage permet de transformer les hauteurs d'eau en débits. La détermination de la relation Q=f(H) se fait à partir de jaugeages effectués à l'aide d'un flotteur, à raison de 1, 2 ou 3 fois par mois. Les différentes équations issues des jaugeages sont :

Mayo Mandia : Q = 92,496h² - 62,796h +13,01

Mayo Zamay : Q = 59,677h² - 28,403h +5,27777

Mayo Moutfoum: Q= 60,588h⁴-71,341h³+44,195h²+12,672h-0,264

Estimation des volumes ruisselés

Le volume ruisselé de chaque crue est calculé par la méthode rationnelle suivant la formule : $\boldsymbol{Vr = 3/2 \cdot Qmax \cdot Tc}$ avec : Vr= volume ruisselé total en m^3, $Qmax$= débit de pointe en m^3/s, Tc = temps de concentration en seconde.

Méthodologie d'évaluation du potentiel en eau par la méthode des indices

Deux indicateurs ont été mobilisés pour caractériser le potentiel en eau des monts Mandara : l'indice du seuil de stress hydrique de Falkenmark (1986) et la demande effective en eau de Raskin et *al.* (1996).

Indice des seuils du stress hydrique de Falkenmark (1986)

Ce ratio consiste à comparer l'écoulement moyen par pays ou région par rapport au nombre total d'habitants. Cette comparaison a amené l'auteur à définir différents niveaux de pénurie associés à une échelle porteuse de seuils conventionnels, allant de la pénurie d'absolue à l'abondance rassurante d'eau (tableau 2).

Tableau 2. Dynamique statistique des unités paysagères de Makalingai

Unitéspaysagères	Superficies en 2013 exprimées en ha	Superficies en 2022 exprimées en ha	Écarts en ha
Végétation ligneuse	59,3	36,5	-22,8
Couvert herbacé	194,5	189,3	-5,2
Mosaïque de culture	123,4	194	70,6
Sols nus	141,6	97	-44,6
Habitat	0,2	2,2	2

Source : Enquêtes de terrain, mars 2022

Lorsque la disponibilité par habitant est inférieure à 1 700 m³ par personne, le pays est considéré en stress hydrique. Lorsque la disponibilité est inférieure à 1000 m³ par personne, on parle de pénurie absolue. Enfin, lorsqu'elle est de moins de 500 m3 par personne, le pays ou la région a franchi une barrière en eau : plus de 100% des ressources disponibles sont utilisées (Falkenmark, 1989).

Indice de la demande effective en eau de Raskin et al. (1996)

Raskin et *al.* (1996) ont comparé les prélèvements d'eau aux ressources totales des régions en utilisant des seuils conventionnels : 10 % étant la limite du stress normal. Au-delà de 10 %, le stress hydrique est modéré et une fois franchi le seuil de 20 %, il devient élevé, et c'est à partir de 40 % qu'on tire la sonnette d'alarme pour un stress chronique et sévère.

RESULTATS

Les résultats obtenus mettent en évidence le potentiel hydrique des monts Mandara dans le contexte sahélien de l'Extrême-Nord Cameroun.

Les monts Mandara, un potentiel pluviométrique important
Le régime pluviométrique de montagne à fort cumul pluviométriques

Tous les régimes pluviométriques de la région présentent un seul mode, avec un maximum de pluies au mois d'août. *A priori*, il n'existe pas de différence entre les postes en ce qui concerne le mois de début et de fin de la saison des pluies. Les premières pluies apparaissent au mois d'avril et s'achèvent en octobre. La différence entre ces postes se situe au niveau des cumuls pluviométriques annuels (figure 2).

Cette figure 2 met en évidence le contraste des pluies reçues par les parties en altitude et en plaine. Cette situation permet de distinguer deux régimes pluviométriques, à savoir le régime pluviométrique d'altitude et celui de plaine Suchel (1972).

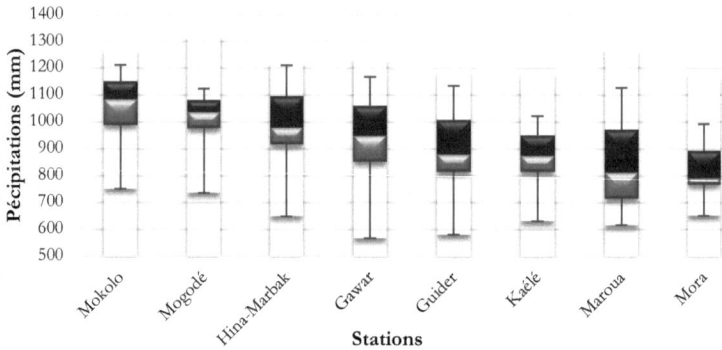

Source : Délégation d'Arrondissement du MINADER
Figure 2. Distribution des cumuls de précipitations sur la décennie 1990-2020

Le régime pluviométrique d'altitude regroupe les postes pluviométriques des montagnes et des piedmonts (Mokolo, Mogodé et Hina-Marbak). Ces postes sont caractérisés par des cumuls pluviométriques élevés par rapport au reste de postes de la région. Durant la période 1990-2020, les stations des monts Mandara enregistrent des maximas pluviométriques supérieurs à 1 200 mm dans les postes pluviométriques de Mokolo et Hina-Marbak. Les minimas des précipitations annuelles sont enregistrés dans le poste de Hina-Marbak avec 648 mm.

Par ailleurs, dans les plaines, les régimes pluviométriques sont caractérisés par des faibles cumuls annuels. Ici, les maximas de 1 100 mm sont rarement atteints à l'exception des postes de Maroua et Guider. S'agissant des médianes, les stations des plateaux (Mokolo et Mogodé) affichent les plus fortes valeurs des médianes (1 099 et 1 050 mm respectivement). Par contre, la plus faible médiane est enregistrée dans la station de Mora (790 mm). Les stations des plaines (Maroua et Gawar) sont caractérisées par une forte variabilité des précipitations avec des écarts interquartiles de 245 et 198 mm, respectivement.

Une variation des champs pluviométriques suivant le gradient Sud-Nord et Ouest-Est

La régionalisation des cumuls pluviométriques de la période 1990-2020 montre une variation des champs selon deux principaux gradients (figure 3).

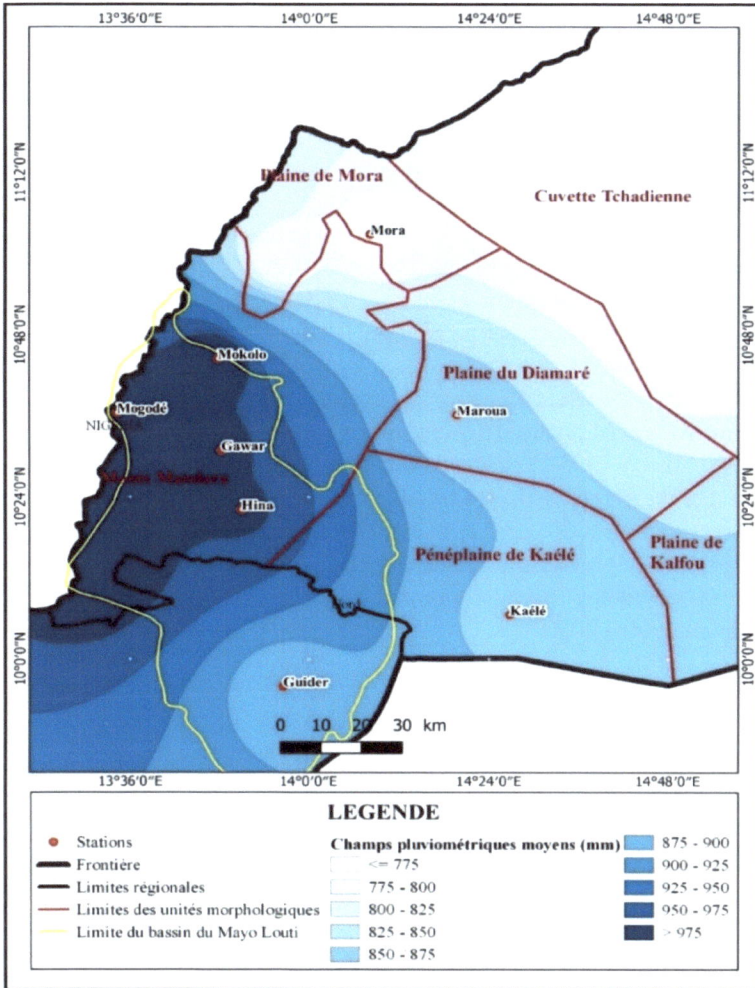

Source : Données des différents postes pluviométriques

Figure 3. Champs pluviométriques moyens annuels des unités morphologiques la Région de l'Extrême-Nord du Cameroun durant la période 1990-2020

D'une part, on observe une variation des précipitations selon le gradient Sud-Nord ou suivant la latitude. Les stations situées en position méridionale ont des cumuls pluviométriques plus élevés que celles qui se trouvent en position septentrionale. Ainsi, Kaélé cumule entre 850 et 875 mm de pluies durant la période 1990-2020, contre moins de 775 mm pour Mora durant la même période. Le facteur cosmique est l'élément qui explique cette

191

répartition, quand on sait que les pluies en milieu tropical varient de manière décroissante de l'équateur vers les tropiques.

D'autre part, les précipitations varient selon le gradient Ouest-Est. Contrairement à la situation précédente, c'est plutôt le facteur géographique qui détermine l'inégale répartition des pluies. Les pluies diminuent progressivement suivant la direction Ouest-Est lorsqu'on se dirige vers les plaines. Les stations situées sur la marge Ouest, c'est-à-dire sur les monts Mandara, reçoivent plus de pluies que celles situées dans les plaines. C'est la raison pour laquelle Mogodé, étant située presque sur la même latitude que Maroua, enregistre en moyenne plus de 1 000 mm de pluies contre environ 850 pour Maroua.

Des anomalies pluviométriques plus prononcées dans les plaines

La sècheresse pluviométrique entraîne dans un bassin une sècheresse hydrologique marquée par une baisse des crues, une sévérité des étiages et une précocité des tarissements. La figure 4 présente l'évolution des valeurs moyennes annuelles de SPI pour huit stations pluviométriques sur la période de 1990 à 2020.

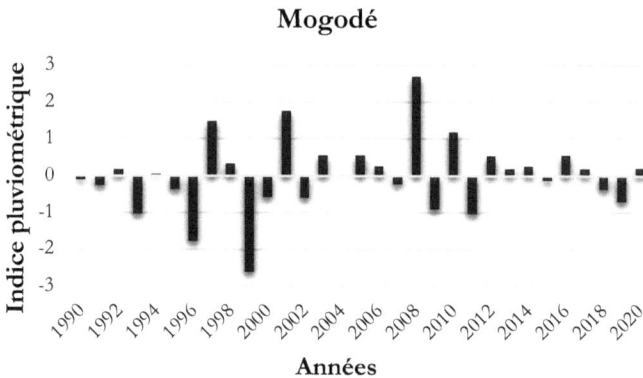

Mogodé

Mokolo

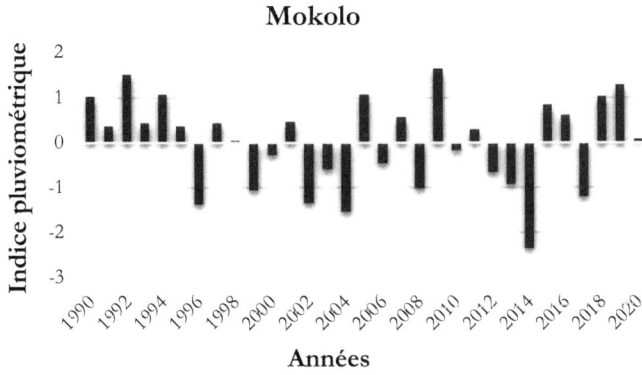

Hina-Marbak

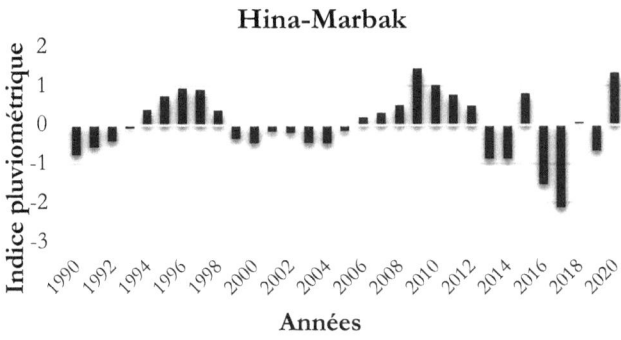

Gawar

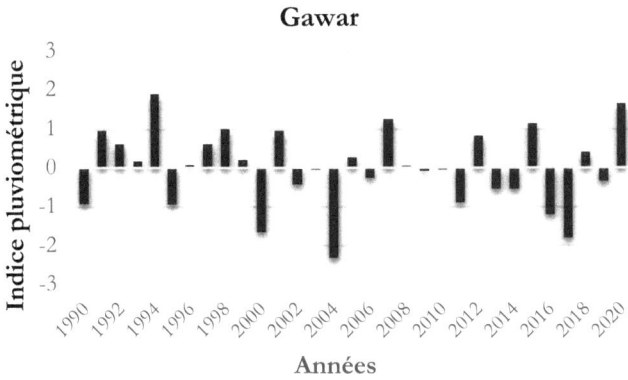

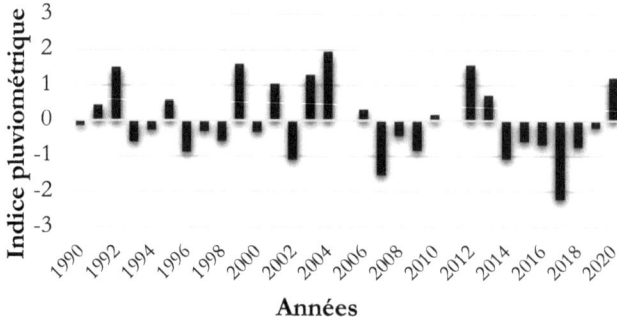

Guider

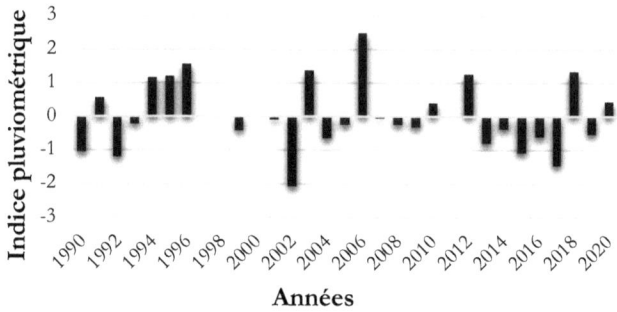

Kaélé

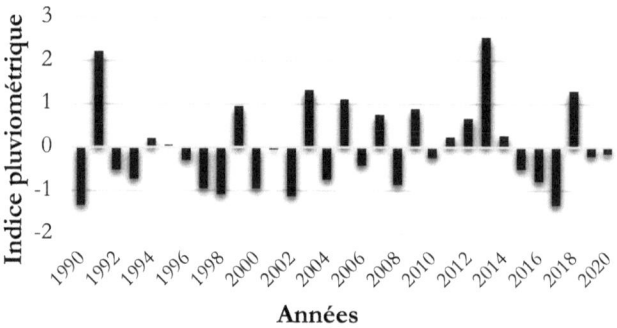

Maroua

194

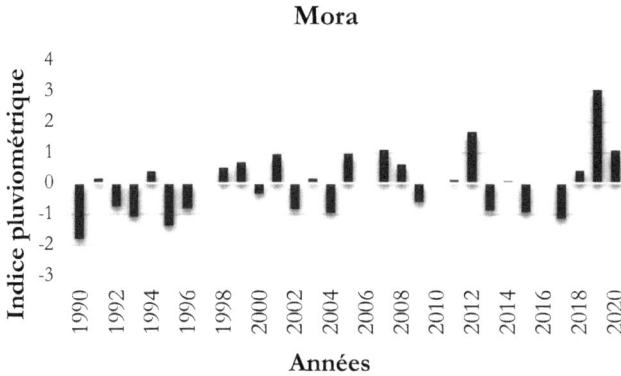

Mora

Source : Données des différents postes pluviométriques
Figure 4. Valeurs annuelles de l'Indice Standardisé des précipitations de huit stations pluviométriques sur la période 1990-2020

L'examen des indices pluviométriques montre une prépondérance des années excédentaires dans les stations des montagnes. À cet effet, la station de Mokolo enregistre un maximum de 19 années excédentaires contre 13 années déficitaires sur la période allant de 1990 à 2020. La station de Mogodé quant à elle enregistre 17 années excédentaires contre 14 années déficitaires. La station de Hina-Marbak située sur le piedmont, enregistre 15 années excédentaires et 16 années déficitaires.

Par ailleurs, les stations des plaines et pénéplaines montrent plutôt une prépondérance des épisodes de sècheresse à l'exception de la station de Gawar qui enregistre 16 années excédentaires contre 15 années de sècheresse. La station de Guider montre que 14 années sur les 31 années d'observation ont eu des totaux pluviométriques au-dessus de la moyenne et 17 années déficitaires. L'analyse de l'indice pluviométrique de la station de Kaélé montre que durant toute la période d'observation, il y a eu 11 années excédentaires et 20 années de sècheresse. Dans les stations de Maroua et Mora, on enregistre respectivement 13 et 15 années excédentaires contre 18 et 16 années de sècheresse.

En considérant les Indices pluviométriques par unités morphologiques, il est évident que les conditions humides l'emportent dans le massif Mandara qui enregistre 54,3 % d'années humides contre 44,5 % dans les plaines et pénéplaines. Par ailleurs, les épisodes de sècheresse sont plus récurrents au niveau des plaines et pénéplaines, puisqu'ils représentent 55,5

% des années d'observation contre 45,7 % sur le massif Mandara.

Estimation des écoulements
Variations des côtes maximales journalières

La figure 5 reproduit les extraits d'enregistrements limnimétriques journaliers des trois stations pour lesquelles les variations de hauteur d'eau sont bien marquées.

Mayo Mandia

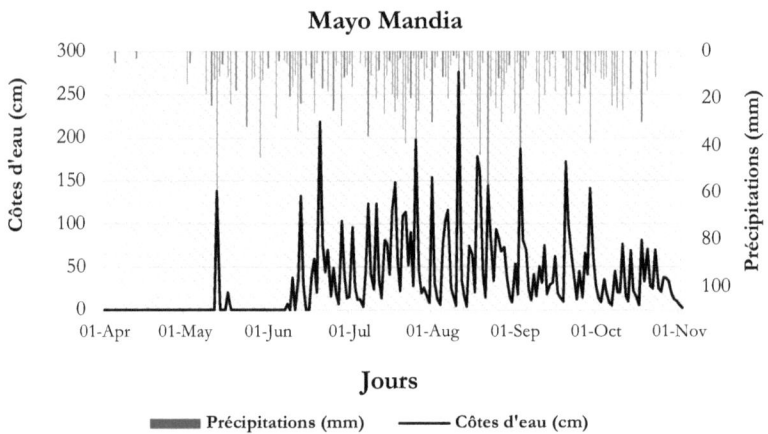

Mayo Zamay

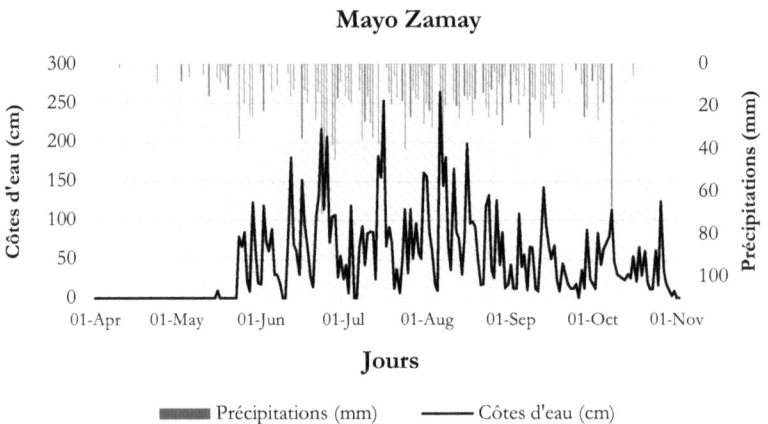

196

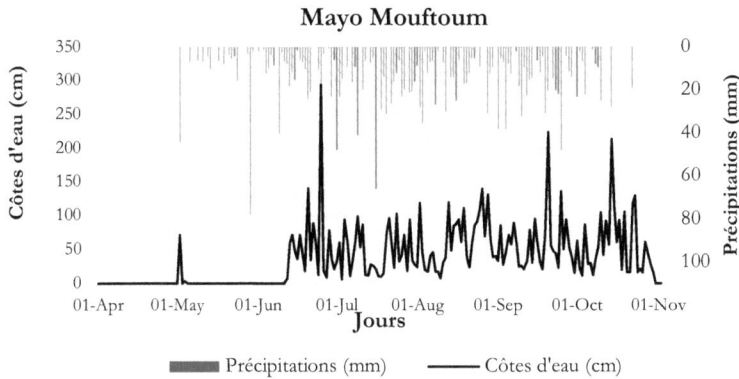

Mayo Mouftoum

Source : Mesures moyennes journalières (2019-2021)
Figure 5. Variation journalière des côtes d'eau maximales des trois cours d'eau étudiés

L'examen de ces limnigrammes montre que les premières côtes d'eau sont enregistrées le 13 mai dans le mayo Mandia où l'évènement pluvieux exceptionnel de 85 mm a provoqué une côte de 138 cm. Pour ce qui est du mayo Zamay, les premières côtes d'eau ont été enregistrées le 16 mai (9,6 mm). Dans le SBV du mayo Mouftoum, dès le 02 mai, les premières côtes d'eau (72 cm) sont enregistrées consécutivement à l'évènement pluvieux exceptionnel ayant engendré 44 mm de précipitations. Les côtes d'eau les plus importantes sont enregistrées dans le mayo Mouftoum. Le maximum de 294 cm de côte d'eau est consécutif à l'évènement pluvieux exceptionnel de 55 mm. En outre, la côte d'eau maximale des autres cours d'eau est de 276 cm, enregistrée le 11 août dans le mayo Mandia pour une pluie exceptionnelle estimée à 74 mm ; cette côte maximale est de 264 cm le 6 août pour un évènement pluvieux de 36 mm dans le mayo Zamay.

Estimation des débits écoulés dans les SBV

Pour mieux apprécier le potentiel en eau, la connaissance des débits s'avère importante, surtout dans le contexte sahélien de l'Extrême-Nord du Cameroun marqué par une péjoration climatique. Ainsi, la quantification de cette variable permet d'identifier les réservoirs les plus productifs.

Estimation des débits moyens annuels

Le tableau 3 résume la chronique des débits annuels mesurés des trois

197

cours d'eau étudiés durant la période d'observation.

Tableau 3. Débits moyens annuels des cours d'eau étudiés

Années	Mayo Mandia	Mayo Zamay	Mayo Mouftoum
2019	27,03	28,4	36,3
2020	24,8	24,5	33,3
2021	25	25	28,4
Moyenne	**25,6**	**25,9**	**32,7**

Source : Observations journalières (2019-2021)

Il se dégage que l'année d'occurrence du plus faible débit est celle de 2020 au cours de laquelle le mayo Zamay enregistre un débit moyen de 24,5 m³/s ; ce qui traduit l'année de la sécheresse hydrologique prononcée étant intervenue durant cette période d'analyse. Par contre le débit maximum est intervenu en 2019 dans le mayo Mouftoum qui enregistre un débit moyen annuel de 36,3 m³/s.

Par ailleurs, les plus forts débits sont à chaque fois observées dans le mayo Mouftoum dont la moyenne des trois années d'étude est estimée à 32,7 m³/s. Il est suivi du mayo Zamay qui enregistre en moyenne 25,9 m³/s. En outre, les débits les plus faibles sont systématiquement l'apanage du mayo Mandia dont la moyenne est estimée à 25,6 m³/s.

Estimation des débits moyens mensuels

La figure 6 présente la distribution des débits moyens mensuels aux trois stations implantées aux exutoires des SBV étudiés.

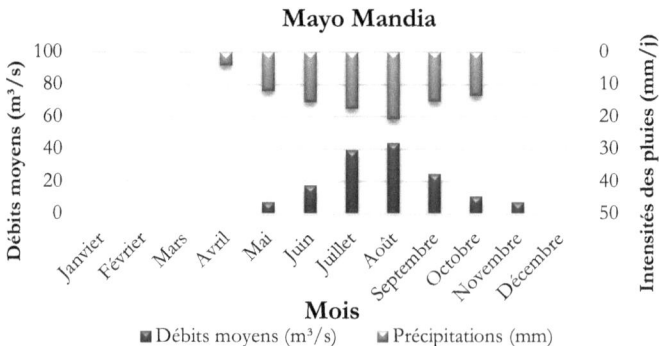

198

Mayo Zamay

Mayo Mouftoum

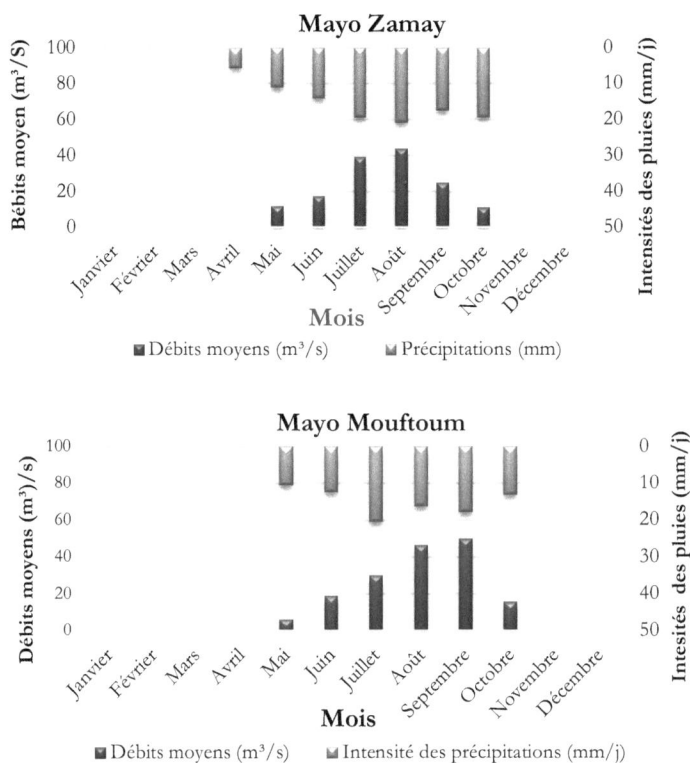

Source : Mesures journalières (2019-2021)
Figure 6. Hydrogrammes de crues mensuelles des trois cours d'eau

La distribution saisonnière de débits ruisselés dans les cours d'eau est calquée sur le rythme de répartition saisonnière des pluies. Il s'agit donc des cours d'eau à régime saisonnier, dépourvus d'écoulement en saison sèche. Cette saison coïncide avec la période allant de novembre à mai appelée période de basses eaux. C'est à partir du mois de mai, que les premières pluies qui tombent souvent sous forme d'orage déclenchent les premiers écoulements à faible intensité. Ces écoulements enregistrés en début de saison pluvieuse résultent généralement d'un évènement pluvieux à forte intensité et s'estompent généralement à l'arrêt de la pluie. Cet arrêt rapide fait suite à l'infiltration des pluies dans le sol en début de saison pluvieuse pour satisfaire la demande en eau des premiers horizons du sol. À partir de juin, les débits connaissent une évolution croissante et le pic est formé au mois d'août au niveau des stations des mayo Mandia et Zamay. Ces deux stations enregistrent des débits moyens de pointe de 43,6 m³/s, générés par 20,7 mm/j de pluie.

Par ailleurs, dans la station du mayo Mouftoum, le maximum est enregistré au mois de septembre (50,1 m³/s). Cette période peut constituer ce que l'on appelle en d'autres termes la période de hautes eaux. Elle prend fin lors de la dernière décade d'octobre ou la première décade de novembre.

Estimation des débits de ponte journaliers

Au pas de temps journalier, les trois cours d'eau étudiés se caractérisent par des crues éclaires et par ricochet, de fortes amplitudes de débits journaliers dues à l'évacuation rapide de l'eau vers l'exutoire des bassins (figure 7).

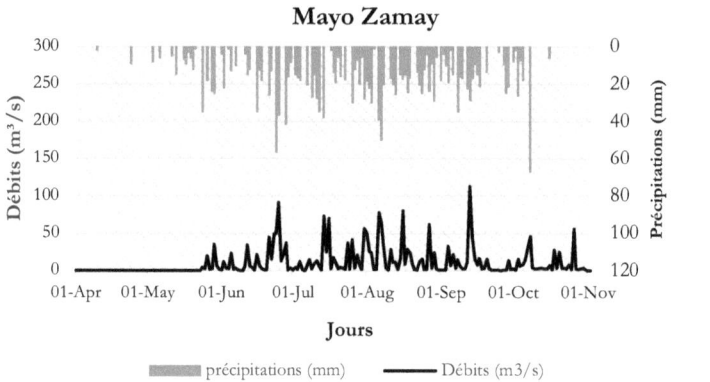

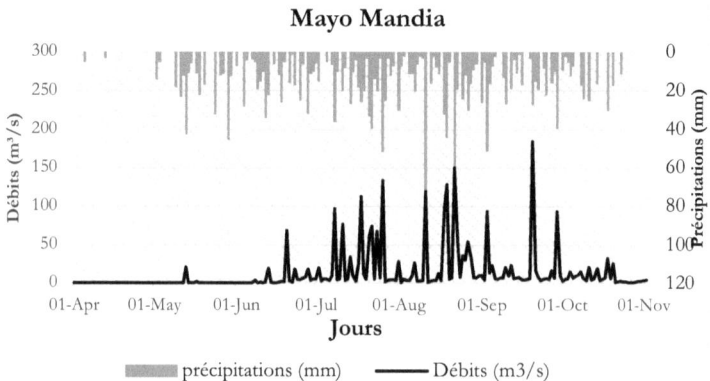

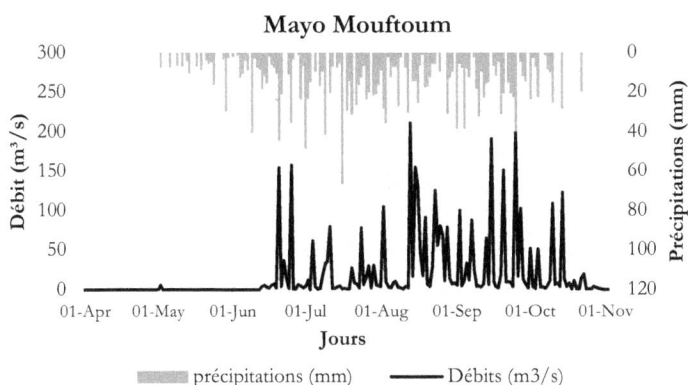

Figure 7. Variation des débits maximums journaliers des trois cours d'eau étudiés

Source : Mesures journalières (2019-2021)

Les variations de débits journaliers des trois cours d'eau sont typiques des petits bassins versants dans lesquels les pics de l'hydrogramme correspondent directement aux jours de pluie. Dans les trois SBV, les premiers débits sont enregistrés entre la troisième décade de mai et la première décade de juin. Les débits journaliers les plus importants sont observés dans le SBV du mayo Mouftoum avec un maximum de 211 m³/s observé le 13 août. Ce SBV est suivi de celui du mayo Mandia dont le débit maximal journalier observé le 20 septembre est estimé à 183 m³/s. Le SBV du mayo Zamay affiche les plus faibles valeurs de débits dont le maximum journalier enregistré le 13 septembre est de 112 m³/s. En outre, la variation journalière montre de fortes amplitudes des débits dans les mayo Mandia et Mouftoum, contrairement au mayo Zamay.

En considérant que les cours d'eau sont en crue lorsque l'échelle limnimétrique enregistre les hauteurs d'eau au-dessus de celles correspondant à l'écoulement de base qui sont en moyenne de 30 cm, on enregistre en moyenne 68 crues et 78 étiages par an dans le SBV du mayo Mandia. Dans ce SBV, le débit moyen de crue est estimé à 52,1 m³/s pour un débit moyen d'étiage de 3,2 m³/s. Dans le SBV du mayo Zamay, on enregistre en moyenne 83 crues dont le débit moyen est de 40,8 m³/s et 74 étiages ayant pour débit moyen 2,9 m³/s. Le SBV du mayo Mouftoum présente les crues moyennes les plus importantes de la série d'observation estimée à 85 jours pour un débit moyen de 67,9 m³/s. Ici on enregistre 59 jours d'étiages dont le débit moyen est de 3,6 m³/s.

La durée des crues varie d'une unité morphologique à l'autre. En effet, si dans le plateau les crues sont assez prolongées (trois à sept jours), au niveau des piedmonts elles sont de brève durée et oscillent entre un et trois jours en fonction de la quantité des précipitations. Ces crues bien que très brèves dans l'ensemble, constituent un apport en eau important.

Estimation des volumes ruisselés

Il s'agit des eaux superficielles qui représentent la fraction d'eau qui, après la pluie, n'a pu s'infiltrer, s'évaporer ou être interceptée par les feuilles des plantes, mais ruissèle plutôt vers l'exutoire du bassin. Ces eaux qui constituent le potentiel hydrique varient aux pas de temps annuel, mensuel et journalier, d'un SBV à un autre.

Estimation des volumes annuels ruisselés

Sur la période 2019-2021, les apports annuels, drainés par les différents cours d'eau. Comme les débits, les volumes d'eau ruisselés sont plus importants dans le SBV du mayo Mouftoum où les apports moyens en eau pendant les trois années sont évalués à près de 52,5 millions de m³. Dans ce SBV, les apports varient entre un minimum de 41,2 millions de m³ en 2019 et un maximum de 67,7 millions de m³ en 2020. En ce qui concerne le SBV du mayo Mandia, celui-ci présente un apport en eau moyen estimé à 22,1 millions de m³. Les apports en eau varient entre un minimum de l'ordre de 17,6 millions de m³ en 2019 et un maximum de 24,7 millions de m³ en 2020. Les volumes ruisselés sont plus modestes dans le SBV du mayo Zamay qui enregistre en moyenne 17,5 millions de m³ durant les trois années d'observation. Dans ce SBV, l'apport minimal également très variable au pas de temps mensuel est évalué à 12,7 millions de m³ en 2021 et le maximum est évalué à 21,9 millions de m³ en 2019.

Estimation des volumes mensuels ruisselés

Calqués essentiellement sur le rythme des précipitations, les apports en eau par ruissellement obéissent à la logique de la répartition saisonnière des pluies telle qu'indiquée dans la figure 8.

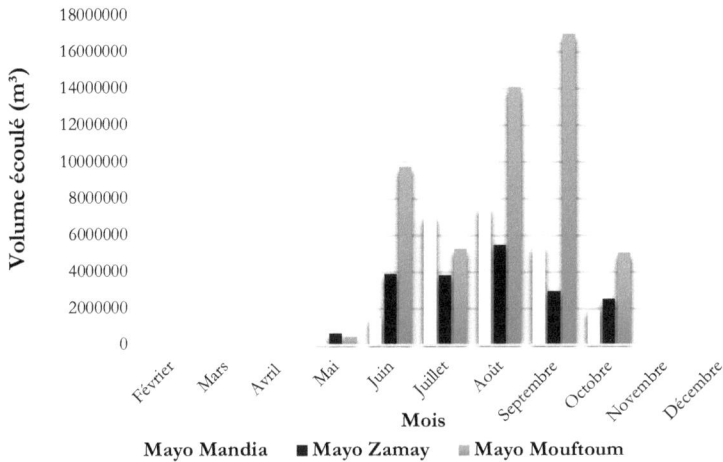

Source : Mesures journalières (2019- 2021)
Figure 8. Volumes d'eau moyens ruisselés au pas de temps mensuel

Les cours d'eau de la zone d'étude ayant un régime saisonnier, ceux-ci sont dépourvus d'apport en eau durant la saison sèche (de novembre à avril). Mais, dès le mois de mai, les premiers apports en eau très modestes sont observables. Ils sont de l'ordre de 79 000, 63 000 et 450 000 m³, respectivement dans les SBV des mayo Mandia, Zamay et Mouftoum. En juin, ces apports dépassent le cap de 8 millions de m³ dans le SBV du mayo Mouftoum alors que la barre de 4 millions de m³ n'est pas franchie dans les deux autres SBV. En juillet, les apports en eau connaissent une légère baisse dans les SBV des mayo Zamay (3,8 millions de m³) et Mouftoum (5,2 millions de m³), alors que dans le SBV du mayo Mandia ces apports sont d'environ 7 millions de m³. En outre, c'est pendant le mois d'août qui correspond au mois le plus pluvieux que les maximums d'apports sont enregistrés, notamment dans les SBV des piedmonts où la barre de 5 millions de m³ est dépassée.

Dans le SBV du mayo Mouftoum par contre, même si les maximums ne sont pas atteints en août, on enregistre des apports importants estimés à environ 14 millions de m³. En septembre, les apports en eau chutent dans les sous-bassins des piedmonts. Ils sont estimés à 5,3 et 2,9 millions de m³, respectivement dans les SBV des mayo Mandia et Zamay. Par ailleurs, dans le SBV du mayo Mouftoum où le pic des précipitations mensuelles a connu un décalage en septembre lors des trois années d'observation, les apports maximums (17 millions de m³) sont enregistrés en ce mois. En octobre, la décroissance des apports en eau est visible dans tous les SBV. C'est ainsi qu'on enregistre 1,9, 2,5 et 5 millions de m³, respectivement dans les SBV des mayo Mandia, Zamay et Mouftoum.

Estimation des volumes journaliers écoulés

L'évolution des apports moyens journaliers en eau dans les trois SBV est présentée sur la figure 9.

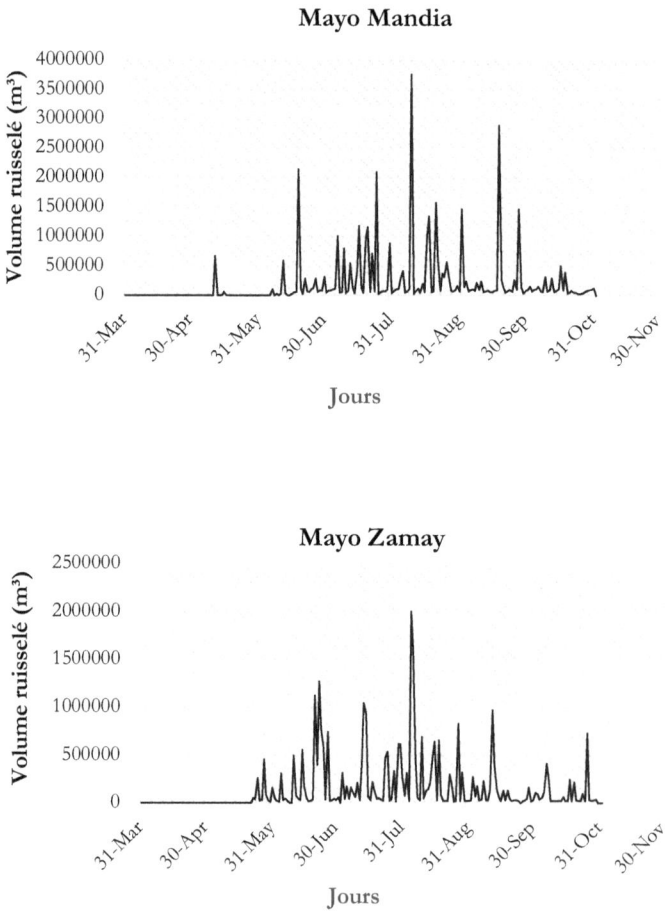

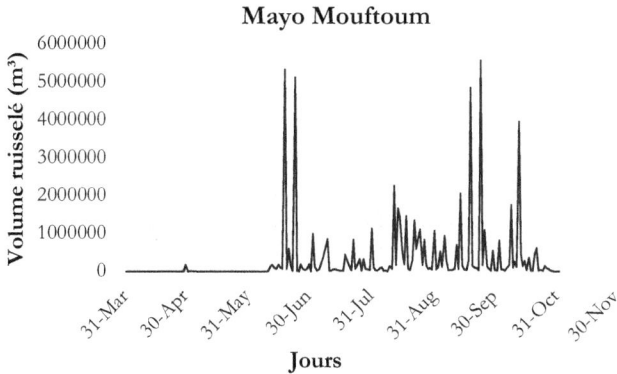

Mayo Mouftoum

Source : Mesures journalières (2019, 2020 et 2021)
Figure 9. Volumes d'eau moyens écoulés au pas de temps journalier

La variation journalière des volumes moyens écoulés montre un écoulement assez irrégulier, caractérisé par des crues généralement rapides et peu fréquentes. Les apports moyens journaliers les plus forts ont été à chaque fois observés dans le SBV du mayo Mouftoum où on enregistre un apport moyen journalier en eau estimé à 5,5 millions de m^3 le 24 septembre. Les apports journaliers en eau les plus faibles ont été systématiquement enregistrés dans les SBV des piedmonts. Néanmoins, dans cette unité morphologique, ces apports en eau sont plus prépondérants dans le SBV du mayo Mandia qui présente un pic important estimé à 3,7 millions de m^3 le 10 août. Dans le SBV du mayo Zamay par contre, le pic d'apport moyen en eau est plus modeste, soit environ 2 millions de m^3.

Évaluation du potentiel hydrique de surface à l'aide d'indicateurs quantitatifs

Pour évaluer le potentiel hydrique des monts Mandara, l'utilisation d'indicateurs de la disponibilité de cette ressource s'avère déterminante.

Évaluation du potentiel hydrique par l'indice du seuil de stress hydrique de Falkenmark (1986)

Dans le cadre de ce travail, le ratio écoulement/population est représenté dans le tableau 5.

205

Tableau 5. Évaluation du niveau de disponibilité de la ressource en eau dans les trois SBV

SBV	EMA (m³)	Pop. au sein du SBV en 2020	DA (m³/hbt)	Situation hydrique
Mayo Mandia	22 106 063	7 418	2 980	Pas de stress hydrique
Mayo Zamay	17 562 160	12 885	1 363	Stress hydrique modéré
Mayo Moutfoum	52 533 585	26 874	1 955	Pas de stress hydrique

Source : Mesure in situ (2019-2021)
Légende : EMA : Écoulement Moyen Annuel ; DA : Disponibilité Annuelle

En prenant en compte le ratio écoulement/population, il apparait que la ressource en eau est plus abondante dans les SBV des mayo Mandia et Mouftoum qui présentent des ratios estimés à 2 980 et 1 955 m³/hab respectivement. En considérant ces ratios, on est en mesure d'affirmer que ces deux sous-bassins ne sont pas en situation de stress hydrique. La pénurie d'eau ici est donc liée à la sous-utilisation de la ressource en eau et par ricochet, aux difficultés liées à sa maîtrise. Par ailleurs, dans le SBV du mayo Zamay, la disponibilité annuelle par habitant est de 1 363 m³/hab. Cette valeur traduit une situation de stress hydrique modéré dans cette unité morphologique. Ce stress hydrique s'explique par les effets conjugués de la forte croissance démographique se traduisant par une forte pression sur les ressources en eau, le manque de ressources sociales, les pénuries économiques et le déficit en infrastructure. Adoptant la même perspective quantitative que l'indice de Falkenmark, l'indice de Raskin et *al.* (1996) permet également de caractériser le potentiel en eau des monts Mandara.

Évaluation du potentiel hydrique par l'indice de la demande effective en eau de Raskin et *al.* (1996)

Le taux de prélèvement de la ressource en eau disponible dans les trois sous-bassins est représenté dans le tableau 6.

Tableau 6. Évaluation du niveau de disponibilité de la ressource en eau selon l'indice de demande effective

SBV	RD (m³)	Pop. au sein du SBV en 2020	PE d'eau par an (m³)	RRDP (%)	Situation hydrique
Mayo Mandia	3 339 892	7 418	94 765	2,8	Pas de stress hydrique

| Mayo Zamay | 3 107 128 | 12 885 | 164 606 | 5,3 | Pas de stress hydrique |
| Mayo Moutfoum | 4 991 038 | 26 874 | 343 315 | 6,9 | Pas de stress hydrique |

Source : Mesure in situ (2019-2021)
Légende : RD : Ressource Disponible ; PE : Prélèvement d'Eau ; RRDP : Ration Ressource Disponible et Prélèvement

Le tableau 6 indique que les ressources en eau disponibles sont prélevées à hauteur de 2,8, 5,3 et 6,9%, respectivement dans les sous-bassins des mayo Mandia, Zamay et Moutfoum. En adoptant la même perspective quantitative que l'indice de Falkenmark, on peut donc conclure que l'ensemble des trois sous-bassins étudiés ne sont pas en situation de stress hydrique. Ces sous-bassins disposent donc d'une richesse considérable en eau ; mais les populations qui y vivent font face à des difficultés énormes pour accéder à cette richesse hydrique. Ceci est dû principalement aux difficultés institutionnelles et socio-économiques que connaissent ces populations. Les difficultés de la maîtrise de l'eau s'expliquent ici par la conjoncture de nombreux facteurs à l'instar des facteurs naturels (climat, relief, pédologie, végétation, géologie…) et les faibles ressources sociales et économiques favorisant le déficit en infrastructures de captage et de mobilisation du potentiel en eau.

DISCUSSION DES RÉSULTATS

Ces résultats sont en phase dans un sens large avec les travaux de Sighomnou (2004) qui a fait une évaluation des ressources en eau de l'ensemble du territoire camerounais. Il évalue ces ressources à environ 300 milliards de m³ en moyenne par an, soit une disponibilité par habitant de près de 20 000 m³ en l'an 2000, apport en précipitations directes non compris. Ce chiffre est largement supérieur au seuil du stress hydrique établi à 1 900 m³/hbt/an, ainsi qu'à la moyenne mondiale qui est de 7600 m3/hbt/an (Banque Mondiale, 1992). Ainsi, le Cameroun peut être compté parmi les pays privilégiés en matière de ressources en eau.

Se fondant sur ces définitions, Nkengfack et al. (2017) affirment que le Cameroun dispose de ressources en eau en quantité adéquate aussi bien du point de vue des bassins hydrographiques que des régions du pays à l'horizon 2025. Mais à l'horizon 2050, la Région de l'Extrême-Nord connaîtra une situation de pénurie d'eau. Ce dernier point de vue va à l'encontre des résultats de cette recherche dans la mesure où de nombreux sous-bassins de la Région de l'Extrême-Nord du Cameroun sont déjà en situation de stress bien avant cette prédiction à l'instar du SBV du mayo Zamay. Le stress hydrique de ce sous-bassin est surtout lié à l'augmentation de la demande en eau due aux fortes densités des populations, telle que soulignée par Tchotsoua et Gonné (2009), pour qui l'idée qu'une densité plus élevée de la population conduit inévitablement à une surexploitation des ressources naturelles.

En outre, l'utilisation des indices quantitatifs dans l'évaluation des ressources en eau présente de nombreuses lacunes, car ils présentent très grossièrement la situation hydrique des sous-bassins. En effet, l'irrégularité interannuelle des ressources en eau liée aux fluctuations diverses et à la variabilité climatique en particulier, commande que ces chiffres soient considérés avec prudence. Les ressources en eau peuvent être plus ou moins abondantes d'une année à l'autre, ou tout simplement réparties différemment dans l'année. De plus, se limiter, également, à la population comme l'unique facteur standard des demandes en eau est une hypothèse statistique trop simplificatrice et fortement critiquée ; car elle ne prend pas en compte la demande en eau des écosystèmes. Il serait donc préférable de tenir compte de toutes les demandes en eau effectives plutôt qu'à une seule comme souligné par Margat (2005).

CONCLUSION

En définitive, il était question dans ce travail de caractériser le potentiel hydrique de la région des monts Mandara qui se démarque des autres unités morphologiques de la Région de l'Extrême-Nord du Cameroun par ses fortes altitudes. Il en ressort que dans le contexte sahélien marqué par la récurrence des épisodes de sècheresse, la région des monts Mandara constitue le premier potentiel pluviométrique où tombent en moyenne 1023 mm de pluie, contre seulement 850 mm dans les pénéplaines et plaines durant la période 1990-2020. Ce potentiel pluviométrique confère à cette région un potentiel hydrique important et susceptible d'être capitalisé pour résoudre le problème de pénurie d'eau dans ce territoire montagnard.

Les débits des cours d'eau étudiés sont assez importants de l'ordre de 25,6, 25,9 et 32,7 m³/s, respectivement pour les mayo Mandia, Zamay et Mouftoum. Ces débits génèrent des volumes tout aussi importants, respectivement de l'ordre de 22,1, 17,5 et 52,5 millions de m³/an pour les mêmes cours d'eau. En outre, l'analyse du potentiel en eau à l'aide des indices quantitatifs de la pénurie en eau permet de mettre en exergue des inégalités entre les différents sous-bassins au niveau de la répartition des ressources en eau. En prenant en compte les deux indices quantitatifs, il est évident que les trois sous-bassins étudiés disposent de la ressource en eau de façon abondante. La pénurie en eau ici est donc liée à la sous-utilisation de la ressource en eau en raison de la conjoncture de nombreux facteurs (facteurs naturels et les faibles ressources sociales et économiques et déficit en infrastructures de maîtrise de l'eau).

Au regard du diagnostic qui a été dressé, les défis à relever pour une maîtrise durable de la ressource en eau dans les monts Mandara sont multiples. Il s'agit de :

- La capitalisation des eaux de surface par la mise en valeur du relief favorable à l'implantation des retenues collinaires et barrages ;
- L'amélioration du traitement des eaux particulièrement les eaux de surface, dont la qualité nécessite généralement un traitement plus poussé que les eaux souterraines ;
- La lutte contre la pollution par la réduction des quantités de produits phytosanitaires et fertilisants ;
- L'Aménagement des versants pour favoriser l'infiltration et limiter le ruissellement par la vulgarisation et le renforcement de l'implantation des ouvrages antiérosifs sur les pentes des versants (édification de cordons en pierres sèches, les terrassements mécaniques, le reboisement, l'amélioration pastorale, les bandes enherbées).

REFERENCES BIBLIOGRAPHIQUES

Falkenmark, M., (1986). Fresh water-Time for a modified approach. *Ambio, 15*(4), pp 192-200.

Falkenmark, M., (1989). The massive water scarcity now threatening Africa -Why isn't it being addressed ? *Ambio, 18*(2), pp 112-118.

Kossoumna Liba'a, N., (2001). L'instabilité des marchés des céréales dans l'extrême-nord Cameroun. *Maitrise de géographie*, 98. Université de Ngaoundéré (Cameroun), Faculté des Arts, Lettres et Sciences Humaines, Département de Géographie.

Margat, J., (2005). Quels indicateurs pertinents pour la pénurie d'eau ? *Géocarrefour : Revue de géographie de Lyon, 80*(4), pp 261-262.

Mckee Doesken, & Kleist, (1993). The relationship of drought frequency and duration to time scale. *Actes de la 8th Conference on Applied Climatology.* Anaheim, Californie, pp 179-184.

Pfeffer, J., (2011). *Étude du cycle de l'eau en Afrique sahélienne : Approche multidisciplinaire et apport de la gravimétrie terrestre et spatiale.* Thèse de doctorat, 206. Université de Strasbourg.

Raskin, P. E., (1996). Water and sustainability. *Natural Resources Forum, 20,* pp 1-15.

Sighomnou, D., (2004). Analyse et redéfinition des régimes climatiques et hydrologiques du Cameroun : perspectives d'évolution des ressource en eau. Thèse de doctorat, Université de Yaoundé I, 292 p.

Suchel, J. B., (1972). *La répartition des pluies et les régimes pluviométriques au Cameroun.* Bordeaux: Cahiers du CEGET.

Tchotsoua, M., & Gonné, B., (2009). Des crises socio-économiques aux crises environnementales sur les hautes terres de l'Adamaoua, Cameroun », Actes de colloques« S*avanes africaines en développement : innover pour durer*, Garoua, Cameroun, pp 1-19.

Fluctuations pluviométriques et impacts sur les terres agricoles dans le terroir de Djoundé (Extrême-Nord, Cameroun)

Khalil Guidado Bakari, Djiangoué Berthin, Baska Toussia Daniel Valérie, Jules Balna et Basga Simon Djakba

RESUME. L'évolution irrégulière des précipitations dans la zone soudano-sahélienne impose des variations aux terres agricoles par son rythme et son intensité. La pression démographique observée ces dernières années dans la Région de l'Extrême-Nord Cameroun accentue les besoins en ressources foncières. L'objectif de cette étude est de montrer que les variabilités de précipitations ont des effets sur les sols et la production agricole dans le terroir de Djoundé. La présente étude s'est appuyée sur les recherches documentaires, les observations et les enquêtes de terrain combinées aux analyses des sols. Leur analyse a permis de déterminer les effets de la variabilité pluviométrique sur les sols de production agricole à Djoundé. Le traitement des données pluviométriques sur la période 1976-2017 fait ressortir des grands écarts interannuels, entre 530,1 mm et 1383, avec en moyenne 821,3±853,1 mm. L'analyse des précipitations à l'échelle journalière sur la période 2015-2018 montre une variation située entre 1 et 92 mm avec une moyenne de 91±3,53 mm. Ce comportement aléatoire des pluies affecte les sols. La forme de dégradation du sol la plus poussée observée est une ravine de 147 m de large et 213 m de long. L'analyse des échantillons du sol a permis de relever un taux de matière organique variant entre 10,5% en zone de dépôt de sédiments et 0,8% en zone de départ d'érosions en amont. Ces variations impactent la production agricole : la production locale du *niébé* d'un agriculteur est passée de 10 sacs en 1998 à 4 sacs en 2017 ; soit une baisse de 600 Kg en 19 ans. Face à cette baisse de production, il serait utile pour les exploitants agricoles d'aménager leurs sols afin d'optimiser ladite production.

MOTS-CLES. Rythmes des précipitations, érosion, production agricole, Extrême-Nord Cameroun, Djoundé.

ABSTRACT. The irregular evolution of precipitation, characteristic of the climate of the Sudano-Sahelian zone, imposes variations on agricultural lands due to its rhythm and intensity. The demographic pressure observed in recent years in the Far North region of Cameroon intensifies the needs for land resources. This study relied on documentary research, observations, and field surveys combined with soil analyses. Their analysis determined the effects of rainfall variability on agricultural production soils in Djoundé. The processing of rainfall data over the period 1976-2017 highlights significant interannual gaps, ranging from 530.1 mm to 1383.2 mm, with an average of 821.3±853.1 mm. The analysis of daily rainfall over the period 2015-2018 shows a variation between 1 and 92 mm with an average of 91±3.53 mm. This erratic rainfall behavior affects the soils. The most advanced form of soil degradation observed is a gully 147 m wide and 213 m long. The soil sample analysis revealed an organic matter content ranging between 10.5% in sediment deposition areas and 0.8% in upstream erosion start zones. These variations undoubtedly impact agricultural production. Thus, local cowpea production for a farmer who produced 10 bags in 1998 produced 4 bags in 2017, a decrease of 600 Kg in 20 years. Faced with this drop in production, it would be beneficial for farmers to manage their soils to optimize said production.

KEYWORDS. Rainfall patterns, erosion, agricultural production, Far North Cameroon, Djoundé

INTRODUCTION

Le sol est le principal support de production agricole. Sa texture et sa structure déterminent la quantité et la qualité des productions qui en résultent. Dans la Région de l'Extrême-Nord-Cameroun, une baisse des rendements est observée chaque année sur les produits participant directement à l'alimentation des habitants (DDAMT, 2000 ; Khalil, 2018). Le rendement du Sorgho dans le Mayo-Tsanaga par exemple est passé de 1 000 kg/ha en 1980 à 800 kg/ha en 1999 (DDAMT, 2000). Ainsi, ce problème de productivité agricole peut être résolu par la gestion de la fertilité du sol.

Cette gestion doit nécessairement passer par la maîtrise de l'érosion. Pour cela, la connaissance de l'état actuel du processus d'érosion ainsi que les stratégies mises en place par les acteurs locaux est nécessaire. La présente étude diagnostique les effets des précipitations sur les sols, et dresse un état des lieux des différentes stratégies locales d'adaptation, ainsi qu'une évaluation de la production sur la période 1998-2018.

Le milieu tropical est généralement marqué par des précipitations d'intensité et de rythme variant en fonction des saisons. Il comporte une saison pluvieuse et une saison sèche responsables des variations d'état de surface des sols de production agricole. Djoundé, appartenant à cette zone climatique, connait diverses formes de variations pédologiques sous l'impact des rythmes pluviométriques. L'étude des précipitations sur l'échelle pentadaire révèle une répartition inégale de celles-ci selon les jours, bien qu'*a priori* un mois peut être pluvieux ou sec (Khalil, 2018). Les totaux mensuels de précipitations ne révèlent pas ainsi le comportement des pluies dans le mois. Le rythme pluviométrique varie constamment et cela cause des effets sur le sol. Ainsi, il convient donc de comprendre comment évolue le rythme de précipitations à Djoundé. Quels en sont les effets sur le sol de production agricole ?

MATERIELS ET METHODES
Présentation de la zone

Le terroir de Djoundé est localisé entre 10°12,0 - 10°4,8 de latitude Nord et 14°9,6 – 14°19,2 de longitude Est. Ce terroir est situé au Nord de la ville de Maroua, et est bordé au Nord par Louggewo, au Sud par Djarengol, à l'Est par Gayak et à l'Ouest par Mayel-Ibbé (figure 1). La principale activité économique des habitants de cette localité est l'agriculture. L'élevage occupe aussi une partie de cette population.

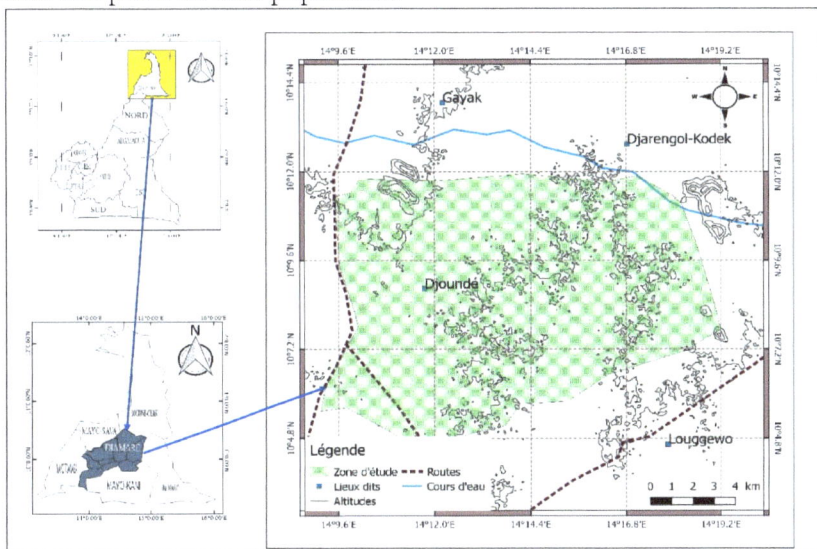

Source : *Adaptée de Google earth, 2018 et relevé GPS*
Figure 1. Localisation de Djoundé

213

La recherche documentaire

La première phase a consisté en la recherche documentaire dans les bibliothèques et sur l'internet. Les bibliothèques de la Mission Intégrée de Développement des Monts Mandara (MIDIMA), de l'École Normale Supérieure (ENS) de Maroua, et de l'Institut de Recherche Agricole pour le Développement (IRAD) ont été consultées. Il s'agit des ouvrages, des mémoires, des articles, des thèses et des dictionnaires spécialisés. Ces documents ont permis d'effectuer une fiche de lecture sur des ouvrages qui traitent de thèmes similaires, de manière intégrale ou partielle. Cette recension a permis premièrement de savoir ce qui est déjà fait sur la thématique et de déceler les lacunes à combler. Ces documents ont également permis d'affiner la démarche méthodologique à travers la consultation de celles adoptées par les chercheurs qui nous ont précédés.

Caractérisation du climat

La caractérisation du climat est importante pour la compréhension de la dynamique du rythme des précipitations. Le terroir de Djoundé ne possède pas de station pluviométrique en son sein. C'est pourquoi, les données des localités environnantes ont été utilisées. Les premières données régionales qui couvrent une période de 41 ans (1976-2017), soit 04 décennies, sont recueillies à l'Institut de Recheche Agricole pour le Développement (IRAD). Ces données fournissent des informations sur le nombre de jours de pluie par an et pour chaque année, et les hauteurs des précipitations par décade pour chaque mois pluvieux.

Une analyse à l'échelle locale a été effectuée pour cerner des anomalies à une échelle plus fine. Ainsi, sur une période de 04 ans (2015-2018), les relevés pluviométriques ont été recueillis à la station de la Société de Développement du Coton (SODECOTON) de Djarengol. Ces données sont associées à celles décadaires des stations couvrant tous les Départements de la Région de l'Extrême-Nord du Cameroun sur la même tranche chronologique.

Pour l'étude de la température, de l'insolation et de l'humidité de l'air, les moyennes des séries obtenues à la station de Maroua-Salak allant de 2000 à 2018 ont été utilisées.

Le traitement des données a été effectué par des tableaux segmentant les données en pentades de manière à obtenir des relevés pluviométriques avec des détails journaliers. La compilation et la caractérisation des données sont faites par le calcul d'indice d'aridité de E de Martonne, le test de Pettitt (1979), le calcul des moyennes, des écarts-types, des variances avec des résultats présentés sous forme des tableaux, des diagrammes et des histogrammes.

Identification des types de sol en présence

Les prélèvements sont la première étape d'analyse du sol. Ils ont été effectués sur toute l'étendue de la zone étudiée en fonction des pentes observées et de la nature de la couverture du sol. Les échantillons sont prélevés sur des distances de 100 m pour réduire le nombre des échantillons. Ils sont basés sur la méthode de Boyer (1982). L'échantillonnage est fait à l'aide d'une tarière pédologique (d'un mètre de long et de 60 cm de diamètre) et le sol prélevé est ensuite empaqueté dans des sachets plastiques avant d'être envoyés au laboratoire AGRO-SCIENCES CONSUL LABS de Onitsha au Nigeria pour leur analyse. La profondeur retenue pour cette étude est de 1 m, soit 100 cm. La caractérisation du sol est basée sur les résultats d'analyses granulométriques et chimiques effectuées au laboratoire.

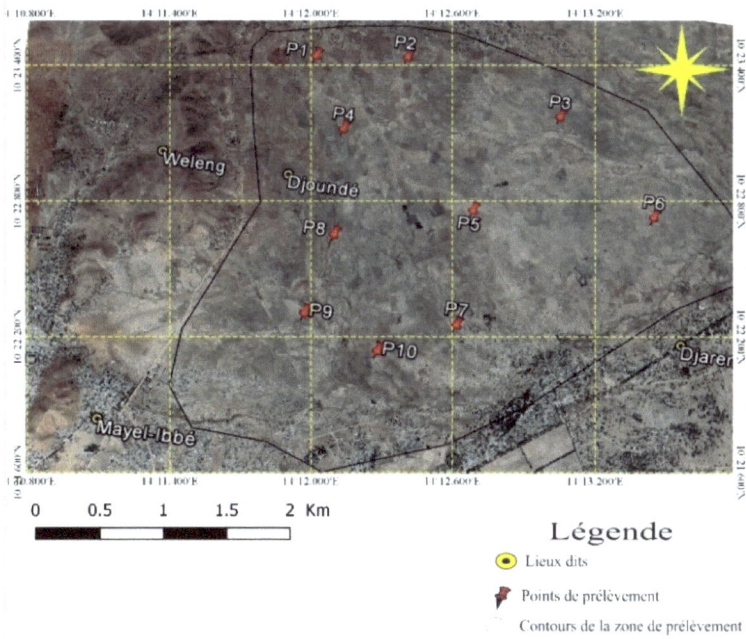

Source : Google Earth, 2018 (Réalisée par Khalil, 2018)
Figure 2. Carte des différents points de prélèvement des échantillons de sol

215

Les analyses ont permis de caractériser la taille des agrégats, leurs proportions, le taux de matière organique et le pH. Ce sont les granulométriques, les morphoscopiques, la quantification des taux de matières organiques dans le sol, la texture, la structure et la proportion des matériaux présents dans le sol. Ces analyses permettent de caractériser le type de sol (planche des photos 1), son degré d'érodibilité et de fertilité, ainsi que les types de cultures qui y sont propices.

Photos de Khalil Guidado (Août 2018)
Planche des photos 1. Etapes de prélevement des échantillons des sols

Selon la teneur du sol en matière organique, il est possible de catégoriser les types de sol. Pour ce faire, la méthode d'Arrouays et de Vion (1993) a été utilisée. Ils ont classifié les types de sol en 3 catégories en se basant sur leur teneur en matière organique. Ensuite, en fonction du taux d'argile granulométrique présent dans le sol, la classification se fait en 04 catégories illustrées par Boyer (1982). Il propose une appréciation de la qualité et du type de sol en fonction du taux d'argile présent dans le sol.

Collecte des données auprès des agriculteurs

La troisième phase de collecte de donnes a consisté en l'élaboration du questionnaire portant des questions relatives à la perception de la variabilité et du rythme pluviométriques et aux effets recensés par les agriculteurs de Djoundé. Ce questionnaire a été administré à un échantillon représentatif de la population totale du village. Un échantillon de 100 agriculteurs est ainsi retenu dans le cadre de cette étude.

Analyse des données

L'étude des propriétés du sol est fondamentale pour comprendre sa capacité à soutenir la croissance végétale, sa rétention d'eau et sa capacité d'échange cationique. Les méthodes statistiques offrent des outils précieux pour analyser et interpréter les complexes relations entre divers composants du sol (Montgomery, 2013). Dix (10) échantillons de sol ont été prélevés à différentes profondeurs et localisations pour garantir une représentativité. Chaque échantillon a été analysé pour déterminer la teneur en matière organique (Mo), le pH, l'argile, le limon et le sable (Brady & Weil, 2008).

L'Analyse en Composantes Principales (ACP) a été réalisée pour réduire la dimensionnalité des données et pour identifier les principales composantes qui expliquent le plus la variabilité dans les données (Jolliffe, 2002). Cette technique a été mise en œuvre à l'aide du logiciel SPSS, où chaque composante a été examinée pour déterminer sa contribution à la variance totale. La Classification Ascendante Hiérarchique (CAH) a été convoquée pour regrouper les échantillons de sol en fonction de leurs similarités. Cette méthode permet de former des clusters d'échantillons basés sur la distance euclidienne entre eux, et a été effectuée à l'aide de XLSTAT (Hastie et al., 2009). La Corrélation de Pearson a été utilisée afin d'étudier les relations linéaires entre les composants du sol, le coefficient de corrélation de Pearson a été calculé pour chaque paire de variables. Les coefficients ont été interprétés en fonction de leur magnitude et de leur signification statistique (Pearson, 1896).

Pour la visualisation des données, les résultats des analyses précédentes ont été visualisés à l'aide de box plots, générés grâce au logiciel XLSTAT. Ces graphiques ont permis d'identifier la distribution, la médiane, les quartiles et les éventuelles valeurs aberrantes pour chaque composant du sol selon la méthode appliquée par Tukey (1977). Ces méthodes permettent une compréhension approfondie des interactions entre les composants du sol et offrent des résultats détaillés.

RESULTATS
Évolution du climat à Djoundé

L'étude de l'évolution des hauteurs pluviométriques sur une période couvrant quatre décennies permet de cerner les redondances et les anomalies enregistrées au cours de cette période. Même s'il est difficile de dégager un modelé d'évolution prospective des précipitations à cause de leurs tendances capricieuses, cette étude permet tout de même d'observer avec recul le comportement des précipitations dans cette zone de 1976 à 2017 (figure 3). Les pics des hauteurs sont observés respectivement en 2013 avec 1382,2 mm, en 1991 avec 1242,7 mm et en 1994 avec 1151 mm. Pour les années les moins arrosées, il est enregistré 530,1 mm en 1984, suivie de l'année 2002 qui affiche 587,4 mm et de l'année 1987 avec 597,1 mm. L'écart entre l'année la plus arrosée (2013) et la plus sèche (1984) indique 852,1 mm, deux fois plus que la hauteur enregistrée en 1984.

L'évolution interannuelle de ces hauteurs permet de déduire une répétitivité du phénomène observé à partir de l'année 1980 à 2017. Après chaque hausse des précipitations sur une année, celle-ci baisse sur les quatre prochaines années avant de remonter au bout de la cinquième année. C'est le cas observé de l'année 1980 à 1984 ; de 1994 à 1998 et de 2013 à 2017.

Il est important de noter que les saisons pluvieuses ont évolué au cours de la période observée en période de hautes précipitations et celles de basses précipitations. De même, la distribution temporelle des nombres de jours de pluie n'influe pas sur l'intensité et la hauteur des pluies. Il peut pleuvoir sur une journée plus que la hauteur observée en une décade. Cependant, une évolution harmonique de ces deux paramètres permet d'avoir des précipitations proportionnellement distribuées sur une saison. Les nombres de jours de pluies les plus élevées sont observés en 1976 avec 78 jours ; 1978 et 1980 avec respectivement, 78 et 77 jours. Les plus bas nombres de jours sont observés en 2003 et 2004 avec 42 jours, suivis de 1983 avec 47 jours. L'écart entre les extrémités est de 36 jours. La durée moyenne est comprise entre 50 et 60 jours. Lorsque les extrêmes sont exclus, l'évolution est harmonique dans l'ensemble.

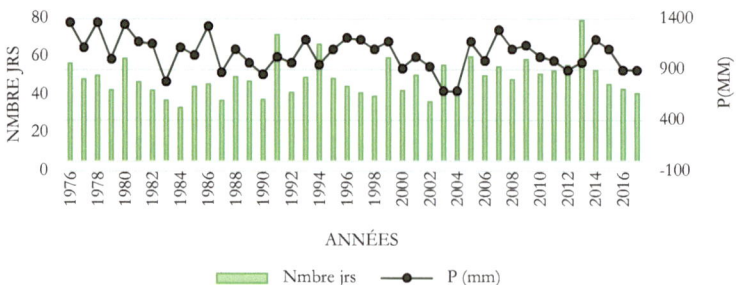

Figure 3. Évolution des précipitations en fonction du nombre des jours de pluies à Maroua de 1976 à 2017

La comparaison de deux variables des précipitations utilisées dans cette partie permet d'avoir une vision assez globale de la saison pluvieuse sur la période étudiée (figure 4). Les cas des périodes de fortes précipitations sont relevés notamment en 1991(1245,7 mm en 60 jours) ; en 1994 (1151 mm en 56 jours) ; en 2003 (946,4 mm en 42 jours) ; en 2012 (941,5mm en 53 jours) et en 2013 (1383,2 mm en 57 jours). Les cas extrêmes des précipitations de faible intensité sur une période de longue durée sont observés en 1982 (699,4 mm en 67jours) ; en 1986 (760 mm en 76 jours) ; en 1997 (675 mm en 69 jours) ; en 1998 (640,8 mm en 64 jours) et en 2015 (757,8 en 64 jours).

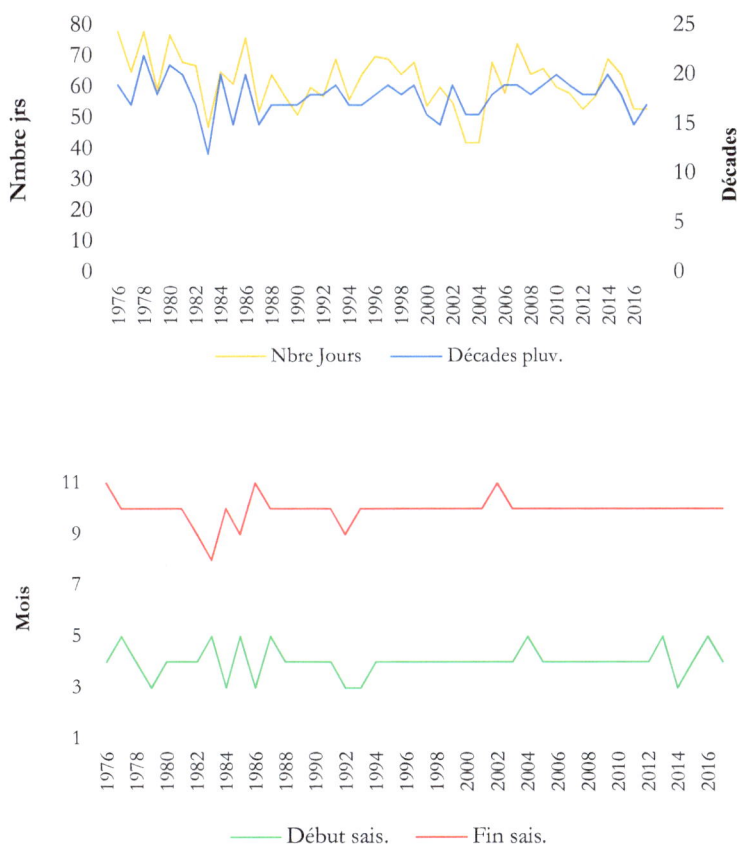

Source : *IRAD Maroua (2017)*
Figure 4. Évolution du nombre de jours de pluies en fonction des décades pluvieuses

Les débuts et les fins des saisons pluvieuses s'annoncent souvent d'une manière irrégulière. Le début des précipitations est retenu comme l'enregistrement des premières pluies tombées sur la zone, la fin de la saison étant les dernières pluies enregistrées au cours de l'année dans les différentes stations utilisées. Les observations sur les 42 années étudiées montrent que la durée moyenne du début à la fin de chaque saison est de l'ordre de 06 mois (avril à octobre). Trois (03) années ont enregistré les dernières gouttes de précipitations en novembre. Il s'agit des années 1976, 1986 et 2002, sur les années restantes. L'année 1983 enregistre la saison la plus courte débutant en mai et s'achevant en août, soit 03 mois de pluies. Les années 1976, 1979, 1984, 1993 et 2014 correspondent aux années où les précipitations sont réparties dans le temps, et l'intervalle entre les premières et les dernières pluies étant de 07 mois. Sur la dernière décennie (2011), les débuts des précipitations surgissent de manière irrégulière, alors que pour les dernières pluies, une constante est observée depuis 2002. Cependant, l'année 2017 marque un retour à la constante avec des pluies débutant en avril.

La distribution d'une longue série de données ne permet pas la distinction des anomalies. L'analyse des précipitations à l'échelle plus fine permet de cerner ces anomalies. Ainsi, sur une période de 04 ans, allant de 2015 à 2018, les hauteurs des précipitations observées à Djarengol sont étudiées. Pour l'année 2015, la saison de pluies débute à la 3e Pentade du mois de Mai et enregistre 11 mm et s'achève au mois d'Octobre à la 5e pentade avec 08 mm. L'année enregistre 06 mois de saison de pluies comprenant 04 pentades sèches et 57 jours de pluie sur 184 jours, soit 127 jours secs en saison pluvieuse. Les jours de précipitations peuvent être estimés à 02 jours secs pour chaque jour de pluies. La plus grande hauteur enregistrée est de 50 mm au 5e jour du 5e Pentade du mois de Juillet. La répartition des hauteurs des fréquences des précipitations ne respecte pas un rythme précis permettant d'établir une normalité. Aux mois de Mai et d'Octobre, la plus grande hauteur enregistrée est de 09 mm. Le tableau 1 présente la synthèse des paramètres climatiques dans le terroir d'étude.

Tableau 1. Synthèse des paramètres climatiques

Variable	Min.	Max.	Moy.	ÉT
Précipitations annuelles (mm)	530,1	1383,2	821,3	853,1
Précipitations mensuelles (mm)	3	233	105,9	230
Hauteurs journalières (mm)	1	92	3,53	91
Nombre des jours	42	78	62	36
Températures (°C)	21,5	34,25	27,8	12,75
Humidité (%)	8,5	93,6	45,9	85,1
Insolation (h)	191	298	248,9	107
Vitesse du vent (km/h)	6	14	10,4	8

Khalil Guidado et al., 2018 et données Aéroport de Maroua-Salak (2018)
Légende : Min.=Minimum ; Max.= Maximum ; ET= Ecart-Type

Les données climatiques sont disponibles sur quatre (04) mois. Elles sont essentielles à l'analyse des impacts des eaux de pluies sur le sol. Il convient d'affirmer que les mois de l'année 2018 sont plus arrosés que les mois des années précédentes sur la période enregistrée. Le 1er jour de la 1ère pentade du mois de juin est le plus pluvieux avec 52 mm des précipitations. Sur la période de 122 jours, 33 jours sont pluvieux. Deux (02) pentades sèches sont enregistrées, il s'agit de la 2ème pentade du mois de Mai et de la 1ère pentade du mois de Juillet. L'évolution des températures maximales et minimales résulte du calcul des moyennes des séries de relevés thermiques issues de la station météorologique de Maroua-Salak sur la période 2014-2017. Le maximum est de 38°C pour les mois de Mars, Avril et Mai. La température minimale est de 17°C en Janvier et la moyenne oscille autour de 28°C.

Au même titre que la température, l'ensoleillement joue un rôle majeur sur le climat de la région. Il influe sur la hausse ou la baisse des températures et de l'humidité. Les moyennes des durées mensuelles d'ensoleillement sur la période 2014-2017 sont utilisées pour la représentation des durées mensuelles d'ensoleillement. Les moyennes à partir du mois d'Octobre augmentent jusqu'au mois de Janvier où elles atteignent 12 Km/h. Son évolution est ainsi caractérisée par deux cycles. L'humidité de l'air joue sur le temps en ce sens qu'il est un facteur accélérant la transpiration des arbres, l'évaporation des eaux de surface, ainsi que la formation de nuages. Ce paramètre climatique est étroitement lié à la température et aux précipitations.

À la station de Maroua-Salak, cette variable est enregistrée en pourcentage correspondant à la part des molécules d'eau dans l'air. Pour ce qui est des moyennes d'humidité relative maximales et minimales sur la période 2014-2017, le mois d'Août enregistre un maximum avec 93%. La période de forte chaleur enregistre le plus petit minima, elle correspond au mois de Mars qui enregistre un minima de 8,5%.

Facteurs physico-chimiques du solde Djoundé

L'érodibilité des sols dépend des pentes, de la nature de la roche mère, de la végétation et du climat. La connaissance de ces facteurs est indispensable pour une mise en évidence pertinente des mutations géomorphologiques dans une zone. Les zones des hautes altitudes sont les points d'origine des ruissellements, facteurs à l'origine des érosions. Elles accélèrent la vitesse des eaux, les freinent en fonction des directions d'écoulement et du sens de ces élévations.

À Djoundé, ces élévations correspondent à des montagnes raccordées en chaine. Une première observation du relief à Djoundé laisse apparaitre des montagnes au Nord, puis un terrain à pente qui descend progressivement à l'Est vers Gayak et vers Djarengol au Sud. Sur la façade Sud, s'étale une plaine avec une pente qui descend légèrement vers Djarengol. C'est l'espace enregistrant la plus basse altitude du terroir. Son altitude est de 377 m. Le côté Ouest est légèrement plat et s'étale jusqu'à Mayel-Ibbé. Les montagnes sont raccordées en chaine et prennent la direction Ouest-Est jusqu'à Gayak. Elles sont raccordées les unes aux autres sur près de 2,7 km. L'altitude la plus élevée est de 823 m.

Le caractère irrégulier du terrain se matérialise par des pentes de pourcentages différents, les plus fortes correspondent aux zones de départ d'écoulement et les faibles aux lieux de dépôts des sédiments. La valeur la plus répandue est 2%, correspondant aux zones relativement plates et dont l'inclinaison est comprise entre 0-2%. C'est la partie de dépôt des sédiments. Les pentes d'ordre de 5-12% sont également présentes, nuancées avec les précédentes. Des pentes fortes dont la valeur oscille entre 34 et 43% sont recensées sur toute l'étendue de la zone. Toutefois, la partie recouvrant le voisinage immédiat des montagnes est la plus érosive. Les pentes des valeurs qui varient entre 71 et 84% sont visibles uniquement sur les sommets des montagnes.

La classification en fonction du matériau originel est faite à partir de l'esquisse géologique. Dans la circonférence de Djoundé, ces matériaux sont majoritairement composés des alluvions argileuses et de la syénite. Par endroit, l'argile lacustre et les alluvions sableuses sont également rencontrés (figure 3).

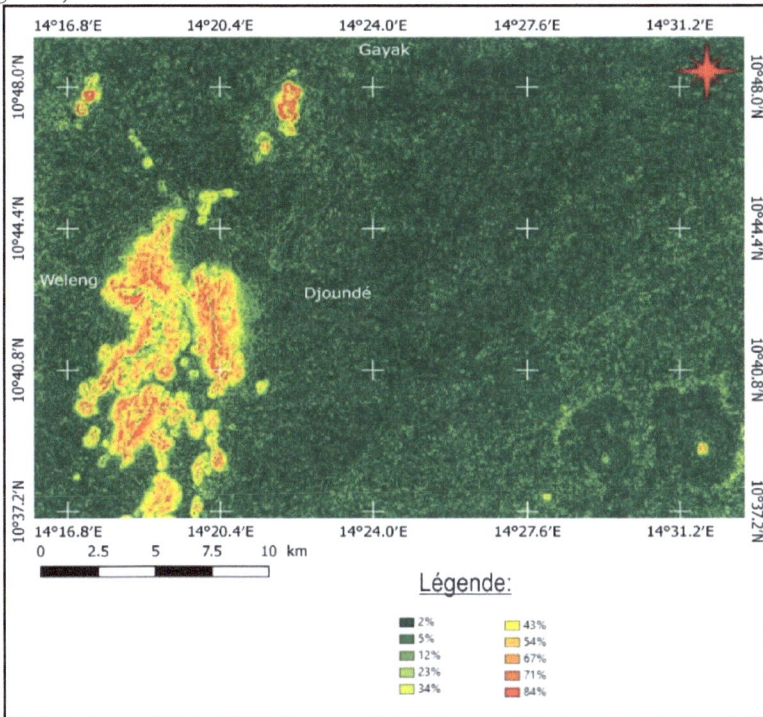

Figure 5. Carte des pentes de Djoundé

Identification des types de sol en présence

L'étude préliminaire de la texture et de la structure du sol permet de dégager sa typologie et sa composition dominante. Lorsque les caractéristiques des sols en présence sont connues, leur identification semble facile.

Cette identification vise à comprendre la distribution spatiale des types de sol. La couleur de la roche mère détermine la typologie et les contrastes sont des indicateurs de la présence des matières organiques. Le toucher fournit des informations sur la granulométrie et la teneur en sable (Amadou, 2007). La couleur rouge indique généralement la présence d'une roche mère dominée par le fer, alors que la couleur grise indique la présence d'argile dont l'accentuation détermine l'hydromorphie. Brabant et Gavud (1985) dressent le bilan des types des sols présents dans la Région de l'Extrême-Nord-Cameroun, leurs caractéristiques, ainsi que les utilisations qui en sont

223

faites. À partir des travaux de ces auteurs, il est possible de déterminer les types des sols dans une zone donnée de la région. Ces bilans sont ordonnés en fonction du matériau originel, de la texture, des potentialités, de l'érodibilité et de l'occupation de ces sols.

Les matériaux originels sont à l'origine de la répartition générale des ressources en terres, indispensables à l'élaboration des sols. Les terres argileuses généralement peu profondes, en terrain ondulé ou presque plat (Brabant et Gavaud, 1985), dominent le paysage. Elles sont associées aux terres sablo-argileuses très caillouteuses, localement très érodées et dégradées (Brabant et Gavaud, 1985). À petite échelle, apparait des terres alluviales inondées et des terres sableuses pauvres en matière organique. La répartition des terres est étroitement liée à celle des sols. Celle-ci-dépend de la nature de la roche mère et des conditions physico-chimiques du milieu.

Des précipitations à l'origine des formes du sol

La variation de la structure globale du sol est le résultat de l'érosion qui connait généralement trois étapes. D'abord, les eaux de pluies détachant les particules du sol, les ruisselets emportent ces particules, enfin elles sont déposées dans des creux ou lors de la rencontre d'un obstacle. À partir des précipitations intenses naissent des ruisselets qui, en prenant de l'ampleur, se transforment en diverses nuances d'érosion linéaire (Algayer et *al.*, 2011). Elles sont très récurrentes dans ce terroir. L'érosion en nappe, encore appelée érosion laminaire, marque le stade de début des dégradations. Elle érode toute l'étendue de la surface. Les marques de décapage reconnaissables par la couleur claire indiquent clairement leur présence. Ce phénomène est observable après des grandes précipitations. Les roches lourdes remontent en surface et les particules fines sont entrainées par le ruissellement (planche photographique 2.)

Photo de Khalil Guidado et al., Août 2018
Planche Photographique 2. Érosion diffuse à Djoundé

Plusieurs facteurs influent sur l'intensité et la durée des précipitations. Celles-ci sont à l'origine des ruissellements, de la vitesse et de la grandeur des pluies qui détachent les particules. Il convient de noter que ces ruissellements sont régis par deux facteurs : soit par le dépassement de seuil de saturation du sol, soit par le dépassement de seuil d'infiltration.

La première forme apparait généralement au milieu de la saison des pluies (mois d'Août), où le sol est saturé d'eau et l'infiltration devient impossible. En conséquence, toutes les eaux qui tombent, ruissèlent directement.

La seconde forme nait des pluies à hauteurs élevées qui ne peuvent s'infiltrer dans le sol sur le pas de temps de ces précipitations. Car, la vitesse de ruissèlement étant faible, elle est ralentie par les éléments couvrant le sol. En moyenne, cette vitesse est de 25 cm/seconde (Algayer et al., 2011). La croûte de battance résulte de la désagrégation mécanique du sol sous l'effet des gouttes de pluies. Encore appelée effet splash, elle fragmente les agrégats en petites particules qui sont ensuite détachées du sol par des rejaillissements (planche des photos 3).

Photo de Khalil Guidado et al., Août 2018
Planche des potos 3. Erosión linéaire à Djoundé

L'érosion linéaire nait de l'accumulation des eaux des pluies en flaques qui communiquent à travers des filets. Lorsqu'elles grossissent, elles ruissèlent en lignes qui prennent le sens des pentes du terrain. Les ruissellements dépassent la vitesse de 25 cm/seconde (Algayer et al., 2011). Les réseaux de ruissellement ainsi créés creusent le sol en petites rigoles. La vitesse d'écoulement et la pente conditionnent la taille des rigoles, le creusement augmente la vitesse.

Quatre (04) formes d'érosion sont ainsi rencontrées. Les griffes sont la forme la plus répandue. Elles sont comblées par le labourage simple. Ce sont des petits ruissellements de 10 cm de large, de 5-6 cm de profondeur et d'une taille ne dépassant pas une dizaine des métrées. Lorsque la longueur des ruisseaux atteint 100 cm, il s'agit du Rill. Cependant, leur négligence conduit souvent à leur élargissement qui donne naissance à des rigoles qui sont également remédiables par le simple labourage. Elles sont dynamiques et évoluent avec le temps et au rythme de la saison pluvieuse. L'ensemble des filets d'eau environnants s'y concentrent et contribuent à son expansion. Les terres de l'ensemble de sa superficie sont impossibles à cultiver.

Alteration des composantes physico-chimiques du sol

Cette partie de l'etude est basée sur les resultats d'analyses pedologiques (tableau 2).

Tableau 2. Analyses des propriétés du sol du terroir de Djoundé

POINTS	PROF (cm)	MO	pH	ARGILE	LIMON		SABLE		TYPE	QUALITE
					GROS	PETIT	GROS	PETIT		
P1 A	74	2,3	7,1	83,6	1,5	2,5	4,2	5,8	ARGILEUX	MOYEN
P2 A	100	1,4	9,6	71,6	7,6	6,2	6,5	6,2	ARGILEUX	MOYEN
P3 A	32	5,2	8,2	47,1	6,4	10,7	19,1	11,4	ARGILO-SABLEUX	TRES-BON
P4 A	63	0,9	9,4	5,8	40,1	45,8	3,6	3,5	LIMONEUX-FIN	MAUVAIS
P5 A	13	10,5	7,4	2,2	32,9	6,1	16,3	31,6	LIMONO-SABLEUX	MAUVAIS
P6 A	54	6,2	3,9	76,1	4,5	4,3	3,5	5,2	ARGILEUX	MOYEN
P7 A	19	1,9	4,8	3,7	27,6	35,4	7,2	24,1	LIMONEUX-DEMI_FIN	MAUVAIS
P8 A	56	8,1	8,9	4,5	38,9	36,3	9,1	2,9	LIMONEUX	MAUVAIS
P9 A	80	5,6	9,3	5,6	1,1	1,3	40,3	45,8	SABLEUX	MAUVAIS
P10 A	16	0,8	4,7	10,3	14,1	23,7	41,4	9,5	LIMONO_SABLEUX	BON

LEGENDE : FAIBLE   MOYEN   MAUVAIS

Source : Analyse des sols au laboratoire

Le tableau 2 résume les résultats des analyses des propriétés du sol prélevé à Djoundé. Les deux premières colonnes informent sur l'identification et la profondeur des couches superficielles de chaque point de prélèvement. La troisième colonne informe sur le taux de matière organique dont l'appréciation est faite en fonction des couleurs de cases correspondantes. Cette classification est inspirée du modelé de Boyer (1972). Les limons, l'argile et le sable sont classés en pourcentages, permettant de déterminer leur typologie. L'appréciation des types de sols est faite en fonction de leur type et du taux d'argile. Sur les dix (10) échantillons analysés, seul P3 possède des propriétés favorables à tout type de culture.

Les analyses statistiques faites dans cette partie visent à ordonner les résultats des échantillons en diagrammes permettant la lecture des variations de fertilité par point. Combinées aux profils topographiques du terroir, elles permettent d'établir une comparaison permettant d'identifier les effets de chaque forme d'érosion sur la qualité des sols. La baisse de la fertilité due à la migration des sédiments appauvrit le sol en amont tout en enrichissant les zones de dépôt de sédiment. Un faible taux de matière organique et une concentration élevée de pH marque l'infertilité du sol, en partie tributaire de l'érosion hydrique (Kombate, 2013). Pour illustrer ce phénomène de baisse de la fertilité du sol, la distribution en nuages des points du taux de Mo et de pH des différents points d'échantillonnage est illustrée dans la figure 6.

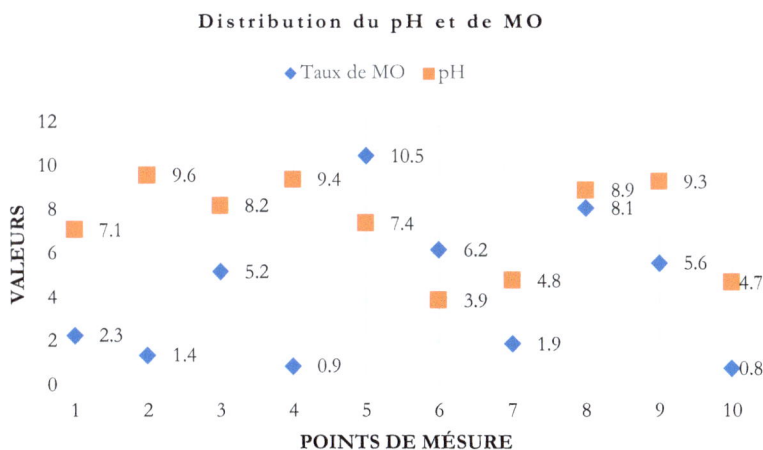

Figure 6. Distribution des pH et de MO en fonction des points d'échantillonnage

La figure 6 présente la distribution des pH et de Mo en fonction des points d'échantillonnage. L'observation générale marque un taux élevé de pH et une faible concentration organique. Cette généralité est interrompue sur le point 5 qui enregistre également le taux le plus élevé de Mo sur toute la zone échantillonnée, et le point 6. L'échantillon du point 2 enregistre la plus grande concentration de pH d'une valeur de 9,6.

L'analyse des composantes du sol joue un rôle primordial pour comprendre les particularités et potentialités d'une terre. La technique de l'Analyse en Composantes Principales (ACP) permet de décrypter les relations complexes entre divers éléments pédologiques. Dans cette étude, nous avons examiné les interdépendances entre la matière organique (Mo), le pH, l'argile, le limon et le sable.

ACP Plot

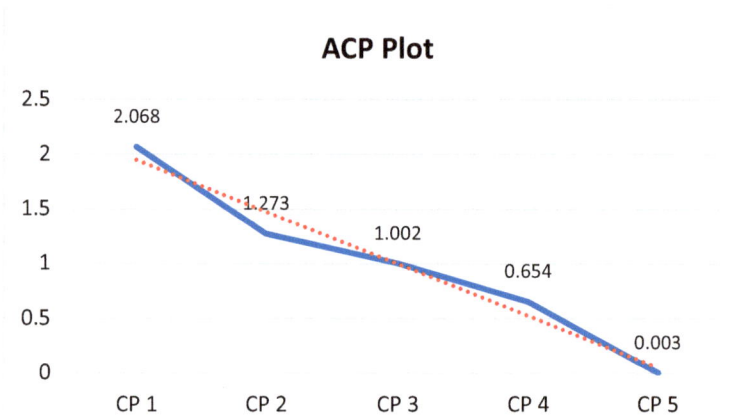

Figure 7. Composantes Principales des Éléments du Sol

L'Analyse en Composante Principale (ACP) a révélé trois composantes principales qui expliquent une grande partie de la variance dans nos données. La première composante, avec une valeur propre de 2,068, est la plus influente, capturant une part significative de la variance. Cela peut être interprété comme un gradient de fertilité, où des niveaux élevés de Mo, associés à certaines valeurs de pH, jouent un rôle dominant. Cette composante reflète les zones où le sol est le plus fertile et le mieux adapté à la croissance des plantes. C'est notamment le cas de P4, P5 et P7, représentées sur la carte, qui correspondent aux zones de dépôt des sédiments. La deuxième composante, avec une valeur propre de 1,273, est liée à la texture du sol.

Les variations dans les quantités de limon, d'argile et de sable déterminent la texture du sol, influençant la capacité de rétention d'eau, l'aération et d'autres caractéristiques physiques du sol. La troisième composante, juste au-dessus du seuil de Kaiser avec une valeur propre de

1,002, peut représenter des interactions plus complexes entre la texture du sol et d'autres facteurs, comme la présence de minéraux spécifiques ou des conditions microclimatiques.

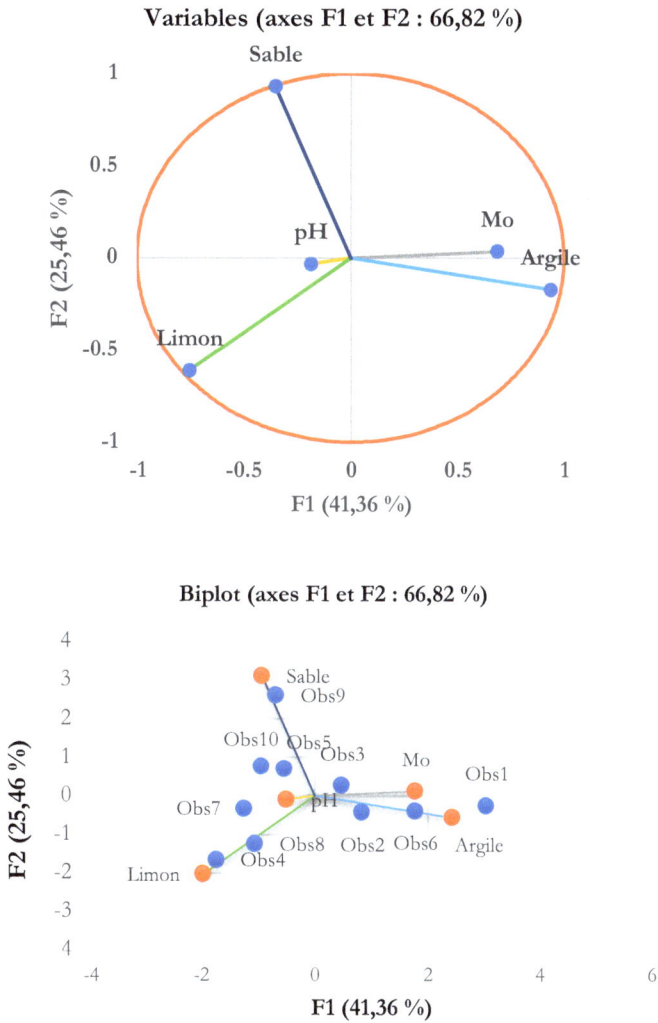

Variables (axes F1 et F2 : 66,82 %)

Biplot (axes F1 et F2 : 66,82 %)

Figure 8. Composantes Principales des Éléments physico-chimiques du Sol

L'ACP est un outil précieux pour déchiffrer la complexité des caractéristiques du sol. Dans cette étude, il a permis de mettre en lumière les principaux facteurs qui influencent la composition du sol à travers dix (10) sites. Bien que nous ayons identifié des tendances claires, une exploration plus approfondie avec des analyses supplémentaires, telles que la Classification Ascendante (CAH) hiérarchique, fournit des informations encore plus détaillées sur les spécificités de chaque site (figures 9a et 9b).

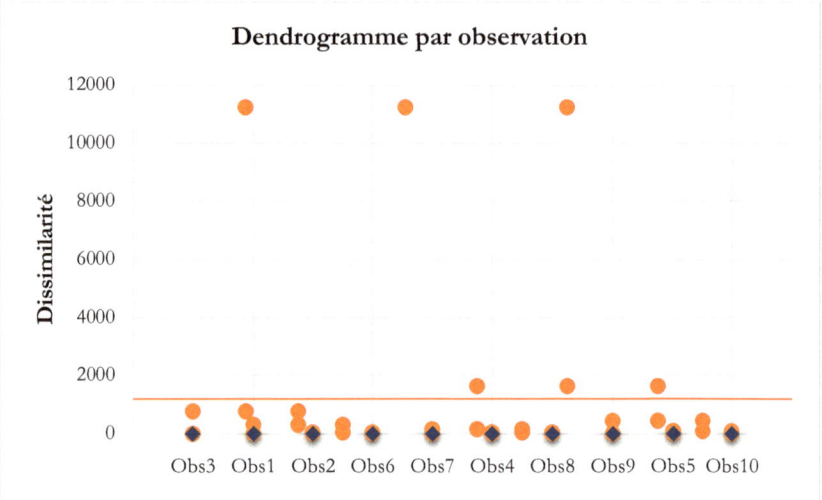

Figure 9a. Dendrogramme par observation

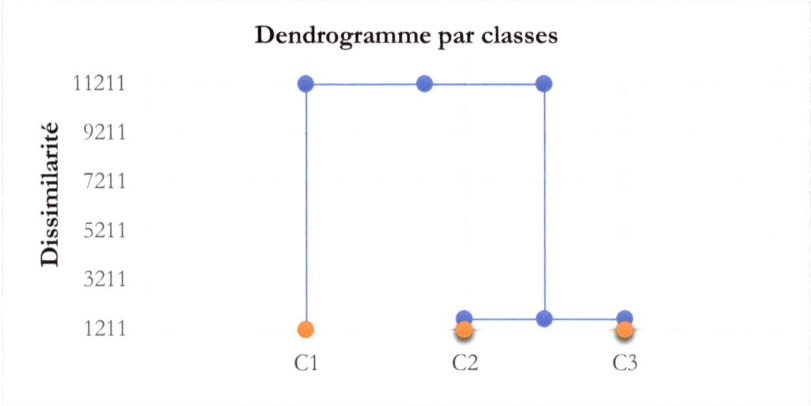

Source : Khalil Guidado et al., 2018
Figure 9b. Dendrogramme par classe

Comprendre la ressemblance entre différents échantillons de sol peut offrir des insights pertinents, notamment sur leurs propriétés et leurs potentialités. Dans cette étude, nous avons utilisé la Classification Ascendante Hiérarchique (CAH) pour regrouper dix échantillons de sol selon leurs caractéristiques, à savoir la matière organique (Mo), le pH, l'argile et le limon :

- Pour ce qui est de la Composante (C1) : Argile (0,935) : elle a une forte corrélation positive avec la première composante, ce qui indique qu'elle est un facteur dominant pour cette composante. Plus la teneur en argile augmente, plus les valeurs de cette composante augmentent.
- Limon (-0,753) : il présente une corrélation négative significative avec C1, suggérant qu'une augmentation de la teneur en limon est associée à une diminution des valeurs de cette composante.
- Mo (0,683) : c'est une corrélation positive modérée avec C1 qui, suggère que la matière organique influence également cette composante, mais dans une moindre mesure que l'argile.

Deuxième Composante (C2) : Sable (0,933) : c'est le principal élément influençant cette composante. Une augmentation de la teneur en sable conduit à une augmentation des valeurs de C2. Limon (-0,61) : Une corrélation négative indique que le limon influence négativement cette composante.

Troisième Composante (C3) : pH (0,962) : il est fortement corrélé positivement avec C3, le plaçant comme l'élément dominant de cette composante (tableau 3). Les autres éléments montrent des coefficients proches de zéro pour cette composante.

Tableau 3. Matrice de corrélation entre les éléments du sol

	Mo	pH	Argile	Limon	Sable
Mo	1				
pH	0,004	1			
Argile	0,422	-0,124	1		
Limon	-0,374	0,1	-,673*	1	
Sable	-0,156	0,034	-0,511	-0,285	1

Source : Khalil Guidado et al., 2018
* La corrélation est significative au niveau 0.05 (bilatéral)

La Mo présente une faible corrélation positive avec l'argile (0,422), mais cette relation n'est pas statistiquement significative (p = 0,225). De même, elle a une faible corrélation négative avec le limon (-0,374) et le sable (-0,156), mais ces relations ne sont pas significatives non plus. Cependant, il n'existe aucune corrélation notable avec le pH (0,004). Le pH n'a aucune corrélation notable avec les autres composants, comme indiqué par des coefficients proches de zéro pour Mo, argile, limon et sable.

L'argile montre une corrélation négative significative avec le limon (-0,673, p=0,033). Cela signifie qu'une augmentation de la teneur en argile est associée à une diminution de la teneur en limon. Elle a également une corrélation négative avec le sable (-0,511), bien que cette relation ne soit pas statistiquement significative. La relation la plus notable est celle entre l'argile et le limon, qui sont significativement et négativement corrélés. Cela suggère que les zones à forte teneur en argile ont tendance à avoir une faible teneur en limon et vice-versa. Les autres composants présentent des relations faibles et non significatives entre eux, indiquant qu'ils peuvent varier indépendamment les uns des autres, ce qui souligne le caractère instable des composantes du sol à Djoundé du fait de l'érosion.

Vers une régression de la production agricole

Dans le terroir de Djoundé, l'agriculture (de subsistance et de rente) est la principale activité économique des populations rurales. Dans la réserve des récoltes consacrées à l'alimentation (en fonction des périodes), les agriculteurs prélèvent jusqu'à 40% de cette récolte pour la vendre, afin de subvenir à d'autres besoins ponctuels. D'autres chefs de familles, pour combler le déficit des récoltes, pratiquent le petit commerce dans les marchés de la ville. Ils vendent le bois de chauffe, les fagots des tiges de mil, les sous-produits de récolte des cultures d'arachide, du niébé, à ceux qui font l'élevage à l'étable en ville. Dans ce terroir, l'artisanat et l'élevage sont pratiqués à petite échelle par plus de 70% des jeunes. Ce pourcentage représente également les jeunes qui n'ont pas accès aux terres agricoles.

L'agriculture concerne essentiellement les végétaux dont la formation et le développement dépendent des conditions environnementales, en particulier du climat associé à l'état du sol.

L'abondance occasionnelle des précipitations accentue sans doute le développement des ruissellements superficiels qui font migrer les sédiments vers Djarengol. Les plantations à proximité de la limite de Djarengol et les vertisols, bénéficient donc des sédiments emportés en amont. Il convient également de noter que cet emport crée une altération de la composition chimique des sols. En effet, la prédominance des fractions d'argile et de limon peut faciliter le processus consistant à sceller les couches supérieures, le déplacement des particules du sol par érosion d'éclaboussure, sans surface de couverture de végétation, sceller les pores du sol, en diminuant le taux d'infiltration et donc accélérer la génération de ruissellement.

Dans les champs de maïs, une nuance est observée entre les cultures qui poussent sur des petites élévations et les zones de dépôt de sédiment. En effet, le transport des sédiments emporte également les nutritifs qui font décroître les premières plantes au détriment des seconds. Sur l'échantillon de 100 agriculteurs enquêtés, le mil rouge apparait comme la principale denrée cultivée pour 43% de la population enquêtée, suivi du maïs avec 27%, de l'arachide (22%) et de certaines cultures comme le niébé, l'oignon, l'aubergine, et la tomate qui représentent 8%.

Une quantification de récoltes par exploitant agricole a été faite sur deux décennies. Elle regroupe les résultats des réponses des agriculteurs sur la quantité des récoltes obtenues pour chaque année (figure 10).

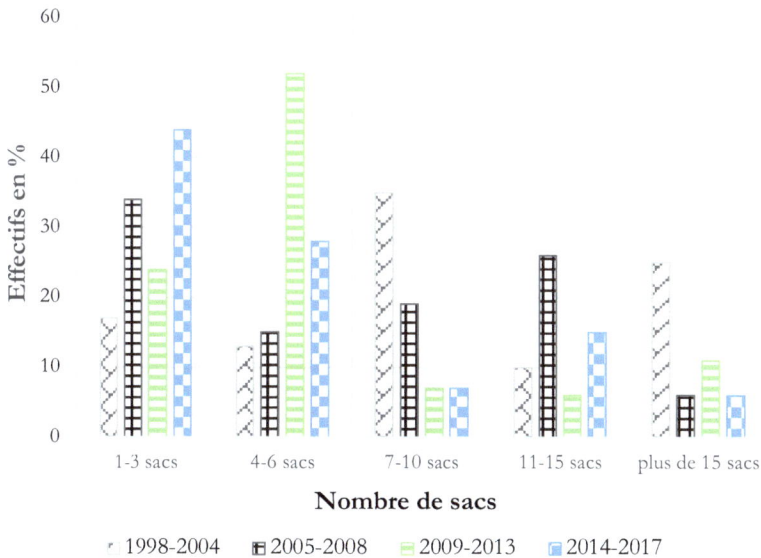

Source : Enquêtes de terrain Khalil Guidado et al., 2018
Figure 10. Quantités récoltes par nombre de sacs sur la période 1998-2017

233

La figure 10 regroupe la quantification des récoltes dans le terroir de Djoundé de 1998-2017. Les récoltes sont quantifiées par sac et segmentées en intervalle permettant de produire ces diagrammes. Le premier segment regroupe les récoltes variant entre 1-3 sacs, le second va de 4-6 sacs. Les trois (03) autres segments sont répartis de 7-10 sacs, de 11-14 sacs et la dernière variable concerne la production de 15 sacs ou plus. Sur les trois (03) années étudiées, les récoltes sont régressives de 1998-2017, bien que la variable de production de 4-6 sacs soit en hausse pour la période 2014-2017.

Évaluation des stratégies locales d'adaptation

Sur un échantillon de 100 individus enquêtés, 58% connaissent des indicateurs de fertilité de sols. Ces indicateurs sont classés en trois catégories : la première concerne la texture qui est utilisée par 63% des individus enquêtés, la seconde concerne les herbacés qui représentent un taux d'utilisation de 28%, la troisième correspond à la catégorie autre et est utilisée par 8% des agriculteurs. Elle concerne les indicateurs visuels. Les techniques de conservation du sol à Djoundé sont peu pratiquées, ou insuffisantes. Le buttage par exemple est fait non pas par la prise en compte de la nécessité, mais plutôt comme décharge de déchets des animaux. Cependant, une prise de conscience de son importance est capitale et très bénéfique.

Le paillage pratiqué par 17% des agriculteurs, présente également de nombreux avantages en plus de ceux du buttage. Cette technique exige peu d'efforts, puisque les tiges des plantes cultivées, constituent des pailles. Donc il ne nécessite pas le transport comme pour le buttage (planche photographique 4).

L'aménagement des bandes enherbées contribuant à limiter les ruissellements n'est utilisé que par 3% des agriculteurs. Ce sont des bandes d'herbes d'environ un mètre de large laissées intentionnellement autour du périmètre cultivé pour stopper la vitesse des eaux. La couverture sur le sol amorti la chute des eaux de pluies et permet ainsi d'empêcher l'effet splash et par conséquent la formation des croûtes de battance. La végétation elle, amortit les chutes brutales des gouttes de pluies responsables de l'effet splash, pouvant aboutir à la mise en place des croûtes de battance, et ralentit les ruissellements en créant un obstacle sur les sens d'écoulement.

Une autre technique combinée consiste à faire paître les animaux dans les champs. Les bouses de ces animaux et le reste des tiges des pailles constituent des éléments fertilisants. Dans ce terroir, à peine deux terrasses ont été observées. Généralement dans les zones de montagnes ou à fortes pentes, les terrasses sont omniprésentes. C'est pourquoi il convient de sensibiliser les agriculteurs sur l'intérêt de leurs aménagements surtout pour les plantations aux pieds des montagnes.

Photos Khalil Guidado et al., 2018
Planche photographique 4. Paillage et buttage à Djounde

Les photos montrent les techniques de fertilisation développées par les agriculteurs de Djoundé. Les techniques les plus sollicitées sont le paillage et le buttage. Elles ne demandent pas assez de moyens financiers. Notons que, les agriculteurs de Djoundé ne bénéficient pas d'assistance de la part des projets et programmes du gouvernement et des Organisations Non Gouvernementales (ONG), sur les questions relatives à la dégradation du sol et les rythmes pluviométriques.

DISCUSSION DES RESULTATS

L'étude approfondie des propriétés du sol dans le terroir de Djoundé revêt une importance cruciale, surtout à la lumière des variations climatiques observées dans la zone soudano-sahélienne. Cette recherche s'inscrit dans le cadre de préoccupations similaires soulevées par des chercheurs renommés tels que Lal (1997) et Reynolds et *al.* (2007) qui soulignent l'impact des changements climatiques sur les sols agricoles.

Les données pluviométriques de la zone de Djoundé exposent une variabilité significative, corroborant les constatations de Pielke Sr et Wilby (2012) concernant les défis posés par les changements climatiques sur les systèmes agricoles. Cette irrégularité, caractérisée par des écarts interannuels marqués et des précipitations quotidiennes inégales, a des implications directes pour les sols agricoles, notamment en augmentant le risque d'érosion, comme le souligne également l'étude de Boardman (2006) sur les conséquences de l'érosion des sols.

La dégradation du sol, accentuée par la pression démographique, est un phénomène identifié par des chercheurs tels que Vitousek et *al.* (1997), qui mettent en garde contre les impacts négatifs de la croissance démographique sur les ressources naturelles. La présence d'une ravine de dimensions considérables témoigne de manière tangible de l'érosion intense et du ruissellement, en accord avec les observations de Boardman (2006) sur les conséquences visibles de l'érosion des sols.

Les variations de la teneur en matière organique, avec des valeurs aussi basses que 0,8% dans les zones d'érosion en amont, révèlent une perte de fertilité du sol, corroborant les résultats de Lal (2001) sur les effets délétères de la dégradation du sol sur la qualité des sols agricoles. La réduction significative de la production locale de niébé, mise en évidence dans cette étude sur une période de 20 ans, s'aligne avec les préoccupations soulevées par des chercheurs comme Tilman et *al.* (2002) sur les impacts de la dégradation du sol sur la productivité agricole. Les méthodes statistiques telles que l'ACP et la CAH, employées dans cette étude, trouvent des échos dans les travaux de statisticiens tels que Everitt et Dunn (2001), soulignant l'importance des approches multidimensionnelles pour comprendre les relations complexes entre les variables du sol.

Les résultats suggèrent que des mesures d'aménagement du sol, recommandées également par des chercheurs comme Lal (2015), pourraient être cruciales pour atténuer les effets de la variabilité pluviométrique et restaurer la fertilité du sol. Ces interventions pourraient inclure la conservation de l'eau, les pratiques d'agriculture de conservation, et éventuellement l'introduction de cultures plus résilientes, en accord avec les préconisations de Pretty et *al.* (2006) sur les pratiques agricoles durables.

Cette étude sur la variabilité des précipitations et ses effets sur les propriétés du sol dans la région de Djoundé offre des insights précieux pour l'agriculture durable et la gestion des ressources naturelles. Face aux défis climatiques et démographiques, une action proactive est nécessaire pour préserver et améliorer la qualité des terres agricoles, conformément aux recommandations de chercheurs éminents tels que Lal (2004) et Rockström et *al.* (2009).

CONCLUSION

La présentation pédologique et géomorphologique de Djoundé a permis de ressortir les différentes formes du relief ainsi que les différents types de sol rencontrés. La diversité topographique observée est associée à la multitude des types de sols dont la fertilité varie en fonction de la forme du sol, lui-même influencé par les rythmes pluviométriques. Ce constat vient confirmer l'hypothèse de départ selon laquelle la variation irrégulière des rythmes des précipitations érode le sol et contribue à la mise en place des diverses formes de terrain. Le système de drainage des eaux pluvieuses de Djoundé vers le Mayo-Tsanaga est à l'origine de la multiplication des ravinements et rigoles responsables d'énormes pertes en sol. L'inaction des agriculteurs vis-à-vis de ce phénomène l'intensifie au point de devenir irréparable par la seule action de la population locale. Sur les zones de fortes pentes, l'érosion est accentuée par les interventions anthropiques. Le travail du sol rend sa texture sensible aux courants hydriques. Le labour décompacte le sol et le risque de création de ravinement s'accentue.

La comparaison entre les résultats des analyses permet d'affirmer que les sols limoneux et sableux ont une plus grande sensibilité à l'érosion. Le taux d'argile présent dans le sol joue le rôle de régulateur de compactage pour atténuer ses effets. Bien que l'argile empêche parfois l'infiltration des eaux, il est difficile à défragmenter par les ruisselets. La granulométrie de la zone d'étude informe sur la perméabilité et la faible résistance des sols à l'érosion. Ces sols présentent généralement un faible taux de fertilité, en partie dû à l'érosion hydrique. Les pratiques agricoles à Djoundé concernent une agriculture traditionnelle combinant la vente et la consommation. La culture est essentiellement vivrière. Les agriculteurs sont pour la majorité conscients des effets de la dégradation des sols sur les rendements. Ils adoptent des stratégies pour l'atténuation de cette dégradation, bien que les efforts déployés soient généralement insuffisants. Ils disposent également de connaissances empiriques pour la détermination de la fertilité des sols, basée sur certains indicateurs. Certains cultivent sur des sols érodés par insuffisance d'espaces ; d'autres par minimisation de ses effets sur la production. Néanmoins, une mobilisation est exigée pour limiter les effets actuels des eaux sur les sols pour atténuer ses effets sur la production agricole.

REFERENCES BIBLIOGRAPHIQUES

Aida Nefzi, (2012). Evaluation économique de l'impact du changement climatique sur l'agriculture : étude théorique et application au cas de la Tunisie, Thèse de doctorat, Agro-Paris-Tech, 281 p.

Algayer, B. et Darboux, F., (2011). L'érosion hydrique des sols, INRA, Centre de Recherche d'Orléans, Unité de Science du Sol, France, 35 p.

Amadou, N. D., (2007). Diagnostic de la fertilité des sols dans la zone cotonnière du Mali : étude sur les matières organiques du sol, mémoire de fin de formation en ingénierie agronome, IPR/IFRA, Mali, 64 p.

Andriamasy Henintsoa Laurencia, (2015). *Relation entre les caractéristiques pédologiques des sols ferrallitiques de Madagascar et leurs propriétés d'échange,* Mémoire de fin d'études de Master II en Geosystème et Évolution, Université d'Antananarivo, Madagascar 100 p.

Archambeaud, (2015), « l'eau, le sol, les plantes une autre théorie du changement climatique ? », in *Agronomie, Écologie et Innovation.* TCS N°84. SEPTEMBRE/OCTOBRE 4 p.

Boardman, J., (2006). Soil erosion science: Reflections on the limitations of current approaches. *Catena*, 68(2-3), pp 73-86.

Boccara P., (2015). « Théories sur les enjeux systémiques du changement climatique », in *Economie et politique/novembre-décembre* 2015/736-73, 8 p.

Boureima Palliere, A., (2012). Au-delà de Malthus et Boserup s : comprendre les dynamiques agro- - écologiques d'un territoire. Un cas d'étude en Sella Limba, Sierra Leone, Paris Ouest Nanterre La Défense, AgroParisTech Paris, 19 p.

Brady, N. C., & Weil, R. R., (2008). The Nature and Properties of Soils. Pearson Education, 780 p.

Brais, I., (2009). « Procédure d'échantillonnage de solo pour analyse en laboratoire », *Groupe Horticole* Ledoux Inc., 2 p.

Brunet-Moret Y., (1960). Méthode d'analyse de la répartition des précipitations dans le temps et dans l'espace, in *publication No 53, association internationale d'hydrologie scientifique*, HELSINKI, 11 p.

Camberlin, P., Beltrando, G., Fontaine, B. et Richard, Y., (2001). Pluviométrie et crises climatiques en Afrique Tropicale : changements durables ou fluctuations interannuelles ?, *Histoire et Géographie* N° 379, 12 p.

Céline, C. B. (2006). Analyse et représentation de la couverture pédologique :   Application à la caractérisation des unités cartographiques de sols pour le programme I.G.C.S. d'un secteur du Baugeois, Thèse de doctorat, Université d'Angers, 118 p.

Colas, C., (2000). Savoir-faire technique et reconstitution des chaînes opératoires des potiers du Néolithique moyen II dans la moitié nord de la France : étude techno-typologique, Thèse de Doctorat, Université de Paris I Panthéon-Sorbonne, 322 p.

David, S. G. Thomas, (Editors) (2016). *The Dictionary of Physical Geography*, 4th Edition, John Wiley & Sons Ltd, UK, 635 p.

Desonges S., (2008). Quelle place pour la franchise sociale dans l'aide au développement : le problème de l'eau potable dans les communautés rurales, mémoire de Master 2, ENA, École Polytechnique, École des Mines, ESSEC, ESCP-EAP, PARIS X, 114 p.

Drissa Diallo, (1995). *Hydrodynamique et érosion hydrique des sols en zone de savane humide (Bassin versant du Djitiko, MALI)*, Mémoire de D. E. S Sciences de l'eau et aménagement, Académie de Montpellier, Université Montpellier II, Sciences et techniques du Languedoc, 83 p.

Dutarte, P., (1795). « Adéquation statistique à un modèle : Exemples dans le domaine de l'environnement », in *Leçons à l'École normale de l'An III* 11p.

Everitt, B. S., & Dunn, G., (2001). Applied Multivariate Data Analysis (2nd ed.). New York: Oxford University Press.

Hastie, T., Tibshirani, R., & Friedman, J., (2009). The Elements of Statistical Learning. Springer. 764 p.

Isabelle Braud, (2011). « Méthodologies d'analyse de tendances sur de longues séries hydrométéorologiques », UR HHLY, Lyon, 6 p.

Jallow, Alpha A.K., (2012). Impact de hausses des températures sur la l'agriculture au sahel : quelles implications pour l'Afrique dans les négociations sur le climat, mémoire de Master 2, Centre Régional AGRHYMET, 75 p.

Jolliffe, l. T., (2002). Principal Component Analysis. Springer. 518 P

Khalil Guidado, B., (2018). Dynamique du rythme des précipitations et impacts sur le cadre hydro-pédologique de production agricole dans le terroir de Djoundé, département du Diamare , Université de Maroua, Cameroun, 156 p.

Kombate, A., (2013). Évaluation de la qualité des sols de la forêt guyanaise en vue d'un changement d'usage : étude cartographique des terres du pas de Nancibo, mémoire de Master 2 en Gestion Environnementale des Écosystèmes et Forêts Tropicales, AgroParisTech, 64 p.

Kouassi Amani, M., (2007). Caractérisation d'une modification éventuelle de la relation pluie-débit et ses impacts sur les ressources en eau en Afrique de l'Ouest : cas du bassin versant du N'zi (Bandama) en Côte d'Ivoire, Thèse de Doctorat Université de Cocody, Côte d'Ivoire, 210 p.

Lal, R., (1997). Degradation and resilience of soils. Philosophical Transactions of the Royal Society of London. Series B: *Biological Sciences*, 352(1356), pp 997-1010.

Lal, R., (2001). Soil degradation by erosion. Land Degradation & Development, 12(6), pp 519-539.

Lal, R., (2015). Soil degradation as a reason for inadequate human nutrition. *Food Security*, 7(5), pp 981-996.

Masmoudiaffaf, (2012). Étude de certains paramètres de durabilité des systèmes de production céréaliculture-élevage dans le contexte de l'intégration des techniques de l'agriculture de conservation, Mémoire de Master, université Ferhat Abbas Sétif, faculté des sciences de la nature et de la vie, 67 p.

Montgomery, D. C., (2013). Design and Analysis of Experiments. John Wiley& Sons. 757 p.

Mvondo Awono. J. P., (2003). « Fertilisation des sols dans les monts Mandara à l'Extrême-Nord du Cameroun : du diagnostic aux recommandations », Cirad - Prasac, 8 p.

Mylène Vallée, (2009). Variabilité spatio-temporelle des régimes d'érosion hydrique dans neuf bassins versants en milieu agricole, Mémoire de Maîtrise, Université de Québec, Canada, 89 p.

Pearson, K., (1896). Mathematical Contributions to the Theory of Evolution. III. Regression, Heredity, and Panmixia. Philosophical Transactions of the Royal Society of London. pp 250-300.

Pielke, Sr, R. A., & Wilby, R. L., (2012). Regional climate downscaling-what's the point? Eos, *Transactions American Geophysical Union*, 93(5), pp 52-53.

Pretty, J., Toulmin, C., & Williams, S., (2006). Sustainable intensification in African agriculture. *International Journal of Agricultural Sustainability*, 4(2), pp 1-23.

Reynolds, J. F., Smith, D. M., Lambin, E. F., Turner II, B. L., Mortimore,

M., Batterbury, S. P., ... & Downing, T. E., (2007). Global desertification: building a science for dryland development. Science, 316(5826), pp 847-851.

Rockström, J., Steffen, W., Noone, K., Persson, A., Chapin, F. S., Lambin, E., ... & Foley, J., (2009). A safe operating space for humanity. *Nature*, 461(7263), pp 472-475.

Roedere, P., (1962). « Drainage et pédologie », in ORSTOM, Section Spéciale d'Études de Pédologie et d'Hydrologie, Tunisie, 16 p.

Tilman, D., Balzer, C., Hill, J., & Befort, B. L., (2002). Global food demand and the sustainable intensification of agriculture. *Proceedings of the National Academy of Sciences*, 99(8), pp 5658-5662.

Traore, (2009). Effets des techniques de gestion de la fertilité sur le sol et sur les systèmes de culture à base de mil dans la région de Mopti au Mali, Thèse de Doctorat, Université de Bamako, Mali, 196 p.

Triboulet, C., (1995). Les transformations des paysages du Diamaré et de la Bénoué (Nord Cameroun) : Étude à l'aide de l'imagerie SPOT. Thèse de Doctorat de l'École des Hautes Études en Sciences Sociales, 701 p.

Tukey, J. W., (1977). Exploratory Data Analysis. Pearson. pp. 712 p.

Viollet, A. (2015) « Méthode de prélèvement d'échantillons de sol », in GENESOL, INRA, 6 p.

Vitousek, P. M., Mooney, H. A., Lubchenco, J., & Melillo, J. M., (1997). Human domination of Earth'secosystems. *Science*, 277(5325), pp 494-499.

Spatialisation du potentiel en espèces ligneuses, ressources des Produits Forestiers Non Ligneux d'origine végétale des savanes soudaniennes du Nord-Cameroun

Pewé Kadyang, Sylvain Aoudou Doua et Kossoumna Liba'a Natali

RESUME. La présente étude a été conduite dans la Commune de Ngong, au Sud de Garoua au Nord-Cameroun. Elle vise à évaluer l'éco-distribution des espèces ligneuses ressources des PFNL d'origine végétale exploitées dans les milieux naturels des savanes soudaniennes afin de quantifier spatialement le potentiel floristique de ladite Commune. Pour ce faire, la démarche a consisté à faire des observations de terrain, de relevés floristiques et enfin des travaux de télédétection ont été réalisés. Les résultats montrent que 89 espèces ligneuses ont été identifiées. Les familles prépondérantes et dominantes sont: *Combretaceae* (14 espèces), *Mimosaceae* (10 espèces), *Caesalpiniaceae* (08 espèces), *Fabaceae* (06 espèces) et les espèces ligneuses les plus importantes: *Anogeissus leiocarpus* (394 tiges),*Vitellaria paradoxa* (296 tiges), *Piliostigma thonningii* (278 tiges),*Detarium microcarpum* (243 tiges). Ces espèces sont exploitées par les populations riveraines. On note que 43,88% de la commune à un faible potentiel floristique, car la zone à moyen potentiel représente le 6,25% ; pourtant les zones à fort et très fort couvrent respectivement le 7,53% et le 38,01% du territoire communale.

MOTS-CLES. Spatialisation, Savanes soudanienne du Nord, Espèces ligneuses ressources, PFNL d'origine végétale, Biodiversité.

ABSTRACT. The present study was conducted in the town of Ngong, south of Garoua in North Cameroon. It aims to evaluate the eco-distribution of woody species and NWFP resources of plant origin exploited in the natural environments of the Sudan savannahs in order to spatially quantify the floristic potential of the said Municipality. To do this, the approach consisted in associating ethnobotanical surveys by interviews, to field observations, floristic surveys and remote sensing work. The results show that 89 woody species are recognized as resources of NWFP exploited by populations and available in the flora. The predominant families are: *Combretaceae, Caesalpiniaceae, Sapotaceae, Mimosaceae,* while: *Anogeissus leiocarpus* (394 stems), *Vitellaria paradoxa* (296 stems), *Piliostigma thonningii* (278 stems), *Detarium microcarpum* (243 stems) are the most important woody species resources. The results of the treatments reveal that 43.88% of the municipality has a low floristic potential, the medium-potential area

242

represents 6.25%; however, the strong and very strong areas respectively cover 7.53% and 38.01% of the municipal territory.

KEYWORDS. Spatialization, Northern Sudanian Savannas, Woody resource species, NWFP of plant origin, Biodiversity.

INTRODUCTION

En Afrique centrale, la réduction du couvert végétale est exacerbée par les actions humaines (défrichage, front pionnier, recherche du bois de chauffe, charbon, plante médicinale…). La dégradation des écosystèmes savanicoles de la Région du Nord-Cameroun constitue aujourd'hui une menace pour la biodiversité ; elle conduit inévitablement à la rareté, voire à la disparition de certaines espèces (Tchobsala et Mbolo, 2013). Pourtant plusieurs espèces ligneuses sont pourvoyeuses des PFNL utilitaires. Il s'agit en fait des plantes ligneuses des PFNL alimentaires, artisanales ou médicinales et récoltées dans les formations forestières ou savanicoles. Avec l'essor de l'exploitation et de la commercialisation des PFNL d'origine végétale par les populations des savanes soudaniennes tout comme celles des autres écosystèmes tropicaux, la connaissance parfaite du potentiel disponible de ces plantes se pose avec acuité de nos jours.

Les travaux réalisés au Nord-Cameroun portent sur la vulnérabilité de la zone face aux risques liés à la forte dégradation des sols avec pour corollaire la désertification des milieux concernés (Donfack et *al.*, 1996 ; Djoufack-Manetsa, 2011 ; Sandjong Sani et *al.*, 2013). De plus, ils relèvent également les différents usages et la commercialisation liées aux produits forestiers non ligneux ou les produits dérivés des ligneux par les populations (Mapongmetsem et *al.* 2010 ; Betiné, 2015 ; Souaré et *al.*, 2020). Malgré ces études, la question du potentiel disponible de ces espèces ligneuses ressources dans la flore est peu abordée. Pourtant la préservation et la conservation des ressources végétales utiles ne pourra se faire que si on a une parfaite connaissance du potentiel disponible dans les milieux naturels des savanes, d'où la nécessité de mener une étude sur l'évaluation spatiale de la flore disponible, notamment celle dite ressource des PFNL d'origine végétale qui, sont indispensables à la survie des populations riveraines des écosystèmes forestiers dans les pays en voies de développement (FAO, 2001).

Il est donc urgent de mener une étude sur l'évaluation spatiale du potentiel floristique en mettant en contribution la télédétection en vue d'une meilleure gestion durable des savanes soudaniennes. Ainsi donc, quel est le potentiel en espèces ligneuses des PFNL d'origine végétale disponible dans les savanes soudaniennes de la Commune de Ngong ?

METHODOLOGIE
Présentation de la zone d'étude

L'étude a été réalisée dans la localité de la Commune (figure 1) de Ngong, qui est géographiquement située entre le 08°43'12", et 09°08'24" de Latitude Nord et du 13°33' et 13°7'48"de Longitude Est. Elle se trouve dans le Département de la Bénoué, Région du Nord-Cameroun. Cette Commune s'étend sur environ 26 349 283 m² soit 2634,93 hectares.

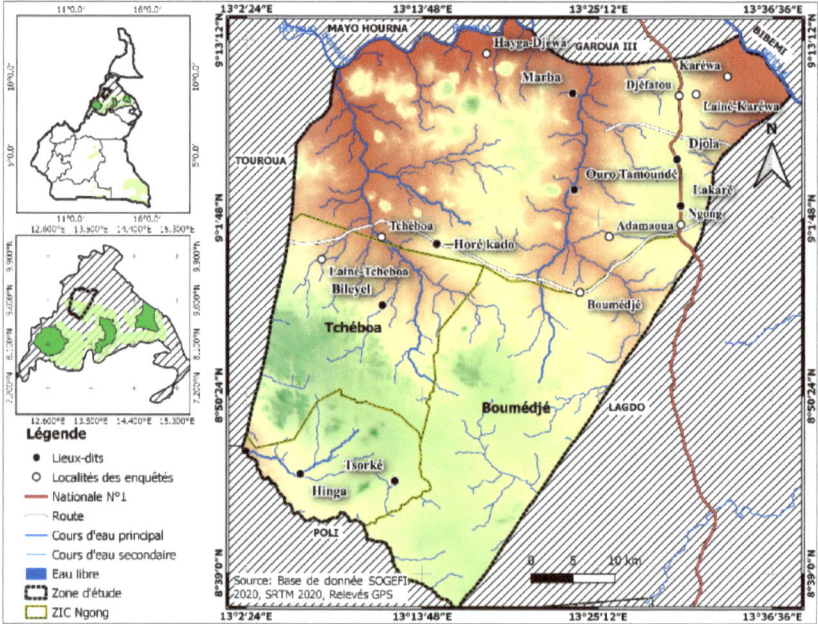

Figure 1. Localisation de la zone d'étude

Selon ce découpage, cette zone d'étude appartient au domaine soudanien. Sous une pluviosité comprise entre 600 mm et 1000 mm par an (NASA, 2021), on y note l'omniprésence des parcs arborés naturels dans chacun de ces lieux. L'agriculture céréalière prédominante est associée à l'élevage transhumant et sédentaire. La végétation est dominée par des

244

savanes à faciès divers (galerie forestière, boisées, arborés, arbuste et des paysages des agrosystèmes où abondent les arbres spontanés.

Collecte des données

La méthodologie comprend deux grands volets. Le premier concerne la revue de la littérature. Elle a permis non seulement de cerner la manière dont les précédents travaux ont abordé la question de l'inventaire et la richesse floristique en PFNL d'origine végétale des savanes soudaniennes, ainsi qu'ailleurs, mais aussi d'en relever les insuffisances.

Le deuxième volet a consisté en la collecte des données de terrain et à leur traitement. Un questionnaire de *free List* adressé à 107 individus a été conçu en fonction des objectifs de l'étude a alors été administré (entretien) permettant de collecter les données sur les espèces ligneuses ressources à partir des connaissances écologiques des populations.

Le logiciel Microsoft Excel a été utilisé pour dépouiller le questionnaire et pour analyser les résultats d'une part ; tandis que les indices de diversité floristique et nommé, la Classification Hiérarchique Ascendante (CAH) ; l'Analyse en Composante Principale (ACP) ont permis de caractériser la richesse floristique des espèces ressources poussant dans les 04 formations végétales des savanes (formations végétales : ouvertes, intermédiaires, fermées et les agrosystèmes) identifiées suivant le dispositif d'inventaire constitués de 160 placettes soit 25 000 m² (500 X 50 m).

Le traitement de l'image sentinelle 2 s'est fait sur la base des données de terrain. Les observations de terrain ont permis d'identifier et de caractériser les parcelles d'entrainement. Ces parcelles ont ensuite été transformées en couche vecteur sur le logiciel ENVI 2.5, puis appliqués à l'image lors du traitement. L'analyse de la signature spectrale des pixels a permis de procéder à une seconde classification et quantifier les superficies de l'occupation des différentes zones en fonction de leur potentiel disponible en espèces ligneuses ressources.

RESULTATS
Inventaires et richesse floristique des PFNL d'origine végétale des savanes

À partir des dispositifs de collecte des données mis en place, 89 espèces ressources des PFNL d'origine végétale ont été identifiées, appartenant à 33 familles. Selon les résultats de cette étude, les savanes de la Commune de Ngong sont potentiellement riches en espèces ligneuses pourvoyeuses des PFNL d'origine végétale. Celles-ci représentent 63,12% de l'ensemble des 141 espèces ligneuses inventoriées dans cette formation végétale. Les familles les plus representées dans les milieux naturels des savanes soudaniennes sont les *Combretaceae* (14 espèces), les *Mimosaceae* (10 espèces), les *Caesalpiniaceae* (08 espèces) et les *Fabaceae* (06 espèces). La représentativité est très variable aux seins des familles des espèces ligneuses. La Classification Ascendante Hiérarchique (CAH) effectuée sur ces familles a permis de regrouper les différentes familles en trois (3) groupes (figure 2).

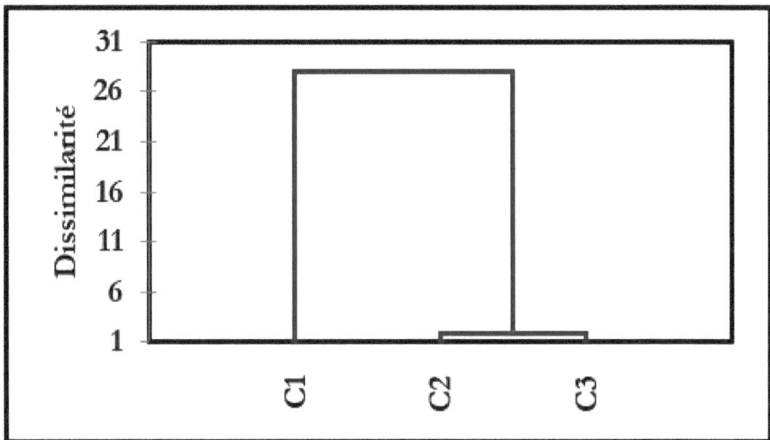

Source : Relevés floristiques 2021
Figure 2. Dendrogramme simplifié de la classification hiérarchique ascendante des familles

Le groupe 1 comprend la famille des *Combretaceae*. Le groupe 2 quant à lui est composé de la famille des *Caesalpiniaceae*. Un troisième groupe regroupe les familles suivanes: *Annonaceae, Apiaceae, Arecaceae, Asclepiadaceae, Balanitaceae, Bignoniaceae, Bombacaceae, Burseraceae, Celastraceae, Ebenaceae, Euphorbiaceae, Fabaceae, Lamiaceae, Lamiaceae, Loganiaceae, Malvaceae, Meliaceae, Mimosaceae, Moraceae, Moringaceae, Myrtaceae, Olacaceae, Polygalaceae, Proteaceae, Rhamnaceae, Rubiaceae, Rutaceae, Sapotaceae, Simaroubaceae, Sterculiaceae, Verbenaceae.* Ce dernier groupe renferme à lui seul 93,93% des familles enregistrées dans la zone d'étude.

Abondance et dominance des espèces ligneuses sources des PFNL dans les savanes soudaniennes

La distribution des espèces arborées rencontrées, montre que la densité est variée et permet de déterminer les espèces arborées sources des PFNL les plus représentées dans la flore du bassin d'exploitation d'étude. L'analyse de la classification ascendante hiérarchique a permis de regrouper les espèces d'arbres sources des PFNL en sept (07) groupes (figure 3).

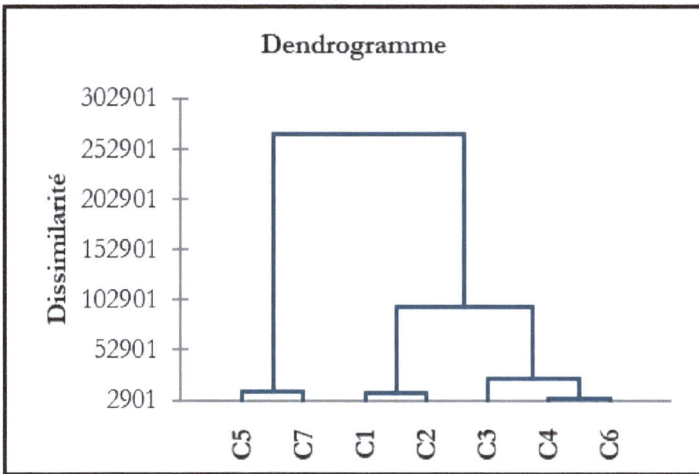

Source : Relevés floristiques 2021
Figure 3. Dendrogramme de groupement simplifiés des espèces arborées sources des PFNL des savanes dans le bassin d'exploitation de Ngong

Cette figure 3 présente les sept (07) groupements des espèces sources des PFNL d'origine végétales. Le groupe 1 comprend 41 espèces arbres avec un effectif de 436 individus représentées, soit 46,06% des espèces inventoriées et 09,88% des individus. Il s'agit de *Acacia dudgeoni, Acacia nilotica, Acacia polyacantha, Acacia senegal, Afzelia africana, Anacardium occidentale, Bombax costatum, Borassus aethiopum, Bridelia scleroneura, Calotropis procera, Citrus grandis, Combretum lecardii, Cordyla pinnata, Entada africana, Erythrina senegalensis, Eucalyptus tereticornis, Ficus platyphylla, Ficus sur, Gardenia erubescens, Grewia flavescens, Hannoa undulata, Hyphaene thebaica, Jatropha curcas, Leptadenia hastata, Lonchocarpus laxiflorus, Mangifera indica, Moringa oleifera, Pericopsis laxiflora, Protea madiensis, Psidium guajava, Pterocarpus erinaceus, Ricinus communis, Sarcocephalus latifolius, Sclerocarya birrea, Securidata longepedonculata, Sterculia setigera, Strychnos spinosa, Syzygium guineense var. guineense, Vitex chrysocarpa, Vitex madiensis eet Ziziphus mucronata* avec des effectifs variables entre 02 et 21 individus dans les savanes soudaniennes.

Le groupe 2 est constitués des arbres dont les effectifs sont compris entre 50 et 23 individus comme *Acacia hockii, Acacia seyal, Acacia sieberiana, Azadirachta indica, Balanites aegyptiaca, Boswelia dalzielii, Diospyros mespiliformis, Ficus sycomorus, Gardenia aqualla, Guiera senegalensis, Haematostaphis barteri, Isoberlinia doka, Isoberlinia tomentosa, Kigelia africana, Maytenus senegalensis, Nauclea latifolia, Piliostigma reticulatum, Pseudocedrela kotschyi, Pterocarpus lucens, Steganotaenia araliacea, Syzygium guineense var. macrocarpum, Terminalia laxiflora, Terminalia mollis, Vitex doniana, Vitex simplicifolia, Ximenia americana.* Ces espèces représentent le 29,21% (26 espèces) de l'ensemble des espèces répertoriées et 20,91% (922 individus) de l'effectif total. Le groupe 3 est formé de 12,35% espèces et 18,25% de l'effectif total des savanes soudaniennes. Les espèces caractéristiques sont : *Adansonia digitata, Bridelia ferrugenea, Burkea africana, Combretum collinum, Combretum glutinosum, Combretum paniculatum, Daniellia oliveri, Khaya senegalensis, Tamarindus indica, Terminalia avicennioides, Ziziphus mauritiana.*

Les groupes 4 et 5 sont constitués que des espèces telles qu'*Annona senegalensis, Combretum nigricans* d'une part et *Anogeissus leiocarpus* d'autre part. On constate que ces groupes représentent 12,61% de l'effectif total. Le groupe 6 est composé de : *Combretum molle, Hymenocardia acida, Parkia biglobosa, Terminalia glaucescens, Terminalia macroptera.* Le groupe 7 est caractérisé par : *Detarium microcarpum, Piliostigma thonningii, Vitellaria paradoxa* qui sont des espèces fortement représentées dans les savanes avec des individus compris entre 296 et 243.

Éco-distribution des espèces ligneuses sources des PFNL d'origine végétale

La description précise du profil écologique des espèces ligneuses utiles dans un écosystème constitue une étape importante dans le processus d'une précise de décision pour la gestion durable des ressources ligneuses dans le bassin d'exploitation d'étude. C'est ainsi que nous allons d'abord caractériser la diversité et la répartition des espèces d'arbres des PFNL utiles selon les paramètres naturels (topographie, pédologie), ensuite, selon les types de végétation, enfin spatialiser le potentiel disponible dans la zone d'étude.

Pour évaluer le degré de potentialité des formations végétales de la zone d'étude en ligneux ressources, nous avons retenu la richesse spécifique comme donnée qui nous semble appropriée pour apprécier le niveau la potentialité des parcelles témoins. En effet, l'analyse factorielle appliquée aux variables formations végétales et espèces ligneuses ressources de PFNL met en évidence la relation entre les différentes formations végétales et l'abondance spécifique des espèces ligneuses-ressources. Toutefois entre les différents types de formation végétale retenue, ce degré de potentiel floristique est variable (figure 4).

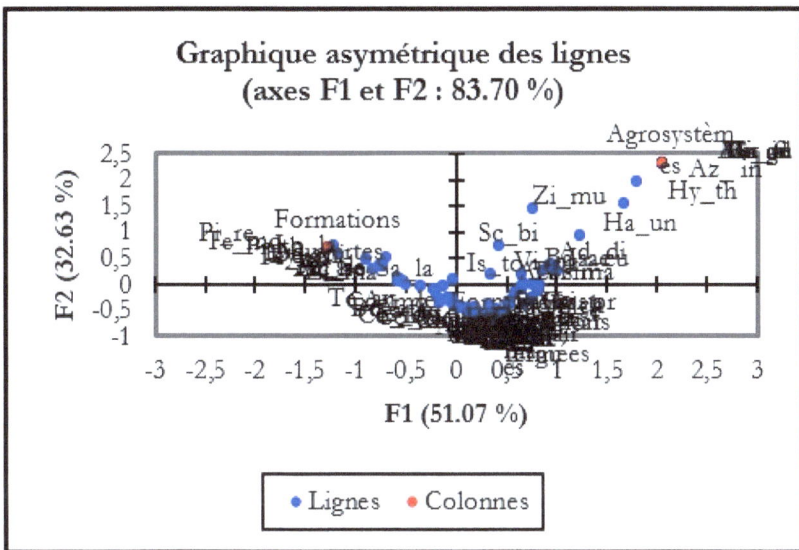

Figure 4. Distribution des espèces ligneuses ressources de PFNL suivant les types de formation végétale

Il apparaît alors que, la distribution des espèces ligneuses ressources n'est pas uniforme. Les formations ouvertes et les agrosystèmes se distinguent des autres deux formations par leur richesse spécifique représentée sur la figure par la longueur et l'orientation de leurs flèches qui sont opposés. Les deux autres formations au centre de la figure sont imbriquées. Cela ne permet pas une hiérarchisation visuelle.

Cartographie de l'occupation du sol

La notion de végétation est la principale variable analysé dans ce travail, Ainsi, l'image sentinelle 2 de 2022 est appropriée pour mener cette étude. Elle présente l'avantage d'être constituée de 11 bandes, les quatre premières bandes d'une résolution spectrale de 5 m permettent une différenciation de la végétation et des sols. En outre, la période à laquelle elle a été prise correspond sensiblement à la période durant laquelle s'est déroulée cette étude. En revanche, elle présente l'inconvénient d'être un plus avancé à la période des relevés floristiques de 2022. Le suivi des différences étapes de classification est la procédure permet de produire la carte d'occupation des sols (tableau 1).

Tableau 1. Superficie des types d'occupation des sols

Types d'occupation du sol	Superficie		
	Ha	Km²	En (%)
Habitat et sol nu	11041,72	11,04	04,19
Parc arborée naturel des champs	16494,47	16,49	06,25
Savane arborées	235886,56	235,89	89,42
Plan d'eau	378,28	0,38	0,14
Total	263801,032	263,80	100

Source : Sentinelle 2, 2022

La végétation dominante est la savane arborée. Elle couvre 235,89 Km², soit 89,42 % de l'ensemble de la superficie du bassin d'exploitation. Cette formation est suivie des parcs arborés naturels des champs ou agrosystèmes qui couvrent 16,49 Km² soit 06,25% de la superficie du bassin versant. Ensuite, l'espace bâti et le sol nu occupent 11,04 Km² (0,14%). Quant au plan d'eau, il couvre 0,38Km² (0,14%). La dominance des savanes arborées est traduite par sa concentration dans les aires protégées. Les observations de terrain ont permis de constater que l'essentielle des activités agricoles et d'exploitation des produits végétaux des populations de Ngong ont commencé d'abord sur les formations végétales hors des ZIC 14, ZIC 19, avant de s'y dérouler après.

250

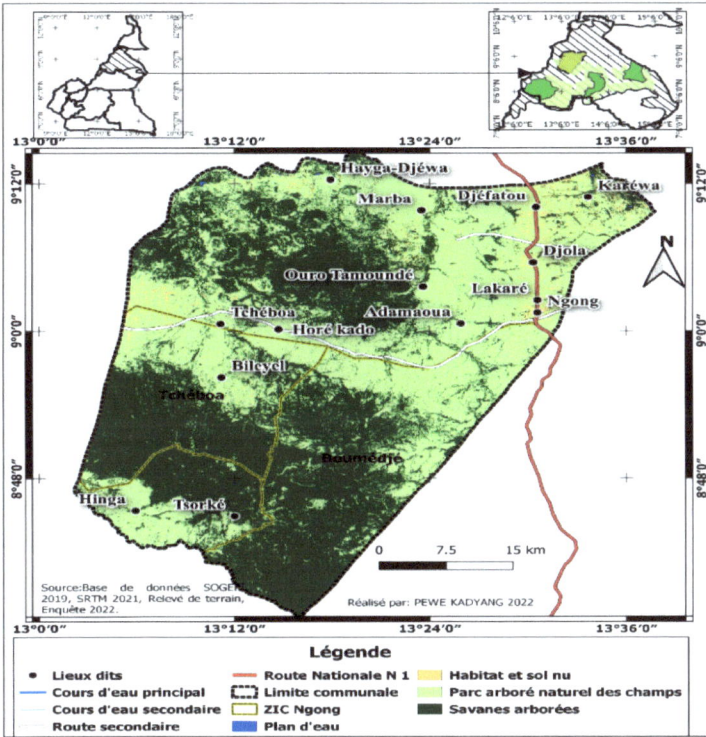

Figure 5. Carte des types d'occupation du sol bassin d'exploitation de Ngong

La dominance de la couleur vert clair témoigne la dominance des savanes arborées dans le bassin d'exploitation de Ngong. La densité du réseau hydrographique en bleu favorise également une importante résistance des reliques des forêts galeries majoritairement martyrisés par l'homme qui est signée en vert foncé. De plus, l'action de l'homme est très fortement marquée, se traduit par la présence des champs en gris dans les plaines et des brûlis également en violet dans les bas-fonds et sur les *hosséré* (montagne) qui surplombent le mayo Bangay, collecteur principal de la zone. Les habitats et les sols nus n'apparaissent que sous forme de tache dans les plaines.

Critères de déterminations des zones à potentielle floristique

Pour évaluer le degré de potentialité des formations végétales de la zone d'étude en ligneux ressources, nous avons retenu la richesse spécifique et la surface terrière pour apprécier le niveau de la potentialité des parcelles témoins. Toutefois entre les différents types de formation végétale retenue, ce degré de potentiel floristique est variable. Le tableau 2, établit sur la base des données de terrains, vient palier à cette difficulté de classement et permet de déterminer le degré de potentialités de chacune de formation végétale témoin.

Tableau 2. Indice de diversités nommés des différentes formations végétales

Types de formations végétales	N.E	Indice de diversité nommée	
Formations fermées	71	0.80	Très fort
Formations intermédiaires	67	0.75	Fort
Agrosystèmes	55	0.62	Moyen
Formations ouvertes	48	0.54	Faible
Total	89	1	

Source : Relevés floristiques 2021

En s'appuyant sur les valeurs des indices de diversité nommée de chaque formation végétale présentée, on distingue quatre degrés de potentialités des formations végétales à savoir la zone à faible potentiel (les formations ouvertes), la zone à moyen potentiel floristique (les agrosystèmes), la zone à fort potentiel floristique (les formations fermées) et la zone à potentiel floristique variable (les formations intermédiaires).

Cartographie des zones à potentiel floristique en 4 classes

Les différents types de formation végétale retenue, sont fonctions du degré de potentiel floristique est variable (figure 5).

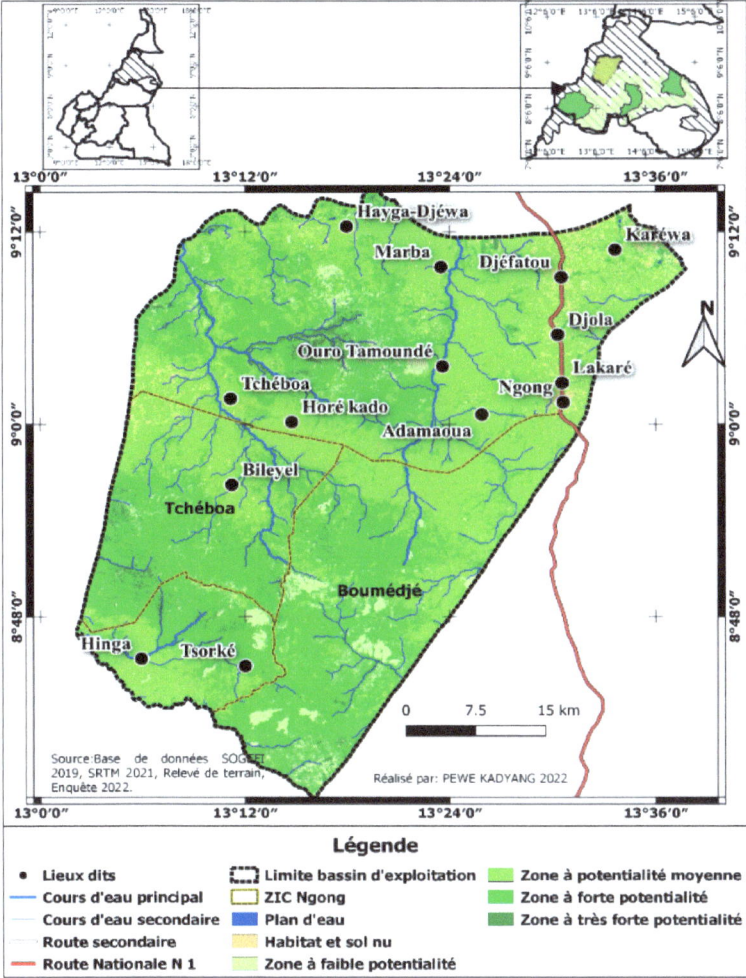

Figure 5. Carte de zonage du potentiel floristique des savanes en ligneux sources des PFNL

Il ressort de cette analyse que le bassin de Ngong est une zone potentielle en ligneux ressources de PFNL, car la teinte verte sur l'image traduit le degré de potentialité estimée à 31093,83 Ha soit 64,51% de la superficie totale de la Commune. Par ailleurs, les proportions des superficies des formations végétales retenues, sont inégalement réparties dans l'écosystème savanicole (tableau 3).

Tableau 3. Surfaces des zones à potentiel floristique des savanes en ligneux sources des PFNL

Types	Superficie		
	(Ha)	Km²	Taux (%)
Zone à moyen potentiel	16494,47	16,49	6,25
Zone à faible potentiel	115762,12	115,76	43,88
Zone à fort potentiel	19853,37	19,85	7,53
Zone à très fort potentiel	100271,07	100,27	38,01
Autres	11420	11,42	4,33
Total	**263801,03**	**263,80**	**100**

Source : Traitement d'image 2022

Ainsi, il en ressort que dans les savanes soudaniennes d'étude, les zones à fort potentiel couvrent 101328,50 ha du territoire soit 29,02% de la superficie communale. Les zones à moyen potentiel couvrent 24,08 % de l'ensemble de la surface puisqu'elles occupent 84026,35 ha de la zone étudiée. Les zones à faible potentiel enregistrent 08,91% avec 31093,83 ha de terre. Par contre, les zones à très fort potentiel ne représentent que 02,52 avec 8794,62 ha. Compte tenu de la superficie de cette dernière zone, il y a lieu d'affirmer que les activités anthropiques ont une incidence sur les réservoirs des ligneux ressources des PFNL des savanes soudaniennes.

DISCUSSION DES RESULTATS

La pression des actions humaines sur la couverture végétale en zone soudanienne au Nord-Cameroun est en permanente croissance (Aoudou, 2011 ; Ganota, 2016 et Saidou, 2022). Cela entraine par ricochet à la dégradation des écosystèmes savanicoles et réduit le potentiel floristique des ligneuses ressources de PFNL utilitaires. Bien que des études ethnobotaniques aient été menées dans cette zone biogéographique (Kossoumna Liba'a et *al.*, 2011 et Mapongmetsem et *al.*, 2010), la question de potentiel floristique demeure inexplorée. Cette étude met en évidence que les plantes ligneuses ressources sont liées à la présence des formations végétales rencontrées dans le zone d'étudiée. Les inventaires botaniques ont permis de recenser 126 espèces de plantes ligneuses. Parmi celles-ci, 66 espèces ont été identifiées par les populations locales comme des plantes ressources de PFNL qui font l'objet de multiples récoltes. Nos résultats montrent que les populations ont une connaissance des plantes des PFNL utilisés qui les entourent et de la fiabilité des enquêtes ethnobotaniques comme moyen d'estimation rapide de l'état de la végétation d'une zone (Traoré et *al.*, 2011). Nos enquêtes ethnobotaniques ont aussi confirmé la présence des plantes des principaux PFNL de la zone et met en évidence leur importance socio-économique pour les populations locales.

Des espèces ligneuses spontanées telles que *Vitelaria paradoxa, Adansonia digitata, Balanites aegyptiaca, Parkia biglobosa, Tamarindus indica, Vitex doniana, Detarium microcarpum, Ximenia americana* et *Ziziphus mauritiana* sont largement connues pour leurs PFNL d'origines végétales exploitées dans la zone soudanienne du Nord. Ces résultats concordent avec ceux de Kossoumna Liba'a (2011) qui stipulent que la disponibilité de ces plantes dans les parcs arborés des champs est conditionnée par les multiples usages de leurs PFNL qui constituent d'un apport considérable pour les populations.

Dans notre zone d'étude, les PFNL sont utilisés pour l'alimentation, le traitement des maladies et la fabrication des objets artisanaux. Ces résultats sont en conformité avec les travaux antérieurs de Mapongmetsem (2010) qui démontrent les préférences paysannes des PFNL des plantes dans les ménages et sur les marchés (pharmacopée traditionnelle).

La collecte massive des plantes ligneuses-ressources dans les milieux du Nord Cameroun posent le problème de dégradation de leur potentiel floristique en ligneux ressources de PFNL d'origine végétale. La pression exercée par les activités humaines semble jouer un rôle déterminant dans la destruction du couvert végétal et du potentiel floristique des ligneux pourvoyeurs des PFNL utiles. Lors de nos inventaires, les plantes des PFNL d'origine végétale ont été très peu rencontrées dans les formations ouvertes (savanes arbustives et herbeuses) et qui sont déjà très réduites. Par contre, les agrosystèmes (parcs arborés des champs, jardin de case), les formations végétales intermédiaires et fermées, sont les réservoirs des plantes utilitaires dans la zone étudiée.

Par ailleurs, malgré sa richesse spécifique, les formations fermées et ouvertes enregistrent une faible surface en espèces ligneuses ressources. Ce qui confirme que les formations végétales interviennent de façon significative dans la distribution et la conservation des espèces ligneuses de PFNL utilitaires récoltés par les populations. Ceci s'explique par le fait que les plantes ligneuses ressources sont préservées dans les espèces agricoles, compte tenu de la grande importance socio-économique qu'elles présentent pour les différentes communautés paysannes de la Commune de Ngong. Ces observations corroborent avec à ceux obtenus par Ibrahima et *al.* (2003)

qui montrent que, sur le plateau de l'Adamaoua, les savanes regorgent de nombreuses essences agroforestières ou potentiellement agroforestières qui sont utilisées par les populations locales.

CONCLUSION

L'écosystème savanicole de la Commune de Ngong possède une flore ressources des PFNL d'origine végétale utile pour les populations. Ces multiples espèces ligneuses ressources des PFNL sont inégalement réparties dans les différents milieux naturels des savanes de ladite Commune. Le degré de potentiel floristique est déterminé à l'aide de la richesse spécifique des zones d'échantillonnages. L'évaluation de superficie de leur occupation spatiale est faite à l'aide des outils de la télédétection. Ainsi, les agrosystèmes, les formations intermédiaires et fermées sont respectivement les milieux écologiques à moyen, à fort, et à très fort potentiel floristique. Les formations ouvertes sont faiblement riches en espèces ligneuses ressources de PFNL malgré leur abondance. Cependant, à partir de la classification sur l'image satellite, les formations végétales intermédiaires, les agrosystèmes et les formations ouvertes occupent successivement 29.02%, 24.07% et 08.91 de la superficie totale de la région étudiée. Les zones à fort potentiel occupent seulement 8794.62 ha de la surface de terre, soit seulement 2.52 % de la surface du territoire. Ainsi, on note que les savanes soudaniennes de Ngong sont un réservoir en terme de diversité végétale ressource de PFNL qu'il convient de préserver des actions humaines pour les générations futures.

REFERENCES BIBLIOGRAPHIQUES

Abdon Awono, (2016). *Enjeux et dynamiques de l'exploitation des Produits Forestiers Non-Ligneux au Cameroun*, Thèse doctorat, l'université Paul-valéry, Montpellier III, 278 p.

Aoudou Doua, S., (2011). Évolution de la végétation ligneuse au Nord-Cameroun : entre conservation et progression des fronts pionniers agricoles ; Éditions universitaires européennes.296 p.

Betiné Béloko, D., (2016). L'importance socio-économique du ligneux dans le haut bassin versant du Djérem (Adamaoua-Cameroun), Mémoire de Master 2, université de Ngaoundéré, 202 p.

Betti Jean Lagarde, (2001). Vulnérabilité des plantes utilisées comme antipaludiques dans l'Arrondissement de Mintom au sud de la réserve de Biosphère du Dja (Cameroun). *Syst. Geogr. Pl.,* 71, pp 661-678.

Djoufack-Manetsa, V.., (2011). Étude multi échelles des précipitations et du couvert végétal au Cameroun : Analyses spatiales, tendances temporelles, facteurs climatiques et anthropiques de variabilité du NDVI. Thèse de Doctorat, Université de Yaoundé I, Université de Bourgogne, 303 p.

Donfack, P., Seiny-Boukar, L. et M'Biandoun, M., (1996). Les caractéristiques du milieu physique : Actes de l'atelier d'échanges sur le thème : Agriculture des savanes du Nord-Cameroun, CIRAD, pp 29-42.

Ganota, B., (2014). Dynamique de la végétation ligneuse dans un contexte de variabilité climatique dans les savanes soudaniennes sous l'action des fronts pionniers : le cas du terroir de Sakdjé (Nord-Cameroun),In : *Les mutations socio-spatiales au Cameroun,* Mélanges en hommage au Pr. Jean-Louis DONGMO, pp 49-58.

Gautier, D., et Ntoupka, M., (2003). Une inflexion dans la dégradation des ressources arborées au Nord-Cameroun, Cah. Agric. Jamin J.Y., Seiny BoukarL., Floret C. (éditeurs scientifiques), 2003. *Savanes africaines : des espaces en mutation, des acteurs face à de nouveaux défis.* Actes du colloque, mai 2002, Garoua, Cameroun. Prasac, N'Djamena, Tchad -Cirad, Montpellier, France.12 (4) (2003) pp 235-240.

Mapongmetsem, P. M., Tchingsabe, O., Kemeuze, V. et Damba, A., (2010). Utilisation et commercialisation des PFNL par les communautés locales des savanes soudaniennes, conférence : XIXième Congrès de l'AERFAT : 26-30 avril 2010, Antanarivo, Madagascar.

Sandjong Sani, R.C., Ntoupka, M., Ibrahima, A., et Vroumsia Toua, (2013). Étude écologique du Parc National de Mozogo-Gokoro (Cameroun) : Prospections préliminaires de la flore ligneuse et du sol pour sa conservation et son aménagement, in : *International Journal of Biological and Chemical Sciences* 7(6), December 2013, pp 2434-2449.

Shannon, C. E., (1948). A Mathematical Theory of Communication. *The Bell System Technical Journal,* 27: pp 379-423.

Tchobsala, et Mbolo, M., (2013), Characterization and impact Wood logging an plat formation in Ngaoundéré district, Adamawa, region, Cameroon, in environmental Science, *Journal of ecology and the natural environment,* December 2013, 13 p.

Ter, Braak, C., (1985), Correspondence analysis of incidence and abundancedata: properties in
terms of a unimodal reponse model. Biometrics, 41: pp 859-873.

Téwéché, A., Eloundou, Messie, P.   et Mbanmeyh, M. M., (2020).Contribution socio-économique et thérapeutique des produits forestiers non sur les marchés de Maroua (Extrême-Nord, Cameroun). *Revue espace, territoire, société et santé*, 3(5), pp 213-225.

Traore, L., Ouedraogo, I., Ouedraogo, A. et Thiombiano, A., (2011). Perceptions, usages et vulnérabilité des ressources végétales ligneuses dans le Sud-Ouest du Burkina Faso. *International Journal of Biological and Chemical Sciences*, 5 (1).

Contribution des espèces agroforestières à la restauration des services écosystémiques dans le terroir de Godola (Extrême-Nord, Cameroun)

Anguessin Benjamine, Fawa Guidawa et Dona Adoum

RESUME. Le travail porte sur la contribution des écosystèmes réhabilités dans la restauration des services écosystémiques dans le terroir de Godola après un reboisement de 23 000 plants agroforestiers sur une superficie de 100 ha. L'objectif principal de cette étude est de contribuer à l'évaluation de la restauration des services écosystémiques de la localité de Godola. Pour y parvenir, différentes méthodes ont été utilisées sur le terrain, notamment les observations directes et les questionnaires administrées à 100 agriculteurs. Les résultats de cette étude révèlent que le site regorgeait dans le passé d'une panoplie d'éléments biotiques qui contribuaient au bon fonctionnement de leurs écosystèmes ; et que la biodiversité faunique était constituée d'une diversité de mammifères sauvages. La biodiversité floristique quant à elle était constituée des arbres tels que *Khaya senegalensis, Adansonia digitata, Tamarindus indica, Faidherbia albida* et de hautes herbes. Mais au fil du temps, les facteurs naturels et anthropiques ont contribué à la dégradation de ce terroir, entraînant la disparition d'un nombre important d'espèces. Les résultats montrent que les travaux de réhabilitation de ce site ont redonné espoir à ce village : le site reboisé fournit plusieurs services qui contribuent au bien-être des populations riveraines. Il s'agit des services d'approvisionnement, socio-culturels, de régulation et de soutien. Ces services sont évalués aujourd'hui à environ 101 270 000 FCFA. Néanmoins, ces services sont menacés de disparaître à cause des diverses contraintes naturelles notamment la pluviométrie élevée (58%), la sècheresse (30%), les inondations (12%) et les contraintes anthropiques à savoir la coupe anarchique du bois (37%), l'agriculture non durable (33%) et le surpâturage (30%).

MOTS-CLES. Espèces agroforestières, Écosystèmes, Services écosystémiques, biodiversité, Réhabilitation, Restauration.

ABSTRACT. The work focused on the contribution of the rehabilitated ecosystems of the locality of Godola after a reforestation of 23,000 agroforestry plants over an area of 100 ha. The main objective of this study is to contribute to the evaluation of the restoration of ecosystem services in the locality of Godola. To achieve this, different methods were used in the field, including direct observations and questionnaires administered to 100 farmers. The results of this study reveal that in the past the site was teeming with a range of biotic elements which contributed to the proper functioning of their ecosystems. Wildlife biodiversity consisted of wild mammals such as antelopes, hyenas, rabbits, monkeys; reptiles such as margoillats, lizards, snakes; birds like wild pigeons, partridges. Floristic biodiversity consisted of trees: *Khaya senegalensis, Adansonia digitata, Tamarindus indica, Faidherbia albida*; and tall grass. But over time, natural and anthropogenic factors have contributed to the degradation of this locality leading to the provision of a significant number of species. The rehabilitation work of this site has given hope to this village. Today, thanks to their rehabilitation, the reforested site provides several services which contribute to the well-being of local populations. These are provisioning services, cultural social services, regulatory services and support services. These services are valued today at around 101 270 000 FCFA. However, these services are threatened with disappearing because of various natural constraints (high rainfall 58%, drought 30%, floods 12 %) and anthropogenic constraints (logging 37%, unsustainable agriculture 33%, wheat overgrazing 30%).

KEYWORDS. Agroforestry species, ecosystems, ecosystems services, biodiversity, rehabilitation, restoration

INTRODUCTION

Le XXIᵉ siècle se caractérise par une croissance démographique unique dans l'histoire de l'humanité. Dans les pays en développement, ce processus est plus dramatique que dans le reste du monde. Les impacts de cette dynamique s'accompagnent de problèmes sociaux, économiques et environnementaux indescriptibles (Tuayo, 2018). Or, depuis des décennies déjà avec le phénomène de réchauffement climatique, de nombreux écosystèmes de la planète ont subi une profonde dégradation. Ceci avec des incidences négatives sur la diversité biologique et les moyens d'existence des populations (UICN, 2012). Le bien-être et la croissance des individus, des foyers, des entreprises et des industries, dépendent pratiquement des services écosystémiques. La dégradation peut entraîner des pertes et des coûts significatifs. Ces impacts négatifs menacent beaucoup plus les populations pauvres et vulnérables, qui n'ont pas toujours les moyens d'accéder à des solutions de remplacement lorsque les services écosystémiques disparaissent (EEM, 2005).

Les paysages urbains et périurbains de l'Extrême-Nord Cameroun se développent et grignotent les espaces naturels et agricoles, engendrant des conflits d'usage des ressources naturelles. De nombreuses personnes dépendent aujourd'hui de ce qui est devenu « écosystèmes dégradés », pour subvenir à leurs besoins. La restauration des écosystèmes est donc devenue essentielle pour leur offrir des avantages significatifs. Ils se présentent sous forme de la conservation de la diversité biologique, de l'atténuation des changements climatiques et de l'adaptation à leurs effets, et de la lutte contre la désertification.

C'est ainsi que depuis quelques années, ces zones vulnérables bénéficient des accompagnements à travers des projets et des programmes. C'est le cas par exemple du Programme de Développement Durable du Bassin du Lac Tchad (PRODEBALT) qui constituait une réponse à un des graves problèmes qui se posent à l'existence du lac Tchad et à la pérennité des ressources naturelles de son bassin. Il s'inscrivait dans la logique de l'amélioration de la sécurité alimentaire et des conditions de vie des populations du bassin dans un environnement préservé (ACEEN, 2016). C'est dans cette lancée que la localité de Godola a fait l'objet d'une restauration en 2009 à travers un projet de reboisement de 23 000 plants agroforestiers (5000 arbres d'espèces fertilisantes, 2500 arbres d'espèces fourragères, 16000 plants d'*Acacias nilotica*) sur une superficie de 100 ha.

L'objectif principal de cette étude est d'évaluer l'apport de la restauration des services écosystémiques du terroir de Godola. Spécifiquement, il s'agit d'évaluer et présenter les services écosystémiques que tirent les populations de cette localité et de relever les contraintes liées à la restauration de ces services.

MATERIEL ET METHODES
Présentation de la zone d'étude

Godola est situé dans l'Arrondissement de Meri, Département du Diamaré, Région de l'Extrême-Nord du Cameroun. Ce terroir est limité au Nord par la Commune de Tokombéré, à l'Ouest par les Communes de Soulèdé-Roua, Gazawa et Mokolo, au Sud par les Communes de Mindif et Ndoukoula et à l'Est par les Communes de Maroua II, Maroua III et Dargala (figure 1).

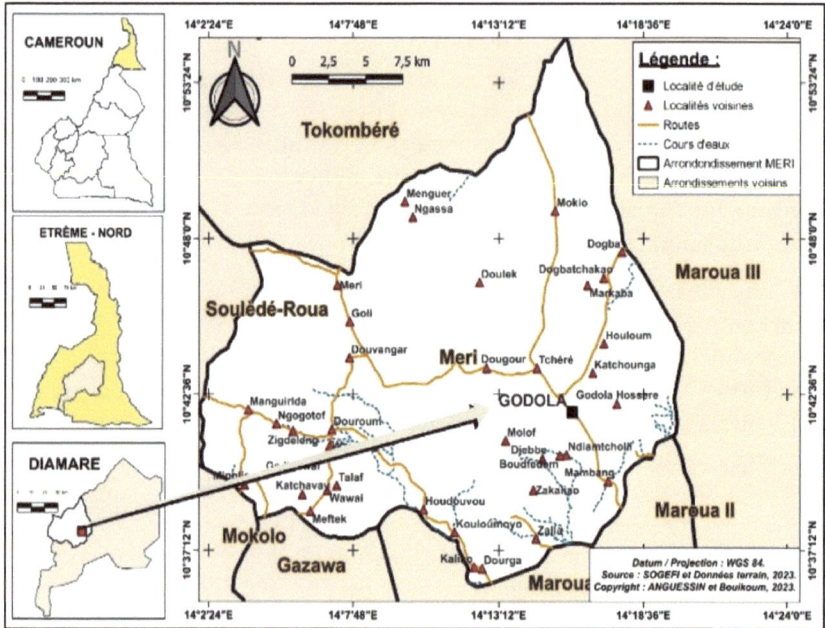

Figure 1. Localisation de la zone d'étude

Matériel technique utilisé

Pour collecter les données et atteindre l'objectif escompté, plusieurs matériels ont été utilisés. Il s'agit d'un GPS Garmin, d'un appareil numérique de 16.1 Méga pixels, d'un guide d'entretien et d'un questionnaire (tableau 1).

Tableau 1. Matériels utilisés pour la collecte des données

Matériels	Utilité/rôle
Un GPS de marque GARMIN	Relever les coordonnées géographiques
L'appareil photo numérique de 16.1 Méga pixels	Prises de vue des différentes images
Un guide d'entretien	Avoir des connaissances sur l'état passé et actuel du site reboisé
Un questionnaire	Évaluer et présenter les services écosystémiques que tirent les populations de ces sites et connaitre les contraintes liées à la restauration de ces services

Méthodes
Collecte des données

La méthode utilisée pour les enquêtes qualitatives a été essentiellement des observations directes (Tchan, 2016). Elles ont été effectuées pour évaluer l'état actuel du site reboisé de Godola. L'entretien a servi de cadre de discussion directe et approfondie avec les riverains les plus âgés et les agriculteurs. Le questionnaire a été administré individuellement aux usagers du site reboisé, ceci en fonction de leur disponibilité. L'échantillonnage aléatoire simple a été adopté pour définir l'échantillon d'une taille de 100 acteurs. Les informations ont été obtenues sur les différents services écosystémiques que procurent le site reboisé de Godola. Un questionnaire fermé a été utilisé dont la liste de propositions de réponses soumises aux répondants est fixée à l'avance.

Traitement et analyse des données

Les données collectées ont été saisies, traitées et analysées. Selon la nécessité des résultats recherchés, les diagrammes et les tableaux ont été obtenus grâce au logiciel Excel. Le logiciel QGIS 3.10 a également servi pour la réalisation des cartes.

RESULTATS

Des études menées conjointement *in situ* et sur la base des logiciels ont permis de disposer de tous les éléments nécessaires pour l'évaluation de l'état passé et actuel de la zone d'étude, notamment Godola. Ces résultats présentent globalement les facteurs de dégradation, le profil socio-économique et culturel de la population locale, les éléments biotiques, les services écosystémiques et la valeur monétaire des services écosystémiques.

Connaissances sur le profil socio-économique et culturel de la population locale

La population de la localité de Godola située dans l'Arrondissement de Meri est constituée de cinq (05) ethnies, notamment les Fulbé, les Guiziga, les Mafa, les Mandara et les Moulkou. Le site est majoritairement exploité par les Guiziga, soit 32 % des ethnies rencontrées (figure 2).

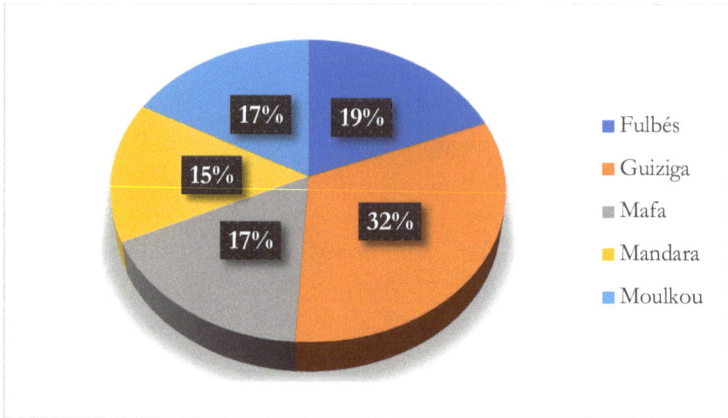

Figure 2. Répartition des enquêtés en fonction de leur ethnie

La localité est constituée à environ 70% des hommes et 30% des femmes dont la tranche d'âge varie entre 20 ans et plus de 50 ans (tableau 2). Ils sont en grande majorité âgés de plus de 50 ans (29,43%), avec un niveau d'étude assez bas dont 49% sont non scolarisés, 39% au secondaire et 12% au primaire.

Tableau 2. Répartition en pourcentage des enquêtés selon leur tranche d'âge et ethnie

Ethnie TA	Ful	Gui	Ma	Man	Mol	Moy
-20ans	26,31	25	23,52	20	35,29	26,02
31-40ans	21,05	34,37	17,64	20	23,52	23,31
41-50ans	31,57	12,50	17,64	26,66	17,64	21,20
+ 50ans	21,05	28,12	41,17	33,33	23,52	29,43

Légende : TA: Tranche d'Age ; Ful : Fulbé ; Gui : Guiziga ; Ma : Mafa ; Man : Mandara ; Mou: Molkou ; Moy : Moyenne

Connaissances sur quelques éléments biotiques passés et actuels

Les éléments biotiques sont des entités qui forment un réseau dans la structure des écosystèmes et contribuent au bon fonctionnement de ceux-ci. Le site reboisé regorgeait déjà dans le passé (figure 3) d'une diversité d'éléments biotiques dont 43% de hautes herbes qui formaient un peu partout une savane ; 24% de mammifères sauvages constitués entre autres des antilopes, des hyènes, des lapins, des singes ; 18% d'arbres dont certains existent encore sur le site, à l'instar du *Tamarindus indica* et du *Faidherbia albida* ; 9% d'oiseaux ; 6% d'insectes (criquets, sauterelles, papillons, abeilles) ; et 2% de reptiles constitués de magouillas, de lézards et de serpents. Ces éléments contribuaient au bon fonctionnement de l'écosystème.

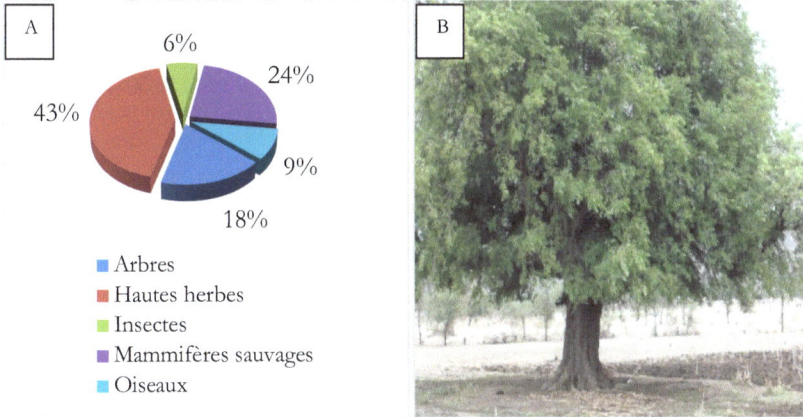

Figure 3. Répartition des éléments biotiques passés(A) et image d'un *Tamarindus indica* (B)

Sur le site actuel (figure 3), après le reboisement, les arbres sont plus abondants (34%) et constituent sur certains endroits les limites des parcelles agricoles. Les insectes représentant 21% (sauterelles, criquets, abeilles, papillons,…) sont un peu partout sur le site. Les animaux domestiques (moutons, chèvres, bœufs, porcs, poules,…) et les oiseaux, en majorité les hérons (*Bubulcus ibis*) communément appelés pique-bœufs, représentent respectivement chacun 12%. Les herbes qui constituent une source de fourrage pour les animaux sont faiblement représentées, soit 3% (figure 4).

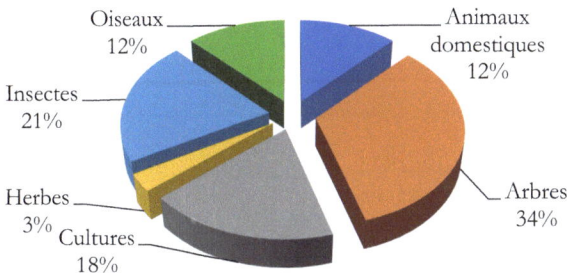

Figure 4. Répartition de quelques éléments biotiques actuels

Des services écosystémiques passés et actuels

Services d'approvisionnement

La quasi-totalité des personnes enquêtées (55%) affirment qu'auparavant le site était une grande zone de production du sorgho et du riz (figure 5). Ensuite, 18% des enquêtés estiment que, le site était un lieu par excellence de pâturage pour les gros et petits bétails. Aussi, 9% y récoltent les plantes pour la pharmacopée. Également, les céréales et les fruits issus de ce site constituaient une source de fibres, soit 9%. Enfin, le bois d'œuvre et le bois de chauffe étaient par contre rares sur le site, soit respectivement 6% et 3%.

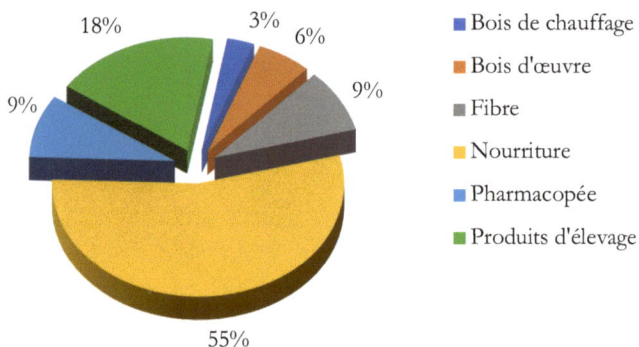

Figure 5. Répartition de la population vis-à-vis des services d'approvisionnement anciens

Après les travaux de réhabilitation du site (figure 6), les services d'approvisionnement restaurés sont en grande partie constitué de nourriture (55%), car sur ce site, la population cultive du mil rouge (*Eleusine coracana*), le sorgho (*Sorghum bicolor*), le maïs (*Zeamays*), le coton (*Gossypium* Sp.), le riz (*Oryza* spp.), les arachides (*Arachis hypogea*) et des légumes-feuilles tels que le gombo (*Abelmoschus esculentus*). Les paysans ont relevé que la fertilité du sol s'est nettement améliorée et les rendements agricoles ont augmenté. Environ 15% des enquêtées élaguent les branches des *Acacias* (*seyal* et *nilotica*) pour faire des haies mortes, servant à la protection des cultures sur des parcelles contre le bétail. Les chaumes de cultures, les feuilles d'arbres et les herbes constituent les produits d'alimentation du bétail (15%). Le bois d'œuvre et le bois de chauffage sont fournis par le site, soit respectivement 12% chacun. La pharmacopée (9%) est constituée d'écorces d'arbres, de feuilles, des tiges et des racines d'arbres. La fibre alimentaire est faiblement représentée (6%) et est issue des fruits de certains arbres, du riz ou des céréales cultivées sur le site.

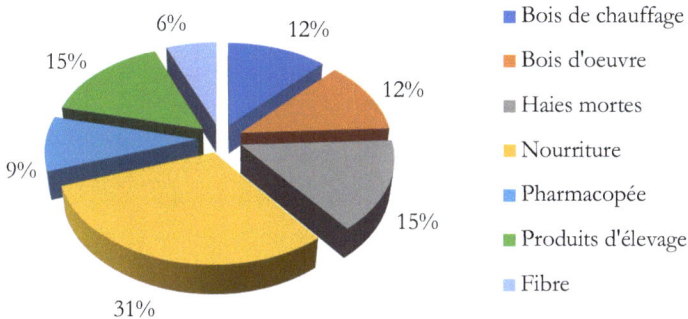

Figure 6. Services d'approvisionnement fournis par le site de Godola

Services de régulation

La figure 7 présente les différents services de régulation dont la population bénéficiait de ce site. Dans le passé, l'écosystème du site reboisé de Godola participait en grande majorité à la régulation du climat, soit 46%. Il contribuait au cycle de l'eau à 27% et participait à la régulation de certaines maladies à 12%. La lutte contre l'érosion et l'améloiration de la qualité de l'air représentaient chacun à peine 6% et la pollinisation 3%.

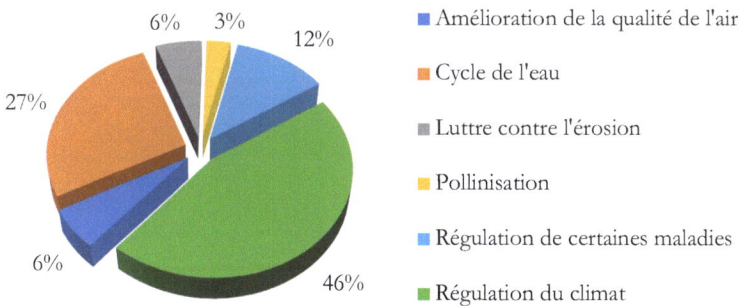

Figure 7. Services de régulation anciens du site reboisé

Après la réhabilitaton du site dégradé, les services de régulation ont été aussi restaurés (figure 8). Il ressort de cette figure que, 31% des personnes enquêtées révèlent que le site de Godola a grandement régulé le climat local. Pour 24%, la qualité de l'air dans cette localité s'est améliorée. 21% affirment que la réhabilitation du site a contribué à la lutte contre l'érosion (hydrique et éolienne) et à la régulation de certaines maladies (12 %) à travers les services de régulation qu'il fournit dans la localité. Pour d'autres (soit respectivement 6% chacune), le site a contribué au fonctionnement du cycle de l'eau et à la lutte contre l'inondation.

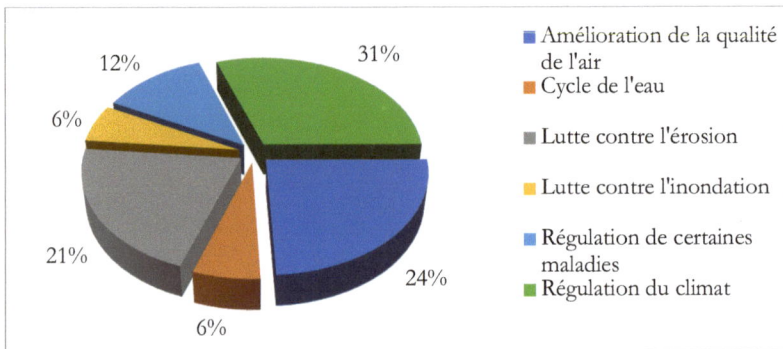

Figure 8. Services de régulation actuels fournis par le site de Godola

Services sociaux et culturels

La figure 9 présente les différents services sociaux et culturels dont la population bénéficiait. Le site représentait 37% des valeurs touristiques. Il constituait à 24%, une source de distraction pour la population locale. Pour certaines personnes, le site constituait une source d'inspiration et d'éducation, soit 15% ; et des valeurs patrimoniales à 12% ; et 9% pour la méditation. Le site procurait également 3% d'emploi à certaines personnes.

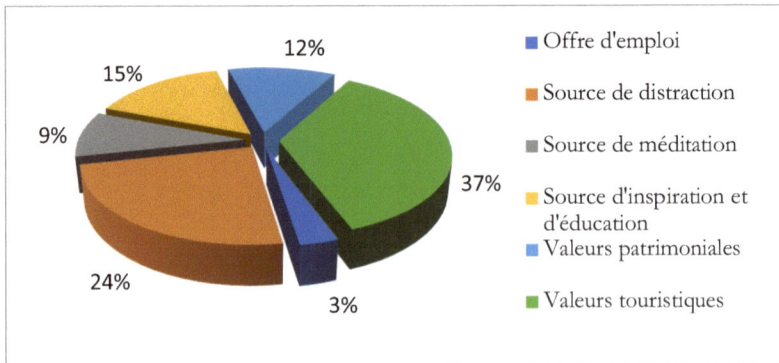

Figure 9. Répartition de la population vis-à-vis des services sociaux et culturels qu'elle bénéficiait du site de Godola

Actuellement, l'offre d'emploi est majoritairement représentée à 31%

(figure 10), pouvant ainsi lutter contre le chômage. Ceci se justifie par la forte activité agricole existant sur le site qui, est un secteur qui emploie un grand nombre de personnes pour la satisfaction de leurs multiples besoins. À peu près 24% des personnes enquêtées affirment que le site est une source d'inspiration et d'éducation, 21% pour source de méditation. Le site renferme des valeurs touristiques à hauteur de 9% ; et des valeurs patrimoniales soit, 9%. Le reste des personnes enquêtées (soit 6%) estiment que le site est un lieu de distraction surtout pour les enfants (6%).

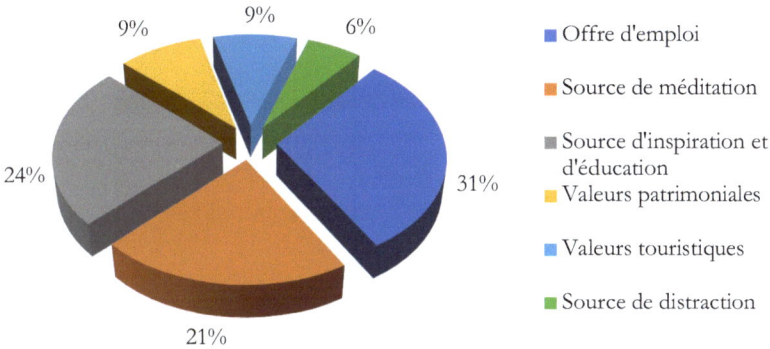

Figure 10. Services sociaux et culturels actuels fournis par le site de Godola

Services de soutien

L'écosystème du site participait à 64% à la formation et à la fertilisation des sols, ainsi qu'à 27% à la production primaire de la biomasse dans le passé (figure 11). Il offrait un habitat (6%) pour certains animaux (lapins, oiseaux et reptiles) et contribuait faiblement au cycle des nutriments (3%).

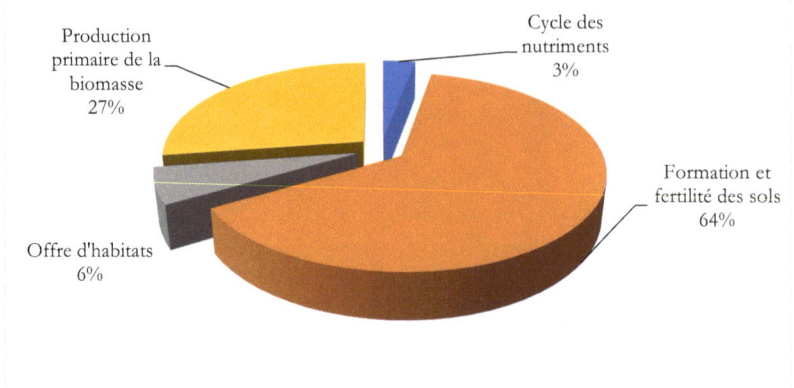

Figure 11. Services de soutien passés

Actuellement, les arbres (64%) sur le site reboisé ont considérablement contribué à la restauration du sol (figure 12). Leur fertilité s'est fortement améliorée grâce aux pieds de *Faidherbia albida* présents par endroit dans les parcelles agricoles. La production primaire de la biomasse du site est représentée à 21% et le cycle des nutriments du site est estimé à 15%, car les déchets et résidus de récoltes servent de nourriture pour les animaux. Quant aux déchets d'animaux, ils servent de fertilisant pour les cultures.

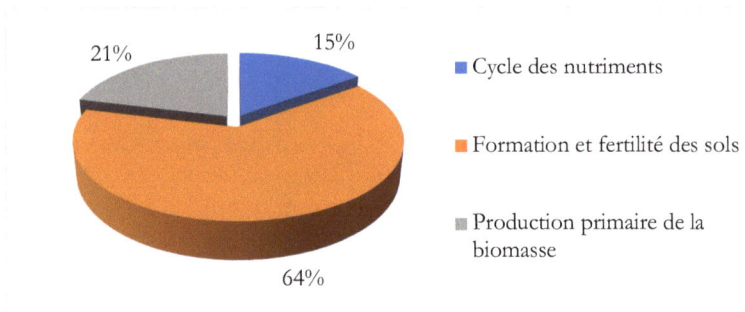

Figure 12. Services de soutien actuels fournis par le site reboisé

Facteurs de dégradation

Plusieurs facteurs naturels et anthropiques ont contribué à la dégradation de la localité de Godola. Parmi les facteurs naturels (figure 11) à l'origine de la dégradation, la sècheresse occupe la première place, soit un pourcentage de 85%, suivie d'une pluviométrie élevée (12%) à l'origine de la destruction des récoltes. Environ 3% seulement des personnes enquêtées

270

pensent que le sol s'est dégradé de façon naturelle par endroit en perdant sa qualité ; d'où la disparition de certains êtres vivants à l'instar de certaines plantes.

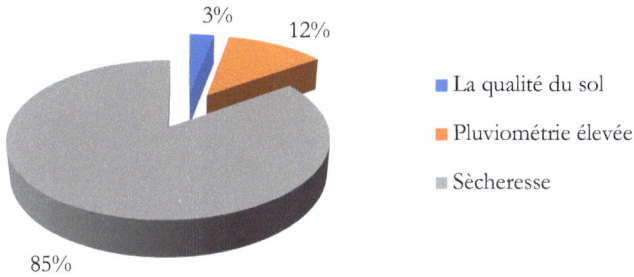

Figure 11. Facteurs naturels à l'origine de la dégradation des sols

À ces facteurs naturels, s'ajoutent les facteurs anthropiques (figure12). L'agriculture est majoritairement représentée à 46%. Cela s'explique par le fait qu'auparavant le site constituait déjà une zone importante de production agricole. Par ailleurs, le surpâturage présente 36% et la coupe du bois est à 12%. Tous ces facteurs avaient fortement impacté les moyens d'existence de la population, engendrant la famine et la pauvreté, car les sols n'étaient plus productifs.

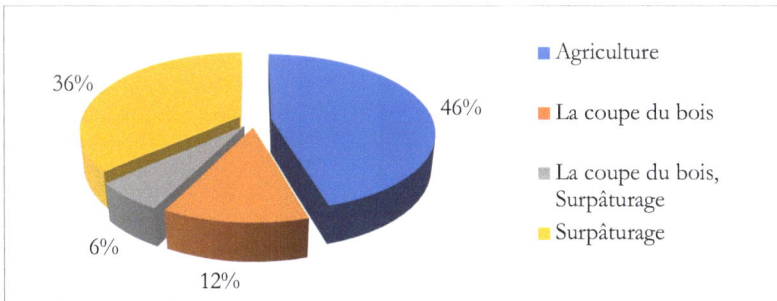

Figure 12. Facteurs anthropiques à l'origine de la dégradation de la localité

Techniques de restauration paysanne

Dès lors, la population employait quelques techniques de réhabilitation (figure 13), telles que le paillage (18%) et l'agroforesterie (15%). Très peu de personnes employaient le reboisement (6%) et l'association des cultures (3%). Néanmoins, une grande majorité des personnes enquêtées (58%)

271

affirment qu'aucune technique de réhabilitation n'était employée pour éviter la dégradation du site.

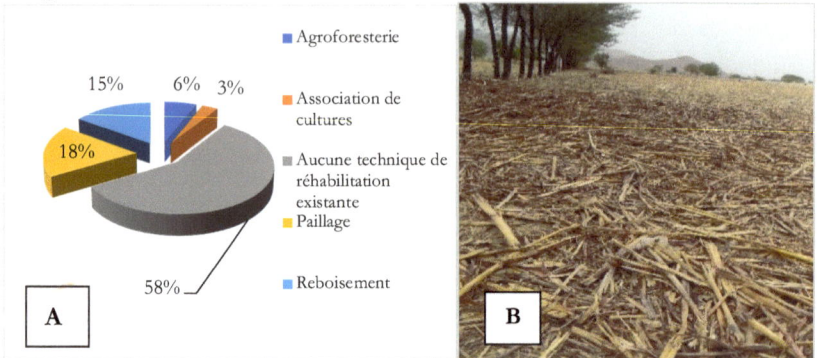

Figure 13. Répartition des techniques traditionnelle de restauration des sols(A) et Paillage effectué dans une parcelle agricole délimitée d'une haie vive d'*Acacia nilotica* (B)

Perception de la population sur la restauration de leur terroir

La restauration représente une option dans le but de gérer raisonnablement les ressources naturelles tout en conservant son écosystème et sa biodiversité. Sur le site reboisé (figure 14), 37% des personnes enquêtées affirment que les plantes présentes aux abords des champs (*Acacia seyal*), protègent les cultures contre le bétail en divagation sur le site et ont réduit considérablement les conflits de 21% entre agriculteurs, et agriculteurs/éleveurs. Pour certains, la restauration a permis de rehausser la fertilité des sols (21%), ainsi que la reconstruction des paysages dégradés (12%). D'autres par contre tirent comme avantage les produits pour leur bétail (fourrage), soit 12% ; et pour d'autres la réduction de la dégradation des sols (9%).

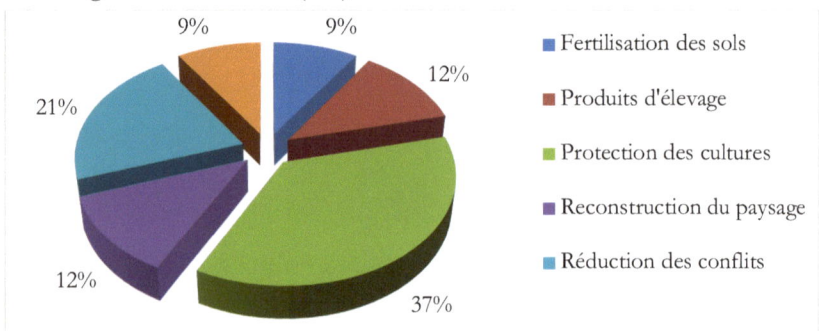

Figure 14. Répartition des avantages des techniques de réhabilitation pratiquées

272

À ces avantages s'ajoutent des difficultés que rencontre la population relativement aux techniques de réhabilitation pratiquées sur le site (figure 15). Une grande majorité des personnes enquêtées (70%) affirment que le choix des plants à reboiser à l'instar des épineux (*Acacia seyal* et *Acacia nilotica*) ne constitue que des contraintes pour elles. Car sous ces espèces, le rendement agricole est très faible. Les cultures rencontrent des difficultés pour se développer convenablement avec l'ombrage que ces arbres créent. De plus, ces espèces à épines causent beaucoup de maux aux agriculteurs tels que la piqure accidentelle d'épine au niveau de leurs doigts. Pour certains, c'est le manque de protection (12%) et leurs points de vue qui n'ont pas été pris en compte lors des travaux de réhabilitation (12%). Pour d'autres, le climat (6%) peut causer par endroit l'échec de la technique pratiquée sur ce site.

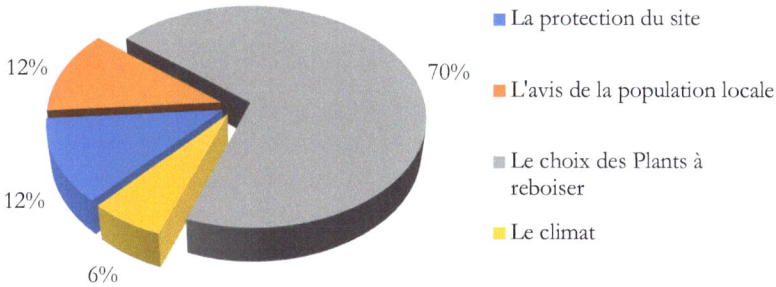

Figure 15. Difficultés liées aux techniques de réhabilitation

Contraintes liées à la restauration des services écosystémiques du site reboisé

Des contraintes naturelles

La population considère la pluviométrie (58%) comme étant une contrainte majeure à la restauration des services écosystémiques (figure 16), car avec les fortes pluies, une bonne partie des terres ont été emportées par les eaux. La sècheresse représente pour 30% des personnes enquêtées l'une des contraintes à la restauration des services écosystémiques sur ce site. Elle impacte sur le rendement agricole et la productivité. D'autres par contre spéculent que, ce sont les eaux stagnantes dans certaines parcelles agricoles qui engendrent les inondations, car 12 % sont à l'origine d'énormes dégâts sur les cultures, sur les arbres mal élagués et certains êtres vivants.

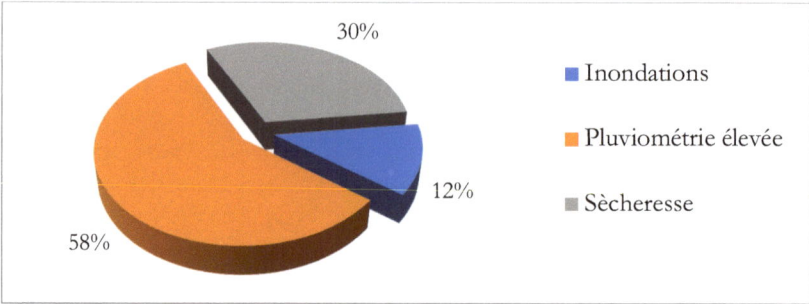

30%

■ Inondations

12%

■ Pluviométrie élevée

58%

■ Sècheresse

Figure 16. Répartition des contraintes naturelles liées à la restauration des services écosystémiques du site de Godola

Des contraintes anthropiques

La coupe du bois représente pour 37% des personnes enquêtées sur le site, une contrainte à la restauration des services écosystémiques (figure 17). L'agriculture étant l'activité principale sur ce site, les oiseaux constituent une réelle menace pour les cultures surtout celle du mil. C'est pourquoi 33% des enquêtés affirment que pour éliminer cette menace, elles sont obligées d'éliminer des arbres dans le but de les chasser. Car, certains oiseaux ont trouvé à ce site un bon endroit pour faire leurs nids. Le surpâturage (30 %) effectué par les bergers, continue à entrainer une grave dégradation des sols sur le site ; car au passage des animaux, le sol devient très rigide, empêchant ainsi l'infiltration des eaux et surtout la repousse de certains végétaux.

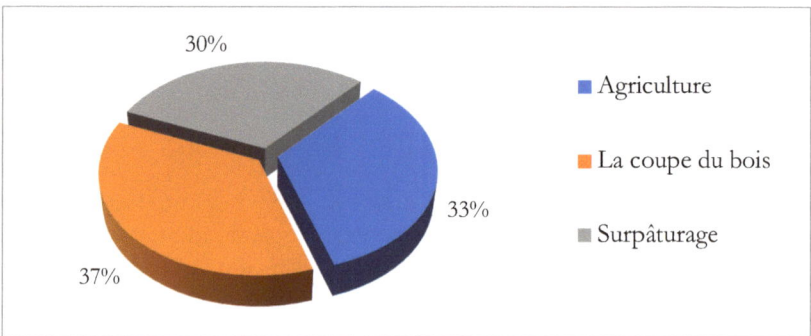

30%

■ Agriculture

33%

■ La coupe du bois

37%

■ Surpâturage

Figure 17. Contraintes anthropiques liées à la restauration des services écosystémiques

Valeur monétaire des services écosystémiques

Les services écosystémiques évalués et estimés avec une valeur

274

monétaire après réhabilitation du site suite au reboisement à base des espèces agroforestières est d'environ 101.270.000 FCFA (tableau 2). Malgré cette valeur monétaire que peut procurer le site après le reboisement, les exploitants du site ont une méconnaissance du Paiement des Services Écosystémiques (PSE).

Tableau 2. Valeurs monétaires des services écosystémiques

Services écosystémiques	Valeurs monétaires (FCFA)
Services d'approvisionnement	68 150 000
Services de régulation	5 320 000
Services de soutien	7 900 000
Services sociaux et culturels	19 900 000
Total	101 270 000

DISCUSSION DES RÉSULTATS

Le site reboisé regorgeait déjà dans le passé d'une diversité d'éléments biotiques constituée des hautes herbes qui formaient un peu partout une savane. On note également la présence des mammifères sauvages constitués entre autres des antilopes, des hyènes, des lapins, des singes ; d'arbres indigènes dont certains existent encore sur le site à l'instar : du Tamarinier (*Tamarindus indica*) et le *Faidherbia albida* ; d'oiseaux ; d'insectes et de reptiles. Ces éléments contribuaient au bon fonctionnement de l'écosystème. Il est bien connu de nos jours que les biens et services environnementaux contribuent à l'ensemble des offres d'emploi, aux recettes gouvernementales et devises. Sans les services écosystémiques, le développement social et économique serait impossible et l'homme ne pourrait ni évoluer, ni survivre (Marina et *al.*, 2013).

Plusieurs facteurs naturels et anthropiques ont contribué à la dégradation de la localité de Godola. Parmi les facteurs naturels, la sècheresse occupe la première place avec 85%. À ces facteurs naturels, s'ajoutent les facteurs anthropiques dont l'agriculture.

Cela peut s'expliquer par le fait qu'auparavant le site constituait déjà une grande zone de production du mil et du sorgho, et dans certains endroits, du riz. À ceci s'ajoutent le surpâturage et la coupe du bois qui avaient fortement impactés les moyens d'existence de la population, engendrant la famine et la pauvreté. Car les sols n'étaient plus productifs et cette dégradation pouvait également impacter sur l'élevage du bétail. Ce résultat corrobore ceux de EEM (2005) qui a montré que l'Homme a modifié la structure et le fonctionnement des écosystèmes plus rapidement et plus profondément qu'à toute autre période de l'histoire de l'humanité. Ceci en grande partie pour satisfaire une demande toujours croissante en matière de nourriture, d'eau douce, de bois, de fibre, et d'énergie. De même, le bois constitue la principale source d'énergie de cuisson pour plus de 90 % des ménages et l'unique source pour 100 % des professionnels de petites entreprises alimentaires et de transformation (bière de mil/sorgho, viande grillée) dans l'ensemble de la zone (MINEPDED, 2016).

Cependant, les travaux de réhabilitation de la localité par les espèces agroforestières ont redonné espoir à ce village : la protection des cultures, la fertilisation des sols avec les rendements agricoles en hausse et la réduction des conflits. Les différents services écosystémiques ont été restaurés (services de soutien, services d'approvisionnement et services socio-culturels). Cette restauration n'est par *stricto sensu,* car selon Laugier (2012), le but de la restauration est de restituer tel qu'il était à l'origine un écosystème qui a été endommagé, voire détruit par les activités humaines. Il s'agit donc d'accélérer le rétablissement d'un écosystème tout en respectant, le mieux possible, la composition spécifique, la structure communautaire, les fonctions écologiques, la capacité de l'environnement physique à supporter son biote et la connectivité avec le paysage alentour.

La réhabilitation a considérablement contribué à la restauration des services écosystémiques similaires à ceux fournis par le site dans le passé, malgré la pression humaine qui favorise la dégradation du site. Ceci correspond à ce que Lake (2001) appelle une "restauration *sensu Lato",* qui vise simplement à stopper la dégradation et à remettre un écosystème dégradé, mais présentant encore un niveau suffisant de résilience, sur la trajectoire dynamique sensée être la sienne avant la perturbation.

Ayant actuellement beaucoup évolué et changé, la localité de Godola présente des caractéristiques particulières. On rencontre comme éléments biotiques des arbres qui forment sur certains endroits une forêt ; les insectes tels que les sauterelles, les criquets, les abeilles, les papillons ; les cultures, en majorité le mil et le maïs. Les animaux domestiques constitués entre autres de moutons, des dchèvres, desd bœufs, des porcs et des poules contribuent grandement aux cycles des nutriments. Les résidus de récoltes constituent leur nourriture et les déchets qu'ils produisent constituent des éléments fertilisant pour les plantes.

On rencontre également des oiseaux composés de plusieurs espèces parmi lesquelles le héron (*Bubulcus ibis*) communément appelé pique-bœuf, et le bulbul africain (*Pycnonotus barbatus*), les hirondelles (*Hirundininae*) et les herbes qui constituent une source de fourrage pour les animaux. Tous ces éléments contribuent grandement au bon fonctionnement des écosystèmes qui fournissent plusieurs services écosystémiques actuellement évalués et estimés à environ 101 270 000 FCFA par an. Malgré cette valeur monétaire que peut procurer le site reboisé, les exploitants du site ont une méconnaissance du Paiement des Services Écosystémiques (PSE). Selon UICN (2015), ce paiement est un des instruments économiques visant la gestion durable des écosystèmes. Or, selon la FAO (2011), quatre (04) types de services écosystémiques sont visés par des PSE, à savoir la préservation de la biodiversité, la protection des ressources en eau, la préservation des paysages et la séquestration du carbone.

Les acteurs concernés dans la gestion du site reboisé gagneraient à s'appliquer sur la gestion durable de ces sites afin de fournir des services écosystémiques qui, selon l'UICN (2013), constituent des objets d'une convention de PSE. Les services écosystémiques peuvent donc être rémunérés (Wunder, 2005). Mais, la mise en place d'un tel système nécessite la disponibilité d'informations scientifiques fiables sur les services écosystémiques pouvant faire l'objet de transactions marchandes.

La gestion durable des terres contribue grandement au fonctionnement durable des écosystèmes, donc à la fourniture des services écosystémiques. Selon la FAO (2011), la gestion durable des terres prend en compte la gestion des sols, de l'eau, des ressources végétales et animales. Toutefois, la réhabilitation de la localité de Godola a permis de mettre leur écosystème sur une trajectoire dynamique sensée être la sienne avant sa perturbation. Mais des efforts restent à faire au vu de la pression de la démographie humaine et des effets des changements climatiques sur les écosystèmes.

CONCLUSION

Le site de Godola regorgeait dans le passé d'une panoplie d'éléments biotiques qui contribuaient au bon fonctionnement de leurs écosystèmes. La biodiversité était riche et diversifiée, constituée de groupes d'animaux. Mais au fil du temps, les facteurs naturels et anthropiques ont contribué à la dégradation de cette localité, entrainant avec elle la disparition d'un nombre important d'espèces animales et végétales. Cependant, les travaux de réhabilitation de ce site ont redonné espoir à ce village : la protection des cultures, la fertilisation des sols avec les rendements agricoles en hausse et la réduction des conflits. Ayant actuellement beaucoup évolué et changé, la localité de Godola présente des caractéristiques particulières. On note un retour d'éléments biotiques passés : des arbres forment sur certains endroits une forêt ; les insectes tels que les sauterelles, les criquets, les abeilles, les papillons. Les animaux domestiques contribuent grandement aux cycles des nutriments. Les oiseaux et les graminées constituent une source de fourrage pour les animaux. Tous ces éléments contribuent grandement au bon fonctionnement des écosystèmes qui fournissent plusieurs services actuellement.

REFERENCES BIBLIOGRAPHIQUES

ACEEN, (2016). Mission d'évaluation des activités du Programme de Développement Durable du Bassin du Lac Tchad (PRODEBALT)-Cameroun. Rapport final. 33 p

Combessie, P., (2003). *Les fonctions sociales de l'enfermement carcéral : constats, hypothèses, projets de recherche*, mémoire pour l'habilitation à diriger des recherches, Uni. Paris 8. 152 p.

EEM, (2005). Rapport de synthèse de l'Évaluation des écosystèmes pour le Millénaire. 59 p.

FAO, (2016). Directives mondiales pour la restauration des forêts et des paysages dégradés dans les terres arides : renforcer la résilience et améliorer les moyens d'existence. 190 p.

Lake, P.S., (2001). Sur la maturation de la restauration : lier recherche écologique et restauration. Gérer la restauration écologique. Version 2. 248 p.

Laugier, R., (2012). De la restauration écologique au génie écologique : synthèse documentaire. Centre de ressource documentaire Aménagement, Logement, Nature. 19 p.

Marina, K, Isabel, R, Silvia, U., (2013). Intégration des services écosystémiques dans la planification du développement. Une approche graduelle destinée aux praticiens et basée sur l'approche TEEB. Guide scientifique- GIZ. 94 p.

MINEPDED, (2016). Document de référence réactualisé du projet Sahel Vert. 109 p.

Tchan Lou Balefé, E. (2016). Genre et relation de pouvoir dans les dynamiques d'appropriation et de valorisation des bas-fonds rizicoles dans la région du Haut-Sassandra. Mémoire de master, 102 p.

Tuayo, F, L., (2018). *Agriculture urbaine et exigences de la REDD+ : Cas de la commune d'arrondissement de Yaoundé VI*. Mémoire rédigé en vue de l'obtention du Diplôme de Master Professionnel en Aménagement et Gestion des Ressources Naturelles. (Non publié). 102 p

UICN, (2012). La restauration des écosystèmes (Point 9 de l'ordre du jour). 11ème réunion de la Conférence des Parties à la Convention sur la diversité biologique, Hyderabad, Inde. 26 p.

UICN, (2013). Restauration écologique pour les aires protégées. Principes, lignes directrices et bonnes pratiques. 133 p.

UICN, (2015). Approches de gestion intégrée des écosystèmes : Expériences en Afrique de l'Ouest. 32 p

Wunder, S., (2005). Payment for environmental services: Some nuts and bolts. Cifor. *Occasional Paper*, n° 42, Jakarta, Cifor, 24 p.

La raniculture : un moyen de conservation de la grenouille dans la plaine inondable de Waza-Logone (Extrême-Nord, Cameroun)

Etame Sone Diabe, Jules Balna, Ousman Zigla Doubakoum et Dangna Evrard

RÉSUMÉ. Depuis plusieurs décennies, l'exploitation des grenouilles est devenue une activité habituelle de l'homme. Elle s'est intensifiée, conduisant à une dégradation, voire une raréfaction de l'espèce suite à sa surexploitation et à la destruction de l'habitat naturel. Ce travail évalue l'apport potentiel de cette pratique sur la conservation de la grenouille dans la plaine inondable de Waza-Logone. Des enquêtes et entretiens ont été menés auprès des acteurs exploitant cette ressource. Quelques sites d'exploitation (Mourgouna, Ngamé, Ndiguina) et de commercialisation (Godola) ont été aussi explorés. Les résultats montrent que cinq (05) espèces de grenouille sont recherchées, notamment le *Ptychadena Sp, Ptychadena trinodis, Euphlytis occipitalis, Pyxicephalus adspersus* et *Hoplobatrachus occipitalis*. Cette activité est pratiquée en période de décrue avec 63,8% dans notre échantillon. Elle est pratiquée par les populations autochtones avec un revenu mensuel moyen de 87.500FCFA. Les principales méthodes de pêche sont les pièges et l'empoisonnement. Les stratégies adoptées pour résoudre ces problèmes sont orientées vers la raniculture, car 87% des pêcheurs parviennent à subvenir à leurs besoins grâce à cette activité. Ce changement pourrait davantage booster les revenus des pêcheurs et favoriser l'exploitation durable de cette ressource dans l'environnement.

MOTS-CLES. Exploitation de grenouille, Exploitation durable, raniculture, Plaine inondable de Waza-Logone

ABSTRACT. For several decades, the exploitation of frogs has become a habitual human activity. It has intensified leading to degradation or even a scarcity of the species following its overexploitation and the obliteration of the natural habitat. This work evaluates the potential contribution of this practice to the conservation of frogs in the Waza-Logone floodplain. Surveys and interviews were carried out with stakeholders exploiting this resource. Some exploitation sites (Mourgouna, Ngamé, Ndiguina) and marketing sites (Godola) were also explored. The results show that five (05) species of frog are sought including *Ptychadena Sp, Ptychadena trinodis, Euphlytis occipitalis, Pyxicephalus adspersus* and *Hoplobatrachus occipitalis*. This activity is practiced during periods of recession with 63.8% in our sample. It is practiced by indigenous populations with an average monthly income of 87,500 FCFA. The main fishing methods are traps and poisoning. The strategies adopted to resolve these problems are oriented towards raniculture because 87% of fishermen manage to meet their needs through this activity. This change could further boost the income of fishermen and promote the sustainable exploitation of this resource in the environment.

KEYWORDS. Frog exploitation, Sustainable exploitation, Raniculture, Waza-Logone floodplain

INTRODUCTION

La plaine inondable de Waza-Logone est un écosystème d'une grande importance écologique, économique, et humaine de par la diversité de sa population. Cette dernière exploite tour à tour les eaux pour exporter les ressources naturelles, notamment les poissons et les grenouilles, pour la commercialisation et la consommation. (Seignobos, 2014). Très appréciées de par la qualité de leur chair, elles sont devenues de nos jours des espèces vulnérables (Nessan et *al.*, 2021). Plusieurs raisons justifient entre autres cette situation : les activités anthropiques qui entraînent la destruction des habitats et son exploitation anarchique. Cette exploitation continue et non contrôlée entraîne une chute progressive des espèces et une baisse du niveau de revenu des acteurs (Vanga, 2011).

Le premier constat dégagé de nos travaux est que la pêche de grenouilles dans cette plaine constitue une activité ancienne, pratiquée majoritairement en saison pluvieuse et en période de décrue par la population autochtone. On note également la présence d'autres acteurs de la filière (intermédiaires, commerçants et consommateurs) à travers des circuits bien structurés pour le commerce de la grenouille. Cependant, il y a 25 ans, c'était une activité destinée à la consommation familiale des pêcheurs.

De nos jours, avec la croissance de la population et la forte demande sur le marché, elle est devenue une activité commerciale avec l'apparition des nouvelles techniques de pêche telles que l'utilisation des produits toxiques et la nasse. L'autre constat fait à travers ces travaux de recherche est que la quantité des grenouilles pêchées par an dans la plaine est inestimable. Il importe aussi de souligner que, de véritables zones de pêche de grenouille se multiplient à l'intérieur du Parc National de Waza et dans d'autres villages riverains : Baram, Doudoudiam, Doutarou, Fadaré, Mizigli, Blé, Tagawa, Niwadji, Divel, où les populations ne pratiquent que l'activité de pêche, ce qui amène à nous interroger sur son exploitation durable. Son taux d'exploitation s'accentue de plus en plus et cela entraîne une réduction considérable de son potentiel. Les techniques et engins de pêche développés par les pêcheurs sont la pêche au barrage (diguette, nasse, filet), l'épervier, le piège traditionnel (technique par trouaison) et quelquefois l'utilisation des produits toxiques (pesticides, herbicides, engrais). L'utilisation de telles méthodes ou tels engins de pêche est principalement fonction du niveau de l'eau et du type d'espèce recherchée. Certaines techniques de pêche sont néfastes à l'accroissement ou à la régénération du potentiel des ressources, notamment la technique par trouaison, ainsi que l'utilisation des produits toxiques. L'intérêt de cette étude réside dans la prise en compte des indicateurs de dégradation du milieu physique (habitat) et des grenouilles due à son exploitation selon la perception des populations pour une gestion durable.

MATERIELS ET METHODES
Présentation de zone d'étude

Du point de vue géographique, la présente étude a pour cadre spatial la plaine inondable de Waza-Logone (figure 1). Elle est située dans la Région de l'Extrême-Nord du Cameroun et couvre une superficie d'environ 800.000 ha. Elle est limitée au Nord par la ville de Kousséri, au Sud par le cordon dunaire Limani-Yagoua, à l'Est par le Logone et à l'Ouest par la république fédérale du Nigéria. Elle est située entre 10°48' et 12° de latitude Nord et 14°6' et 15°18' de longitude Est. Son hydrographie est caractérisée par sa dépendance des cours d'eau des monts Mandara (Mayo Boula et Tsanaga) et des crues du fleuve Logone (UICN, 2014). Elle abrite le Parc national de Waza. Son climat est de type sahélien avec deux saisons : une courte saison des pluies de trois à quatre mois (juin à septembre), le plus souvent irrégulière, et une longue saison sèche (octobre à mai). La température moyenne est de 28,7°C et les précipitations sont en moyenne de 726,7mm (UICN/Projet Waza-Logone, 1996). En effet, pendant le cycle annuel d'inondation, cette plaine est le siège d'intenses activités de pêche (zones frayères de la plupart des espèces de poissons et de grenouilles).

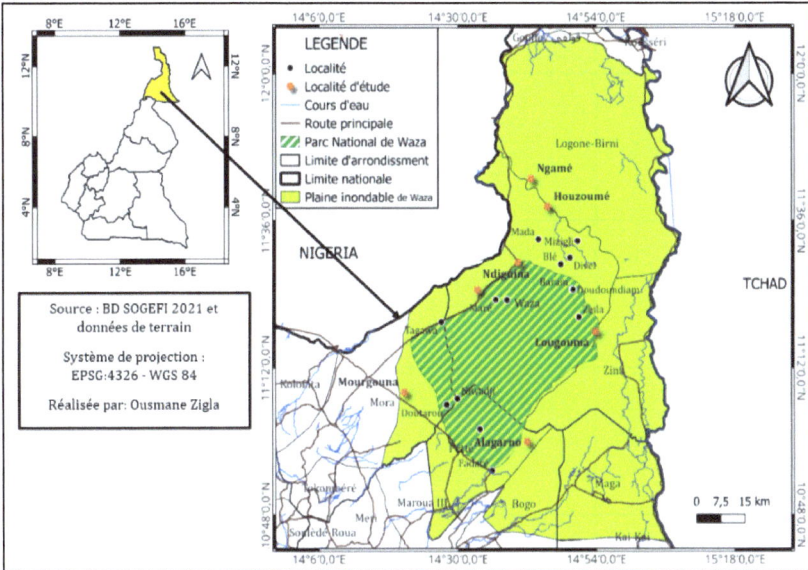

Figure 1. Localisation de la plaine inondable de Waza-Logone

Collecte et analyse des données

Les données sont collectées pendant la période de crues (août à octobre 2022) et pendant la période de retrait des eaux où l'activité de pêche de grenouille est intense (décembre 2022 à janvier 2023) en utilisant la technique d'enquête par boule de neige. Elle est une forme d'échantillonnage par dépistage de liens où il a fallu demander aux individus d'identifier les connaissances auxquelles on demande d'identifier à leur tour des connaissances exerçant ce métier et ainsi de suite. Cinq (05) catégories d'acteurs ont été identifiées et enquêtées. Cinq (05) questionnaires semi-structurés ont été élaborés et administrés aux personnes listées (tableau 1). Les thématiques portaient sur la période et la durée d'exploitation des grenouilles ; les techniques de pêche, y compris les outils et méthodes utilisés dans la plaine. Les questionnaires ont été administrés à l'occasion d'un focus group (08 à 10 personnes pour les interrogées) et des entretiens individuels ont été ménés.

Les questionnaires ont porté sur cinq thématiques dont la diversité des espèces pêchées d'intérêt socio-économique dans la plaine. Les données collectées ont été analysées en utilisant les statistiques descriptives. Le logiciel Excel version 2013 et SPSS (Statistical Package for Social Sciences)

version 20 ont été utilisés pour ressortir les différents graphiques afin d'analyser les revenus des acteurs issus de cette activité.

Tableau 1. Effectifs et proportion des acteurs enquêtés

Catégorie d'acteurs	Nombre de personne	Proportion(%)
Pêcheurs	110	53
Commerçants	24	12
Consommateurs	42	20
Services de pêche et des eaux et forêt	9	4
Anciens pêcheurs et chef des quartiers	22	11

RESULTATS
Diversité d'espèces de grenouille pêchées

Dans la plaine inondable de Waza-Logone, le réseau hydrographique est constitué par des mares et des cours d'eau intermittents, largement tributaires des précipitations. Le tarissement de ces mares en saison sèche permet aux grenouilles d'être assez visibles. Ces mares d'eau constituent une potentialité pour le développement des cultures et une amplification des grenouilles. Cinq (05) espèces de grenouilles sont pêchées dans les écosystèmes humides (planche de photos 1).

Pyxicephalus aadspersus ; b. Euphlyctis occipitalis ; c. Hoplobatrachus occipitalis ; d. Ptychadena trinodis et Ptychadena spp.
Planche des photos 1. Différentes espèces de grenouilles capturées dans la plaine de Waza-Logone

Habitats et zone d'occurrence des grenouilles dans la plaine

Comme pour toutes les autres espèces, le cycle de vie des grenouilles dépend de l'environnement aquatique dans lequel elles se trouvent. Ceci est dû au fait que ses œufs ne sont pas isolés de l'environnement, comme c'est le cas des autres amphibiens. En plus, leurs larves sont aquatiques et elles respirent comme les poissons grâce à leurs branchies. Pour cette raison, ces animaux vivent près des sources d'eau. C'est une des principales caractéristiques des grenouilles. Dans la Plaine Inondable de Waza-Logone (PIWL), les grenouilles vivent dans des lieux où l'eau est stagnante ou dans des faibles courants. Le milieu humide temporaire offre un degré de prédation réduit pour les amphibiens, y compris les grenouilles, en raison de l'absence de poissons et la présence de température de l'eau plus élevée. Ces conditions mènent au développement rapide des larves et à un taux de survie élevé des têtards. Parmi les éléments d'habitats importants pour les têtards, on compte une végétation herbacée et émergente et des débris lignés submergés. La figure 2 montre une synthèse des habitats de grenouilles dans la PIWL.

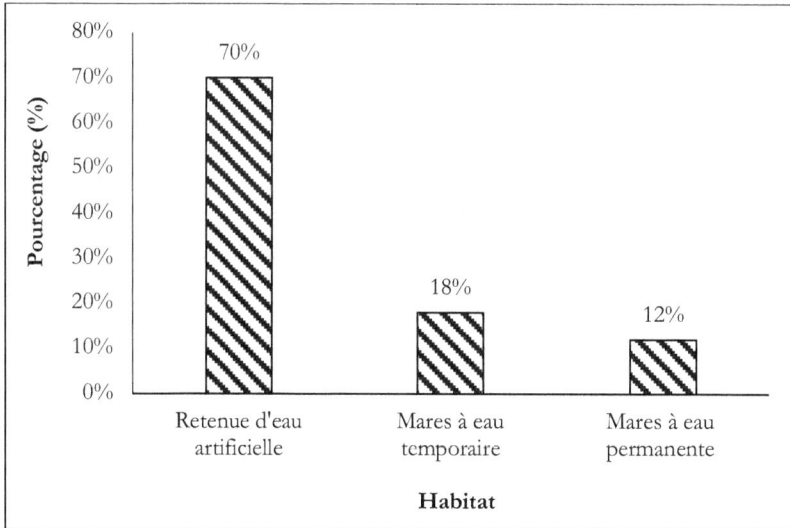

Source : Enquêtes de terrain, janvier 2023
Figure 2. Type d'habitat des grenouilles

Les zones d'occurrence, servant d'habitat aux différentes espèces de grenouilles dans la PIWL, sont les écosystèmes humides représentés par ordre d'importance par la retenue d'eau artificielle (70%), les mares à eau temporaire (18%), suivies par les mares à eau permanente (12%).

Présentation des acteurs impliqués dans l'exploitation de grenouille
Présentation de groupe socio-culturel des pêcheurs

Ce sont tous les peuples qui pratiquent la pêche de grenouille dans la plaine inondable de Waza-Logone. Le tableau 1 montre que la pêche de grenouille est pratiquée en majorité par les Mousgoum, avec 30,9% de taux de participation dans l'activité, et suivis des Kanouri (27,1%). Les autres ethnies sont minoritaires avec des faibles niveaux de participation dans l'activité : les Guiziga (15,5%) et Kotoko (11,6%). Les Massa, Daba, Borno, Arabe-Choa et Toupouri ne représentent que 15% dans l'échantillon.

Tableau 2. Répartition des pêcheurs par groupe socio-culturel

Ethnie	Effectifs	Pourcentage
Guiziga	32	15,5
Arabe-Choa	8	3,9
Daba	7	3,4
Borno	5	2,4
Kanouri	56	27,1
Toupouri	1	,5
Mousgoum	64	30,9
Massa	10	4,8
Kotoko	24	11,6
Total	**207**	**100,0**

Source : Enquêtes de terrain, janvier 2023

L'examen du tableau 3 ressort que les pêcheurs qui pratiquent majoritairement la pêche de grenouille sont ceux dont l'âge varie entre 31-40 ans, et qui représentent 41,5% dans notre échantillon. Ceux dont l'âge varie entre 21-30 ans et 41-50 ans sont moyennement représentés avec respectivement 24,6% et 25,1%. Les moins âgés (10-20ans) et les plus âgés (plus de 50 ans) représentent chacun 4,3%. Il ressort également de ce même tableau que plus de 70% des pêcheurs sont des chefs de famille et de sexe masculin (87,9%). Il est évident que les charges familiales et le manque de moyen entravent aussi la surexploitation des grenouilles.

Tableau 3. Répartition des pêcheurs par sexe et tranche d'âge

Identification des pêcheurs		Effectifs	Pourcentage
Sexe	Masculin	182	87,9
	Féminin	25	12,1
Age	10-20 ans	9	4,3
	21-30 ans	51	24,6
	31-40 ans	86	41,5
	41-50 ans	52	25,1
	51-Plus	9	4,3
Total		207	100,0

Source : Enquêtes de terrain, janvier 2023

Estimation financière (FCFA) du revenu journalier des pêcheurs

L'effort de pêche de grenouille déployé par les habitants de la plaine inondable de Waza-Logone est récompensé par d'énormes quantités de prises journalières. Le revenu journalier des pêcheurs varie entre 500 Fcfa à plus de 5 000 Fcfa/jour et cela varie d'une saison à une autre. Malgré le caractère de variation des crues dans les lieux de pêche, les pêcheurs ont un revenu appréciable (revenu mensuel moyen de 87 500 Fcfa). Ce revenu dépend surtout de l'année, des saisons de pêche, ou du degré d'inondation des lieux et des techniques et matériels utilisés.

À la période de décrue, les prises sont plus importantes pour les pêcheurs, surtout ceux qui pêchent le *merlek*[35]. Le revenu augmente. Pendant la période de crue, les prises diminuent en termes de quantité, de même que le revenu. Pendant ces 10 dernières années, certains témoignages recueillis auprès des pêcheurs font état d'un niveau de vie supérieur à celui des agriculteurs ou des éleveurs pendant la période d'exploitation. Les résultats montrent qu'il existe une variation saisonnière significative au niveau des revenus des pêcheurs. Quelques entretiens avec les pêcheurs donnent un aperçu de leur perception des revenus possibles et de leur variabilité pendant la période de pêche allant de décembre 2022 à février 2023 (figure 3).

---

[35]Merlek, appellation en langue vernaculaire de *Ptychadena Trinodis* par les Giziga, principaux consommateurs de cette espèce dans la plaine inondable de Waza-Logone.

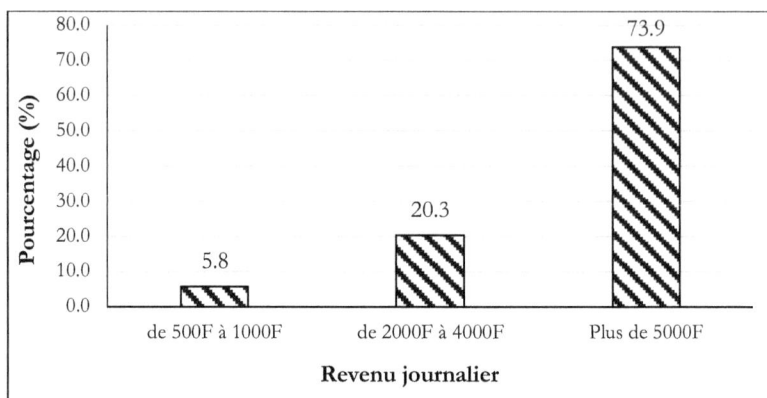

Source : *Enquêtes de terrain, janvier 2023*
Figure 3. Répartition des pêcheurs en fonction de revenu journalier en 2022-2023

Grâce à l'endurance et à l'effort des pêcheurs, à l'efficacité, au nombre d'engins qu'ils détiennent ainsi qu'aux méthodes qu'ils pratiquent, il est difficile qu'au terme d'une journée, ils gagnent moins de 500 Fcfa. Car, seulement 5,8% d'entre eux ont un revenu journalier compris entre 500 Fcfa et 1 000 Fcfa. Ceux qui gagnent entre 2 000 Fcfa et 4 000 Fcfa/jour, constituent 20,3% dans l'échantillon interrogé. Cependant, 73,9% des acteurs gagnent plus de 5 000 Fcfa/jour. La pêche de grenouille dans la plaine inondable de Waza-Logone a donc une signification financière mensuelle moyenne de 87 500 Fcfa. Ces chiffres varient d'un acteur à un autre. De toutes les façons, un tel revenu, quoique résultant d'un effort extrême d'un pêcheur, permet à ce dernier de couvrir certains de ses besoins au quotidien et d'améliorer ses conditions d'existence au fil des ans.

Renforcement des capacités socio-économiques et techniques des pêcheurs à travers les revenus obtenus

Les revenus issus de la pêche de grenouille permettent aux acteurs de renforcer leurs capacités sociales, économiques et techniques. Ils investissent dans la nutrition et la santé à 20%. D'autres investissent dans l'élevage (19%), l'habitat (17%) et la scolarisation des enfants (12%). Ils dépensent aussi 8% de ce revenu dans l'achat des matériels de pêche pour la préparation de la prochaine saison et 4% sont dépensés dans d'autres besoins (imprévu) (figure 4).

288

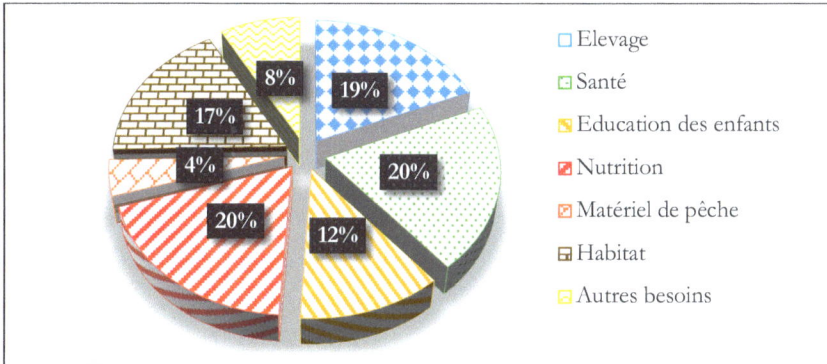

Source : Enquêtes de terrain, janvier 2023
Figure 4. Différents revenus obtenus par les pêcheurs

Ces 07 axes de dépense par les pêcheurs que présente la figure 4 permettent à ces derniers de se maintenir dans leurs villages et pendant une période de l'année. Les revenus liés à cette pêche permet aussi de diversifier leurs sources de revenus à travers l'élevage des petits ruminants tels que les ovins, les caprins et d'autres volailles.

Commercialisation des produits : *Circuit commercial et acteurs impliqués*

L'exploitation des grenouilles dans la plaine inondable de Waza-Logone, de par ses conditions, se caractérise par un circuit de commercialisation interne mais également externe, car une quantité minoritaire sort de la région pour le Sud du pays. Les différents marchés de la région abritent des espaces destinés pour les vivres frais, fumés et secs. Les populations viennent de différents horizons, notamment du Diamaré, du Mayo-Danay et également du Mayo-Tsanaga, se procurer des quantités importantes.

S'agissant des acteurs intervenant dans le circuit commercial des grenouilles dans cette plaine, nous avons :
- Les pêcheurs : ils constituent le premier maillon commercial dans la vente des grenouilles dans la plaine. Ils vendent directement leurs produits aux grossistes sur place dans les zones de pêche.
- Les grossistes : après avoir acheté les produits chez les pêcheurs, vont à leur tour les détailler. Ils peuvent également vendre aux consommateurs.
- Les semi-grossistes : ils achètent leurs produits chez les grossistes.

- Les détaillants : ils achètent chez les semi-grossistes, vendent en détail sur place les jours ouvrables (dans les quartiers).
- Les consommateurs : ils font partie de la catégorie de personnes qui ont pour but juste de consommer les produits achetés. Ceux-ci achètent leurs produits chez les détaillants ou les semi-grossistes (figure 5).

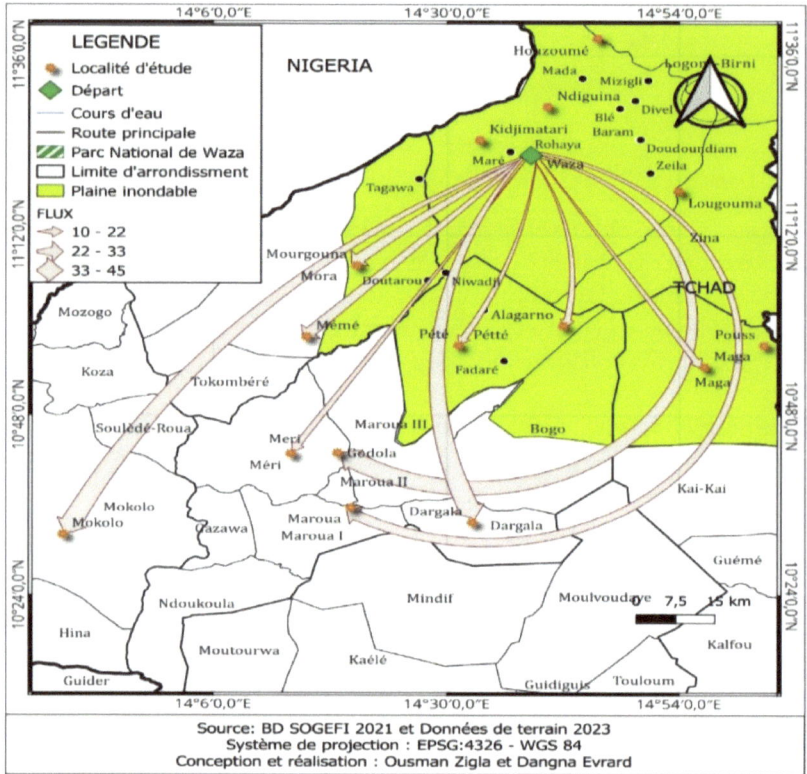

Figure 5. Circuit de commercialisation de la vente des grenouilles

État de vente de grenouille

L'exploitation des grenouilles dans la plaine inondable de Waza-Logone vient en appendice avec la pêche de poissons. Les engins utilisés dans la pêche de poissons sont aussi utilisés pour les grenouilles. Les prises obtenues lors de la pêche sont essentiellement vendues fraiches ou fumées (par les pêcheurs eux-mêmes ou les femmes grossistes). La planche des photos 2 montre les différents états de vente de grenouilles.

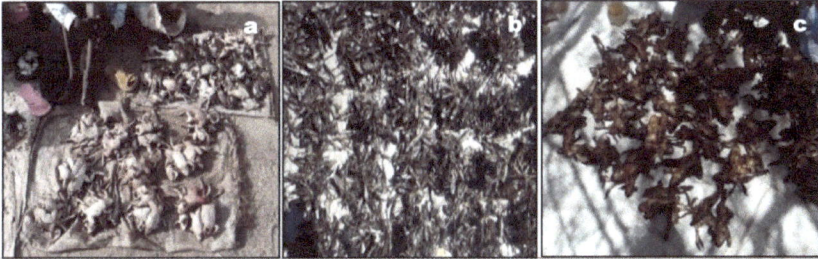

Grenouilles fraiches   *b. Grenouilles sèches*   *c. Grenouilles fumées*

Photos : Ousman (janvier 2022)

Planche des photos 2. Tas de grenouille étalés sur le marché de Godola

Importance écologique des grenouilles

Les grenouilles constituent également une source de nourriture importante pour un large éventail de prédateurs, notamment les libellules, les poissons, les serpents, les oiseaux, les coléoptères, les mille-pattes et même les singes. Dans le réseau trophique, la grenouille est le consommateur tertiaire qui est à son tour dévoré par certaines espèces à l'exemple du héron qui constitue le consommateur final. Ainsi, la disparition des populations de grenouilles perturbe un réseau alimentaire complexe et entraîne des répercussions négatives en cascade sur l'écosystème. Elles mangent à leur tour une grande quantité d'insectes.

Actions de pérennisation des espèces de grenouille dans la PIWL

Domestication de la grenouille, une stratégie de gestion durable dans la plaine

Les techniques de domestication de ces espèces surexploitées sont insuffisamment intégrées dans les programmes nationaux et de lutte contre la protection et leur dégradation. De ce fait, une des stratégies pour résoudre ce problème rencontré dans la gestion de cette espèce reste la domestication. Cette stratégie aura pour impact d'abord une abondance de cette espèce au cours des différentes périodes de l'année. Ensuite, son exploitation doit être continué d'une manière durable. Enfin, cette domesticaton peut réduire le risque d'extinction de cette espèce pour le bon fonctionnement des écosystèmes. Vu son importance socioéconomique, la mise en place des

291

stratégies de gestion durable reste très importante pour sa participation dans l'alimentation humaine par les populations locales et surtout pour limiter l'exploitation excessive tant dans les mares d'eau naturelles que les cours d'eau artificiels. La figure 6 présente les résultats d'appréciation de la stratégie de domestication dans la plaine.

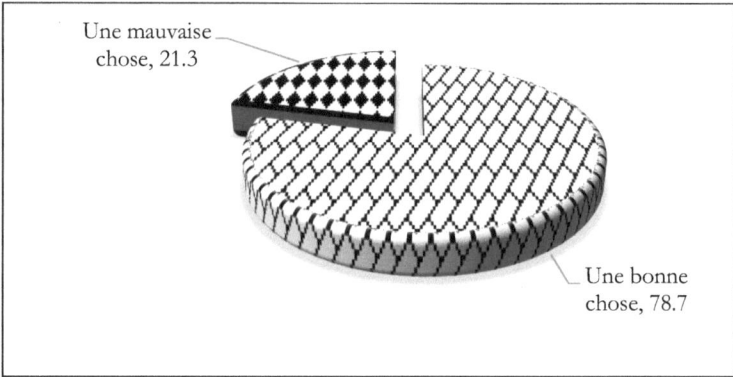

Une mauvaise chose, 21.3

Une bonne chose, 78.7

Source : Enquête de terrain, janvier 2023
Figure 6. Perception des acteurs sur la domestication de la grenouille

La figure 6 montre les avis des enquêtés sur la domestication des grenouilles dans la plaine de Waza. 78,7% des enquêtés trouvent l'élevage des grenouilles comme la solution idéale à la pénurie des grenouilles pendant la saison sèche dans les marchés.

Perspectives pour l'élevage de grenouille

Aucun élevage contrôlé n'existe dans la Région de l'Extrême-Nord à ce jour. Cette exploitation des espèces locales pourrait réduire les populations sauvages non seulement pour l'espèce en question, mais aussi pour toutes les autres espèces. La mise au point des formes d'élevage organisées pourrait être, à terme, un moyen de préservation de la biodiversité des populations sauvages locales et être un moyen créant des valeurs économiques pour les habitants. Pour ce qui est de l'installation du projet, on note la disponibilité en eau et en espace dans cette plaine. Le *Ptychadena trinodis* et l'*Hoplobatrachus occipitalis* sont plus appréciées des consommateurs, mais ses têtards sont utiles car ils consomment des larves de moustiques (DDC, 2010)[36]. Cet élevage de grenouilles pourra non seulement préserver les populations

---

[36]DDC : Direction du Développement et de la Coopération.

sauvages, mais assurer également sa gestion durable. Selon les enquêtes au cours de nos différents travaux de terrain, en interrogeant des villageois, des commerçants, des exploitants, des marchands et des clients-consommateurs, parmi les 05 espèces recherchées dans cette plaine, *Ptychadena trinodis (A), Hoplobatrachus occipitalis* (B) et quelquefois le *Pixycephalus adspersus* (C), sont les plus consommées à la fois dans la plaine de Waza et également dans toute la Région de l'Extrême-Nord du Cameroun (planche des photos 3).

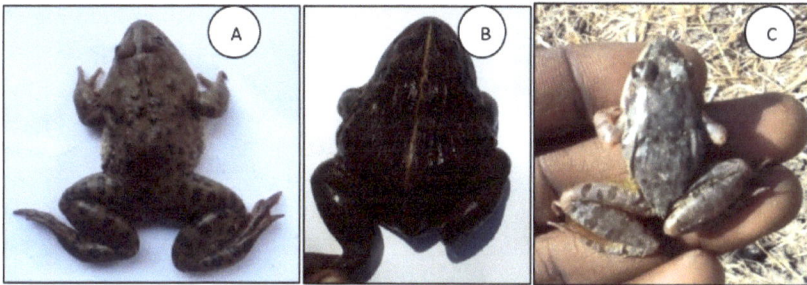

Photos : Ousman (janvier 2022)
Planche des photos 3. Différentes espèces de grenouille consommées

Modèle de mise en place des étangs

Cinq (05) étangs séparés de 30 m peuvent être aménagés manuellement à la houe, creusés pour la fabrication des briques et réaménagés en période de faibles crues. Il y a une possibilité d'installer les étangs par rapport au niveau de la pente du terrain. L'alimentation en eau pourrait être faite par des tuyaux, chaque étang possédant des tuyauteries distinctes pour l'entrée et la sortie de l'eau. L'eau d'alimentation doit circuler par gravité naturelle de chaque étang qui alimente un réseau de canalisation pour l'évacuation des eaux usées en aval pour faciliter le regroupement des grenouilles et leur capture, après vidange des étangs.

Proposition d'une fiche technique pour la raniculture dans la plaine

Afin d'éviter des échecs, l'installation du projet de domestication des grenouilles dans la plaine inondable de Waza-Logone à des fins économiques et environnementales doit être accompagnée d'une analyse complète regroupée en plusieurs phases.

Sélection du site abritant le projet : le choix de ce site doit s'opérer en tenant compte des données topographiques, de la disponibilité énergétique (quantité et coût), de la disponibilité en eau (quantité, qualité, température, présence des sources de nourriture pour les grenouilles comme les invertébrés présents), climat (pluviométrie forte, température acceptable, possibilité de fort courant d'air), infrastructures (mise sur pied du bâtiment, puits et étangs), moyens et réseau de transport du lieu de production au lieu de vente, mise sur pied de contrainte légale d'usage.

Présence de ressources humaines : la mise en œuvre d'importantes ressources humaines adéquates qui vont varier avec le temps; force de travail nécessaire pour la construction du local abritant le projet.

Ressources naturelles : l'alimentation de la grenouille est basée sur la consommation d'insectes, de mille-pattes, d'araignées, d'escargots, de grillon, de verre de terre, de criquet, de moustiques, de termitières, de rongeurs et d'algues aquatiques, etc... En ce qui concerne les têtards ou les larves, la majorité est herbivore et se nourrit d'algues.

DISCUSSION

L'exploitation des grenouilles est une activité ancienne pour l'usage alimentaire dans la plaine inondable de Waza-Logone. Cette plaine a la particularité de promouvoir à grande échelle la consommation et le commerce local de cette ressource. Les espèces de grenouilles recherchées dans cette plaine ont été décrites par Seignobos (2014). Elles font partie des groupes d'amphibiens (grenouilles et crapauds) enregistrés au Burkina Faso (Mohneke et *al.*, 2010). Parmi les 05 espèces pêchées dans ladite plaine, le *Ptychadena trinodis* et *Hoplobathrachus occipitalis* prédominent dans les captures en raison de leur appréciation par les consommateurs. Ces espèces ont une bonne adaptation aux conditions arides de la zone (Penner et *al.*, 2010 ; Seignobos, 2014, Kia et *al.*, 2018 ; Oungbe et al., 2018). Quant aux espèces *Pyxicephalus adspersus* et *Euphlytis occipitalis*, elles ont un mode de vie cryptique et peuvent passer plus de la moitié de l'année enfouies dans le sol, pour ne réapparaitre qu'en début de saison des pluies (Mohneke et *al.*, 2010b ; Penner et *al.*, 2010 ; Onadeko et *al.*, 2011). Elles ne sont donc pas fréquentes dans les prises de pêche, surtout que la pêche aux grenouilles dans cette plaine se pratique plus en saison de décrue.

L'activité de pêche de grenouilles dans le milieu naturel et artificiel de cette plaine se pratique en appendice de la pêche aux poissons par des hommes, femmes et enfants utilisant une diversité d'engins et méthodes pour leur capture. Ces méthodes et les engins utilisés sont similaires à ceux rapportés par Seignobos (2014) et Nessan et *al.*, (2021). La chasse nocturne, utilisant des lampes torches pour éblouir les grenouilles est autorisée au Burundi et au Benin (Mohneke et *al.*, 2010b) mais prohibée au Cameroun, et particulièrement dans la plaine de Waza où la collecte des grenouilles se fait majoritairement dans la nuit et en grande partie dans le Parc National.

La collecte de certaines espèces de grenouilles dans cette plaine est sous l'emprise de la saison pluvieuse et de l'hydrologie des plans d'eau. Les résultats de Marina (2016) renchérissaient cette position dans la province de Ganzourgou en notant deux périodes d'exploitation des grenouilles : à la fin de la saison des pluies ou la décrue (septembre à novembre) et de la mi-février à la mi-mai, cette dernière période coïncidant avec les étiages prononcés. Lors de ces périodes, les grenouilles se rassemblent de façon spontanée dans les endroits restés humides ou inondés de la saison, ce qui les rend vulnérables aux techniques de capture.

Partout dans les zones rurales comme dans la plaine de Waza, l'exploitation des grenouilles vise d'abord à satisfaire les besoins de couverture des populations en protéines animales aux niveaux local et régional, voire national. Les « Guiziga » sont les principaux consommateurs des grenouilles dans cette plaine avec 49,8% selon les enquêtes. Cette exploitation des grenouilles est un trait culturel de l'ethnie « mossi » qui peuple la province de Ganzourgou située dans la Région du Plateau Central au Burkina Faso. Lors d'une précédente enquête dans cette province, 93% des personnes interviewées déclarent consommer les grenouilles (Mohneke et *al.*, 2010). Cette approche est rencontrée dans la plupart des pays africains où les grenouilles sont exploitées, notamment au Cameroun, en République Démocratique du Congo, au Burundi, au Benin, au Nigeria (Mohneke et *al.*, 2010c ; Onadeko et *al.*, 2011 ; Efenakpo et *al.*, 2016 ; Kia et *al.*, 2018). Si l'exploitation des grenouilles vise à satisfaire les marchés internationaux (Mohneke et *al.*, 2010c), cet avis n'est pas partagé par les populations de la plaine où l'exploitation des grenouilles est orientée vers les marchés locaux de la Région de l'Extrême-Nord et le Sud du pays.

À côté de cette principale utilisation, elles sont également utilisées en pharmacopée dans cette province de Ganzourgou, rapportée par de nombreux auteurs tels Altherr et *al.*, (2011), Onadeko et *al.*, (2011), et MRAH (2018). Le rôle des grenouilles dans la prévention des maladies à transmission vectorielle comme le paludisme est très peu connu des populations de la plaine. Ces espèces participent à la neutralisation (consommation) de ces insectes (agents pathogènes) dans les eaux stagnantes et donc, participent à la diminution de la propagation de ces maladies au sein des populations. Mohneke et *al.*, (2010) et Nessan et *al.*, (2021) ont indiqué que le déclin des populations de grenouilles avait entraîné une augmentation des insectes dans la province.

Selon Negroni (1996), les élevages extensifs consistent en l'ensemencement de têtards dans de vastes aires ouvertes, où la récolte abusive a entraîné la diminution des populations naturelles, comme en Inde et en Chine. Il y a aussi la capture de grenouilles dans les étangs d'élevage de poissons ou les rizières. Une caractéristique de l'élevage extensif est l'absence de clôtures pour la contention des grenouilles. Les taux de survie sont très bas selon cet auteur, soit <5 % et dépendent des conditions climatiques. La capture des grenouilles s'effectue à la ligne ou à la main pendant la nuit, parce qu'aucun moyen de récolte massive n'est efficace. Ces méthodes de production extensives visent à obtenir surtout des grenouilles destinées à la consommation. Leur rentabilité dépend de nombreux facteurs reliés surtout à la géographie. Dans ces conditions, il faut un à deux ans pour que les grenouilles atteignent la maturité sexuelle, et de deux à trois ans pour qu'elles atteignent la taille marchande. Elles ne donnent cependant pas un produit homogène et de bonne qualité selon lui.

Ce mode d'élevage est bien décrit par Negroni (1996). Il a débuté il y a une vingtaine d'années et est demeuré pratiquement inchangé depuis cette période. La production demeure relativement faible, mais elle est quand même plus élevée que dans les élevages extensifs. Des barrières sont installées pour préserver les grenouilles contre les prédateurs externes et empêcher les évasions. Des quantités très importantes de têtards se retrouvent ainsi dans un étang central où les grenouilles demeurent après la métamorphose jusqu'à la taille commerciale. Les grenouilles se nourrissent principalement d'insectes attirés par l'eau et des lumières disposées à des endroits stratégiques dans les enclos. Les éleveurs ajoutent des larves d'insectes et des insectes, des petits poissons et des sous-produits comme suppléments alimentaires. L'eau est fortement fertilisée pour favoriser le développement du phytoplancton et du zooplancton, lesquels alimentent les jeunes têtards.

CONCLUSION

Ce travail a fondamentalement posé comme problème de recherche l'exploitation des grenouilles par les populations et son effet socio-économique pour une exploitation durable. Cette préoccupation est déterminante pour comprendre ce que met en exergue la présente étude, car les grenouilles ont été peu exploitées dans les années antérieures (50-90) dans la plaine inondable de Waza-Logone et qu'aujourd'hui son exploitation s'est accentuée. Les connaissances sur l'importance des grenouilles dans la nature et leur utilisation dans la médecine moderne et traditionnelle en Afrique ne sont certes pas négligeables. Mais, elles sont partiellement et sporadiquement publiées et abordent le plus souvent la question de façon générale. En abordant cette problématique à l'échelle locale, il se dégage d'abord que la législation sur l'interdiction d'exploitation et de commercialisation de cette espèce non seulement dans l'espace protégé (Parc National de Waza), mais également dans les autres milieux de la plaine, n'est pas du tout applicable dans sa pratique, à cause des origines des exploitants à la pêche et à la corruption qui n'a cessé de gagner du terrain. Le droit étatique étant mal implémenté, pose comme difficulté son applicabilité au sens juridique du terme, dans la mesure où il ne peut pas véritablement se mouvoir sur le terrain.

La réglementation de l'activité de pêche dans cette plaine n'est plus respectée, ni appliquée même quand la population est consciente des sanctions qu'elle encourt. La pêche est libre et il s'en suit une diversification des pratiques de pêche qui se traduit par une pression croissante sur les ressources halieutiques ; ce qui nous amène à mettre en doute la régénération de la ressource. La conséquence est la diminution constante et la raréfaction de l'espèce à certains moments de l'année. Ces décroissances d'espèces dans les lieux de pêche et lieux de vente sont constatées par les tranches les plus âgées de la population et les plus anciens dans l'activité (entre 40 à 55 ans), alors que les plus jeunes ne voient aucun changement, car pour eux, il n'y a que les revenus qui comptent. Et jusqu'à présent, aucune action concrète visant à exploiter la ressource d'une manière durable dans la plaine n'a été initiée.

REFERENCES BIBLIOGRAPHIEQUES

Efenakpo, O.D., Ayodele, I.A., Ijeomah H.M., (2016). Assessment of frog meat utilisation in Ibadan, Oyo State, Nigeria. *Journal of Research in Forestry, Wildlife & Environment*, 8(3): 12 p.

Gianluigi, N., et Luca, F., (1993). Méthode et technique de l'élevage de grenouille. *Cahier d 'Agriculture*, 2: pp 48-55.

Hardouin, J., (1991). Un élevage des grenouilles-taureaux aux Philippines. *Tropicultura*. 9 : pp 34-6.

Hardouin J., (1997). Élevage commercial de grenouilles en Malaisie. *Tropicultura* ; 15: pp 209-223.

Kia, G.S.N., Tijjiani, F.Y, Otolorin, R.G., (2018). An evaluation of intestinal parasite in edible frogs (*Hoplobatrachussp*) sold for consumption in Zaria, Kaduna State, Nigeria. *Nigerian Veterinary Journal*, 39(3): 9 p.

Mohneke, M., Hirschfeld, M, Rödel, M.O., (2010). Utilisation non durable des grenouilles en Afrique de l'Ouest. In *Atlas de la Biodiversité de l'Afrique de l'Ouest: Burkina Faso* (Tome II), Thiombiano A,Kampmann D (eds). Bundesministeriumfür Bildung und Forschung:Frankfurt/Main; 129 p.

Mohneke, M., Zongo, B., Rödel, M.O., (2010). Les amphibiens. In *Atlas de la Biodiversité de l'Afrique de l'Ouest : Burkina Faso (Tome II)*, Thiombiano A, Kampmann D (eds). Bundesministerium für Bildung und Forschung: Frankfurt/Main; 7 p.

Mohneke, M., Hirschfeld, M., Rödel, M.O, Onadeko, A.B. (2010). "Dried or fried; amphibians in local and regional food markets in West Africa". Traffic Bulletin, 11 p.

Marina, N., (2016). *Évaluation du potentiel des ressources halieutiques non ichthyennes : cas des grenouilles dans la province duGanzourgou*. Mémoire d'Inspecteur des Eaux & Forêts, ENEF de Dinderesso, Bobo-Dioulasso. 90 p.

Nkouateu, C., (2013). *Étude de l'exploitation de la Grenouille Goliath dans le Nord Makombe*. Mémoire d'Ingénieur des travaux halieutes, Institut des Sciences halieutique à Yabassi, Université de Douala, 60 p.

Nessan, D., et Boudoulaye, Z., (2021). « Exploitation et traits de menaces des grenouilles d'un intérêt socio-économique dans la province du Ganzourgou au Burkina Faso, Afrique de l'Ouest », École Nationale d'Élevage et de la Santé Animale (ENESA), 14 p.

Neveu, A., Régnier, V., (1985). « Une ressource halieutique mal connue : les grenouilles. Les problèmes liés à une véritable gestion des stocks ». *Bull. Fr. Pêche Piscicole*, 29 p.

Onadeko, A. B., Egonmwan, R. I., et Saliu, J. K., (2011). Edible amphibian species: local knowledge of their consumption in southwest Nigeria and their nutritional value, *West African Journal of Applied Ecology*, vol. 19, no. 1. 13 p.

Oungbe, K.V., Adeba, P.J., Blahoua, K.G., N'Douba, V., (2018). Systematic inventory of anuran species (amphibians) in three agroindustrial zones in the South East of Cote d'Ivoire. *Journal of Applied Biosciences*, 12 p.

Seignobos, C., (2014). La chasse/pêche aux batraciens : aux origines de la vie des populations du bassin du lac Tchad ? (L'exemple du Diamaré, Cameroun") . A*nthropo zoologica* 9 (2): 30p.

Theodore, M. et Mushambanyi, B., (2002). Élevage contrôlé des grenouilles au Kivu (République démocratique du Congo), *Cahiers du CERPRU* 2000, 14 p.

BUCREP, (2005). *Troisième Recensement Général de la Population et de l'Habitat.* Rapport de présentation générale des résultats. Yaoundé, Cameroun. 65p.

MRAH[37], (2018). *État des ressources halieutiques non ichthyennes au Burkina Faso.* Rapport d'étude, Direction Générale des Ressources Halieutique : Ouagadougou-Burkina Faso 154p.

UICN, et CBLT, (2007). Plan de gestion de la plaine d'inondation de Waza-Logone. Projet FEM/CBLT : Inversion des Tendances à la Dégradation des Terres et des Eaux dans le bassin du Lac Tchad, Draft final, 163 p.

---

[37] MRAH : Ministère des Ressources Animales et Halieutiques.

Conservation durable du parc à *Prosopis africana* dans le terroir de Holom (Extrême-Nord, Cameroun)

Marcel Rawa, Jules Balna, Alexis Dzokom, Elie Lamtamou, Oumarou Palou Madi et Sylvain Aoudou Doua

RESUME. Dans les plaines du Nord-Cameroun, il est observé une diversité remarquable de parcs arborés, parmi lesquels celui à *Prosopis africana* dans le terroir de Holom. L'objectif de cette étude est d'évaluer les modes de gestion envisageables par les acteurs pour la conservation durable de ce parc. Plus particulièrement, cette étude s'intéresse aux questions de gouvernance locale, ainsi qu'aux pratiques paysannes vis-à-vis de cette ressource. La méthodologie adoptée pour atteindre cet objectif est l'inventaire floristique effectué sur une superficie de 14 ha, soit 0,08% de la superficie totale. Par ailleurs, des enquêtes socio-économiques ont été réalisées sur un échantillonnage aléatoire simple auprès de 123 individus sur 1226 que compte la population étudiée du terroir de Holom. Les résultats de l'étude indiquent que le parc est composé de 31 espèces réparties dans 18 familles botaniques. Des efforts de conservation du parc sont faits à travers la pratique de la régénération naturelle assistée, les sanctions et les interdictions de coupe. Ces modes de gestion locale jouent un rôle prédominant dans la structuration du parc à *Prosopis africana* à Holom. La dynamique actuelle du parc évaluée à travers l'état sanitaire (95%) indique une volonté de la population à conserver ce parc.

MOTS-CLES. Gestion, Parc à *Prosopis africana*, Pratiques sylvicoles, Holom, Extrême-Nord, Cameroun.

ABSTRACT. In the plains of Northern Cameroon, a remarkable diversity of wooded parks is observed, including that of *Prosopis africana*. This contribution focuses on studying the management methods of one of these parks in the Holom region located in the Gobo district, in the Mayo-Danay division in the Far North region of Cameroon. The objective of this study is to evaluate the management methods that could be envisaged by the stakeholders for the sustainable conservation of this park. The methodology adopted to achieve this objective is the socio-economic survey, carried out by simple random sampling of 123 individuals out of 1226, with an error margin of 10% in the population studied and supported by the floristic inventory carried out on a surface area of 14 ha; 0.08% of the total surface area. This study focuses on questions of local governance, as well as peasant practices with regard to this resource. The results of the study indicate that local management methods play a predominant role in the structuring of the *Prosopis africana* park in Holom. And that the park is made up of 31 species, divided into 18 families. The current dynamics of the park assessed through the health status (95%) according to the floristic inventory, there is a need for the population to preserve this park.

KEYWORDS. Management, *Prosopis africana* park, Silvicultural practices, Holom, Far North, Cameroon.

INTRODUCTION

L'accroissement de la population dans le monde et la densification de l'occupation de l'espace rural se sont traduits entre autres par une remise en cause progressive des disponibilités foncières et une modification des modes d'utilisation et de gestion des ressources naturelles. Devant cette situation, la prise de conscience pour une meilleure gestion des ressources naturelles n'a pas tardé à gagner les esprits. Des conventions ont été alors établies pour la conservation et l'utilisation durable de la biodiversité. Deux stratégies ont été adoptées : il s'agit de la conservation *ex-situ* (hors du milieu naturel) et de la conservation *in-situ* (habitat naturel) (Boukpessi, 2010 :11). C'est cette dernière qui est plus pratiquée par les paysans. En effet, au moment des défrichements des savanes à des fins agricoles, les agriculteurs sélectionnent et conservent les arbres sur leurs espaces agricoles, créant ainsi des parcs arborés. Cette régénération naturelle assistée est plus adoptée par les paysans que la mise en défens et la reforestation. Les paysans adoptent ces pratiques dans leurs champs et dans les jachères pour ceux qui font la mise en jachère (Sanogo, 2012 :31). La plantation des arbres est dans la plupart des cas effectuée à travers des projets et programme de reforestation tels que la REDD+.

En Afrique subsaharienne, les arbres et arbustes des parcs sont gérés en fonction des objectifs qui peuvent être contradictoires, ce qui conduit souvent à des choix qui tiennent compte des cultures avec lesquelles ils sont associés. Même si les techniques utilisées par les paysans en matière de gestion et de conservation des arbres restent assez sommaires, force est de constater que les actions menées visent à éviter toute concurrence entre les arbres et les cultures. Les espèces maintenues sont gérées par les paysans en vue d'une exploitation rationnelle permettant de disposer du fourrage, du bois pour divers services. Cette gestion s'effectue en général au début de la saison culturale, elle consiste à élaguer les branches basses pour éviter un ombrage direct sur les cultures avoisinantes. Les arbres à grosse couronne sont élagués pour réduire leur effet négatif sur les cultures.

Dans la région de Maradi au Niger, Baggnian et *al.* (2019) ont mis l'accent sur la contribution des comités villageois de gestion de la Régénération Naturelle Assistée (RNA) des ligneux au processus de reverdissement. Ceci a permis la détermination des statuts fonciers des champs, des avantages de la RNA, des perceptions paysannes sur l'évolution de la densité des arbres dans les champs familiaux. Dans le même ordre d'idées, Ba et *al,* (2018), indiquent que les modes de gestion paysanne jouent un rôle prédominant dans la structuration du paysage arboré. Les fonctions multiples qu'assure l'arbre font que les paysans opèrent une sélection des arbres qu'ils jugent utiles. Larwanou et *al.* (2010), dans la région de Maradi au Niger, ont souligné que la question de la conservation des espèces ligneuses dans les champs des paysans est une activité qui se pratique dans la plupart des pays sahéliens et plus particulièrement au Niger. Elle permet aux producteurs de s'auto-suffire en termes de produits ligneux et non ligneux exploités directement dans les champs individuels. Pour ne pas compromettre la production des essences fruitières, les paysans élaguent les branches secondaires (Sène, 2004 :191).

La gestion et l'utilisation des parcs arborés sont en bonne partie liées au mode de tenure de la terre et des arbres (Paris et *al.* 2002, p. 2). Les propriétaires terriens conservent dans leurs champs les ligneux qui leur sont utiles et les gèrent de façon à ce que les arbres ne portent pas préjudice à la production agricole, mais aussi qu'ils puissent jouir pleinement des avantages inhérents à ces arbres. Selon Djiwa (2002 :57), les ressources ligneuses présentes sur les parcelles cultivées ne peuvent faire l'objet d'exploitation par autrui. Les propriétaires terriens peuvent, dans certains cas, autoriser des cueillettes de feuilles et écorces à des fins thérapeutiques. L'élagage, qui consiste à couper les branches pour éliminer les phanérogames parasites (notamment ceux des genres *Agelanthus* et *Tapinanthus*) et pour rajeunir les vieux pieds pour une meilleure production fruitière, et le cernage par incision du tronc afin d'augmenter le rendement en fruits (Lamien, 2006, cité par Kaboré et *al.* 2012 :49), sont des techniques pouvant améliorer les parcs à karité et à néré. Les arbres dans les champs constituent des biens privés, une richesse naturelle pour les paysans de la région des Savanes, propriétaires terriens, et par conséquent sont conservés et gérés par ces derniers. La communauté internationale et l'opinion publique nationale s'accordent aujourd'hui sur l'importance sociale, économique, culturelle, alimentaire et écologique des Produits Forestiers Non Ligneux (PFNL). La vie des populations rurales en est intimement liée au triple plan de l'alimentation, de la santé et des revenus (Awono et N'doye, 2003).

L'avenir des ressources naturelles, en général, et celui des ressources forestières, en particulier, devient ainsi une préoccupation permanente (Dadjo, 2011). Ce travail s'inscrit davantage dans la problématique de la gouvernance de ressources forestières dans la partie septentrionale du Cameroun. L'étude en question se propose donc d'évaluer les modes de gestion envisageables par les acteurs pour la durabilité du parc à *Prosopis africana* de Holom. L'accent est mis sur la diversité des connaissances locales de conservation des espèces dans le milieu d'étude en vue de proposer un plan de gestion durable de ce parc.

MATÉRIEL ET MÉTHODES
Zone d'étude

Les parcs à *Prosopis africana* signalés par Seignobos (2000) au Nord Cameroun se situent dans la pointe de la région du bec de canard s'enfonçant vers le Tchad. Plus particulièrement, nous avons choisi d'étudier un de ces parcs à *Prosopis* localisé sur le terroir villageois de Holom situé à 9°59" de latitude Nord et 15°22" de longitude Est. Ce village appartient à l'Arrondissent de Gobo au Bec de canard et au Département du Mayo-Danay dans la Région de l'Extrême-Nord, délimité à l'Est par le fleuve Logone et au Sud par la frontière tchadienne, ayant comme Préfecture Yagoua et sous-Préfecture Gobo.

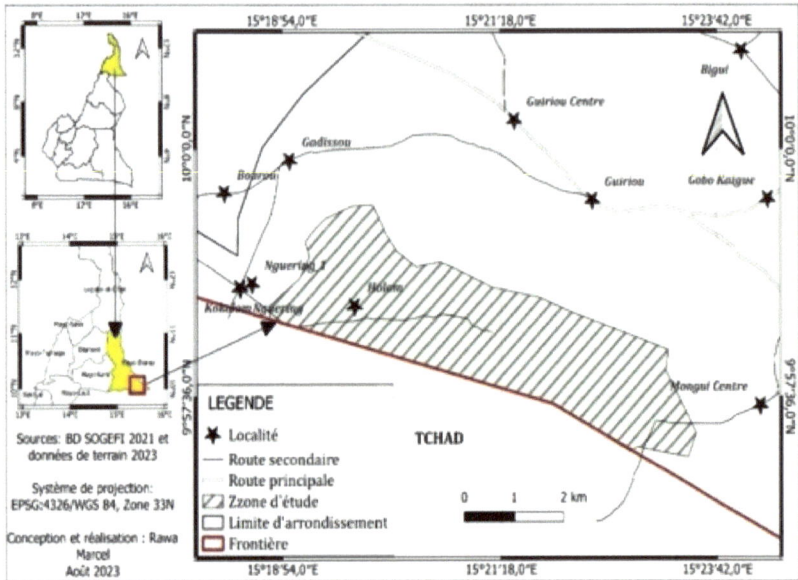

Figure 1. Localisation du terroir de Holom

Échantillonnage et collecte des données

Un échantillonnage pour la collecte de données socio-économiques et floristiques a été défini. À cet effet, un échantillonnage aléatoire simple a été privilégié pour mener les enquêtes sur les différents modes de gestion durable du parc à *Prosopis africana* dans le terroir de Holom. Ainsi, sur 1226 habitants que compte la population étudiée, 123 individus ont été enquêtés. Pour les relevés floristiques, les transects et les placettes ont été effectués sur les arbustes et les arbres dans le parc. En effet, les relevés ont été faits sur une superficie de 14 ha. À l'intérieur de celle-ci, des transects (07) et des placettes circulaires (49) de 30 m de rayon ont été localisées. Il s'est fait par comptage systématique de chaque espèce rencontrée dans ces placettes. Il a été défini par la suite un pas de 150 m entre les placettes et les transects réalisés de manière aléatoire. Les informations recherchées dans le cadre de ce travail sont relatives au nom scientifique des espèces, à la famille, la circonférence à hauteur de poitrine, la hauteur, les traces d'émondage, les types d'individus, les états biologiques et phénologiques des espèces.

Les données mobilisées sont issues des données secondaires et empiriques. Les données secondaires ont été collectées par les recherches

304

documentaires dans les bibliothèques. Il s'agit des bibliothèques de l'École Normale Supérieure de Maroua et de la Mission de Développement Intégrée des Monts Mandara (MIDIMA) dans la ville de Maroua. Il s'agit notamment des dictionnaires usuels et spécialisés, les mémoires et thèses ou tous autres documents utiles pouvant alimenter cette recherche. En plus de ces données, ont également été collectées les informations auprès des Chefs de poste forestier du Ministère des Eaux et Forêts (MINFOF), des institutions de recherche telles que l'Institut de Recherche Agricole pour le Développement (IRAD) de Maroua, pour avoir la connaissance sur la gestion durable des ressources du parc. Et la recherche en ligne, le réseau internet a de même servi à explorer et rassembler les données en ligne en rapport avec la thématique.

Les données empiriques ont été collectées au moyen des préenquêtes, enquêtes par questionnaire et entretiens, et les inventaires floristiques. Les pré-enquêtes ont consisté à identifier les potentiels problèmes de la recherche, déterminer les objectifs à atteindre et les hypothèses de la recherche. Également, à la prise de contact avec les responsables et les populations de la localité d'étude. Les enquêtes par questionnaire et entretiens ont été réalisés auprès de la population locale et les autorités administratives (Maire, sous-Préfet et Agents forestiers). Ils ont pour but de collecter les informations relatives aux différentes modes de gestion du parc. Les inventaires floristiques ont pris en compte la composition floristique : les noms scientifiques et locaux des espèces, les familles et le nombre d'individus.

Traitement et analyse des données

Les données qualitative et quantitative de terrain ont été traitées sous Excel 2013, XLstat 2023 et SPSS 20.0. Les informations sont triées et classées en fonction des variables qui peuvent expliquer le phénomène mis en évidence dans cette étude. À cet effet, un dictionnaire des variables a d'abord été construit. Deux mesures ont été définies : nominales pour les informations qualitatives et échelle pour celles quantitatives. Pour chaque variable qualitative nominale, sont attribuées au moins deux modalités regroupées selon les réponses des enquêtés et des paramètres à mesurer ou à prendre en compte définis pour l'inventaire forestier.

Les données ayant fait l'objet d'analyse sont diversifiées. Il s'agit des données quantitatives, qualitatives et celles issues des Systèmes d'Informations Géographiques. Les données quantitatives d'inventaire sont analysées à partir des diversités compositionnelles.

L'analyse des données qualitatives a pris en compte celles issues des enquêtes de terrain par questionnaire et celles par entretiens. Pour le faire, cette recherche a aussi recours aux outils de la statistique, notamment les fréquences. Pour la première catégorie des données, les avis ont été quantifiés, puis présentés dans des tableaux ou des figures sous forme de pourcentage pour la plupart des résultats obtenus. De ce fait, une Analyse Factorielle des Correspondances (AFC) a été faite pour mieux décrire et mettre en relation les modes de gestion.

RÉSULTATS
Composition floristique du parc à *Prosopis africana* de Holom

Les inventaires floristiques montrent que le parc est composé d'un total de 644 individus ligneux répartis en 31 espèces (tableau 1). Le *Prosopis africana* est d'une forte dominance sur l'ensemble des espèces avec 432 individus, suivie des espèces *Hyphaene thebaica* et *Pterocarya stenoptera* avec 27 individus chacune, de *Faidherbia albida* et *Sterocarya birrea*, avec 24 individus chacune. L'espèce *Prosopis africana* représente à elle seule 67,08% des individus inventoriés ; par contre les espèces telles que : *Ficus thonningui blume*, *Acacia seyal*, *Acacia nilotica*, *Stereospermum kunthianum*, *Tamarindus indica*, *Combretum glutinosum*, *Ficus glumosa*, *Vitellaria paradxa*, *Gardenia ternifolia*, *Afzelia africana*, *Dichrostachys cinerea*, *Moringa oleifera*, *Maytenus senegalensis*, *Adansonia digitata*, sont représentées moins d'1% chacune.

Tableau 1. Liste des espèces présentes dans le parc à *Prosopis africana*.

N°	Noms scientifiques	Noms Moussey	Familles	Fréquence
1	*Prosopis africana*	Hoyna	Mimosaceae	432
2	*Hyphaene thebaica*	Kotkotta	Arecaceae	27
3	*Pterocarya stenoptera*	Olholhloda	Juglandaceae	27
4	*Faidherbia albida*	Djutna	Mimosaceae	24
5	*Piliostigma thonningui*	Mbargassa	Caesalpiniaceae	24
6	*Azadirachta indica*	Gayena	Meliaceae	23
7	*Ziziphus mauritiana*	Waida	Rhamnaceae	14
8	*Guiera senegalensis*	Fulfulna	Combretaceae	13
9	*Ficus thonningii*	Bohuna	Moraceae	06
10	*Balanites aegyptiaca*	Tchonda	Balanitaceae	05
11	*Annona senegalensis*	Kossoda	Annonaceae	05

12	*Calotropis procera*	Vuluruda	Asclepiaceae	05
13	*Anogeissus leiocarpus*	Zinguitna	Combretaceae	04
14	*Albizzia chevolieri*	Ndalaouda	Mimosaceae	04
15	*Terminalia macroptera*	Galapma	Combretaceae	03
16	*Parkia biglobosa*	Djidjida	Mimosaceae	03
17	*Sclerocarya birrea*	Yokyokkoda	Anacardiaceae	03
18	*Ficus thonningui blume*	Ndimma	Moraceae	03
19	*Acacia seyal*	Ndulnahlaouna	Mimosaceae	02
20	*Acacia nilotica*	Ndulnawarna	Mimosaceae	02
21	*Stereospermum kunthianum*	Reguetna	Loganiaceae	02
22	*Tamarindus indica*	Tchinda	Caesalpiniaceae	02
23	*Combretum glutinosum*	Yamatta	Combretaceae	02
24	*Ficus glumosa*	Sewena	Moraceae	02
25	*Vitellaria paradxa*	Gudiida	Sapotaceae	01
26	*Gardenia ternifolia*	Luruna	Rubiaceae	01
27	*Afzelia africana*	Gulgulna	Caesalpiniaceae	01
28	*Dichrostachys cinerea*	Gangaolina	Mimosaceae	01
29	*Moringa oleifera*	Allamma	Moringaceae	01
30	*Maytenus senegalensis*	Goplogoda	Celastraceae	01
31	*Adansonia digitata*	Konkona	Bombaceae	01
Total	31		18	644

Source : les relevés botaniques, Juillet 2023

Acteurs de gestion du Parc à *Prosopis africana*

La gouvernance des arbres implique plusieurs acteurs à des échelles et des plans d'action différents (tableau 2). Ces auteurs sont : la population locale, les autorités traditionnelles, l'administration forestière et la commune.

Tableau 2. Synthèse des acteurs de gestion du parc à *Prosopis africana* de Holom

Acteurs	Modes de gestion	Défis
Populations locales	Plantation des arbres, Régénération naturelle assistée, conservation dans les champs, conservation dans et autour des maisons, interdiction des transhumants et des feux de brousses, pratiques sylvicoles et agroforestières, protection des	Mortalité des espèces, manque de la technique de la germination et la plantation, la coupe frauduleuse, les éleveurs transhumants.

307

	jeunes pousses contre les feux, les bétails et les vents violents.	
Les autorités traditionnelles	Disponibilité des agents de contrôle, interdiction de coupe frauduleuse, arrêt de coupable, sensibilisation de la population	Manque d'entente avec les autorités administratives, manque des moyens financiers
Commune	Sensibilisation, reboisement, lutte contre la coupe abusive, l'application des textes venant du ministère de l'environnement et de la protection de nature, disponibilité des matériels pour l'entretien	Incivisme de la population, manque de collaboration entre les services de l'Etat, manque de logistique
Administration forestière	Interdiction de coupe de bois frais et de coupe frauduleuse, imposition de permis de coupe, contrôle, saisie de coupable, l'application des textes mise en vigueurs	Manque des agents pour assurer le contrôle, mentalité de la population difficile à gérer

Source : Enquêtes et entretiens de terrain, Juillet 2023

Modes de gestion locale du parc à *Prosopis africana*

Plusieurs modes de gestion du parc à *Prosopis africana* ont mis en œuvre par les populations locales du terroir de Holom. Ces modes sont appliqués de façon collective et individuelle par les acteurs impliqués.

Pratiques de la régénération naturelle assistée

Les pratiques de la régénération naturelle assistée sont un processus de restauration ou de renouvellement d'un écosystème ou d'une zone dégradée, avec l'aide ou l'assistance de méthodes ou techniques humaines. Sur le terrain, des perceptions locales sur la gestion du parc sont identifiés (figure 2). Selon l'enquête de terrain, 80% de la population pratique la Régénération Naturelle Assistée (RNA). La RNA (planche photographique 1) sert à créer des conditions favorables à la régénération naturelle, en apportant un soutien ponctuel mais adapté aux processus naturels. On note que les modes de gestion appliqués dans le parc à Holom sont : la régénération naturelle assistée, la conservation dans et autour des maisons, la conservation dans les champs, la protection des jeunes pousses, l'interdiction des feux de brousse, l'interdiction de l'élevage transhumant, la sensibilisation, la pratique agroforestière.

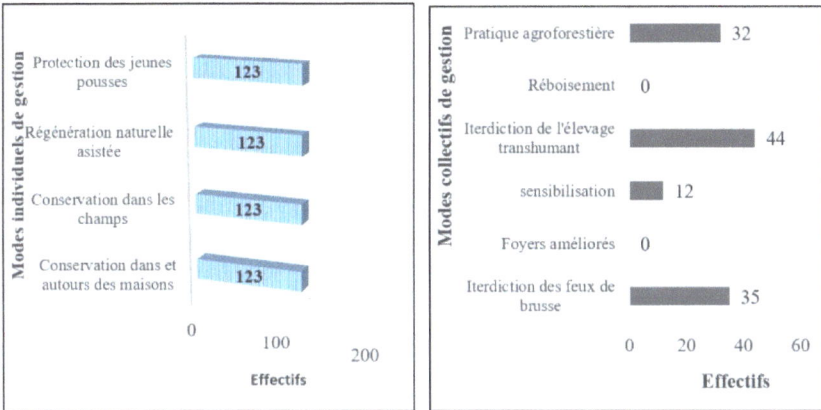

Source : *Enquêtes de terrain, Juillet 2023*
Figure 2. Perceptions de la population locale sur les modes de gestion du parc à Holom.

Source : *Images de terrain, Juillet 2023*
Planche photographique 1. Régénération naturelle assistée dans le parc à Holom

Ces photos mettent en exergue la régénération naturelle assistée. À travers ces photos, nous constatons que les pieds de *Prosopis africana* qui ont été coupés auparavant se sont régénérés et ont été assistés par les personnes.

309

Différentes techniques sont utilisées par les acteurs locaux pour la protection des régénérations et les jeunes pousses contre le feu, le vent et la destruction par les bétails. La gestion du Parc à *Prosopis africana* se traduit également par des coupes périodiques des arbres dans les champs. La population locale protège les jeunes pousses et les régénérations des espèces contre les feux de brousse, les vents violents et le piétinement des animaux en utilisant le pare-feu (59%), les cages (16%) et les tiges tuteurs (25%). Les techniques locales de gestion du parc à *Prosopis africana* de Holom sont : l'émondage, l'élagage, l'étêtage. Mais le recepage est moyennement appliqué.

Protection des régénérations et pratiques sylvicoles

Différentes techniques sont utilisées par les acteurs locaux pour la protection des régénérations et les jeunes pousses contre le feu, le vent et la destruction par les bétails (Planche de figures 1).

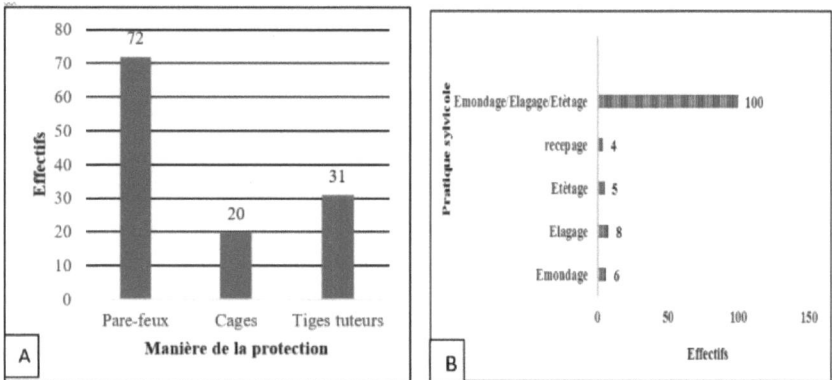

Source : Enquêtes de terrain, Juillet 20223
Planche des figures 1. Protection des pousses, des régénérations et pratiques sylvicoles

Il ressort de cette figure A que la population locale protège les jeunes pousses et les régénérations des espèces contre les feux de brousse, les vents violents et le piétinement des animaux en utilisant le pare-feu (59%), les cages (16%) et les tiges tuteurs (25%). Et la figure B montre les techniques locales de gestion du parc à *Prosopis africana* de Holom, que sont : l'émondage, l'élagage, l'étêtage. Mais le recepage est moyennement appliqué. La gestion du Parc à *Prosopis africana* se traduit également par des coupes périodiques des arbres dans les champs (Planche photographique 2).

Source : Images de terrain, Juillet, 2023
Planche photographique 2. Pratique sylvicole dans le parc à *Prosopis africana* de Holom.

Cette planche photographique met en relief les différentes techniques de la sylviculture et le Sylvo pastoralisme dans le parc à *Prosopis africana* de Holom. La photo A indique la pratique de l'émondage : nous observons un pied de *Prosopis africana* émondé. La photo B quant à elle, illustre la pratique de l'élagage. L'on observe un jeune pied de *Prosopis africana* élagué lors de la remise en culture. La photo C, représente l'étêtage des espèces. Et la photo D illustre la technique de stimulation des nouvelles repousses. À travers cette photo, nous voyons des nouvelles repousses sur l'espèce qui a été coupée (Planche photographique 3).

Source : Images de terrain, Juillet 2022,2023
Planche photographique 3. Conservation des jeunes pieds des espèces dans les champs du parc à *Prosopis africana* de Holom

Ces photos mettent en relief la conservation des jeunes pieds des espèces dans les champs du parc à *Prosopis africana* de Holom. Ces photos sont successivement : la conservation de *Prosopis africana* dans le champ de coton, dans le champ de sorgho et dans les champs d'arachides. Il est constaté que l'espèce *Prosopis africana* est conservée partout dans les différents champs de culture. Car le houppier de cette espèce améliore la production et facilite le développement rapide des cultures.

Analyse factorielle des correspondances et classification ascendante hiérarchique

La planche des figures 3 présente les résultats de l'analyse factorielle des correspondances et la classification ascendante hiérarchique sur les modes de gestion du parc à *Prosopis africana* pratiquées par les populations locales.

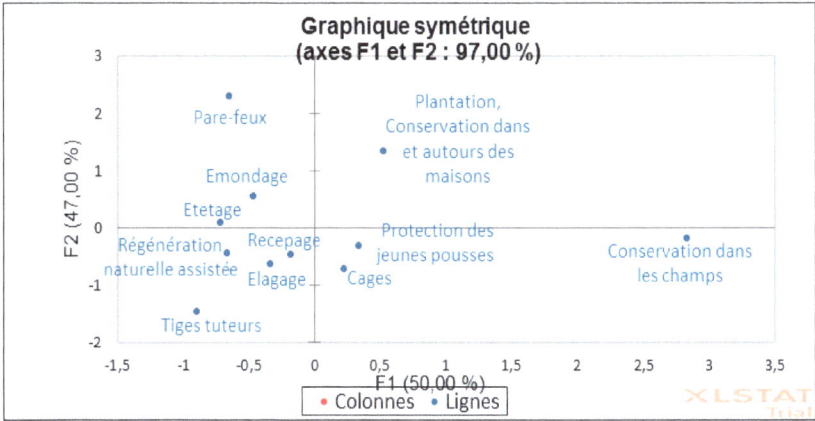

Figure 3A. AFC des modes locales de la gestion du parc à *Prosopis africana*

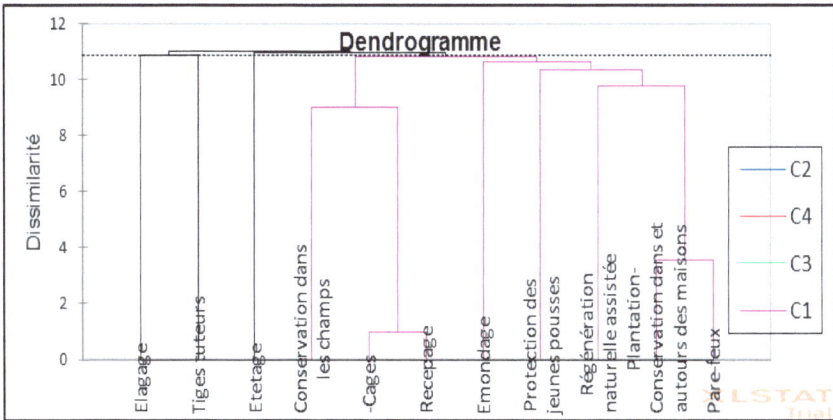

Source : Enquêtes de terrain, Juillet 2023
Figure 3B. CAH des modes locales de la gestion du parc à *Prosopis africana*

La figure A est l'Analyse Factorielle des Correspondances (AFC), montrant le groupement sur les données de la conservation du parc à *Prosopis africana*. Il ressort de cette analyse deux axes (F1 et F2) qui expliquent 97% de l'information initiale. Le premier axe explique 50% ; les variables qui contribuent à cet axe sont : les pares-feux, l'étêtage, l'émondage, la plantation et la conservation dans et autour des maisons. Le deuxième axe explique 47% de l'information initiale, ses variables sont : le recepage, l'élagage, la régénération naturelle assistée, la protection des jeunes pousses, la conservation dans les champs, les cages et les tiges tuteurs. La figure B

313

est la Classification Ascendante Hiérarchique (CAH), qui a permis de classer les variables en quatre (04) classes, conformément aux résultats de l'analyse factorielle des correspondances.

Modes de gestion administrative du parc à Holom

L'administration forestière, à savoir le poste forestier de Gobo et la Commune, contribue à la gestion du parc à *Prosopis africana* dont ils sont en charge (figure 3).

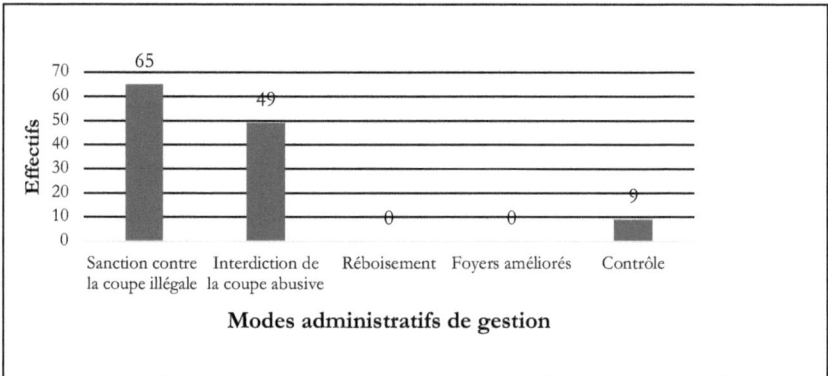

Source : Enquêtes de terrain, Juillet 2023
Figure 3. Avis de la population locale sur les modes Administratives de gestion du parc à Holom

Il ressort de cette figure que les modes de gestion administratifs les plus utilisés sont : la sanction contre la coupe illégale et l'interdiction de la coupe abusive des arbres dans l'espace agraire. Car, selon les enquêtes auprès de la population locale, soixante-cinq (65) personnes ont répondu que l'administration forestière et la Commune mettent en pratique la sanction contre la coupe illégale de bois dans le parc à *Prosopis afrricana* de Holom, et quarante-neuf (49) personnes disent que ces dernières interdisent la coupe abusive. Elles font rarement le contrôle et aucune action sur le reboisement et les foyers améliorés n'est faite.

DISCUSSION

L'étude sur la caractérisation du parc à *Prosopis africana* dans le terroir de Holom révèle que, dans son ensemble, 49 relevés ont été effectués avec une richesse spécifique de trente une (31) espèces réparties en dix-huit familles

(18). La famille la plus dominante est celle de Mimosaceae (7 espèces), suivie des Combretaceae (4 espèces), des Caesalpineaceae et Moraceae, avec chacune trois espèces. Ces résultats rejoignent les travaux de Baïyabe Il-Mataï et *al.* (2020) qui ont rencontré dans leurs études sur le même parc, 17 espèces et 11 familles, et ont trouvé aussi que la famille la plus représentée est celle des Mimosaceae (4 espèces), suivie des Combretaceae (3 espèces). Par contre, le nombre des espèces (18) rencontrées par ces auteurs est inférieur à celui de cette étude qui a obtenu 31 espèces. Cette différence s'explique par la reprise de conscience des populations pour la gestion de ce Parc.

Également, ayant mené les recherches dans ce parc, Bernard (1996) avait identifié 28 espèces. Cette différence s'explique par l'implication des exploitants dans la gestion de ce Parc. Le nombre des espèces (60) rencontrées par ces auteurs est supérieur à celui de cette étude. Mais la dominance des familles des *Mimosaceae* et des *Combretaceae* reflète celle de cette étude. Les résultats de cette étude sont comparables à ceux de Saliou et *al.* (2022) dans le site de Laf. Le nombre des espèces rencontrées par ces auteurs (40) dans ce site est supérieur à celui des espèces rencontrées dans cette étude (31). La dominance des familles des *Mimosaceae* et des *Combretaceae* est conforme à celle de la présente étude. Ces résultats rejoignent ceux de Moussa et *al.* (2015). En travaillant dans le parc à *Prosopis africana* de Sarkin Yamma, leurs résultats d'inventaire montrent que le peuplement forestier est composé de 322 individus répartis dans 17 familles, 20 genres et 20 espèces. On note ainsi une dominance de la famille des *Mimosaceae* conformément à celle de cette étude. Par contre, le nombre des espèces rencontrées par ces auteurs (20) est inférieur à celui des espèces rencontrées dans cette étude (31). Les 31 espèces et la dominance de la famille des *Mimosaceae* et des *Combretaceae* obtenues dans cette étude sont aussi comparables à celles d'Evaliste (2018) dans la périphérie du parc national de Waza (Cameroun), de Ntoupka (1999) dans la Réserve forestière Laf au Cameroun et à celles de Sandjong et *al.* (2013) dans le Parc National de Mozogo-Gokoro.

Les résultats obtenus concernant les espèces (31) dans cette étude sont très éloignés par rapport à ceux de ces auteurs. Jiagha (2018) a obtenu 52 espèces, Ntoupka (1999) a obtenu 53 espèces et Sandjong Sani et *al.* (2013) ont obtenu 62 espèces qui sont le double du nombre d'espèces obtenues par cette présente étude (31 espèces). Les différences observées entre les résultats en espèces de ces auteurs et ceux de la présente étude s'explique par l'exploitation incontrôlée du parc à *Prosopis africana* de Holom. Pour ce qui est des familles, la dominance des familles de *Mimosaceae* et des *Combretaceae* est comparable aux résultats de Jiagha (2018) dans la périphérie du parc national de Waza (Cameroun), de Ntoupka (1999) dans la Réserve forestière Laf au Cameroun et à ceux de Sandjong Sani *et al.* (2013) dans le Parc National de Mozogo-Gokoro.

La dominance de la famille des *Mimosaceae,* suivie des *Combretaceae,* est comparable aux résultats de Sandjong Sani *et al.* (2013) qui trouvent dans le Parc National de Mozogo-Gokoro une dominance numérique de la famille des *Mimosaceae,* suivie respectivement par les familles *Annonaceae, Combretaceae, Tiliaceae, Caesalpiniaceae, Capparaceae, Balanitaceae, Ebenaceae, Opiliaceae, Ampelidaceae et Ulmaceae.*

Les résultats montrent que les modes de gestion du parc à *Prosopis africana* à Holom sont locaux et administratifs. Les populations locales participent activement dans la gestion collectivement et individuellement. Leurs actions pour la conservation du parc actuel, sont : la pratique de la régénération assistée, la protection des jeunes pousses, la conservation dans les champs, l'interdiction de la coupe abusive, l'interdiction des éleveurs transhumants, l'interdiction des feux de brousse, la plantation, la pratique sylvicole, la pratique agroforestière de l'espèce *Prosopis africana* et de *Faidherbia albida,* l'utilisation des techniques de protection des pieds contre les feux, des bétails et des vents violents (les pares feux, cages, tiges tuteurs). Ces résultats sont comparables à ceux de Baïyabe Il-Mataï et *al.* (2020), qui ont montré que pour la conservation de *Prosopis africana*, aucune action n'est menée par la majeure partie de la population. Pour la pratique de la régénération assistée, Yameogo et *al.* (2013) montrent qu'elle concerne surtout les espèces locales. Planter des arbres n'est pas dans la culture des populations du terroir de Vipalogo (Burkina Faso).

Dans la même foulée, Batieno et *al.* (2019) ont montré que les comités villageois contribuent au reverdissement par la gestion de la régénération naturelle assistée. Pour Ba et *al.* (2018), les résultats de leur étude au Sénégal indiquent que les modes de gestion paysanne jouent un rôle prédominant dans la structuration du paysage arboré. Les fonctions multiples qu'assure l'arbre font que les paysans opèrent une sélection des arbres qu'ils jugent utiles. Cela confirme la pratique agroforestière de l'espèce *Prosopis africana* et de *Faidherbia albida* dans le parc à *Prosopis africana* de Holom. Les résultats sur la pratique agroforestière par les paysans de Holom rejoignent ceux des rapports d'ENGREF (2003, 2005). Dans le village Gané en pays Tupuri, Région de l'Extrême-Nord du Cameroun, la volonté délibérée de certains paysans Tupuri, s'est matérialisée par la mise en œuvre de pratiques de sélection et de taille des jeunes plants de *Faidherbia* issus de la régénération «naturelle», régénération en fait assistée en grande partie par les pratiques d'élevage qui conduisent à la diffusion des semences sur le territoire du village.

CONCLUSION

La gestion du parc à *Prosopis aficana* dans le terroir de Holom se fait à plusieurs niveaux et interpelle plusieurs acteurs, dont les communautés locales qui occupent une place incontournable pour une gestion durable des ressources forestières de ce parc.

Les agriculteurs de ce site étudié ont tous souligné l'utilité et les fonctions multiples, assurées par l'arbre et la nécessité de sa conservation dans les parcelles agricoles. De ce fait, cette étude a permis de montrer que la dynamique de construction du parc à *Prosopis aficana* réside dans la sélection qu'opèrent les paysans. Par conséquent, une prise de conscience sur l'importance d'une gestion durable et concertée de la ressource arbre et une perception commune sur le droit de propriété fait naître une forme de gestion régulée avec des conditions d'utilisation de l'arbre basées sur les principes qui fécondent les relations sociales et culturelles en milieu rural. La gestion locale (collective et individuelle) est beaucoup plus observable par la conservation des espèces dans les champs, la protection des jeunes pousses, la pratique de la régénération naturelle assistée, la plantation, la sensibilisation, l'interdiction de l'élevage transhumant, l'interdiction des feux de brousse. Les acteurs administratifs interviennent dans la gestion de ce parc par l'interdiction de la coupe de bois, l'exigence de l'autorisation de coupe de bois, le contrôle, la saisie des personnes impliquées dans la coupe frauduleuse, et la sensibilisation. La prochaine recherche peut porter sur l'impact des modes de gestion sur le parc à *Prosopis africana* à Holom ou encore la contribution de la régénération naturelle assistée dans la conservation du parc à *Prosopis africana*.

REFERENCES BIBLIOGRAPHIQUES

Awono, A., et N'doye, O., (2003). Les vertus des PFNL dans la zone forestière humide du Cameroun et l'impact de leur exploitation sur l'environnement, In WFC – XII- 0710 A2.

Baïyabe Il-Mataï, Hamawa, Y., Dayang Egri, J., Balna, J. et Oumarou Palou, M., (2020). Utilisation et caractérisation de Prosopis africana dans le bec de canard: Cas du terroir de Holom (Extrême-Nord, Cameroun). *International Journal of Applied Research* 2020; 6(7), pp 382-389.

Balna, J., Etame Sone Diabe, Hamawa, Y., Temgoua, K.B., Ganota, B., Gonne, B., Oumarou, Palou, M., et Sali B., (2020). Ethno-botanic study of Tamarindus indica L. in Moutourwa-dry zone of Cameroon. *International Journal of BotanyStudies*, Volume 5, Issue 4, pp 76-185.

Baggnian, I., Abdou, L., Batieno, T.B.J., Abdourahamane, Idrissa, R., Adam, T. et Mahamane, A., (2019). La contribution des comités villageois de gestion de la régénération naturelle assistée des ligneux (RNA) au processus de reverdissement dans la région de Maradi au Niger. *Afrique SCIENCE* 15 (1) (2019), pp 262-273.

Bernard, C., (1996). Étude d'un parc à Prosopis africana au Nord Cameroun (cas du village de Holom, en pays Musey) : premiers résultats, Montpellier : CIRAD-Forêt, 159 p.

Boukpessi, T., (2010). *Pratiques endogènes de gestion et de conservation de la biodiversité : cas du bois sacrés du centre de Togo*, Thèse de doctorat unique de géographie, Université de Lomé et de Franche Conte, 306 p.

Dadjo, C., (2011). *Caractérisation ethnobotanique, morphologique et spatiale de Vitex doniana Sweet (Verbenaceae) au Sud-Bénin*, Thèse d'Ingénieur Agronome ; Faculté des Sciences Agronomiques de l'Université d'Abomey-Calavi, Bénin, 86 p.

Djiwa, O., (2002). Pratiques agricoles et gestion de l'arbre dans les parcs agroforestiers de la zone ouest de la Région des Savanes au Togo, mémoire de fin d'étude de DESS en agronomie, Université Abdou Moumouni, Niger, 71 p.

ENGREF, (2003). Pratiques de gestion du Faidherbia albida. Cas du village de Gané en pays Tupuri, Province de l'Extrême-Nord du Cameroun, Rapport de voyage d'étude, ENGREF-IRAD-CIRAD, Montpellier, 49 p.

ENGREF, (2005). *Des outils pour une gestion des parcs arborés à Faidherbia albida, Village de Gané en pays Tupuri,* Province de l'Extrême-Nord du Cameroun, Rapport de voyage d'étude, ENGREF-IRAD-CIRAD, Montpellier, 32 p.

Kaboré Sibiry, A., Bastide, B., Traoré, S. et Boussim, J.I., (2012). Dynamique du karité, *Vitellaria paradoxa* dans les systèmes agraires du Burkina Faso in *Bois et Forêts des Tropiques*, N° 3 1 3 (3), pp.47-58.

Larwanou, M. Oumarou I., Snook, L., Danguimbo, I. et Eyog-Matig, O., (2010). « Pratiques sylvicoles et culturales dans les parcs agroforestiers suivant un gradient pluviométrique nord sud dans la région de Maradi au Niger », *Tropicultura*, 28, pp 115-122.

Marame, A., Bourgoin, J., Thiaw, I., et Soti, V., (2018). Impact des modes de gestion des parcs arborés sur la dynamique des paysages agricoles, un cas d'étude au Sénégal, Vertigo, la revue électronique en sciences de l'environnement [En ligne], Volume 18 numéro 2 | septembre 2018. URL : http://journals.openedition.org/vertigo/20397 ; DOI : https: //doi.org/10.4000/vertigo.20397

Massaoudou, M., Larwanou, M. et Mahamane, S., (2015). « Caractérisation des peuplements ligneux des parcs à *Faidherbia albida* (Del) A. Chev. et à *Prosopis africana* (Guill., Perrot et Rich.) Taub. Du Centre-Sud Nigérien », *Institut National de la Recherche Agronomique du Niger* (INRAN), 18 p.

Ntoupka, M., (1999), Impact des perturbations anthropiques (pâturage, feu, et coupe de bois) sur la dynamique de la savane arborée en zone soudano-sahélienne du Nord du Cameroun, Thèse de Doctorat Ph.D., l'Université Paul Valery-Montpellier III, 260 p.

Paris, S., Ouedraogo, J.S., Olivier, A. et Bonneville, J., (2002). Système foncier et dynamique des parcs arborés au Burkina Faso : le cas de trois villages du plateau central, in 2ième atelier régional sur les aspects socio-économiques de l'agroforesterie au sahel, https://www.doc-developpementdurable.org/file/Fertilisation-des-Terres-et-desSols/agroforestrie/SystemesFonciers&DynamiquesParcs ArboresBurkinaFaso. pdf, pp 1-11.

Saliou, M., Baïyabe Il-Mataï, et Balna, J., (2022). *Dynamique de la végétation ligneuse dans le site d'essai naturel de Laf (Extrême-Nord Cameroun),* Revue ivoirienne de géographie des savanes. N°13, Décembre 2022. 39 p.

Sandjong, S.R.C., Ntoupka, M., Ibrahima, A. et Vroumsia, T., (2013). Étude écologique du Parc National de Mozogo-Gokoro (Cameroun) : Prospections préliminaires de la flore ligneuse et du sol pour sa conservation et son aménagement, in *International Journal of Biological and Chemical Sciences* 7(6), pp 2434-2449.

Sanogo, M. K., (2012). Capitalisation des bonnes pratiques de gestion durable des terres pour l'adaptation à la variabilité et au changement climatique au Mali : analyse d'impacts agronomiques environnementaux et socio-économiques, mémoire de Master en changements climatiques, Centre Régional AGRHYMET, 84 p.

Seignobos, C., et Iyebi-Mandjek, O., (2000). Parcs et végétations anthropiques, *Atlas de la province de l'Extrême-Nord du Cameroun*, Paris, IRD, MINAREST/INC, 171 p.

Sene, A., (2004). Dynamique et paysanne des parcs agroforestiers dans le bassin arachidier (Sénégal), in *environnement et société rurale en mutation*, pp.185199.

Yameogo, G., Yelemou, B., Boussim, I.J. et Traoré, D., (2013). Gestion du parc agroforestier du terroir de Vipalogo (Burkina Faso) : contribution des ligneux à la satisfaction des besoins des populations, *Institut de l'Environnement et de Recherches Agricole*, pp 1087-1105.

Vers une re-dégradation des sols marginaux du périmètre reboisé de Djiddel dans les Yaérés (Extrême-Nord-Cameroun)

Moussa Sali Senghor II, Baska Simon Djakba, Jules Balna et Watang Ziéba Félix

RESUME. Les sols du site de Djiddel sont à nouveau dégradés pourtant restaurés depuis 2013 à base du reboisement. Sa couverture pédologique a à nouveau une structure compacte, une faible pénétrance, une porosité fermée, une radiation solaire intense et une érosion hydrique instable. Ce travail pose le problème de la gouvernance foncière sur la non rétrocession des sols marginaux restaurés à la population locale. La présente étude se propose de faire une évaluation par méthode directe et indirecte des sols marginaux dans un *Yaéré* du site de Djiddel. Pour ce faire, un prélèvement composite aléatoire des sols en zigzag a été effectué sur les transects T0 (site témoin hors du site restauré), T1 (site restauré), T2 (site restauré, mise en culture) de 100m×80m, suivi de la méthode VESS[38], du test d'infiltration et de perméabilité. Les résultats d'analyses montrent que les sols ont une structure compacte (T0 et T1) et friade en T2, composée de 21,26% d'argile, de 11,14% de limon et 67,61% de sable en T0. En T1, on a 19,26% d'argile, 13,14% de limon et 67,61% de sable; et en T2, on a 17,26% d'argile, 29,06% de limon et 53,68% de sable. Le coefficient de perméabilité (K) en 2020 montre une infiltration faible en T0 et T1, soit KT0 (65s) =1,201m², et KT1 (67s) =1,166m². T2 (43s) indique une infiltration moyenne, soit KT2=1,816m². En 2021, les T0 (61s) et T1(70) montrent une infiltration faible, soit KT0= 1,280m², et KT1= 1,116m². T2, montre une infiltration moyenne, soit KT2= 1,531m². En 2022, les T0 (39s) et T1 (31s) montrent une infiltration moyenne, soit KT0=2,003m² et KT1= 2,520m². Le T2, montre une bonne infiltration, soit KT2= 4,111m². Cette bonne infiltration est due à la mise en culture.

MOTS-CLÉS : Re-dégradation, Couverture des sols, Bassin versant, *Yaérés*, Djiddel, Extrême-Nord Cameroun

ABSTRACT. The soils of the Djiddel site are once again degraded despite the fact that it was restored since 2013 based on reforestation. Its soil cover of this site again has a compact structure, low permeability, closed porosity, intense solar radiation, and unstable water erosion. This work raises the problem of land governance regarding the non-return of restored marginal soils to the local population and the site is further degraded. The

---

[38]Évaluation Visuelle de la Structure des Sols

present study aims at evaluating through direct and indirect method the marginal soils in a Yaéré of the Djiddel site. To do this, a random composite sampling of soils in a zigzag pattern was carried out on transects T0 (control site outside the restored site), T1 (restored site), T2 (restored site, cultivation) of 100m × 80m, followed by of the VESS method, infiltration and permeability test. Results show that the soils have a compact structure (T0 and T1) and less compact in T2, composed of 21.26% clay, 11.14% silt and 67.61% sand in T0. In T1, the soil have 19.26% clays, 13.14% silts and 67.61% of sands and in T2, it has 17.26% of clays, 29.06% of silts and 53.68% % of sand. The permeability coefficient (K) in 2020 shows low infiltration in T0 and T1, i.e. KT0 (65s) =1.201m², and KT1 (67s) =1.166m². T2 (43s) indicates average infiltration, i.e. KT2=1,816m². In 2021, T0 (61s) and T1 (70) show low infiltration, with KT0= 1,280m² and KT1= 1,116m². T2, shows an average infiltration, i.e. KT2= 1,531m². In 2022, T0 (39s) and T1 (31s) show an average infiltration of KT0=2,003m² and KT1=2,520m². T2 shows good infiltration, i.e. KT2 = 4,111m². This good infiltration is due to cultivation.

KEYWORDS. Re-degradation, Land cover, Watershed, *Yaérés*, Djiddel, Far North Cameroon

INTRODUCTION

En 2008, le Ministère de l'Environnement, de la Protection de la Nature et du Développement Durable (MINEPDED) relance la deuxième phase de reboisement pour résorber la dégradation sévère observée dans la Région de l'Extrême-Nord. Cependant, une étude a été menée en 2014 par le MINEPDED lui-même, dont l'objectif était de faire un état des lieux de la dégradation des terres. Il ressort qu'il y avait, estimée à plus de 3.316.770 ha, la superficie totale des terres affectées à nouveau par le phénomène de dégradation. Dans un rapport publié par l'Institut National de la Statistique en 2016, cette région a perdu plus de 400.000 ha de sa superficie à cause d'un système de production agrosylvopastoraux basé sur l'extensivité. Selon les données de Global Forest Watch en 2014, les arbres dans la Région de l'Extrême-Nord régressent progressivement, soit 2%/an et ceci est lentement continuel (tableau 1).

Tableau 1. Perte de couverture forestière dans la Région de l'Extrême-Nord entre 2001 à

Région	Superficie totale en millions (ha)	Couverture forestière actuelle à densité canopée >30% (%)	Perte couverture forestière 2001 à 2014 (%)	Perte totale (%)
Adamaoua	6,4	53	1,7	8,7
Centre	6,9	87	3	27,5
Est	11	96	1,1	17,8
Extrême-Nord	3,5	0	0	0
Littoral	2,0	92	4,6	13,2
Nord	6,7	12	2,3	2,9
Nord-Ouest	1,8	58	1,1	1,7
Ouest	1,4	52	2,7	3
Sud	4,8	99	2,4	17
Sud-Ouest	2,5	95	2,3	8,3
Total Pays	46,9	67	2,1	74,83

Source : Global Forest Watch, (2014)

Ce phénomène est perceptible encore dans ce site restauré à travers l'encroutement des sols, des sols dénudés, l'absence de couverture ligneuse, la très faible densité de couverture herbacée, une faible infiltration de l'eau dans le sol, et une diminution des rendements agricoles (Masse et *al.*, 1995 ; Seiny-Boukar et *al.*, 1990). On aboutit d'année en année à un appauvrissement de la composition floristique. L'analyse de l'offre et la demande en bois-énergie dans la Région de l'Extrême Nord Cameroun montre un déficit net de la production de bois de chauffe par rapport à la demande qui s'élève à plus de 400 000m3 par an (GIZ, 2012). Ce phénomène est susceptible de s'aggraver si aucune mesure immédiate n'est prise. Ce qui justifie des efforts d'inversion de la tendance depuis plusieurs décennies par les acteurs institutionnels à travers des initiatives et des expériences en vue de réhabiliter et de restaurer des vastes superficies devenues inexploitables.

La plupart des techniques utilisées ont essentiellement mis l'accent sur la restauration des sols et la conservation des eaux (Seghieri et Floret, 1990, Thébé., 1990, Seiny-Boukar et *al.*,1993). Cependant, force est de reconnaitre que ces paquets de techniques sont, de manière générale, peu appropriés à l'échelle locale (Mvondo-Awono et *al.*, 2013). Face à cette situation, la recherche et la mise en œuvre des techniques innovantes ont été faites dans la partie septentrionale du Cameroun. Au cours de la campagne de reboisement en 2013, le site de Djiddel a été installé sur une superficie de

276 ha. En effet, il ressort que ce site est restauré, soit 70% de taux de couverture végétale (MINEPDED, 2015). Ainsi, quels sont les facteurs et les contraintes liées à la dégradation de la fertilité des sols marginaux dans les Yaérés de Djiddel ?

MATÉRIEL ET MÉTHODES
Zone d'étude

Le bassin versant de Djiddel se situe dans le prolongement de la plaine de Bogo à l'Ouest du cordon sableux. Il traverse la feuille Bogo-Pouss vers le Sud-Est. Les côtes de sa crête sont remarquablement constantes 320m-330m avec 20 à 50m de baisse que celles du niveau des monts Mandara. Au niveau de Gouzouboulam, des glacis de piedmont sur le socle, limite la plaine Bogo à l'Ouest. Leur altitude oscille entre 360 m à 375m, les pentes sont douces et dominées de quelques reliefs résiduels en roche nue de 50m. Le *hosséré* de Balda qui se dresse au-dessus du cordon sableux au Nord-Ouest, est un inselberg de 355m. Au centre, au niveau de Djiddel, le couloir de transition entre les sédiments des monts Mandara et les alluvions des berges du Logone. Au niveau Faraou, à l'Est du bassin versant de Djiddel, les bourrelets de berge étroite, longent le Logone sur toute sa longueur (figure 1).

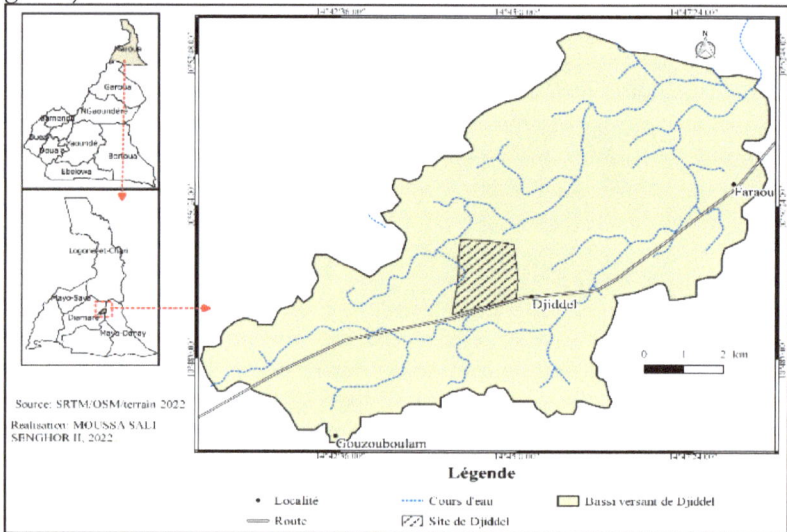

Figure 1. Localisation du bassin versant de Djiddel

Ce relief, légèrement relevé sur le socle des glacis du piémont du mont des monts Mandara, sur un étagement de la plaine de Djiddel, de Faraou, séparée par le cordon sableux. Le décrochement du cordon du mont Mandara définit l'étalement érosif de ce bassin versant (Annavaï, 2021). Ceci a permis de mobiliser les données secondaires et primaires, pour comprendre les facteurs des manifestations hydriques et les mesures prises par les populations.

Méthode d'étude
Collecte des données secondaires

Les ouvrages sur les sols et les ressources en terres du Nord Cameroun, comme ceux de Brabant et Gavaud., (1985), Éric Roose (2004), Seini Boukar (2014) ont été exploités à l'Institut de Recherche Agricole pour le Développement (IRAD) de Nkolbisson pour ressortir la problématique de cette étude. Ensuite, les articles sur les unités morphostructurales et pédologiques des monts Mandara face à la rétention en eau de surface comme ceux de Annavaï (2021), et celui de Wakponou (2010) sur les unités géomorphologiques ont été exploités pour identifier le sens de ruissellement des eaux et les raisons de la stagnation des eaux. Ensuite, dans la bibliothèque du département de météorologie, climatologie, hydrologie et pédologie de Kousseri, les documents de Dénis Baise (1984) portant sur la structure, la texture, la granulométrie, ainsi que les documents méthodologiques comme méthode d'analyse des échantillons ont été exploités dans le cadre de ce travail.

Collecte des données primaires

L'évaluation de la couverture des sols du site de Djiddel a été obtenue grâce aux transects tracés par le décamètre et géoréférencés à l'aide d'un GPS. Les transects mises en place ont été inspirés de Zare (2001 : 34). Selon le principe pédologique, chaque site témoin doit avoir un transect. Chaque transect est une bande de 100 m de long sur 80 m de large à partir de 10 m du centre pour éviter les chevauchements. Ainsi, sur chaque bande sont placés 03 points d'échantillonnage qui serviront à la caractérisation physique, ainsi qu'à l'évaluation des indicateurs de qualité des sols. Pour les tracer, tout doit partir du centre. Le premier transect doit être orienté vers le Nord (N), le second est décalé du Nord (N) de 120° et le troisième décalé du Nord de 240°(figure2). Les mêmes points ont été utilisés pour les fosses pédologiques. Pour ce faire, la méthode indirecte de la description des sols a été utilisée selon la démarche de Duval (2013) et des sols ont été prélevés et analysés au laboratoire de l'IRAD de Nkolbisson.

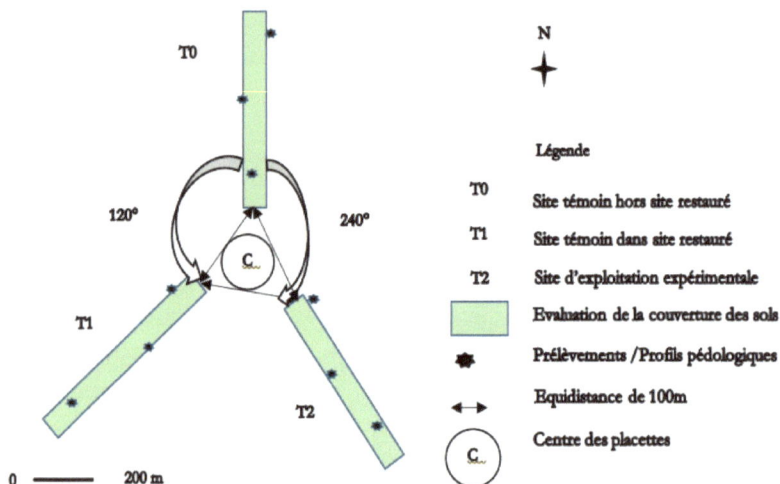

Source : Zare (2001), adapté par Moussa, juin 2023
Figure 2. Méthode de matérialisation des placettes

En ce qui concerne les tests d'infiltration et de perméabilité, la méthode VESS a été utilisée. Ainsi, la démarche d'essai de Porchét a consisté à verser 10 L d'eau dans un trou de 40 cm X 40 cm sur une profondeur de 40 cm et évaluer le temps d'infiltration à partir du chronomètre et ceci pendant 03 ans pour une évaluation triennale. Ainsi, la méthode VESS d'infiltration et de perméabilité, a permis de déduire le coefficient de perméabilité (K) à base de la formule $K=Q/S.H$ et $Q=v/t$ (Lefrane,1937 : 123, loi de Darcy), $Q=$ charge d'eau, $S=$Surface (40X40) et $H=$hauteur (40cm) ; $v=$ volume (5l) et $t=$ temps. Ainsi, la vitesse d'infiltration est déduite à base de la formule $VI=Vx60/t$. $V=$Volume d'eau versée et $t=$temps d'infiltration.

Les prélèvements des échantillons de sol

L'échantillonnage des sols a concerné essentiellement les horizons culturaux (0-20 cm). Ainsi, 03 échantillons des sols ont été prélevés par transect sur les 03 transects à l'aide d'une truelle et conservés dans un plastique qui ont ensuite été étiquetés. En effet, le transect T0, est un site témoin hors du site restauré, le transect T1, est un site restauré et le transect T2, est un site restauré mise en culture. Les 09 échantillons ont été analysés au laboratoire pour la granulométrie. Ceci a permis d'apprécier le caractère saturé de ces sols liés au système hydrographique de surface (ruissèlement d'eau).

Traitement et analyse des données

L'analyse granulométrique des échantillons de sols a été faite au laboratoire d'Analyse des Sols, Plantes, Eaux, et Engrais (LASPEE) de l'IRAD à Nkolbisson (Yaoundé). La méthode de la pipette de Robinson a été utilisée pour la séparation des argiles et des limons.

RÉSULTATS
Facteurs climatiques du site de Djiddel

Les caractéristiques climatiques du site de Djiddel reposent sur la pluviométrie, la température, la radiation solaire, l'humidité et l'évapotranspiration.

Pluviométrie et température contrastées et variées

Depuis 1984, la pluviométrie varie d'une année à une autre. On remarque que cette dernière varie avec la température. Dès lors, elle varie de 1233,98 mm et 574,8 mm dans le site de Djiddel. Les années les plus pluvieux sont celles dont les températures sont basses. Cependant, cette évolution de la température évolue avec la pluviométrie (figure 3).

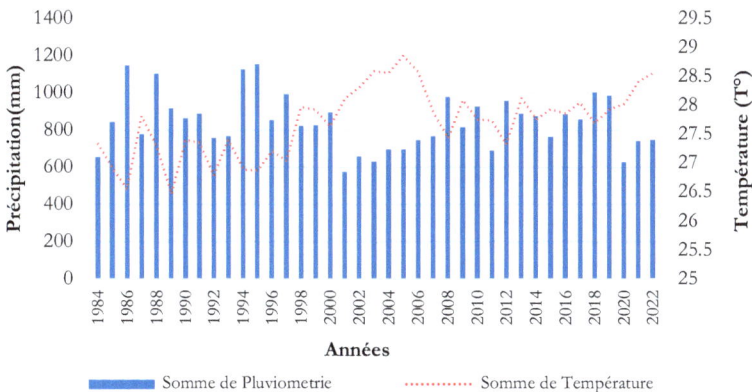

Figure3. Variation de la pluviométrie et de la température dans
le site de Djiddel de 1984 à 2022

Il ressort de la figure 3 que la pluviométrie dans le site de Djiddel varie au fil du temps et freine l'évolution des plantes juvéniles. Il ressort de la corrélation entre ces deux variables que la température dans le site de Djiddel est croissante de 1984 jusqu'à 2022. Alors que depuis cette même date, la pluviométrie régresse. D'après les enquêtes auprès du chef du village de cette localité, l'élévation de la température s'accompagne des signes comme l'augmentation de la chaleur et la chute rapide de l'humidité dans les sols

Les mois les plus pluvieux sont ceux dont la température est basse. Il ressort qu'une évolution opposée entre ces deux variables met en mal le développement des sous-bois. Ceci amène à établir une corrélation (figure 4).

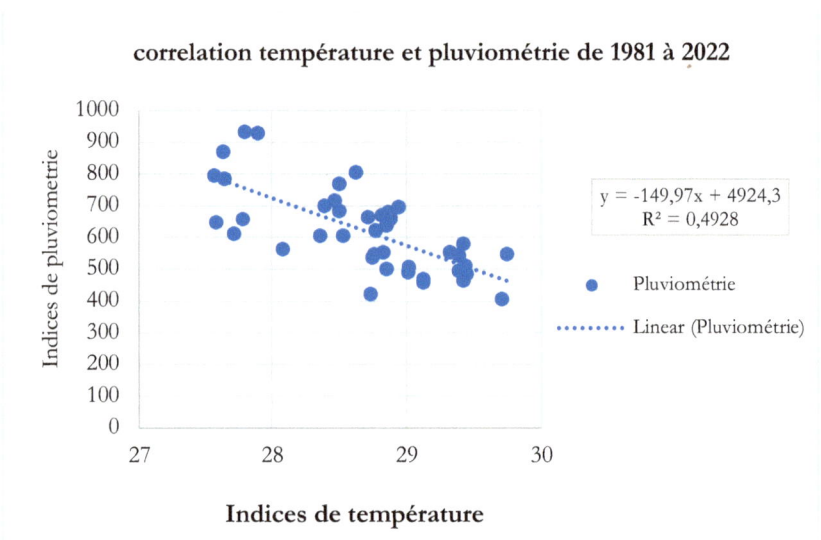

correlation température et pluviométrie de 1981 à 2022

$$y = -149{,}97x + 4924{,}3$$
$$R^2 = 0{,}4928$$

Indices de pluviometrie

Indices de température

- Pluviométrie
······· Linear (Pluviométrie)

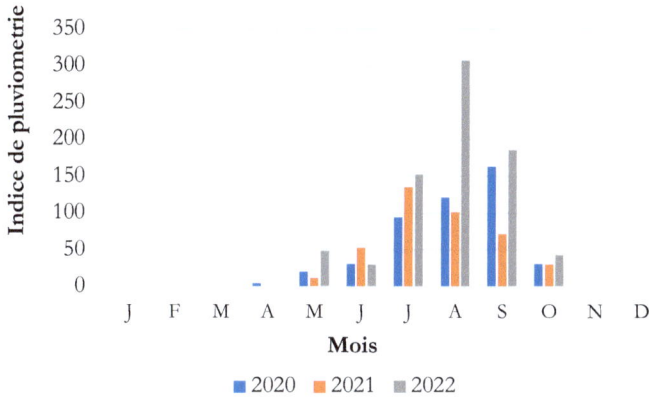

Evolution du regime pluviométrique 2020,2021,2022

Figure 4. Évolution du rapport température et pluviométrie dans le site de Djiddel

Radiation solaire et humidité
Une radiation solaire croissante

La variation moyenne de la radiation solaire dans le site de Djiddel oscille entre 20,07 j/m² et 21,71 j/m² (figure 5). Cette variation interannuelle varie d'une année à une autre et en fonction du taux de végétation dans les sols.

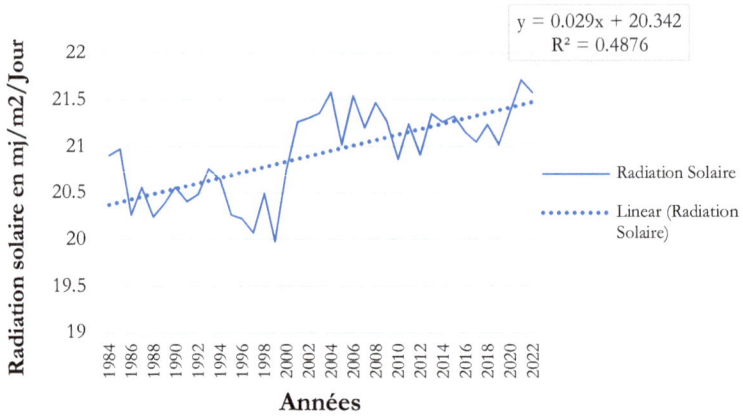

$$y = 0.029x + 20.342$$
$$R^2 = 0.4876$$

Source : exploitation des données MEADEN, 2022

Figure 5. Variation de la moyenne de la radiation solaire dans le site de de Djiddel entre 1984 et 2022

Il ressort de la figure 5 qu'à partir de 1999 la radiation solaire dans ce site est caractérisée par une hausse. D'après les entretiens avec le chef du village de Djiddel, la disparition de la végétation dans cette localité est à l'origine de l'élévation de l'insolation. Cependant la restauration des sols a apporté une réduction de l'insolation dans ce site. Ainsi, on remarque une baisse de la radiation solaire depuis 2020. Ainsi, entre 2020 et 2022, la moyenne de la radiation solaire varie entre 21,71 j/m² et 21,36 j/m², caractéristique des mois les plus chauds et ceux les plus frais.

Une humidité insuffisante

La moyenne de l'humidité des sols varie d'un point à un autre de 1982 à 2022. Elle oscille entre 64% et 52% (figure 6).

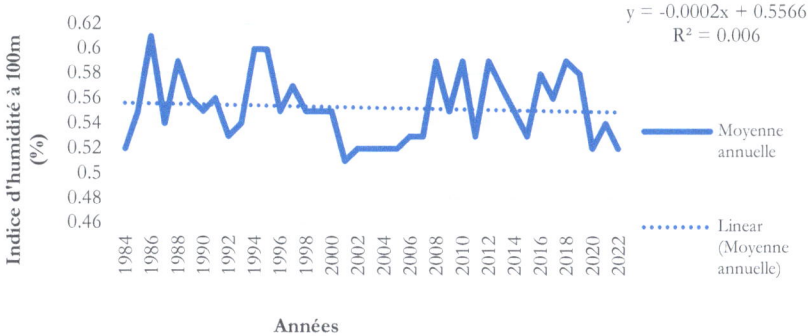

Source : exploitation des données de la MEADEN, 2022
Figure 6. Variation de l'humidité relative dans les sols entre 1982 et 2022

D'après l'Agence Française pour l'Étude des Sols (AFES), la norme de l'humidité normale pour un sol restauré varie entre 55% et 70%. Ainsi, nous remarquons qu'entre 2020 et 2022, il ressort de la figure 6 que le site de Djiddel est caractérisé par une humidité en deçà de la norme indiquée par AFES.

En effet, depuis 1982, on remarque que dans le site de Djiddel, le taux de l'humidité diminue doucement. En effectuant la corrélation entre la température et l'humidité, on constate que l'humidité dans le site de Djiddel régresse (figure 7).

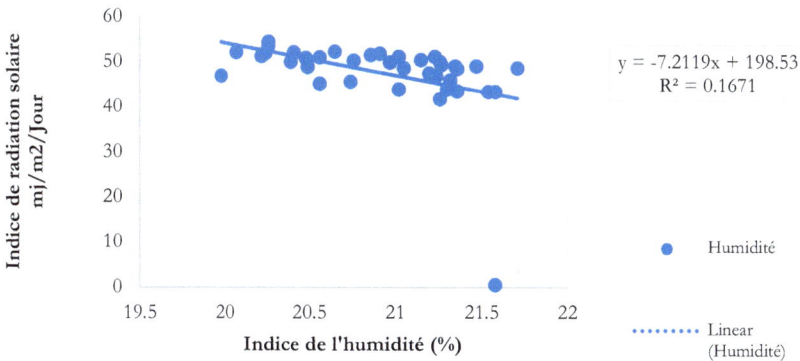

Source : exploitation des données de la MEADEN, 2022
Figure 7. Variation de l'humidité dans les sols du site de Djiddel

Ainsi pour les années 2020, 2021 et 2022, on a remarqué une baisse du taux moyen d'humidité dans les sols à cause de la réduction de la végétation d'une année à une autre (figure 8).

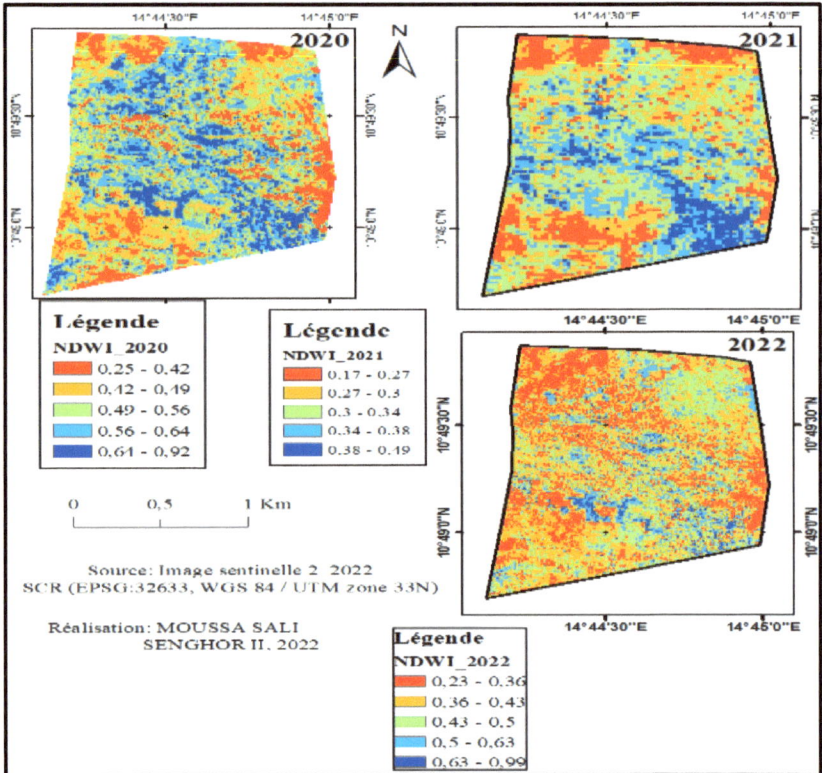

Figure 8. Indice d'humidité des sols (NDWI) 2020, 2021, 2022

Des caractéristiques contraignantes
Une structure des sols peu favorable à l'épanouissement des plants

La structure du site de Djiddel est granulaire et grameuleuse au toucher. Dans ce site, les particules individuelles de sable, de limon et d'argile s'agrègent en petits grains presque sphériques. L'eau circule très facilement dans ces sols, qu'on qualifie de sols à hydromorphie. Très perméable (test de pénétrance) à l'eau et à l'air, ce type de sols est facile à travailler. Il se draine facilement grâce à sa texture poreuse (test de porosité). Il ne s'engorge que très difficilement, sauf sur des marais, et ne réchauffe que difficilement (tableau 2).

Tableau 2. Test de boudin

Kaliao	2020			2021			2022		
	T0	T1	T2	T0	T1	T2	T0	T1	T2
Qualité structure	Granuleuse	Granuleuse	Granuleuse	Granuleuse	Granuleuse	Granuleuse	meuble	Granuleuse	Meuble
Apparence	MO	MO	MO	MO	MO	MO	MO	MO	MO
Pénétrance	- -	-	-	-	-	++	-	-	+++
Porosité	- -	-	+	-	-	++	-	-	+++
Perméabilité	--	-	+	-	+	++	-	+++	++++

Source : évaluation par test de boudin des sols du site de Djiddel, Moussa, juin 2021

La structure sablo-limoneuse (test de boudin), caractérise le site. Les éléments de ces sols sont favorables au développement des espèces restaurées.

Une porosité structurale élémentaire des sols

Les fractions granulométriques sont dominées par des teneurs en sable toutes les trois années d'étude (tableau 3). On a observé que ces fractions sont de manière constante avec une légère variation de leur teneur au fil du temps. Ces sables fins forment avec l'argile et le limon un sol épais. Ces sols retiennent une forte quantité d'eau.

Tableau 3. Variation de la fraction granulométrique dans le site de Djiddel

Djiddel	2020			2021			2022		
	T0	T1	T2	T0	T1	T2	T0	T1	T2
Argile %	20,25	36,39	22,39	20,35	36,39	22,00	21,25	36,49	22,39
Limon %	29,86	25,71	29,64	29,90	25,70	29,24	29,90	25,72	29,64
Sable %	49,90	37,90	47,97	59,90	37,91	47,27	50,00	37,95	47,97

Source : LASPEE, Moussa, juillet 2020,2021 et 2022

La fraction granulométrique du site de Djiddel est relative à sa position de *Yaéré* et à la nature des sols de ce site. Les sables sont très mobiles et les petites quantités d'argile qui s'y trouvent, forment avec le sable le sol sablo-argileux. Ainsi, en 2020, dans le transect T0, le taux de sable est de 49,90%. Cependant, la pluviométrie de ces années a joué un rôle déterminant dans la variation de ces éléments (figure 9).

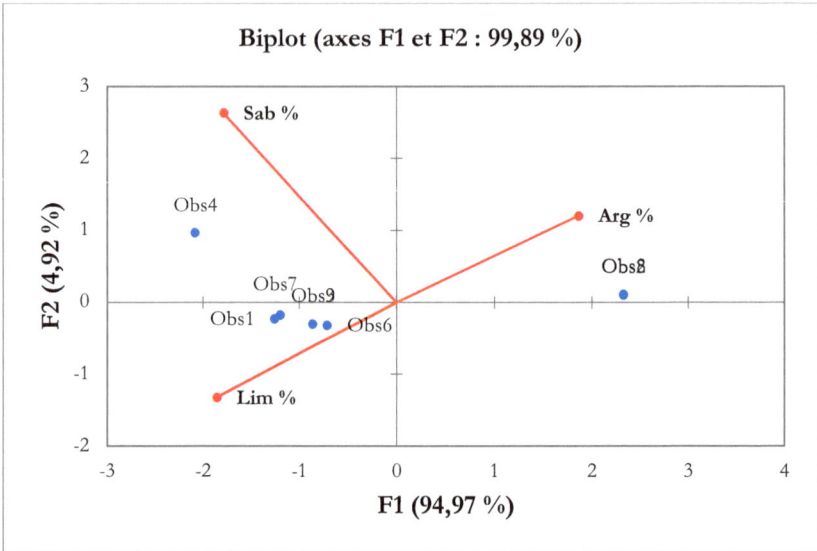

Source : ACP, Moussa, octobre 2022
Figure 9. Variation de la fraction granulométrique du site de Djiddel

En 2020, il augmente de 10% pour atteindre 59,90% en 2021. En 2022, il chute de 9,90% pour arriver à 50%. Cette variation au fil du temps témoigne du non restauration effective de ce site. Par contre dans les transects T1 et T2, on a observé une stabilisation de ces éléments granulométriques.

Taux d'infiltration et de perméabilité des sols

Le test d'infiltration et de perméabilité a été effectué pour déterminer la porosité des sols. Ainsi, il ressort du test de porchet que plus le coefficient de perméabilité est élevé, moins le temps d'infiltration d'eau est réduit (tableau 4). Ainsi, quand le temps (t) d'infiltration est t>60, l'indice de perméabilité indique un sol à porosité compacte, t=≥20≤60, porosité moyenne et t<20, une bonne porosité.

Sur les placettes T0, T1, des années 2020 et 2021, il se dégage un temps d'infiltration t>60, qui indique la structure compacte du sol. Ainsi, on remarque que le coefficient de perméabilité est très faible. Or, en 2022, ils présentent t=≥20≤60, ce qui montre une porosité moyenne. Dans le transect T2, il ressort t>60 qui indique une porosité compacte. Alors qu'en 2021 on observe une porosité moyenne (t=≥20≤60) et en 2022, une bonne porosité (t<20).

Tableau 4. Test d'infiltration et de perméabilité

Kaliao	2020			2021			2022		
	T0	T1	T2	T0	T1	T2	T0	T1	T2
t	65	67	43	61	70	51	39	31	19
K (m²)	1,201	1,166	1,816	1,280	1,116	1,531	2,003	2,520	4,111
Indice	t >60	t >60	t=≥20≤60	t>60	t>60	t=≥20≤60	t=≥20≤60	t=≥20≤60	t<20
P	C	C	M	C	C	M	M	Me	B

Source : test de terrain, juin 2023
Légende : C= Compact ; M= Moyenne ; B= Bonne

Tout compte fait, on s'est rendu à l'évidence que la structure du sol de ce site est compacte dès lors qu'elle n'est pas mise en culture pendant au moins trois années. En effet, le degré de mouillabilité de la couverture dépend de la pluviométrie, de la température, du degré de rétention de l'humidité dans les sols, de la radiation solaire et de la présence ou non des sous-bois. Ceci entraine une variation de la couverture des sols.

Variation de la couverture pédologique des sols

Dans le site de Djiddel, quatre (04) types de couvertures des sols sont enregistrés : la végétation, la zone hydromorphe, les sous-bois et le sol marginal. Les transects T0 et T1 se trouvant au Nord et à l'Est dans une zone à hydromorphie en saison de pluie. Or, ce site présente en saison sèche une structure compacte et moyenne en 2022 à cause d'une pluviométrie non négligeable de cette année. Le transect T2, se trouvant dans la partie Ouest de ce site, présente une structure compacte en 2020, moyenne en 2021 et bonne en 2022 (figure 10).

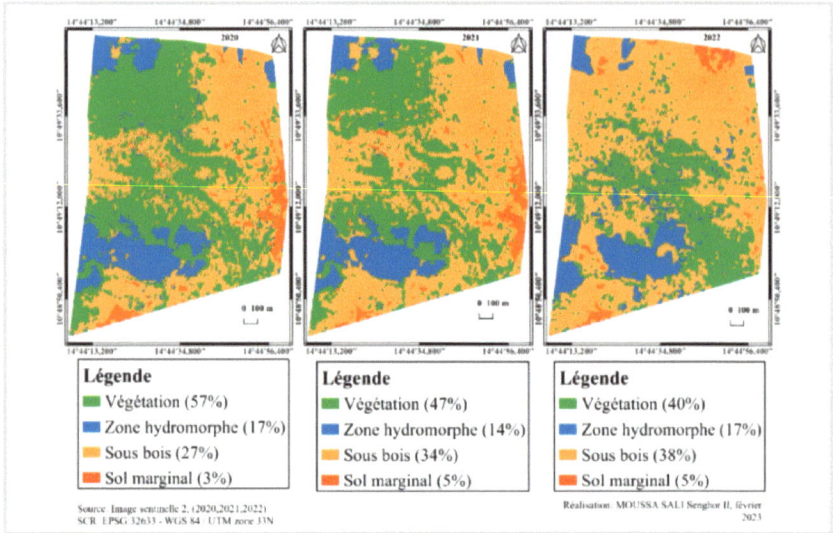

Figure 10. Répartition de la couverture des sols dans le site de Djiddel

DISCUSSION

La présente étude conduite dans un site de restauration grâce au reboisement a permis d'évaluer quatre (04) formes d'occupation des sols. La mutation observée est fonction des paramètres physiques. La régression de la végétation passe de 15% en 2020 à 10% en 2021 et 7% en 2022. Ces résultats sont en accord avec ceux de Baïyabé (2010 : 18). D'après cette auteure, la disparition du couvert végétal serait due au manque d'entretien à cause de non rétrocession de ce site pour l'entretien. Cette diminution végétale laisse place à la zone hydromorphe, aux sous-bois et aux sols marginaux.

Les différents types de sols dans le site expliquent davantage la divergence de la répartition de la couverture des sols par secteur. Allant dans le même sens, Wakponou (2010 : 27) met en relief une répartition des espèces en fonction des unités géomorphologiques et du type de sol. En effet, ces résultats corroborent ceux de Souoré (2018 : 34). D'après cet auteur, la disparition du couvert végétal et la présence des sols nus sont les résultantes des contraintes pédologiques observées dans les horizons des sols de Mayo-Kani Ouest. Ce résultat va dans le même sens que ceux de Nafissatou (2018 : 48), dans la réserve forestière de Zamay, selon lesquels les caractéristiques des sols en zone soudano-sahélienne handicapent le

336

développement normal des plantes reboisées.

Pour mettre fin à ces contraintes pédologiques, cela doit passer par une forte politique gouvernementale avec un système de suivi-évaluation stricte. Ceci va dans le même sens que les résultats de Tissidi (2022 : 107) dans les réserves forestières de Kalfou et de Laf Madjam, selon lesquels les pouvoirs publics doivent considérablement s'investir pour le maintien durable des sols et des forêts.

CONCLUSION

Le site de Djiddel est caractérisé par moult variations au fil du temps. Ces variations ont pour élément principal la pluviométrie. En effet, la nature argilo-sableux de ce site a un complexe absorbant limité pour nourrir les plantes toute l'année. C'est ainsi qu'il ressort une corrélation négative entre la pluviométrie et la température. On a remarqué qu'il y a une longue période de saison sèche et une courte période de saison humide. Ceci impacte sur l'évolution des plantes restaurées, car pendant les mois les plus chauds comme mars, avril, mai, le taux de radiation solaire est très intense. Ceci entraine une élévation importante de l'évapotranspiration et l'évaporation des eaux des sols vers l'atmosphère. Ainsi, une corrélation négative existe entre la température et l'humidité des sols. On a remarqué que la variation dans ces sites entraine des répercussions au niveau de la configuration du site. Ainsi, la végétation quitte de 15% en 2020 à 10% en 2021 et 7% en 2022. Pendant ce temps, les sous-bois augmentent dans le site. Ils quittent de 19% en 2020 à 22% en 2021 et 37% en 2022. On a remarqué que la présence des sous-bois absorbe les zones hydromorphes dans le site. On a observé une régression de 54% en 2020 à 52% en 2021 et 30% en 2022. Cependant, le sol marginal progresse dans ce site. On a remarqué une augmentation de 12% en 2020, 16% en 2021 et 26% en 2022. Tout compte fait, ce site est loin d'être un site restauré.

REFERENCES BIBLIOGRAPHIQUES

Annavaï, N., (2021). *Les unités morphostructurales et pédologiques des monts Mandara face à la rétention en eau de surface.* Mémoire de Master de Géographie, Université de Ngaoundéré, 71 p.

Baïyabe, I-M., (2014). *Study on recolonization of degraded soils by plant species in Sudano-Guinean highland (Ngaoundéré, Cameroon),* Master thesis in Ecology

(MEC), 72 p.

Baïyabe, I-M., (2020). *Dynamique végétale dans les sites de reboisement de la zone soudano-sahélienne (Extrême-Nord, Cameroun)*, Thèse de Doctorat en écologie, Université de Maroua, 173 p.

Baize, D., (2000). *Guide des analyses en pédologie*, 2nd Ed. France, INRA Éditions. 257 P.

Brabant, P., et Gavaud, M., (1985). *Les sols et les ressources en terres du Nord-Cameroun (Provinces du Nord et de l'Extrême-Nord)*. France, Bondy, ORSTOM, 285 p.

Roose, E., (1990). *La dégradation, l'érosion et la restauration des sols sous culture intensive dans la zone cotonnière de nord-Cameroun*, C.R. d'une 2ème mission Roose Boli du 19 au 31 juillet 1990. À l'ORSTOM, B.P. 5045, 34032 Montpellier.

GIZ, (2019). Réussir un reboisement/une restauration ANAFOR/MINFOF/Communes : Itinéraires techniques et voies de succès Mme Onana/ ANAFOR, CASS, Août 2019.

Global Forest Watch, (2014). Rapport GOPA/DFS, (2016). Évaluation du potentiel de restauration des paysages forestiers au Cameroun, 75 p.

Masse, D., Donfack, P., Floret, C., et Pontanier, R.,(1995). Réhabilitation de vertisols dégradés (sols *hardés*) au Nord-Cameroun. *In :* Pontanier R. et al. *L'homme peut-il refaire ce qu'il a défait ?* Montrouge, France : John E. LibbeyEurotext, 127-137.

Mvondo Awono, J.P., Beyegue-Djonko, H., Dourwé, G., Mvondo Zé, A., et Boukong, A., (2007). Contribution à la réhabilitation des vertisols dégradés dans la Province de l'Extrême Nord du Cameroun. *In: Proceedings of the International Seminar on Ecosystems rehabilitation, 6th February 2007, Cotonou, Bénin.* Maroua, Cameroun : CEDC, 129-140.

Mvondo Awono. J. P., (2003). « Fertilisation des sols dans les monts Mandara à l'Extrême-Nord du Cameroun : du diagnostic aux recommandations », Cirad - Prasac, 8p.

Nafisatou, B., (2018). Effet de la mise en culture sur les caractéristiques des sols en zone soudano-sahélienne : cas de la réserve forestière de Zamaye (Extrême-nord Cameroun), Mémoire de Master en Science de la terre, Université de Maroua.

PAN/ LC, (2007). Plan d'Action National de Lutte contre la Désertification, PNUD-Cameroun, 2007, 202 p.

Roose, E., (1994). Water and soil fertility management. A new approach to fight erosion and improve land productivity. In *acceptance of soil and water conservatoire strategies* DIST, Witzenthaussen, RCA: pp 129-164.

Seghieri, J. et Floret, C., (1990). Dynamique saisonnière de la végétation en savane soudano-sahélienne. *In :* Peltier R. *Les terres* Hardé *: caractérisation et réhabilitation dans le bassin du lac Tchad.* Montpellier, France : CIRAD-Forêt, 54-63.

Seignobos, C., et Iyebi-Mandjeck, O.,(2000). *Atlas de la province de l'Extrême-Nord Cameroun,* Éditions IRD, MINREST-Cameroun/INC, CD-Room. 104 p.

Seiny-Boubar L., Poulain J.-F., Faure G.,(1997).*Agricultures des savanes du Nord-Cameroun : vers un développement solidaire des savanes d'Afrique centrale.* Actes de l'atelier d'échange, 25-29 novembre 1996, Garoua, Cameroun, Montpellier, France, CIRAD-CA, 528 p.

Seiny-Boukar, L. (1990).*Régimes hydriques et dégradation des sols dans le Nord Cameroun.*Thèse 3eme cycle. Université de Yaoundé, 226 p

Souore, I., (2018). Les sols de Mayo-Kani Ouest : morphologie, minéralogie, géochimie, physico-chimie et érodibilité (région de l'extrême nord Cameroun), 42 p.

Thébé, B., (1990). Hydrologie d'un bassin versant où dominent les sols *Hardé. In :* Peltier R. *Les terres* Hardé *: caractérisation et réhabilitation dans le bassin du lac Tchad.* Montpellier, France : CIRAD-Forêt, 45-54.

Tissidi, D., (2022). *Politiques publiques et gestion des ligneux : une analyse à partir des cas des réserves forestières de Kalfou et de Laf-Madjam (Extrême-Nord Cameroun).* Thèse de doctorat, Unité de Formation doctorale ''Sciences de l'Homme et de la Société, Université de Maroua, 436 p.

Wakponou, A., (2004). *Dynamique géomorphologique des basses terres soudano-sahéliennes dans l'Extrême- Nord-Cameroun,* Thèse de Doctorat de Géographie et Environnement, UFR des Lettres et Sciences Humaines, Université de Reims Champagne-Ardenne, 240 p.

Wakponou, A., (2010). Rôle des parcs agraires à Acacia albida dans le Soudano-sahélien camerounais, *Annales de la FALSH*, univ. Ndéré, Vol 13, 9 p.

Zare, (2001). A revision of verticillium section prostrata. IV. The genera leacanicillium and simplicilliumgen. Nov. *NovaHedwigia* 71 : pp 465-480.

CONCLUSION GENERALE

Jules Balna, Sylvain Aoudou Doua et Valentin Zouyane

La gouvernance des ressources naturelles dans les plaines du Nord-Cameroun en particulier, et celles de l'Afrique en général nécessite une approche intégrée et holistique mettant l'accent sur la durabilité, l'inclusion sociale et la participation des acteurs locaux. Cela permettra de concilier les besoins de développement socio-économique avec la préservation et la gestion durable des ressources naturelles, contribuant ainsi à la réalisation des objectifs de développement durable et à la résilience des communautés face aux défis du changement climatique. La gouvernance des ressources naturelles est certes confrontée à des défis parfois complexes liés à la pression démographique, à la gestion de l'eau, à la préservation des forêts et à la participation des communautés locales. Face à ces multiples défis à relever, des mesures adaptées et inclusives sont nécessaires pour relever ces défis et assurer un développement durable de cette zone géographique à écologie fragile.

Pour surmonter ces défis, il est urgent de promouvoir des approches de gestion durable des ressources naturelles, telles que l'adoption de pratiques agricoles durables, l'intensification des systèmes productifs, la mise en place de mécanismes de gestion participative, la conservation des écosystèmes et la promotion de l'utilisation efficace de l'eau. Il est également important d'investir dans le renforcement des capacités institutionnelles et de sensibiliser les acteurs locaux à l'importance de la conservation et de l'utilisation durable des ressources naturelles dans la zone soudano-sahélienne du Cameroun.

Pour une gestion efficace de la gouvernance des ressources naturelles, il est urgent de mettre en place des cadres juridiques solides et des politiques appropriées pour réguler l'accès, l'utilisation et la gestion des ressources naturelles. Ces cadres définis doivent tenir compte des droits des communautés locales, des peuples autochtones, de la transhumance transfrontalière, des petits exploitants agricoles et des populations riveraines, qui dépendent étroitement de ces ressources pour leur subsistance et leurs moyens de vie.

Ensuite, il est nécessaire de renforcer les capacités des acteurs locaux et des institutions gouvernementales pour assurer une gestion efficace des ressources naturelles. Cela peut être réalisé grâce à la sensibilisation, à la formation, à l'éducation et à l'accès à des informations scientifiques et techniques actualisées sur la gestion des ressources naturelles. Il est également important de favoriser la participation active des communautés locales à la prise de décision et à la mise en œuvre des politiques et des projets liés aux ressources naturelles. Cela peut être réalisé en créant des plateformes de dialogue et de concertation entre les différents acteurs concernés.

Pour aboutir à un consensus en lien avec la multiplicité des textes régissant la gestion des ressources naturelles, la nécessité du réseautage et des plates-formes régionales ou nationales et les types de partenariats formels ordinaires voire épisodiques, semblent des options nouvelles. Les organisations de développement présentes ont certes constitué de nombreux regroupements ; mais, il n'existe pas de cadres à proprement parler à l'échelle régionale regroupant sans distinction de statut ni de champ d'intervention de tous les acteurs.

Par ailleurs, il est essentiel de promouvoir des pratiques de conservation endogènes des ressources naturelles calquées sur les réalités locales. Ces pratiques doivent tenir compte de la notion d'échelle et doivent aussi être reproductible afin de prévenir la dégradation des terres et la désertification. Cela peut être réalisé en encourageant l'adoption de techniques agricoles adaptées aux conditions locales, telles que l'agroforesterie, la gestion de l'eau et l'utilisation des engrais organiques. Il est également important de promouvoir la gestion durable des forêts, en favorisant la valorisation des produits forestiers non ligneux et en luttant contre la déforestation et la surexploitation des ressources forestières.

Il est aussi crucial de renforcer la coopération régionale et internationale pour faire face aux défis de la gouvernance des ressources naturelles en zone soudano-sahélienne. Cela peut être réalisé en favorisant les échanges d'expériences et de bonnes pratiques entre les pays de la région, en renforçant les mécanismes de coordination et de collaboration transfrontalières, et en mobilisant le soutien financier et technique des partenaires internationaux.

La gouvernance des ressources naturelles fait face à plusieurs enjeux majeurs qui ont des implications significatives sur le développement durable de la région. Tout d'abord, l'enjeu de la pression démographique et de l'expansion agricole constitue un défi majeur. La population en zone soudano-sahélienne connaît une croissance rapide, ce qui entraîne une augmentation des besoins en terres cultivables et en ressources naturelles. Cette situation conduit à la déforestation, la dégradation des sols et l'accaparement des terres, ce qui menace la durabilité des écosystèmes et la disponibilité des ressources pour les générations futures. Ensuite, la gestion de l'eau est un enjeu crucial dans cette région. Les sécheresses récurrentes, combinées à la surexploitation des ressources hydriques, mettent en péril la disponibilité de l'eau pour l'agriculture, l'élevage et les besoins domestiques. La gestion durable de cette ressource vitale est essentielle pour assurer la sécurité alimentaire et le développement économique dans ces zones.

Par ailleurs, la préservation des forêts sèches est un autre enjeu important. Les forêts fournissent des ressources essentielles telles que le bois de chauffage, les produits forestiers non ligneux et abritent une biodiversité unique. Cependant, la déforestation incontrôlée pour l'expansion agricole, l'exploitation minière et le commerce illégal du bois menacent ces écosystèmes fragiles. La promotion de pratiques de gestion forestière durable et la lutte contre la déforestation sont donc des défis cruciaux pour la gouvernance des ressources naturelles.

Enfin, l'enjeu de la gouvernance locale et de la participation des communautés est essentiel pour assurer une gestion optimale des ressources naturelles. Les systèmes traditionnels de gouvernance, qui impliquent les communautés locales dans la prise de décision, sont souvent plus efficaces pour garantir la durabilité des ressources naturelles. Il est donc important de renforcer la démocratie locale.

Malgré ces défis, il existe des perspectives encourageantes pour améliorer la gouvernance des ressources naturelles en zone soudano-sahélienne du Cameroun. Par exemple, des initiatives de conservation communautaires et de gestion participative des ressources ont montré leur efficacité dans la protection de l'environnement et l'amélioration des moyens de subsistance des communautés locales. De plus, l'adoption de politiques et de législations visant à réglementer l'exploitation des ressources naturelles et à garantir l'équité et la durabilité peut contribuer à une gouvernance plus efficace.

BIOGRAPHIE DES AUTEURS

Alioum Hamadou (Enseignant-Chercheur/Chargé de Cours), Département des Sciences Historiques, Archéologiques et du Patrimoine, Faculté des Arts, Lettres et Sciences Humaines-Université de Maroua, Cameroun.

Anguessin Benjamine (Enseignante-Chercheure/Chargée de Cours), Département des Sciences Environnementales, École Nationale Supérieure Polytechnique-Université de Maroua, Cameroun.

Aoudou Doua Sylvain (Enseignant-Chercheur/Professeur), Département de Géographie, Faculté des Arts, Lettres et Sciences Humaines-Université de Maroua, Cameroun.

Basga Simon Djakba (Chercheur/Maître de Recherche), Institut de Recherche Agricole pour le Développement de Yaoundé, Cameroun.

Baska Toussia Daniel Valérie (Enseignant-Chercheur/Maître de Conférences), Département de Géographie, Faculté des Arts, Lettres et Sciences Humaines-Université de Bertoua, Cameroun.

Dangna Evrard (Master), Département de Géographie, Faculté des Arts, Lettres et Sciences Humaines-Université de Maroua, Cameroun.

David Tissidi (Enseignant-Chercheur/Chargé de Cours), Département des Sciences Environnementales, École Nationale Supérieure Polytechnique-Université de Maroua, Cameroun.

Djiangoué Berthin (Enseignant-Chercheur/Maître de Conférences), Département de Géographie, Faculté des Arts, Lettres et Sciences Humaines-Université de Maroua, Cameroun.

Dona Adoum (Enseignant-Chercheur/Maître-Assistant), Département des Sciences de la Vie et de la Terre-Université des Sciences et de technologie d'Ati, Tchad.

Elie Lamtamou (Doctorant), École Doctorale Science de l'Homme et de la Société-Université de Maroua, Cameroun.

Etame Sone Diabe (Enseignant-Chercheur/Chargé de Cours), Département de Géographie, Faculté des Arts, Lettres et Sciences Humaines-Université de Maroua, Cameroun.

Evélé Zacharie (Doctorant), École Doctorale Sciences de l'Homme et de la Société, Université de Maroua, Cameroun.

Fawa Guidawa (Enseignant-Chercheur/Chargé de Cours), Laboratoire de Biodiversité et de développement Durable, Faculté des Sciences-Université de Ngaoundéré, Cameroun.

Fita Dassou Elisabeth (Enseignante-Chercheure/ Chargée de Cours)· Département de Météorologie et de Climatologie, École Nationale Supérieure Polytechnique-Université de Maroua, Cameroun.

Gonné Bernard (Enseignant-Chercheur/Professeur), Département de Géographie, École Normale Supérieure-Université de Maroua, Cameroun.

Halimassia Emina (Doctorant), École Doctorale Science de l'Homme et de la Société-Université de Maroua, Cameroun.

Hamadou Faissal (Doctorant), École Doctorale Sciences de l'Homme et de la Société, Université de Maroua, Cameroun.

Jules Balna (Enseignant-Chercheur/Chargé de Cours), Département de Géographie, Faculté des Arts, Lettres et Sciences Humaines-Université de Maroua/Institut Universitaire de Développement International de Mokolo, Cameroun.

Khalil Guidado Bakari (Doctorant), École Doctorale Science de l'Homme et de la Société-Université de Maroua, Cameroun.

Kongnyuy Anastasia Kinila (Enseignante-Chercheure/Chargée de Cours), Département de Géographie, Département de Géographie, Faculté des Arts, Lettres et Sciences Humaines-Université de Maroua, Cameroun.

Kossoumna Liba'a Natali (Enseignant-Chercheur/Professeur), Département de Géographie, École Normale Supérieure-Université de Maroua, Cameroun.

Mobara Benoît (Doctorant), École Doctorale Sciences de l'Homme et de la Société, Université de Maroua, Cameroun.

Narké Jean Cyrille (Chercheur/Chargé de Recherche), Institut National de Cartographie, Yaoundé, Cameroun.

Ombolo Auguste (Enseignant-Chercheur/Maître de Conférences), Institut Supérieur d'Agriculture, du Bois, de l'Eau et de l'Environnement-Université d'Ebolawa, Cameroun.

Oumarou Palou Madi (Chercheur/Maître de Recherche), Institut de Recherche Agricole pour le Développement, Yaoundé, Cameroun.

Ousman Zigla Doubakoum (Master), Département de Géographie, Faculté des Arts, Lettres et Sciences Humaines-Université de Maroua, Cameroun.

Pewé Kadyang (Doctorant), École Doctorale Science de l'Homme et de la Société-Université de Maroua, Cameroun.

Rawa Marcel (Master), Département de Géographie, Faculté des Arts, Lettres et Sciences Humaines-Université de Maroua, Cameroun.

Saidou Bogno Daniel (Enseignant-Chercheur/Assistant de Cours), Département de Météorologie et Climatologie, ENSPM-Université de Maroua, Cameroun.

Sambo Armel (Enseignant-Chercheur/Maître de Conférences), Département des Sciences Historiques, Archéologiques et du Patrimoine, Faculté des Arts, Lettres et Sciences Humaines-Université de Maroua, Cameroun.

Vincent Habaga (Doctorant), Ecole Doctorale Science de l'Homme et de la Société-Université de Maroua, Cameroun.

Watang Ziéba Félix (Enseignant-Chercheur/Professeur), Département de Géographie, Faculté des Arts, Lettres et Sciences Humaines-Université de Maroua, Cameroun.

Zouyane Valentin (Enseignant-Chercheur/Chargé de Cours), Département de Géographie, Faculté des Arts, Lettres et Sciences Humaines-Université de Maroua, Cameroun.

Gouvernance des ressources naturelles dans les plaines du Nord-Cameroun

Face aux multiples crises notamment climatique et sécuritaire que connait la zone soudano-sahélienne du Cameroun, il devient de plus en plus difficile de gérer durablement les ressources naturelles. Certes, il existe un cadre normatif et règlementaire pour réguler cette gestion. Cependant, la pluralité des droits positif, coutumier et islamique, ne facilite pas la gestion cordonnée desdites ressources. L'État, dont la mission est de préserver ces ressources, semble ne pas s'imposer dans cette partie septentrionale du Cameroun. Ainsi, pour mieux gouverner les ressources naturelles, il y a des défis multiples à relever, parmi lesquels la gestion durable des terres, des forêts sèches et des ressources en eau. Pour réussir cela, les politiques publiques doivent prendre en compte les propositions faites par les utilisateurs locaux des ressources et revisiter le droit positif qui règlemente l'accès aux ressources naturelles. Par ailleurs, l'adoption d'un code rural s'adossant sur les réalités locales est un impératif.

Sylvain AOUDOU DOUA est Professeur de Géographie à l'Université de Maroua. Spécialiste des technologies géospatiales, le fil conducteur de ses travaux actuels porte sur le suivi de la dynamique des paysages dans et autour des aires protégées du Nord-Cameroun sous l'action des activités anthropiques.

Jules BALNA est Chargé de Cours de Géographie à l'Université de Maroua et Professeur Associé de Géographie et des Sciences de Développement à l'Institut Universitaire de Développement International de Mokolo. Il est spécialiste des questions environnementales. Ses axes de recherche portent sur la gestion durable des ressources ligneuses et foncières, l'agroforesterie et la foresterie.

Valentin ZOUYANE est un ancien Élève de l'École Normale Supérieure de Yaoundé I et de l'Institut des Relations Internationales (IRIC) de Yaoundé II. Il est Docteur Ph.D en Géographie et Chevalier des Palmes Académiques (MINESEC) depuis 2019. Il s'intéresse aux questions du pastoralisme, de la géopolitique, de la gouvernance locale et de la gestion foncière.

Cet ouvrage a bénéficié du soutien financier de la Faculté des Arts, Lettres et Sciences Humaines de l'Université de Maroua et de l'Institut Universitaire de Développement International de Mokolo.

www.ingramcontent.com/pod-product-compliance
Lightning Source LLC
Chambersburg PA
CBHW040930030426
42334CB00007B/105